国家"十二五"重点图书

# 世界主要政党规章制度文献

丛书主编：俞可平
执行主编：陈家刚

## 日 本

主编：朱艳圣

## 中央编译局文库出版工作领导小组(编委会)

组　　长：贾高建

副 组 长：魏海生　陈和平　柴方国　季正聚

成　　员：崔友平　沈红文　杨雪冬　冯　雷　陈家刚
　　　　　赖海榕　郄卫东　张文成　葛海彦

## 中央编译局文库出版工作领导小组办公室

主　　任：薛晓源

成　　员：徐向梅　苗永姝

## 中央编译出版社文库编辑中心编辑小组

葛海彦　董　巍　贾宇琰　曲建文　苗永姝
杜永明　盛菊艳　李媛媛　薛迎春　董　妍

# 总　序

近代的政党,是基于一定的阶级或阶层之上,为了夺取和巩固国家的政治权力,从而维护特定利益的政治组织。与其他政治组织相比,政党最明显的特征,就是它有着明确的政治目标,即夺取政权和维护政权。除了执掌国家政权这一基本职能外,政党也是现代社会中最重要的利益表达和利益综合机构,是连接政府与民众的政治桥梁。政党还是国家政治生活的最重要组织者,是公民参与国家政治生活的重要平台,它履行着政治动员、公共参与和政治教育等重要的政治职能。因此,从权力的角度看,在所有政治组织中,政党是最重要的政治组织,它对近代国家的政治生活有着极为重要的影响。实际上,近代政治就是政党政治。国家权力主要由政党掌握,并且通过政党运行。

由于政党在国家公共政治生活中起着如此关键性的决定作用,规范政党组织本身及其成员的行为和活动,就变得极其重要。从国家的角度看,宪法及相应的专门法律,通常要对政党参与国家政权的方式、途径、范围等作出原则性规定,从而形成了不同的政党制度,如多党制、两党制、一党制、一党主导或一党独大制、多党合作制等。从政党自身的角度看,每个政党都必须有一整套政治纲领和规章制度,明确宣示政党的性质、使命、目标、任务和政策倡议,详细规定党员的资格、条件、义务、责任、权利,以及党的组织形式、选举制度、领导机制、决策程序和纪律约束等。广义上说,政党制度既包括政党的外部制度,也包括政党的内部制度,它们一起构成国家政治制度的重要组成部分。

如果说主权国家是国际政治舞台的主角，那么政党便是国内政治舞台的主角。除了少数小国之外，世界上绝大多数国家的政权实际上都掌握在执政党手中。一个个政党的产生、发展、壮大、掌权、下台、消亡，以及各个政党之间的竞争、合作、争斗、兼并、分化、组合，构成了现实政治生活一幅五彩斑斓的图景。要真正了解当代世界，就要了解世界各国的政治图景，那就不能不了解主演这些政治图景的各个政党。世界的丰富多彩，不仅体现在文化传统、生活方式和乡土风情上，也体现在社会结构、发展模式和政治体制上。进而言之，要真正了解一个国家，就要了解这个国家的政治体制；而要了解一个国家的政治体制，就不能不了解这个国家的政党制度。

中国共产党是按照马列主义原则建立起来的一个革命政党，在夺取国家政权后，特别是在改革开放后，它逐渐从一个革命党转变为执政党。党的根本宗旨没有改变，但党的群众基础、指导思想、组织结构、领导机制和执政方式等，都发生了重大的变化。坚持人民主体地位，发展人民民主已经成为中共执政的基本政治目标；民主、自由、平等、公正、法治、和谐，已经成为中共追求的核心政治价值；民主执政、依法执政和科学执政，已经成为中共的基本执政方式；建设中国特色的社会主义法治国家，推进国家治理现代化，已经成为中共全面深化改革的总目标。所有这些都表明，中国共产党自身正处于现代化的转型之中，实现治理的现代化，不仅是党执政治国的目标，也是党自身建设的目标。政党治理的现代化，是世界各国主要政党共同面临的时代课题。一些政党在推进治理现代化方面，取得了成功的经验，得以继续在本国的政坛叱咤风云；而另一些政党则付出了惨重的代价，直至失去了政权。学习和借鉴国外政党的成功经验，汲取它们的失败教训，对于中国共产党实现治理现代化，有着重要的现实意义。

1998年，我曾经主编过当时国内唯一的《当代各国政治体制》丛书，总共有16册之多，内容包括了世界各主要国家。那套丛书比较客观地介绍了各国主要政治体制，为读者全面了解当代世界的各种政治制度提供了翔

## 总　序

实的资料，从而广受好评。此后，我一直想编纂一套介绍世界各主要政党制度的丛书，可惜终未如愿。巧的是，前几年中央为了加强党内法规建设，需要了解和借鉴国外政党的经验做法，有关部门便委托我局编译国外主要政党的规章制度。我认为，这些党内规章制度，虽不能在整体上等同于政党制度，但却在很大程度上体现了党的组织制度、领导制度、决策制度和纪检制度，因而，编译这些国外政党的法规制度，不仅对于我们加强党内法规建设有其借鉴意义，而且将这些材料正式汇编出版，也可以在一定程度上起到帮助读者了解世界各国政党制度，从而更全面地了解世界各国政治制度的作用。

《世界主要政党规章制度文献》丛书，总共有 20 卷，收录了当今世界绝大多数重要政党的代表性规章制度。在收集、编选和翻译这套丛书的过程中，我们得到了社会各界的大力支持。例如，一些从事世界政党研究的专家学者提出了很好的编纂建议，一些驻外使领馆人员为我们提供了所在国主要政党的最新材料，一些译者放弃休息时间，努力按照要求完成翻译任务；国家出版基金给予了专项出版资助。在此，我代表编者向所有为本丛书出版作出过贡献的朋友们表示衷心的感谢。参与本丛书的许多译者，是年轻的博士后和博士生，他们积极性高，责任心强，但尚缺乏足够的翻译经验，错讹之处还望读者谅解并不吝批评。

俞可平

2015 年 1 月 13 日于方圆阁

# 目　录

导　言 ················································································· 1

第一部分　宪法、全国性涉党法律 ············································· 1
　　日本国宪法 ······································································· 3
　　政党助成法 ····································································· 20
　　政治资金规正法 ······························································ 56
　　公职选举法 ···································································· 105

第二部分　主要政党内部规章制度 ··········································· 319
　　自民党 ·········································································· 321
　　民主党 ·········································································· 372
　　社会民主党 ···································································· 408
　　日本共产党 ···································································· 424
　　公明党 ·········································································· 452

# 导　言

"二战"战败之后，以美国为主的盟军总部在日本实施了民主化、非军事化的政策，对日本进行一系列政治改革，为战后日本的民主政治奠定了坚实的基础。其中，日本国会于1946年10月通过的由美国主持制定的《日本国宪法》（也称"新宪法"），确立了和平主义、国民主权和尊重人权三大基本原则。在这三项基本原则基础上，《日本国宪法》确立了以立法权、司法权和行政权三权分立的议会内阁制。天皇作为日本国和日本国民总体的象征，无权参与国政。日本国会由众议院和参议院组成，是日本最高权力机关和唯一的立法机关。内阁为国家最高行政机关，对国会负责。内阁总理大臣（即首相）由国会提名，天皇任命。日本的司法权属于最高法院及由法律规定的下级法院。至此，日本确立了现代民主的政治体制。

由于《日本国宪法》是在美国的主导下通过的，因而，如同美国宪法一样，《日本国宪法》也未在宪法中增加有关政党的条款。不仅如此，日本也没有一部关于政党的法律。但这并没有阻止和妨碍日本政治民主主义的实行。因为《日本国宪法》三大原则之一的国民主权实际上确认了由国民代表组成的以国会为中心的民主政治体制，这种民主政治体制已经确保了日本政治民主主义的实施。尽管《日本国宪法》没有提到如何组织政党，但却赋予国民有"保障集会、结社、言论、出版及其他一切表现的自由"。这就确保了公民组织政党的自由和权利。其实，在美国占领期间，日本内务省曾提出了一个政党法的议案，但由于《日本国宪法》已经确立了结社的自由而遭到了强烈的反对。因而，《日本国宪法》的三大原则已经涵盖了有关政党活动的法律内容，日本无须特意为政党立法。更重要的是，在《日本国宪法》产生之前，在民主化的措施下，日本已经出现了多个政党，并于1946年4月进行了战后第一次大选，组成了新的内阁。从这个意义上讲，政党的产生、政党政治的重建、新宪法的通过等均是战后日本民主化改革的重要成果，而新宪法把这些民主化改革的成果以法律形式确定下来，从而以法律来保障日本政治民主主义的进一步实施。虽然日本没有一部政党法，但与政党相关的法律却有多个，如《公职选举法》、《政治资金规正法》、《政党助成法》等。尤其是，《政治资金规正法》、《政党助成法》对政党的定义、条件作出了明确的规范。这是日本法律对政党的明确定义和表述。正是有了这些法律，日本各政党就有了行为和活动的规范。

在新宪法原则精神和相关法律的基础上，日本各政党相继制定了各自的内部规章制度，确保政党自身的正常运转。尽管各政党的理论基础、阶级基础千差万别，不尽相同，但是，各政党本身就是根据日本新宪法原则精神组成的，其所制定的内部规章制度自然也是与新宪法原则精神保持一致。如日本共产党是以科学社会主义为理论基础的，但党的规约明确指出，党是根据党员自发的意愿自由结社而成的。而自民党在其《党则》中明确指出，"我们党是维护基本人权和民主主义的政党"。

日本各政党不仅在制定内部规章制度时要遵循宪法和相关法律的规定，而且还有义务遵守宪法和法律，自觉接受国民的监督，为国民作出表率。如《政治资金规正法》规定各政党有申报、公布其政治资金收支状况的义务，并全面禁止企业、行业团体向政治家个人的资金管理团体提供捐款，目的是为了遏制政治腐败和防止不正当的资金授受行为，增强政治资金的透明度。对此，日本各政党每年都要向社会公布其财务及政治资金情况，并在党章中特别加以说明。如日本共产党就在其规约中指出，党的资金来源于党费、党的事业收入及个人的捐赠。而民主党则在规约中指出，其党的经费来源于党费、捐赠、事业收入、政党补助金等。不仅如此，民主党的会计年度要经过干部会的讨论并得到常任干事会的承认，最后由党大会通过。

一般情况下，日本各政党的内部规章制度都会遵循相关法律的规定，但是，这并不说明政治家会严格地遵守这些规定，尤其是在有关政治资金方面的规定。正是因为如此，日本政坛出现的各种腐败现象都与政治家钻法律的空子或漏洞有关。因而，《政治资金规正法》在1948年出台后经过了多次修正，而且一次比一次更加严厉。为了保持在国民当中的形象，日本各政党也是在内部规章制度上作出相应的规定，努力与宪法和相关法律保持一致，从而为赢得国民的支持奠定基础。

## 一、关于《日本国宪法》

在《日本国宪法》之前，日本还有一部宪法，即《大日本帝国宪法》。《大日本帝国宪法》是日本基于近代立宪主义于1889年制定的第一部宪法，被称为"明治宪法"或"帝国宪法"。明治宪法的出台是日本政治现代化进程中的重要里程碑，标志着日本资产阶级的君主立宪体制的确立。尽管明治宪法是一部资产阶级的宪法，赋予议会一定的立法权，承认国民的基本人权，为日本资产阶级民主的发展创造了有利条件，但是，明治宪法的根本基础在于主权在君，"天皇神圣不可侵犯"，天皇拥有至高无上的权力，是日本的最高统治者。因而，明治宪法是以天皇及其权威为中心，其内容贯穿着皇权神授的思想，具有非常浓厚的封建色彩。正是因为如此，战前日本的资产阶级民主政治始终局限于帝国宪法体制，政党政治的改革也没有取得实质性的突破。随着日本军国主义和法西斯主义的日益猖獗，战前日本资产阶级民主运动也随之终结。

1945年8月15日，日本宣布接受《波茨坦公告》，无条件投降。根据《波茨坦公告》，以美国为主的盟军总部占领日本，对日本实行非军事化、民主化的一系列改革，以期建立一个民主的、保证言论、思想和宗教的自由和尊重人权的日本新政府，从而避免日本军国主义悲剧的重演。1947年5月3日，《日本国宪法》的正式实施，标志着日本战后新的民主政治体制的确立。尽管日本国内的右翼势力以新宪法是美国强加给日本为由，多次鼓动和叫嚣要修改新宪法，但是，新宪法仍然沿用至今，也没有经历过任何修改。从这可以看出，新宪法的精神在日本已经深入人心，生根发芽。新宪法仍然有着深厚的民众基础，仍然得到广大国民的支持。任何试图修改新宪法的行为或尝试都以失败而告终。那么，新宪法有着哪些内容或精神仍然为日本国民所认同呢？

《日本国宪法》由十一章一百零三条组成，主要有人权规定、统治规定和宪法保障三个方面。其主要内容如下：

**（一）新宪法没有取消天皇制，但强调天皇制的象征地位和意义。**天皇制是日本军国主义的主要组成部分。在"为天皇效忠"的旗帜下，日本军国主义不断发动侵略战争，亚太许多国家尤其是日本邻国深受其害。根据《波茨坦公告》，天皇制应该在战后日本政治体制的重建中予以取消。但是，美国却从其全球战略出发，最终保留了天皇制。尽管美国的这一决定存在争议，但是，保留天皇制，只强调其象征地位和意义对于当时处于重建中的日本来说是有一定的积极促进作用。一方面，天皇是日本的象征，是日本宗教信仰的对象，天皇具有很大的号召力。作为统合日本国民精神的力量，天皇制度一直是日本传统政治文化的精神象征，而且，日本社会传统的忠君思想非常浓厚。保留天皇，为美国顺利地实施民主化改革创造了有利条件。另一方面，天皇原有的总揽军政的统治大权被取消。天皇只不过是日本国的象征，是日本国民整体的象征，其地位以主权所在的日本全体国民的意志为依据。与天皇地位变化相应的是，日本天皇于1946年元旦发表《人间宣言》，明确表示自己是人，而不是现世的神。这种把天皇从神变成人的过程实质上是在逐渐改变日本人对天皇愚忠、盲从的观念，使日本从一个封建、专制的社会过渡到一个现代、民主的社会。

根据新宪法，天皇丧失了明治宪法所赋予的总揽一切的统治大权，只是在形式上保留了天皇。天皇被剥夺了干预国政的权力，只履行形式上的、礼节性的国事行为和活动，如公布宪法修正案、法律、政令及条约等、召开国会、解散众议院、公布举行国会议员的总选举、认证官吏的任免、认证大使公使的国书、接见外国使节等。因而，新宪法破除了天皇的统治权继承于"神祖神宗"的传统观念，否定了明治宪法所规定的"主权在君"的根本原则，明确了"主权在民"原则，从而否定了以天皇为中心的政治体制，确认建立由国民代表组成的以国会为中心的政治体制。新宪法还指出："凡与此相反的一切宪法、法令及诏勒，我们均予排除。"随着新宪法的公布和实施，明治以来的旧天皇体制已经不复存在，新的民主政治体制开始确立。

**（二）国民主权原则和尊重基本人权原则的确立**。与明治宪法相比，新宪法的特点之一在于废除了国家主权属于天皇的规定，确定了主权属于国民的原则。新宪法开宗明义，"宣布主权属于国民，并制定本宪法。国政来源于国民的严肃信托，其权威来自国民，其权力由国民的代表行使，其福利由国民享受。这是人类普遍的原理，本宪法即以此原理为依据"。

新宪法"主权在民"的思想吸取了美国、法国、英国等西方国家宪法中的有关内容，对国民权利进行了比较广泛的规定，其条文多达三十一条，是新宪法中条款最多的部分，约占新宪法条文总数的三分之一左右。虽然明治宪法也规定了日本国民在法律范围内享有言论、著作、刊行、集会及结社之自由等权利，但是，日本国民的这些权利是天皇所赐予臣民的，是在不违背臣民义务的范围内，而不是自然天赋的。在战时或国家事变之际，臣民的所有权利不妨碍天皇大权的施行。这就意味着国民的这些权利是可以被任意剥夺和践踏的。而新宪法明确规定，国民享有的一切基本人权不能受到妨碍。宪法所保障的国民的基本人权，作为不可侵犯的永久权利，现在及将来均赋予国民。

在国家主权属于国民的原则下，尊重基本人权的原则也得到确立。尊重基本人权是对个人拥有人权的尊重,是自由主义和民主主义的基本体现。作为政治的基本理念的自由主义,就是要将个人从受到国家权力的压迫中解放出来。在民主政治的实现过程中,排除藉国家权力而来的强制和压迫,作为保障个人权利的理念就是支持自由主义。自由主义在政治上就是市民自由的扩大。正是因为确保个人的全面解放,个人权利得到保障,自由主义就决定着国家的方向。在日本国宪法中,国家组织与机构的规定、设置是和国民主权的原则一致的。

随着个人权利的保障和实现,个人就可以参与国事,并对国事自由地发表意见。这就实现了人民的统治。在这一过程中,民主主义得以形成,民主制度得以确立。民主制度的确立就是确保人民权利的实现,排除压制个人权利的专制。因而,民主主义与自由主义相辅相成。尊重基本人权的背后是自由主义,国民主权的背后是民主主义。在自由主义和民主主义的理念下,新宪法第十二条明确规定,"受本宪法保障的国民的自由与权利,国民必须以不断的努力保持之。又,国民不得滥用此种自由与权利"。

在新宪法中,自由主义是从有关人权方面和统治结构来阐述的。在人权方面,新宪法第三章第十一条、第九十七条分别就保障人权和自由权进行了说明。而在统治结构方面,为了防止国家权力的滥用,新宪法第四十一条、第六十五条、第七十六条就三权分立进行了表述,即国会是国家的最高权力机关,是国家唯一的立法机关;行政权属于内阁;一切司法权属于最高法院及由法律规定设置的下级法院。为了确保慎重、合理地进行国家政策等方面的议事,新宪法第四十二条规定,国会由众议院及参议院两院构成。为了确保中央与地方权力的均衡,新宪法第九十二条就地方自治制进行了如下规定,即地方公共团体的组织及运营事项,根据地方自治的宗旨由法律规定。为了确保少数者的自由,新宪法第八十一条规定了违宪审查制。

在新宪法中,国民主权主要有两个方面:一是确保人民的参政权。国民主权的意思就是国家权力的合法性来自人民。人民的权力可以通过直接的民主或间接的民主来实现。无论哪种民主，人民都应该拥有参政权。新宪法第十五条、第四十四条规定了公务员的选举、罢免及议员及选举人的资格，确保不得因人种、信仰、性别、社会身份、门第、教育、财产或收入的不同而有所差别。此外，国民在特殊情况下可以直接参与国家事务，如宪法的修订，必须经各议院全体议员三分之二以上的赞成，由国会提议，向国民提出，并得其承认。此种承认，必须在特别国民投票或国会规定的选举时进行投票，必须获得半数以上的赞成。而新宪法第二十一条、第十六条则是对人民行使参政权的其他补充权利。二是在统治结构方面，新宪法规定了选举制度、议院内阁制、地方自治制、国民票决制、国政公开原则等。

（三）**和平主义原则**。尊重个人、确保个人权利的实现是自由主义的体现，确保人民统治、实现人民当家作主是民主主义的体现。尊重基本人权是日本宪法的核心。日本处理与其他国家及其国民的原则也是以此为基础。正如新宪法所指出的，日本国民期望持久的和平，深知支配人类相互关系的崇高理想。而全世界人民都同等具有免于恐怖和贫困并在和平中生存的权利。作为第二次世界大战主要的侵略国家和发动者，日本当然知晓战争是如何发生的。正是在军国主义和法西斯主义的强权和专制下，自由主义被压制，民主主义被遏制，基本人权被剥夺。在这种专制的体制下，没有国民主权，只有天皇主权，战争几乎不可避免。因而，痛定思痛的日本国民决心通过正式选出的国会中的代表行动，消除因政府的行为而再次发生的战祸。而只有主权属于人民，这种情况才能真正避免。出于该目的，以国民主权为核心的日本新宪法得以制定。

在新宪法中，和平主义的内容主要包括两个方面：一是和平的生存权。二是确保和平的机制。新宪法第九条明确了放弃战争、否认战争力量和交战权，即日本国民衷心谋求基于正义与秩序的国际和平，永远放弃以国权发动的战争、武力威胁或武力行使作为解决国际争端的手段。为达到此目的，不保持陆海空军及其他战争力量，不承认国家的交战权。为了确保和平主义的实现,新宪法还规定,内阁总理大臣及其他国务大臣必须是文职人员。

## 二、关于《公职选举法》

根据《日本国宪法》,日本实现责任内阁制,首相和内阁主要成员均为议员。内阁行使行政权,对国会共同负责。国会是国家的最高权力机关,是国家唯一的立法机关。两议院由选举产生的代表全体国民的议员组成。在地方,日本的都道府县、市町村通常都设有议会。地方公共团体议会的议员及长官也是选举产生。在《公职选举法》产生之前,有关众议院议员、参议院议员及地方公共团体议会议员及长官的选举办法是分开的、独立的。

日本《公职选举法》是1950年5月制定的,是将此前的《众议院议员选举法》、《参议院议员选举法》和《地方自治法》三个法律的条文合并在一起形成的一个新法律,是关于日本选举制度的根本大法。该法律是根据《日本国宪法》的精神,确立了公开选举众议院议员、参议院议员以及地方公共团体议会的议员及长官的选举制度,确保各选举公开、透明,且清楚地表达了选举人的意思,从而达到健全民主政治的最终目的。

《公职选举法》自颁布实施以来,由于选举区的调整、人口的变化等而经过了多次修订。其中,1982年,国会通过了改革参议院议员的选举方式。1994年,日本对众议院议员的选举产生进行了大幅度的改革,将全国划分为300个小选区,每个选区产生1名议员,同时再将全国划分为11个大选区,以比例代表制方式产生其余的200名议员。2000年2月,日本国会通过修改后的《公职选举法》,将比例代表区的议员定数减至180名。众议院议员总数为480名。经过几次修改后的《公职选举法》,形成了目前日本选举制度的基础。

《公职选举法》共十七章二百七十五条,对国民的选举权、被选举权、选举区、选举人名册、选举程序、选举活动、选举争议及违法行为处罚作了具体的规定。其主要内容如下：

**(一) 日本选举的管理机构**

《公职选举法》在第一章明确规定，日本选举管理机构分为三级，即中央选举管理会、都道府县选举管理委员会和市町村选举管理委员会。每个级别的选举管理委员会负责和管理不同公职的选举。如中央选举管理会负责和管理众议院（比例代表选出）议员和参议院（比例代表选出）议员的选举；都道府县选举管理委员会负责和管理众议院（小选区选出）议员和参议院（选区选出）议员、都道府县议会议员及都道府县知事的选举；市町村选举管理委员会负责和管理市町村议会议员及市町村长官的选举。

中央选举管理委员会由五名委员组成，由国会从国会议员以外、具有参议院议员的被选举权者中提名推荐，由内阁总理大臣任命。在这项提名中，属于同一政党或政治团体的委员必须不能超过三人。中央选举管理会的总务，由总务省执行。总务省、中央选举管理会、都道府县的选举管理委员会及市町村的选举管理委员会，必须确保选举公开、透明和公平，通过各种机会努力提高选举人的政治常识，尤其是在选举时，要让选举人了解投票的方法、违反选举及其他与选举有关的必要事项。

**(二) 选举权和被选举权**

根据《公职选举法》，凡年满20周岁以上的日本国民享有众议院议员、参议院议员的选举权；年满20周岁以上的日本国民，连续三个月以上在市町村的区域内拥有住所者，享有其所属地方公共团体议会的议员及长官的选举权。与选举权相比，日本国民享有议员或地方行政长官的被选举权的规定较为严格，这主要体现在年龄方面，如竞选众议院议员、都道府县议会的议员、市町村议会的议员及其长官，须年满25周岁以上；竞选参议员议员、都道府县知事，须年满30周岁以上。

如果有以下情况，则不享有选举权和被选举权：（1）需要被监护的成年人；（2）被判处监禁以上刑罚、尚未到期者；（3）被判处监禁以上刑罚、还未服刑者（缓期执行者除外）；（4）公职期间违反刑法从一百九十七条到一百九十七条之四的罪行或者因公职者等中介行为根据不当得利等处罚的法律第一条而被判刑、服刑期满，或者免于执行者服刑期满，或者从免于执行日起不满五年的或者缓期执行者；（5）根据法律规定有关选举、投票及国民审查的犯罪而被判刑、缓期执行者。

### （三）选区的划分

选举是以一定的区域为单位来进行的，不同的公职在各自的选举区选举产生。根据《公职选举法》，众议院（小选举区选出）议员、众议院（比例代表选区选出）议员、参议院（选举区选出）议员及都道府县议员分别在各自的选举权选举产生；参议院（比例代表选举）议员在整个都道府县区域内选举产生；都道府县知事及市町村首长分别在该地方公共团体区域内选举产生；市町村议会的议员，如有选举区，则在选举区选举产生，如没有选举区，则在其市町村区域内选举产生。

截至2015年6月，根据《公职选举法》，众议员定数475人，其中295人由小选区选出、180人由比例代表选区选出；参议员定数242人，其中96人由比例代表选区选出、146人由选举区选出；地方公共团体议会议员的定数根据地方自治法而定。

### （四）日本选举的分类

在日本，所谓的公职就是指出任众议院议员、参议院议员、地方公共团体议会的议员及长官之职。根据《日本国宪法》，这些公职都是通过选举产生的。

众议院议员是通过众议院选举产生的，众议院选举也被称为"总选举"。在两种情况下，可以进行总选举。一是众议院议员任期届满。根据《日本国宪法》，众议院议员的任期为4年。因众议院议员任期届满的总选举在议员任期结束前的30日内举行。二是众议院被解散。在众议院被解散时，众议院议员的任期在期满前告终。因众议院解散而进行的众议院议员总选举从解散之日起的 40 日之内举行。总选举的日期必须至少在 12 日前公布。

参议院议员是通过参议院选举产生的，参议院选举也被称为"通常选举"。根据《日本国宪法》，参议院议员的任期为 6 年，每三年改选议员之半数。参议院议员的通常选举在议员任期结束之前的 30 日内举行。总选举的日期必须至少在 17 日前公布。

统一地方选举是指一般选举、因长官任期届满举行的选举及设置选举。地方公共团体议会的议员因任期届满举行一般选举或者因长官任期届满举行的选举，在其任期结束前 30 日之内进行。地方公共团体议会因解散举行的一般选举从解散之日起的 40 日之内进行。因地方公共团体的设置而进行的议会议员的一般选举及长官选举，根据地方自治法第六条之二第四项或者第七条第七项的告示从该地方公共团体的设置之日起的 50 日以内进行。

**（五）选举程序**

在众议院议员、参议院议员以及地方公共团体议会议员及长官任期届满之前，选举程序随之启动。各级选举管理委员会都要根据法律规定的期限确定选举时间，并以公告的方式通知团体选民，选举的准备工作从公告之日起就开始进行。

首先是选举人名册登记。市町村选举管理委员会承担选举人名册的制作及保管的责任，每年 3 月、6 月、9 月及 12 月和在进行选举的情况下，进行选举人名册的登记。只要是在该市町村区域内拥有住所、年满 20 周岁以上的日本国民，在所登记的市町村等的居民卡制作之日起陆续 3 个月以上被记录在所登记的市町村等的居民基本登记册上者，均将视为拥有选举人资格而被登记在册。除在国内的国民，那些在海外的符合资格的，也由市町村选举管理委员会制作成海外选举人名册并被其保管。海外选举人名册永久保存，且为众议院议员及参议院议员选举的唯一名册。

其次是提出公职候选人。在众议院（小选举区选出）议员的选举中，能提出候选人的既有符合条件的政党或政治团体，也可以是个人，也可以是某个选民提名其他候选人并征得本人同意。因而，在该选举中，除政党及政治团体的候选人外，也有一定数量的无党派人士参加竞选。不过，政党及政治团体必须满足一定的条件：即所属该政党及其他政治团体的众议院议员或参议院议员有5人以上；或者在最近举行的众议院议员的总选举中或者在参议院议员的通常选举中，该政党及其他政治团体的得票总数为该选举有效投票总数的2%以上。这两个条件也是众议院（比例代表选出）议员选举和参议院（比例代表选出）议员选举中政党及政治团体所必须具备的。

在众议院（比例代表选出）议员的选举中，符合条件的政党及政治团体均可提出公职候选人申请。政党及政治团体除必须符合上述两个条件外，其所提出候选人的数量应当为该选举区议员定数的20%以上。在参议院（比例代表选出）议员的选举中，政党及政治团体均可提出候选人申请。政党及政治团体除必须符合上述两个条件外，其所提出的候选人应当在10人以上。无论哪种选举，在某一选区已登记为候选人者，不得同时在其他选区重复登记。

因违反《政治资金规正法》、在选举活动中有犯罪行为而不具有被选举权的，不能被推荐为公职候选人。此外，公务员不能成为公职候选人，如果要成为公职候选人，该公务员必须辞去公务员职务。

在提出候选人申请的同时，每个候选人必须缴纳相应数量的保证金，如参加众议院议员、参议院议员选举的，须缴纳300万日元；参加都道府县议会议员选举的，须缴纳60万日元；参加都道府县知事选举的，须缴纳300万日元；参加其他地方选举的，也必须缴纳相应数量的保证金。如果候选人在选举中的有效得票数没有达到一定的数量，那么，其保证金将被没收，如在众议院（小选举区选出）议员选举中，候选人的有效得票数不到总得票数的十分之一；在参议院（比例代表选出）议员的选举中，其有效得票数不到总得票数与选举区议员定数之比的八分之一；在都道府县或市议会议员的选举中,其有效得票数不到总得票数与选举区议员定数之比的十分之一等。

第三是竞选活动。在提出候选人申请至选举之前,候选人可以展开竞选活动。为了更好地进行竞选,候选人可以设立选举事务所,但只限一个。如果是在交通不便的区域,根据规定,候选人可以设立3个、最多5个选举事务所。候选人可以通过广播、电视和报刊等,向选民介绍候选人的履历、政见等,可以举行政治演说会,在街头举行巡回演讲。候选人的后援会、选举事务所以及所属政党或政治团体的本部或者支部办事处,可以发放、张贴海报、告示牌、宣传牌、传单等。

与候选人可以进行的竞选活动相比,《公职选举法》对竞选活动进行了相当多的限制,其中许多条款非常具体,也非常严厉和苛刻,如禁止特定的公务员尤其是中央选举管理委员会、从事中央选举管理委员会总务工作的总务省职员、法官、检察官、警察等参与选举活动;禁止教育工作者利用教育上的便利地位对儿童、学生等开展选举活动,禁止未成年人以及没有选举权和被选举权的人参与选举活动;任何人都不得从事与选举有关的、为了获得支持而进行的个别家庭的拜访;任何人不得从事与选举有关、为了获得选票或者不获得选票而针对候选人进行的签名联名活动;禁止对候选人进行推测性的人气投票;任何人不得以各种名义提供饮料和食品;任何人不得以车队的形式开展造势活动;任何人不得在车上从事选举活动,除了在静止的汽车上进行演说等。此外,《公职选举法》还对候选人张贴海报的数量进行限制,如候选人可以在选举区张贴1000张以内的海报;在众议院(小选举区选出)议员选举中,提出候选人的政党按照一个都道府县包括的选举区数量乘以所提候选人数量再乘以1000得出的数量为该政党应张贴的海报总量;在众议院(比例选举区选出)议员选举中,各政党张贴的海报数量总数为其向众议院提交的选举区数量乘以500所得出的数量;在参议院(比例选举)议员选举中,某位候选人的海报总量为7万张等。

第四是投票方法。无论是哪种选举，投票限于一人一票。在众议院（比例代表选出）议员或者参议院（比例代表选出）议员选举以外的选举投票中，选民只能投票给一名候选人。在众议院（比例代表选出）议员选举投票中，选民只能投票给一个政党。在参议院（比例代表选出）议员选举投票中，选民投票给一名候选人或一个政党。在地方公共团体议会议员或者长官选举中，日本采取记号式投票。

第五是当选。日本各级选举在经历选举运动、投票和开票之后，公布当选者。在众议院（比例代表选出）议员或参议院（比例代表选出）议员选举以外的选举中，有效投票数最多的候选人当选。其他的当选者所需得票的条件如下：在众议院（小选举区选出）选举中，有效得票数为总数的六分之一以上；在参议院（选举区选出）议员选举中，有效得票数为总数与选举区议员之比的六分之一以上；在地方公共团体议会议员选举中，有效得票数为总数与选举区议员定数之比的四分之一以上等。当选者由相应选举区的选举管理委员会予以确认后公布，并颁发当选证书。

## 三、关于《政党助成法》

政党助成制度是鉴于议会制民主政治中政党机能的重要性，而与选举制度及政治资金制度改革一起创设的一种对政党发放补助金的制度，其目的是为了促进政党政治活动的健全发展和民主政治的健全发展。《政党助成法》于1994年2月公布，1995年1月1日施行。《政党助成法》就政党的必要条件、政党申请交付金及其他有关政党交付金的手续或程序、政党交付金的使用用途报告等作出了明确的规定。

**（一）《政党助成法》出台的背景**

二战之后，在民主化改革之下，日本的政党制度得以确立。与之相对应的是，腐败也随之而至。在战后初期，各政党成立之初就遭遇了资金问题，促使其不得不想各种办法筹措政治资金。从这时开始，政党与财界的关系就非常密切，日本的金权政治初步形成。在吉田时代，金权政治表现得非常露骨，其典型就是1954年曝光的造船贪污案。自民党成立后，由于其长期处于执政地位，掌握政权，自民党在"金权政治"中一直扮演着重要和主要角色。自民党历任总裁（首相）几乎无人不涉及贪污、受贿、逃税等丑闻。到田中角荣任总裁（首相）时，金权政治达到极致。从这时开始，金权政治愈演愈烈，权钱勾结的案件无论是在深度还是广度上都达到令人触目惊心的地步。洛克希德案件、利库路特案件、东京佐川急便案件以及金丸信案件等大案要案都极大地震撼了日本政坛。而由金权政治引起的每一次"政治地震"，都极大地冲击了自民党政权，使自民党出现政权危机。尽管自民党采取一定措施试图改变金权政治的局面，但这种有限的政治改革本身触及了自民党的利益，致使改革无法进行，最终导致自民党分裂并失去政权。

人们普遍认为，政治资金是金权政治的"元凶"，是"万恶之源"。所谓政治资金，就是用于政治活动的资金。一般来讲，用于选举运动、维持日常政治活动的政治资金的主要来源有四个方面：国库的援助；党本部、派系、有实力政治家的援助；自己筹措；个人资产。除了国库的援助和个人资产外，另外两个政治资金的来源都与财界有关。各企业向政党提供"政治献金"，多年来已形成惯例。大资本财团定期向政党提供巨额资金，目的自然是为了同政党建立紧密关系，促成其掌握政权，制定出有利于财团自身发展的政策。双方各有所求，在权力和金钱上取得统一，形成了"金权政治"。

由于金权政治丑闻，日本民众对政治逐渐丧失信心，这在很大程度上动摇了日本政党政治的基础，严重影响了日本民主政治的健康发展。为此，日本限制企业等团体对政党及政治团体的政治献金，并引入政党助成制度，从而确保政党公开公正地从事政治活动，健全民主政治。

**（二）政党的基本条件**

《政党助成法》的立法目的是国家对政党给予资金方面的补助，其补助对象是政党，但不是所有政党都能获得国家的补助。为了确保补助金的发放，《政党助成法》对政党的资格作出了说明，即政党除需符合《政治资金规正法》中所规定的政治团体的条件外，仍需满足下列两个条件之一：

一是该政治团体所属的众议院议员或参议院议员有5人以上；

二是拥有至少1名众议院议员或参议院议员，且在最近的一次总选举或通常选举或上上次通常选举中，该政治团体的全国得票率在2%以上。

根据《政党助成法》，在2012年12月，有11个政党向总务省提出了政党补助金的申请，即民主党、自民党、公明党、大家党、国民新党、社民党、新党大地、新党纽带、新党日本、新党改革、太阳党。在2012年12月日本大选后，日本的政党及政治团体出现了一些变化，一些政党及政治团体消失了，一些新的政党及政治团体又形成了。2013年1月，有9个政党向总务省提出了政党补助金的申请，即自民党、民主党、日本维新会、公明党、大家党、生活党、社民党、绿风、新党改革。此外，日本共产党是符合政党补助金申请条件的，但日本共产党以《政党助成法》违反宪法为由一直拒绝申请政党补助金，并主张取消政党补助金。

### （三）政党补助金的金额及分配方法

每年应给付各政党的政党补助金的总额，以基准日人口（以在基准日之前最近的官报公布的国势调查的结果为确定数）乘以250日元所得之额为基准制定预算。根据日本总务省统计局数字，至2010年，日本人口为1.28亿。据此计算，2010年日本政党助成金的总额为320亿日元左右。

政党补助金的分配是由总务省根据各政党提出的所属国会议员数、众议院议员的总选举和参议院议员的通常选举的得票数来计算各党应得的政党补助金。其中，政党补助金的一半是根据各政党所属议员数来分配，另一半是根据最新一次国政选举（总选举和过去两次的通常选举）中各政党的得票比例来分配。

根据议员数来分配政党补助金是根据每年1月1日各政党现有的议员数来计算。根据得票率来计算，则有所区别。在上次的众议院议员总选举中，根据各政党在总选举小选举区和比例区的得票，分别获得四分之一的政党补助金；在上次参议院议员通常选举中，根据各政党在通常选举小选举区和比例区的得票，分别获得八分之一的政党补助金；在上上次参议院议员通常选举中，根据各政党在通常选举小选举区和比例区的得票，分别获得八分之一的政党补助金。如根据得票率共有160亿日元的政党补助金，在上次总选举中，根据小选举区和比例区的得票率，各政党分别获得40亿日元，在上次和上上次通常选举中，根据小选举区和比例区的得票率，各政党分别获得20亿日元。

根据《政党助成法》，在2012年12月，11个政党及政治团体申请并领取了政党补助金，其中，民主党获得补助金165.43亿日元，占全部政党补助金的51.55%，自民党获得101.54亿日元，占31.72%，公明党获得22.7916亿日元，占7.12%。2012年12月日本大选之后，随着议员及得票数的变化，各政党的补助金也随之变化。如拥有294个议员的自民党将获得145.9亿日元的政党补助金，在大选中惨败的民主党将只获得85.58亿日元，日本维新会27.25亿日元，公明党25.66亿日元。

(四) 政党补助金的申请与给付

欲接受政党补助金的政党及政治团体在每年1月1日起的15日内向总务大臣提出申请。在申请时须提供政党现行名称、主要事务所所在地、代表及所属国会议员姓名等事项。在总选举或通常选举后，欲接受政党补助金的政党及政治团体须在新众议院议员或新参议院议员任期之日起或在选举后的第二天起的15日之内就提出申请。符合政党及政治团体条件但未提出申请的，不得分配和领取政党补助金，如日本共产党就一直没有提出申请，也拒绝领取政党补助金。

总务大臣在列入该年应给付的政党补助金的年度国家预算通过后，应迅速根据前条规定算出该年应给付各政党的政党补助金的数额，决定给付该政党补助金，通知各政党并予以公报公示。如果当年举行总选举或通常选举，那么，总务大臣应重新计算该年应交付各政党的政党补助金的数额，其数额与已决定的数额不同时，则变更该决定；在有新的应接受政党补助金的政党时，须决定该年应给付该政党的政党补助金。政党补助金并不是一次性发放，而是在每年 4 月、7 月、10 月和 12 月份分 4 次进行交付，即 4 月给付全年政党补助金的四分之一，7 月给付剩余补助金的三分之一，10 月给付剩余补助金的二分之一，12 月给付剩余的补助金余额。

如果政党及政治团体违反《政党助成法》的相关规定，总务大臣根据有关规定，在该政党没有接受政党补助金的全部或一部分的拨付时，可停止拨付政党补助金的全部或一部分；在该政党接受政党补助金的全部或一部分时，可令该政党限期返还补助金的全部或一部分。

**（五）政党补助金的用途与报告义务**

根据《政党助成法》第 4 条，基于国家尊重政党的政治活动自由，总务省在给付政党补助金时不得附加条件或限制其用途，因而，政党补助金主要是由政党自身来决定其用途。尽管如此，由于政党补助金来自从国民征收的税金以及其他宝贵的财源，政党须认识到自己的责任，妥善地使用政党补助金。

为了确保政党补助金用途的公开、公正和公平，《政党助成法》规定接受政党补助金的政党应向总务省提交报告书。该报告书主要是就政党补助金的使用用途等进行说明。报告书的主要内容包括收入、支出以及政党基金等。收入主要是政党补助金的总额、接受政党补助金的年月日，支出主要是人事、光热水费等，5 万日元以上的支出须注明支出目的、金额等。每个政党须在每年 12 月 31 日前向总务大臣提交报告书。总务大臣在收到各政党提交的报告书后，将其在官方报纸和网站上公开，接受各界的监督。

**（六）有关政党补助金的争议**

实施政党补助金制度不是日本所特有的。事实上，政党补助金制度是日本从西方引入的。早在 1958 年，德国就开始对政党进行补助。法国在 1988 年建立了政党补助制度，以防止政商勾结。英国在 1998 年也对政党实施了补助金制度。意大利也曾经实行过政党补助金制度，但是，在1993年经过国民投票而废除。尽管政党补助金制度在西方发达国家已有先例，但是，自1995年《政党助成法》实施以来，利用国民税金作为财源资助政党进行政治活动以杜绝腐败和金权政治的做法就一直存在各种争议。废除政党补助金的呼声也非常强大。

首先，政党补助金来自国民税金，但是，政党补助金的金额过于庞大，更重要的是，政党补助金制度并不代表民意，尤其是分配方法。在所有实行政党补助金的国家中，日本的政党补助金是最高的。如2010年，日本的政党补助金高达319.4199亿日元。而同年英国的政党补助金只有2.92亿日元，法国为98亿日元，德国的最高，也只有174.23亿日元。尽管日本国民每人每年只有250日元作为政党补助金，但日本的政党补助金是世界最高也是不争的事实。

尽管日本国民每人每年缴纳250日元，但并不是每个人都有选举权和被选举权。即使是每一次国政选举，也并不是每个选民都参加了选举。事实上，自政党补助金制度实施以来的6次总选举中，投票率最高的也只有2009年总选举时的69.28%，最低时为2012年总选举时的59.32%。在这种投票率之下，根据议员数和得票率来分配政党补助金显然存在不合理的地方。而对于像日本共产党这样不接受的政党补助金，日本并不是将之收归国库，而是分配给其他政党，致使其他政党获得更多的补助金。这无异于政治分赃。

此外，日本设置了一定的政党门槛，只有达到条件的政党及政治团体才有资格获得政党补助金。这无疑造成了政治上的不平等，加大了小党的生存压力。事实上，日本有许多小政党，但每年能获得政党补助金的只有10个左右。在实施政党补助金的18年间，共有28个政党接受了政党补助金，但有21个政党消失了。

其次，政党补助金制度并没有禁止企业和团体的政治献金。政党补助金制度的本意在于根除因政商勾结而造成的政治腐败和金权政治现象，但是，由于政党补助金并没有禁止企业和团体向政党捐款。这无疑为政治腐败和金权政治埋下了祸根。一方面，政党接受来自国家的政党补助金，另一方面继续接受来自企业、团体的政治献金。事实上，在政党补助金制度实施以来，日本政坛仍然存在许多政治腐败的现象。如2007年5月，安倍晋三内阁的农林水产大臣松冈利胜因涉嫌从多家企业收受巨额的政治献金而自杀。2009年，日本民主党党首小泽一郎因其秘书涉嫌非法接受日本大型建设企业西松建设公司的巨额政治捐款而辞职。不只是政治家个人接受企业的政治献金，政党也接受来自企业、团体的政治献金，如在2011年，自民党接受来自国民政治协会35家建设企业的政治献金达到6627万日元，日本自动车工业会为6030万日元，日本电机工业会为5000万日元，日本钢铁联盟为4000万日元。从这可以看出，日本的政党、政治家与企业团体之间的金钱关系并没有断绝。而政党、政治家与企业之间的金钱关系就是日本金权政治的温床，日本政治腐败的根源在于企业的政治献金。因此，只实施政党补助金而不禁止企业的政治献金，无助于杜绝日本的政治腐败和金权政治现象。

第三，政党过于依赖政党补助金，存在国家介入政党、干预政治的危险。自实施政党补助金制度以来，一些政治资金不充裕的政党确实解决了资金来源问题，但是，政党补助金在许多政党中的收入中比重过大，如2012年，自民党年收入140.66亿日元，其中政党补助金101.11亿日元；民主党年收入289.73亿日元，其中政党补助金168.25亿日元；社会党年收入22亿日元，其中政党补助金7.6亿日元。从这可以看出，政党补助金在自民党的收入中占70%以上，在民主党的收入中占60%左右。政党补助金是两个政党的主要资金来源。而自民党、民主党是日本最大的两个政党，也是接受政党补助金最多的两个政党。从1995年至2012年，日本累计发放政党补助金5677.4177亿日元，其中，自民党接受2565.9656亿日元，占45%，民主党接受1712.3275亿日元，占30%。因而，一旦出现特殊情况，就容易出现国家干预政党、政党屈服于补助金的情况。尽管这种情况是需要极力避免的，但是，从制度上杜绝这种情况也是非常重要的。

## 四、关于《政治资金规正法》

所谓的政治资金，是指政党、政治团体及政治家从事政治活动的资金。在西方民主国家，政党、政治家在定期举行的竞选以及日常政治活动中都需要大量的政治资金。仅仅依靠政党或政治家所拥有的资产很难满足政治活动所需的政治资金，因而，政党、政治家必须通过各种方式向个人、企业等筹集政治资金。在1995年实行《政党助成法》之前，日本政党尤其是自民党及自民党议员的政治资金主要来自日本国民及企业团体的政治献金。尽管在这之后，国家对政党及政党议员进行补助，在一定程度上缓解了政党、政治家的政治资金压力，但是，相对于政党、政治家所需的巨额政治资金而言，政党补助金并不能也不可能从根本上解决政党、政治家的所有政治资金问题。这就使得政党、政治家仍然可以接受来自个人、企业的政治献金。在日本政坛，筹集政治资金一直是衡量一个政治家能力的最重要标准。只有那些政治资金雄厚的政治家才能获得其他政治家的支持，才有可能最终登上首相的宝座。正是在筹集政治资金的过程中，一些企业、利益集团与政治家相互勾结，由此衍生了"金权政治"。由此，日本出台了《政治资金规正法》，以法律的形式明确和规范政治资金，试图遏制由政治资金引起的政治腐败。

在战后初期，刚刚实行民主化的日本政坛就出现了政治腐败的事件。为此，日本于1948年7月制定了《政治资金规正法》。该法规定各政党有申报、公布其政治资金收支状况的义务，以遏制政治腐败和防止不正当的资金授受行为，增强政治资金的透明度，确保"政治活动的光明与公正"。但是，法律并不能阻止政治腐败案件的频发。在日本前首相田中角荣的金权腐败案曝光之后，日本于1975年对《政治资金规正法》进行了全面的修订，鼓励个人提供政治捐款，加强对企业、工会每年对政党、政治团体及政治家提供政治捐款数量的限制,同时要求政治团体公开收支状况。在1988年利库路特案件之后,日本朝野双方就选举制度和政治资金制度根本性的改革达成共识。1992年,宫泽喜一内阁通过"紧急改革"法案,就限制政治资金酒会、公开政治团体资产、限制政治资金的使用等进行规范。1994年1月,日本国会通过包括《政治资金规正法修正案》在内的"政治改革四法案"。《政治资金规正法修正案》限定了企业、团体对政党、政治家的捐款数额,公开政治资金酒会的收入,新设置对政治家个人捐款的唯一渠道即资金管理团体,规定企业、团体对资金管理团体的捐款数额。1992年12月,日本国会通过的新规定《政治资金规正法修正案》,全面禁止企业、团体向政治家个人的资金管理团体提供捐款。2005年10月,日本国会再次通过新的《政治资金规正法修正案》,规定政治团体(政党及政治资金团体除外)之间的捐款总额年度上限为5000万日元,并且规定政党所属政治资金团体介入其中的政治捐款,原则上要经由银行汇入或汇出。2007年,新《政治资金规正法修正案》禁止通过资金管理团体取得不动产,资金管理团体有义务公开收支报告。2008年,新《政治资金规正法修正案》就国会议员关系政治团体进行限制,强调第三方有监督的义务。以下将介绍《政治资金规正法》的主要内容。

**(一)《政治资金规正法》的目的和基本理念**

该法的目的就是在充分发挥自身机能及公职候选人承担责任和义务之重要性的基础上,为使政治团体及公职候选人开展的政治活动置于国民不断的监督和批评之下,通过谋求政治团体的申报、政治团体相关政治资金的收支公开及政治团体、公职候选人相关政治资金收受规范等,确保政治活动的公正与透明,进而为民主制度的健全发展作出贡献。其基本理念就是旨在谋求民主政治的健康发展。

**(二)《政治资金规正法》规正的对象**

根据《政治资金规正法》,其所要规正的对象主要有两个:一是政治团体;二是公职候选人。所谓的政治团体就是推行及支持政治上的某种主义或政策，或者推荐及支持特定的公职候选人，或者以对此加以反对作为根本目的，且能够有组织地进行和开展这些活动的团体。政治团体的种类主要有政党、政治资金团体以及其他政治团体。所谓的政党就是属于该政治团体的众议院议员或参议院议员在5人以上，或者在最近举行的众议院议员总选举中以及最近举行的参议院议员通常选举中该政治团体的得票总数占此次选举有效投票总数的2%以上。政治资金团体就是由政党指定的、以为政党提供资金为目的的团体。其他的政治团体包括主张某种主义的团体、推荐团体、后援团体、特定酒会团体等，其中资金管理团体非常重要。资金管理团体是代表公职候选人，并由其指定的可以接受政治资金的政治团体。公职候选人就是根据《公职选举法》提出成为公职申请及公职候选人的个人。根据《政治资金规正法》，公职候选人可以指定一个政治资金团体，接受政治捐款。

**（三）政治资金收支的公开等**

政治团体的会计责任人须将记载该政治团体12月31日之前的收入、支出及资产等状况的收支报告书于次年3月底（1月至3月间如有总选举等，则为4月底）提交给都道府县选举委员会或者总务大臣。

收支报告书的主要事项包括（1）捐款：超过5万日元的捐款者的姓名等；（2）政治资金酒会的收入：在政治资金酒会上超过20万日元的捐款者的姓名等；（3）支出：政治活动经费中5万日元以上支出的接受者的姓名等；（4）资产等：土地、建筑物及建筑物的所有权或者租借权、超过100万日元的动产、储蓄、股票、超过100万日元的贷款、超过100万日元的押金或者保证金、超过100万日元的设施使用权及超过100万日元的借款等。

**（四）《政治资金规正法》对捐赠等的限制**

《政治资金规正法》对政治捐赠的限制主要表现在以下几个方面：

一是对公司有关捐赠的限制。除政治团体外，公司、工会等团体不能对政党、政党支部及政治资金团体以外的政治活动进行捐赠。任何人不得劝诱或者要求公司、工会、职员团体及其他团体（政治团体除外）进行有关政治活动的捐赠。

二是禁止有关公职候选人政治活动的捐赠。任何人不得进行有关公职候选人政治活动（选举运动除外）的捐赠（限于金钱等，政治团体除外）。

三是捐赠总额的限制。对政党、政治资金团体的捐赠，个人的捐赠在2000万日元以内，公司、工会等的捐赠根据其规模的大小从750万至1亿日元不等。对政治家个人或政治资金管理团体的捐赠，个人的捐赠在1000万日元以内，禁止公司、工会等对政治资金团体进行捐赠。

除此之外，该法还禁止连续三年亏损的公司、接受自治体补助金或自治体出资的公司等向政党、政治资金团体进行捐赠，禁止外国人或外国法人以他人名义或匿名等形式向政党、政治资金团体进行捐赠。

**（五）对支付政治资金酒会捐赠的限制**

在日本，政治家尤其是有实力的政治家经常通过酒会来筹集政治资金。这样的酒会被称为政治资金酒会。《政治资金规正法》对于政治资金酒会作出了明确的规定，政治资金酒会的举办者，不得在同一政治资金酒会从同一人接受超过150万日元的捐赠，而任何人不得在同一政治资金酒会支付超过150万日元的报酬。

## 五、日本政党党内规章制度建设情况

日本目前的主要政党有自民党、民主党和共产党。自民党是日本老牌的执政党，目前处于在野党地位，但其实力仍然强大，是下届执政党的有力竞争者。民主党是目前的执政党，是由前自民党人和社会党人以及其他政党组合而成，成立时间较短，但对日本政坛格局影响较大。而日本共产党是日本历史最为悠久的政党，长期处于在野党。这三个政党在日本具有较强的代表性，自民党是老牌的保守政党，共产党是老牌的社会主义政党，而民主党则具有强烈的新保守主义倾向。以下就介绍这三个政党的党内规章制度建设情况。

## 导 言

### （一）关于日本政党党内的规章制度

日本自民党党内的主要规章制度包括《立党宣言》、党纲、党则等。《立党宣言》是自民党在1955年11月成立时通过的，现在还是作为党的一个重要文件。自民党的党纲主要有两个，一个是在1955年成立时通过的，另一个是新党纲，是在2010年1月通过的。党则主要包括《党则》、《总裁选举规程》、《总裁公选实施细则》和《自民党规律规约》。自民党的《党则》早在其成立时就通过了，但中间经过多次修订，最新的《党则》是在2011年1月通过的。《总裁选举规程》、《总裁公选实施细则》和《自民党规律规约》是对《党则》的补充。《总裁选举规程》和《总裁公选实施细则》于2002年1月通过，前者还于2007年进行过修订。《自民党规律规约》则是从2011年1月实施。

日本民主党党内的主要规章制度包括《基本理念》、《民主党规约》、《代表选举规则》和《伦理规则》，但没有党纲。民主党在1998年结党时曾通过《结党宣言》，但是，随着不断地与其他政党合并，《结党宣言》也就不再提起。《民主党规约》在1998年民主党第一次大会通过后几乎每年都进行修订，直至2007年才最后确定。《代表选举规则》是在2000年定期大会上确定，但随后经过4次常任干事会修订，于2004年最后确认。《伦理规则》是对《民主党规约》的补充，于2000年3月由常任干事会决定。

日本共产党党内的主要规章制度就是《日本共产党纲领》和《日本共产党规约》。日本共产党成立于1922年，但其在日本政坛的合法活动是在"二战"以后。《日本共产党规约》是在1958年通过的，在随后的时期内经过一些修订，但重大的修订是在冷战结束以后，2000年11月日本共产党"二十二大"修改通过了新的《日本共产党规约》。《日本共产党纲领》是在1961年通过的。冷战结束后，为了适应新形势的发展，日本共产党对纲领进行了重大修改。2004年1月的日本共产党"二十三大"通过了新的《日本共产党纲领》。

## （二）日本政党党内的规章制度的制定过程和程序

自民党。根据《党则》，党大会是自民党的最高机关。党大会下辖三个机构：两院议员总会、总务会和党纪委员会。党大会经过总务会讨论，由总裁召集，每年召开一次。不过，在两院议员总会讨论通过或者三分之一以上的都道府县支部联合会要求召开党大会时，总裁应在一个月之内召集临时党大会。一般来说，党大会就党的重大事项如党情报告、党则改正案、预算、决算、政策报告、运动方针等进行讨论、决定。而像纲领修订这样重大的事情，也是由党大会讨论通过。

自民党设置总裁，作为党的最高责任人和代表，并总理党务。有时，自民党还根据情况设置副总裁。副总裁辅佐总裁工作，在总裁出现问题或总裁不在时行使总裁职责。自民党干事长是仅次于总裁的第2号人物。除了负责选举、国会运营和法案审议，干事长还全面负责和管理自民党的党务。一般情况下，党则改正案由干事长主持修订，并由干事长提至党大会，由党大会讨论后通过。而自民党的纲领，在成立时通过后几乎没有进行过修订。新的2010年新纲领，是由自民党总裁谷垣祯一为了夺回失去的政权而组成的一个政权构想会议提出的。政权构想会议由总裁指定的20名以内的委员组成，设议长1名，干事5名。政权构想会议的劝告内容经总务会讨论后形成党的议题。如该政权构想会议对自民党纲领进行了重新修订，提出了一个新的纲领。该纲领在自民党第77次大会上经过讨论后一致通过，形成了自民党2010年纲领。

民主党。根据《民主党规约》，党大会是民主党的最高决议机关。党大会审议和通过每年的活动计划、预算和决算、规约的改正以及其他重要事项。党的代表（相当于总裁）每年必须召开一次党大会，也可在必要的时候召开临时党大会。两院议员总会是仅次于党大会的党的决议机关。两院议员总会是根据代表或常任干事会的决议，由两院议员总会会长召集。在紧急情况下，两院议员总会可以替代党大会的决议，但是，该决议必须报告给下一次党大会并得到其承认。如《民主党规约》由民主党第一次大会于 1998 年 4 月制定后,经过了多达 10 次的修改,其中有 2 次是由两院议员总会修改。

民主党没有纲领,但有一个类似于纲领的文件,即《基本理念》。这个《基本理念》是在民主党第一次大会通过后成为党的基本方向,而且,民主党也是以实现这个《基本理念》为目的的政党。

共产党。根据《日本共产党规约》,党大会是日本共产党的最高机关,同时也是党的指导机关。党大会由中央委员会决定来召集召开,每两至三年召开一次,在特殊情况下,党大会可延期召开。党大会的主要职责是审议中央委员会的报告、议案、党的纲领和规约,并选出中央委员会。在两次党大会期间,党的指导机关是中央委员会。中央委员会的主要职责就是执行党大会的决定,贯彻和实施党的方针政策,并根据经验进行修改和发展。此外,中央委员会还推进党的理论活动。中央委员会选举出中央委员会干部会和干部会委员长、副委员长。中央委员会干部会在两次中央委员会总会期间履行中央委员会的职责。这就是说,中央委员会干部会主持党的日常工作。

在 2003 年的党纲修改过程中,中央委员会干部会向第 22 次大会第 7 次中央委员会总会提出纲领修正案。在第 7 次中央委员会总会上,中央委员会议长不破哲三在大会上做了关于日本共产党纲领修正案的提案报告。然后,大会经过讨论,通过纲领修正案。同样,在 2000 年的规约修改过程中,不破哲三委员长代表干部会在第 19 次党大会第 7 次中央委员会总会提出关于规约修正案的提案说明。当然,在党纲和规约修改时,中央委员会干部会将在提交给中央委员会总会之前向全党公布修改案,在全党进行讨论,并根据讨论情况进一步修改提案。

(三) 党员参与制定情况以及权利保护

在战后日本政党形成过程中,一般是从事政治运动的政治家们根据其政党的实际情况来制定党的纲领、党章及其他方针政策等,而国民根据各政党的纲领以及方针政策等选择性地参加某个政党。根据各政党的党章,党员参与内部规章的制定及权利保护情况也有所区别。

根据自民党党则，只要是赞同自民党的目的、忠实地履行其党则制定的各项义务并积极参加党的活动的日本国民，就可以成为自民党的党员。自民党党员的权利主要有：在党内拥有选举权和被选举权；参加公职（包括议员）的选举及候补；就党的政策提出相关提案；通过党的会议或出版物，参加有关党的活动，进行自由的讨论。其义务主要有：拥护党的理念、纲领、政策及党则；在各级选举中，支持党决定推出的候选人；积极参加党的活动；交纳党费。从实际情况看，自民党党员很少能参加党的内部规章制度的制定，也不能参加党的总裁选举，其最重要的任务就是在各级选举中支持党的候选人。即使是在最近进行的自民党总裁选举改革中，自民党地方党组织可以参加选举，改变了此前只有国会议员才能选举总裁的情况，普通党员也基本上被排斥在选举之外。

根据民主党规约，只要是赞同民主党基本理念及其政策且年满18岁的个人（包括在日的外国人）就可以成为其党员。根据党的规定，民主党党员可以参与党的运营、活动及政策等。党员都必须按规定交纳党费。根据代表选举规则，党员在选举党代表时有投票权。这是民主党党员与自民党党员最大的区别。事实上，不仅民主党党员有投票权，连民主党党友也有相同的投票权。

根据共产党规约，年满18岁且承认党的纲领和规约的日本国民就可以成为其党员。日本共产党的党员在党内有选举权和被选举权；在党的会议期间，可以就党的政策、方针进行讨论、发布提案；要自觉地执行党的各项决定；坚持党的内部问题内部解决等。日本共产党的党大会、各种党的会议以及支部总会均由选举产生。党的指导机关推荐下一届委员会的候选人。选举人也可以自由推荐候选人。

### （四）日本各政党内部规章制度的作用

首先，各政党内部的规章制度是各政党形象的展示。认识和判断一个政党，一般是从政党的纲领开始的。纲领是一个政党的灵魂，是一个政党的宪法，是政党前进的方向和灯塔，集中反映了党的立场和信念。如自民党的纲领就明确指出，党的目的就是"反共产主义、社会主义，反独裁专制的统治"和"确立一个像样的日本"，而共产党的纲领就开宗明义地表明，其是"以科学社会主义理论为基础的政党"。民主党没有纲领，这一点就经常被自民党拿来说事，但是，民主党也有自己的基本信念，那就是"走民主中道的新道路"。正是这些不同的纲领将这些政党区别开来，使不同的人根据自己不同的信仰选择或不选择政党。

其次，各政党内部的规章制度确立了每个政党的内部秩序和运作框架。从以上可以看出，自民党、民主党和共产党的内部秩序是完全不同的，而这是由每个政党的性质决定的。共产党实行的是民主集中制，其内部秩序是有等级的并有着严格的纪律，如下级要服从上级的决定和意愿，党员是不能公开反对党的决定。而自民党和民主党则相对松散。自民党虽然要求党员在各级选举中有支持本党候选人的义务，但由于党内的派别林立，各个候选人均在不同派别的控制之下，这就使得党员支持党的候选人成为一句口号。民主党则干脆没有这一条。即使如此，这并不是说自民党、民主党没有自己的内部秩序。在很大程度上，自民党的党则和民主党的规约已说明其内部的运作规则，而这种规则又是各派别认同的，因而，在党的内部运作方面，各派别还是严格遵守的。一旦出现违反规则的情况，就会受到处罚，严重的甚至开除出党。如在1993年众议院对宫泽喜一内阁的不信任案中，身为自民党党员的冈田克也投了支持票。而后，冈田克也自动退党。冈田克也的这种行为在日本被称为"造反"。造反的党员在通常情况下会主动退党。毕竟，其所作所为已经与党的内部规则发生了冲突。冲突的结果就是违反规则的人出局。

## 六、日本各政党内部规章制度面临的挑战

首先，意识形态仍然是日本各政党内部规章制度面临的最主要挑战。日本曾经是美苏冷战的前沿和桥头堡。这种冷战格局直接影响了日本政党

政治的发展，并导致了以自民党为首的保守主义和以社会党为首的社会主义的对立。冷战的结束意味着意识形态之争应该让位于以政策为基础的政党之争。但是，此时的自民党仍然抱着冷战思维不放。在2010年的新纲领中，自民党就明确表明了反共产主义、反社会主义的态度和立场。在当今全球化的趋势下，这种态度和立场似乎有点不合时宜。当然，我们知道自民党这么做的背后动机，那就是进一步地强化日美同盟，维护日本在东亚和国际上的地位。但是，这种强调意识形态的做法只会加剧东亚的紧张局势，尤其是在其上台执政以后。

其次，民主是各政党内部规章制度面临的最大挑战。各政党虽然都强调民主主义，但是，各政党内部的规章制度中均存在这样或那样的不民主的现象。如共产党规约规定，共产党员不能在公开场合表达自己的意见，不允许与党有不同的意见。在日本社会，共产党的这种规定显然是另类，并不为民众所理解和接受。不只是共产党，像自民党也存在一些内部的民主问题，如在自民党历史上的总裁选举中，普通党员并不能参加选举。总裁选举只是自民党高层的事情，与普通党员无关。

第三，各政党代表的群体逐渐趋同。在日本政党政治发展中，自民党和共产党都是有着悠久的历史，在其成立之初，一般是代表各自的阶层利益。但是，随着时间的推移，各政党代表的阶层逐渐趋同，各政党所代表的阶层之间的界限逐渐模糊。如自民党在建党之初就指出，自民党代表特定阶级、阶层的利益。但是，在2010年新纲领中，自民党就指出其将站在纳税人的立场，建设"新日本"，建设"新自民党"。新修改的党则指出，只要赞同本党目的的国民就可以成为自民党的党员。而民主党的规约则规定，只要赞同本党的基本理念和政策就可以成为其党员。与此同时，民主党要集结实现政权交替的政治势力。又比如，日本共产党在很长时期内都表明其是"工人阶级的政党"，但修改后的规约规定，"日本共产党是工人阶级的党，同时也是日本国民的党。为了民主主义、独立、和平、提高国民生活和日本进步的未来而努力，对所有的人开放门户"。这说明，在当代阶级身份已经模糊、社会结构发生重大变化的情况下，各政党开始要成为代表所有国民的政党，要争取得到所有国民的支持。事实上，民主党和自民党的支持群体并没有太大的区别。这就对各政党的发展提出了严峻的考验。

## 七、日本各政党内部规章制度对中国的启示

首先，与宪法精神和原则以及相关法律保持一致。各政党在制定内部规章制度时都遵循了宪法的精神和原则，并确保其不违反相关的法律法规。任何政党的内部规章制度都不得与宪法和相关法律相冲突。这是政党赢得选民支持的关键。

其次，与时俱进地修改内部规章制度。从上面可以看出，各政党都在不同的历史阶段进行过内部规章制度的修改，有的政党甚至多次修改内部规章制度，如民主党就多次修改其规约，自民党也多次对其党则进行小的修改。当然，各政党在修改其纲领时还是非常谨慎的。一般来说，各政党只有在国际形势出现重大变化或转折时才修改其纲领。

第三，严格地按照内部规章制度来运作党务。规章制度一经制定，政党就得按照其所制定的框架和规则来运作，一旦出现违反，其规章制度就会遭到质疑。即使是喜欢幕后运作的自民党在新的世纪也不得不严格遵守其内部的规章制度。

第四，保证各规章制度的制定过程和实施过程的透明度。各规章制度均是在政党的代表大会上经过讨论后通过的，这就保证其规章制度的制定过程的透明性。即使出现任何问题如党员违反相关规定，也会按照规章制度的程序来实施。

第一部分

宪法、全国性涉党法律

# 日本国宪法

1946 年 11 月 3 日公布

1947 年 5 月 3 日施行

## 序 言

日本国民决心通过正当选出的国会中的代表而行动，为了我们和我们的子孙，确保与各国人民合作而取得的成果和自由带给我们全国的恩惠，不再因政府的行为而再次发生战祸，兹宣布主权属于国民，并制定本宪法。国政本源于国民的郑重委托，其权威来自国民，其权力由国民的代表行使，其福利由国民享受。这是人类普遍的原理，本宪法即以此原理为根据。凡与此相反的一切宪法、法律、法令和诏敕，我们均将排除。

日本国民期望永恒、持久的和平，深知决定人类相互关系的崇高理想，信赖爱好和平的各国人民的公正与信义，决心保持我们的安全与生存。我们希望在努力维护和平，从地球上永远消灭专制与隶属、压迫与偏见的国际社会中，占有光荣的地位。我们确认，全世界人民都同等享有免于恐怖和贫困并在和平中生存的权利。

我们相信，任何国家都不得只顾本国而无视他国。政治道德的法则是普遍的法则，遵守这一法则乃是捍卫本国主权并欲同他国建立对等关系的各国的责任。

日本国民誓以国家的名誉，竭尽全力实现这一崇高的理想和目的。

## 第一章 天 皇

**第一条**

天皇是日本国的象征，是日本国民统合的象征，其地位以主权之所在的全体日本国民的公意为依据。

**第二条**

皇位世袭，根据国会议决的皇室典范的规定继承之。

**第三条**

天皇有关国事的一切行为，必须有内阁的建议和承认，由内阁承担责任。

**第四条**

天皇只能行使本宪法所规定的国事行为，并无国政的权能。

天皇可根据法律规定，对国事行为进行委任。

**第五条**

根据皇室典范的规定设置摄政时，摄政以天皇的名义行使有关国事的行为。在此情形下，准用前条第一款之规定。

**第六条**

天皇根据国会的提名，任命内阁总理大臣。

天皇根据内阁的提名，任命担任最高法院院长的法官。

**第七条**

为了国民，天皇根据内阁的建议与承认，行使下列有关国事的行为：

一、公布宪法修正案、法律、政令及条约；

二、召集国会；

三、解散众议院；

四、公告举行国会议员的选举；

五、认证国务大臣及依法律规定的其他官吏的任免、全权委任状以及大使、公使的国书；

　　六、认证大赦、特赦、减刑、免除执行刑罚以及恢复权利；

　　七、授予荣誉称号；

　　八、认证批准书以及法律规定的其他外交文书；

　　九、接受外国大使及公使；

　　十、举行仪式。

## 第八条

授予皇室财产，皇室接受或赐予财产，均须根据国会的决议。

## 第二章　放弃战争

## 第九条

日本国民谋求基于正义与秩序的国际和平，永远放弃以国权发动的战争、武力威胁或武力行使作为解决国际争端的手段。

为达到前款之目的，不保持陆海空军及其他战争力量。不承认国家的交战权。

## 第三章　国民的权利与义务

## 第十条

日本国民必备的要件，由法律规定。

## 第十一条

国民享有的一切基本人权不能受到妨碍。本宪法所保障的国民的基本人权，作为不可侵犯的永久权利，赋予现在以及将来的国民。

## 第十二条

受本宪法保障的国民的自由与权利，国民必须不断地努力保持。同时，国民不得滥用此种自由与权利，而应负起经常用以增进公共福祉的责任。

**第十三条**

全体国民作为个人均受到尊重。国民对于生命、自由以及追求幸福的权利，只要不违反公共福祉，在立法及其他国政上均须受到最大的尊重。

**第十四条**

全体国民在法律面前一律平等，不因人种、信仰、性别、社会身份或者门第的不同，而在政治、经济以及社会的关系中受到歧视。

华族以及其他贵族制度，一概不予承认。

荣誉、勋章以及其他荣誉称号的授予，概不附带任何特权。授予的荣誉称号，其效力只限于现有者或将接受者一代。

**第十五条**

选举及罢免公务员，为国民固有的权利。

一切公务员都是为全体服务，而不是为一部分人服务。

关于公务员的选举，由成年人普选保障。

在一切选举中，不得侵犯投票的秘密。对于选举人所作的选择，不论在公的或私的方面，均不得追究责任。

**第十六条**

任何人对损害的救济，公务员的罢免，法律、命令、规章的制定、废止和修订以及其他有关事项，都有和平请愿的权利，任何人都不得因进行此种请愿而遭受歧视待遇。

**第十七条**

任何人在由于公务员的不法行为而受到损害时，均可根据法律的规定，向国家或公共团体提出赔偿的要求。

**第十八条**

任何人都不受任何奴隶性的拘束。同时，除因犯罪而受处罚外，对任何人都不得违反本人意志而使其服苦役。

**第十九条**

思想及良心的自由，不得受到侵犯。

## 第二十条

任何人的信教自由均受到保障。任何宗教团体都不得从国家接受特权或行使政治上的权力。

不得强制任何人参加宗教上的行为、庆典、仪式或例行活动。

国家及其机构都不得进行宗教教育以及其他任何宗教活动。

## 第二十一条

保障集会、结社、言论、出版及其他一切的表现自由。

不得对言论进行事前审查。通信的秘密不得受到侵犯。

## 第二十二条

只要不违反公共福祉，任何人均有居住、迁徙以及选择职业的自由。

任何人移居国外或脱离国籍的自由均不得受到侵犯。

## 第二十三条

学术自由受到保障。

## 第二十四条

婚姻仅基于两性自愿结合而成立，以夫妇享有平等权利为根本，并须在相互协力之下予以维持。

关于选择配偶、财产权、继承、选择居所、离婚以及婚姻和家庭等其他有关事项的法律，必须以个人尊严与两性平等为基础制定。

## 第二十五条

全体国民都享有维持健康的且在文化意义上最低限度的生活权利。

国家必须在生活的一切方面为提高和增进社会福祉、社会保障以及公共卫生而努力。

## 第二十六条

全体国民，按照法律规定，均享有依其能力所及平等接受教育的权利。

全体国民，按照法律规定，均负有使受其保护的子女接受普通教育的义务。义务教育免费。

第二十七条

全体国民都有劳动的权利与义务。

有关工资、劳动时间、休息以及其他劳动条件的基本标准，由法律规定。

不得残酷驱使儿童。

第二十八条

保障劳动者的团结权、集体交涉权以及其他采取集体行动的权利。

第二十九条

财产权不受侵犯。

财产权的内容应与公共福祉相适合，由法律规定。

私有财产在正当的补偿下，可收归公用。

第三十条

国民有按照法律规定纳税的义务。

第三十一条

不经法律规定的程序，不得剥夺任何人的生命或自由，或科以其他刑罚。

第三十二条

不得剥夺任何人在法院接受裁判的权利。

第三十三条

除非作为现行犯被逮捕外，如有权的司法机关签发并明示犯罪理由的令状，对任何人均不得加以逮捕。

第三十四条

如不直接讲明理由并立即给予委托辩护人的权利，对任何人均不得加以拘留或拘禁。同时，如无正当理由，对任何人不得加以拘禁，如本人提出要求，必须立刻将此项理由在有本人及其辩护人出席的公开法庭上予以宣告。

**第三十五条**

对任何人的住所、文件以及持有物不得侵入、搜查或扣押。此项权利，除第三十三条的规定外，如无依据正当的理由签发并明示搜查场所及扣押物品的令状，不得受到侵犯。

搜查与扣押，应依据主管司法官署单独签发的令状实施。

**第三十六条**

绝对禁止公务员施行拷问及酷刑。

**第三十七条**

在一切刑事案件中，被告人均享有接受法院公正、迅速、公开审判的权利。

刑事被告人享有询问所有证人的充分机会，并有使用公费通过强制性程序为自己寻求证人的权利。

刑事被告人在任何场合都可委托有资格的辩护人。被告人本人不能自行委托辩护人时，由国家提供。

**第三十八条**

任何人均不得被强制作不利于自己的供述。

以强迫、拷问或威胁所得的口供，或经过非法的长期拘留或拘禁后获得的口供，均不得作为证据。

如果对自己不利的惟一证据是本人口供时，任何人均不得被判有罪或科以刑罚。

**第三十九条**

任何人在其实施的当时为合法的行为或已经被宣判无罪的行为，均不得再追究刑事责任。同时，对同一犯罪行为不得重复追究刑事上的责任。

**第四十条**

任何人在拘留或拘禁后被判无罪时，得依法律规定向国家请求赔偿。

## 第四章 国 会

第四十一条

国会是国家权力的最高机关,是国家惟一的立法机关。

第四十二条

国会由众议院及参议院两议院构成。

第四十三条

两议院由选举产生的代表全体国民的议员组成。

两议院的议员定额由法律规定。

第四十四条

两议院的议员及其选举人的资格,由法律规定。但不得因人种、信仰、性别、社会身份、门第、教育、财产或收入的不同而差别对待。

第四十五条

众议院议员的任期为四年。但众议院在解散时,其任期在期满前结束。

第四十六条

参议院议员的任期为六年,每隔三年改选半数的议员。

第四十七条

有关选区、投票方法以及其他有关两议院议员的选举事项,由法律规定。

第四十八条

任何人都不得同时担任两议院的议员。

第四十九条

两议院议员得按法律规定,自国库接受相当数额的年薪。

第五十条

除法律规定的情形外,两议院议员在国会开会期间不受逮捕。开会期前被逮捕的议员，如其所属议院提出要求，必须在开会期间予以释放。

**第五十一条**

两议院议员在议院中所作的演说、讨论或表决，在院外不被追究责任。

**第五十二条**

国会常会每年召开一次。

**第五十三条**

内阁可以决定召集国会的临时会议。只要任何一个议院全体议员的四分之一以上提出要求，内阁即须决定召集。

**第五十四条**

众议院被解散时，必须在自解散之日起四十日内举行众议院议员大选，并须在自选举之日起三十日内召开国会。

众议院被解散时，参议院同时闭会。但内阁在国家有紧急需要时，得要求参议院举行紧急会议。

在前款但书的紧急会议中所采取的措施，是临时性的，如在下届国会开会后十日内不能得到众议院的同意，即告失效。

**第五十五条**

对有关议员资格的争议，由两院自行裁决。但撤销议员资格，必须有出席议员的三分之二以上多数作出决议。

**第五十六条**

两议院如无各自全体议员的三分之一以上出席，不得开会议事和作出决议。

两议院进行议事时，除本宪法有特别规定的情形外，须由出席议员的过半数通过表决，赞同票与否决票票数相等时，由议长决定。

**第五十七条**

两议院的会议均为公开会议。但经出席议员三分之二以上的多数决议时，得举行秘密会议。

两议院分别保存各自的会议记录，除秘密会议记录中认为应特别保密者外，均须公开发表，并公之于众。

如有出席议员五分之一以上的要求，各议员的表决必须载入会议记录。

**第五十八条**

两议院各自选任本院的议长及其他负责人。

两议院各自制定有关会议及其程序以及内部纪律的规章制度，并对破坏议院内秩序的议员进行惩罚。但开除议员必须有出席议员三分之二以上的多数作出决议。

**第五十九条**

凡法律草案，除本宪法有特别规定的情形外，经两议院通过后即成为法律。

众议院已经通过而参议院作出不同决议的法律草案，如经众议院出席议员三分之二以上的多数审议再次通过时，即成为法律。

前款规定并不妨碍众议院根据法律规定提出举行两议院协议会的要求。

参议院接到已由众议院通过的法律案后，扣除国会休会期间，如在六十日内不作出决议，众议院可以认为此项法律案已被参议院否决。

**第六十条**

必须先在众议院提出预算案。

对预算案，如参议院作出与众议院不同的决议，而根据法律的规定举行了两院协议会但仍不能取得一致意见时，在参议院接到众议院已经通过的预算案后，扣除国会休会期间，三十日内仍不作出决议的，即以众议院的决议作为国会决议。

**第六十一条**

关于缔结条约所必要的国会的批准，准用前条第二款的规定。

第六十二条

两议院得各自进行有关国政的调查，并得为此要求证人出席作证或提出证言及记录。

第六十三条

内阁总理大臣及其他国务大臣，不论其是否在两议院之一保有议席，均随时就有关议案发言而出席议院。另外，在被要求出席答辩或说明时，必须出席。

第六十四条

国会为审判受到罢免追诉的法官，由两议院议员组成弹劾法院。

有关弹劾的事项，由法律规定。

## 第五章　内　阁

第六十五条

行政权属于内阁。

第六十六条

内阁按照法律规定由其首长内阁总理大臣及其他国务大臣组成。

内阁总理大臣及其他国务大臣必须是文职人员。

内阁行使行政权，对国会负连带责任。

第六十七条

内阁总理大臣经国会决议在国会议员中提名。此项提名较其他一切议案优先进行。

如众议院与参议院对提名作出不同决议，而根据法律规定举行的两院协议会亦不能得出一致意见时，则在众议院作出提名的决议后，扣除国会休会期间，十日内参议院仍不作出提名决议的，即以众议院的决议作为国会决议。

**第六十八条**

内阁总理大臣任命国务大臣。但半数以上人员必须从国会议员中选任。

内阁总理大臣可自行决定罢免国务大臣。

**第六十九条**

内阁在众议院通过不信任案或信任案遭到否决时,如10日内不解散众议院,必须全体辞职。

**第七十条**

内阁总理大臣缺位时,或众议院议员大选后第一次召集国会时,内阁必须总辞职。

**第七十一条**

发生前两条情况时,在新的内阁总理大臣被任命之前,内阁继续履行职责。

**第七十二条**

内阁总理大臣代表内阁向国会提出议案,就一般国务及外交关系向国会提出报告,并指挥、监督各行政部门。

**第七十三条**

内阁除执行一般行政事务外,执行下列各项事务:

一、忠实地执行法律,总理国务;

二、处理外交关系;

三、缔结条约,但必须在事前,或根据情况在事后获得国会的承认;

四、按照法律规定的准则,掌管有关官吏的事务;

五、编制并向国会提出预算;

六、为实施本宪法及法律的规定而制定政令,但在此种政令中,除法律特别授权的情形外,不得制定罚则;

七、决定大赦、特赦、减刑、免除刑罚执行及恢复权利。

**第七十四条**

法律及政令均由主管的国务大臣署名,并必须有内阁总理大臣的联署。

### 第七十五条

国务大臣在任期间，如无内阁总理大臣的同意，不受公诉。但此项规定并不妨碍公诉的权力。

## 第六章 司 法

### 第七十六条

一切司法权属于最高法院及按照法律规定设置的下级法院。

不得设置特别法院。行政机关不得作出终审的判决。

所有法官依良心独立行使职权，只受本宪法及法律的约束。

### 第七十七条

最高法院有权就有关诉讼的程序、律师、法院内部纪律以及司法事务处理等事项制定规则。

检察官必须遵守最高法院制定的规则。

最高法院有权将制定有关下级法院规则的权限委托给下级法院。

### 第七十八条

法官除经法院认定为因身心的障碍不适合执行职务情形外，非经正式弹劾不得被罢免。对法官的惩戒处分不得由行政机关作出。

### 第七十九条

最高法院由任该法院院长的法官及按法律规定名额的其他法官构成。除任该法院院长的法官外，其他法官由内阁任命。

最高法院法官的任命，在其任命后第一次举行的众议院议员大选时交付国民审查，自此经过十年之后第一次举行众议院议员大选时再次交付审查，以后准此。

在前款的情形中，投票者以多数认可对法官的罢免时，该法官即被罢免。

有关国民审查的事项，由法律规定。

最高法院法官满法律规定年龄时退休。

最高法院法官均定期获得一定数额的报酬。此报酬在任期中不得减少。

**第八十条**

下级法院法官，由内阁按最高法院提出的名单任命。其任期为十年，并可连任。但满法律规定的年龄时须退休。

下级法院法官均定期获得一定数额的报酬。此项报酬在任期中不得减少。

**第八十一条**

最高法院为有权决定一切法律、命令、规则以及处分是否符合宪法的终审法院。

**第八十二条**

法院的审讯及判决应在公开法庭进行。

如经全体法官一致认定审讯可能有碍公共秩序或善良风俗时，审讯可以不公开进行。但涉及政治犯罪、有关出版的犯罪或本宪法第三章所保障的国民权利案件，一般应公开审讯。

## 第七章 财 政

**第八十三条**

处理国家财政的权限，必须根据国会的决议行使。

**第八十四条**

新课租税，或变更现行租税，必须有法律或法律规定的条件作依据。

**第八十五条**

国家费用的支出，或国家负担债务，必须根据国会决议。

**第八十六条**

内阁编制每一财政年度的预算必须向国会提出，经其审议通过。

## 第八十七条

为补充难以预见的预算不足，得根据国会决议设置预备费，由内阁负责其支出。

所有预备费的支出，内阁必须于事后取得国会的承认。

## 第八十八条

皇室的一切财产属于国家。皇室的一切费用必须列入预算，经国会审议通过。

## 第八十九条

公款以及其他国家财产，不得为宗教组织或团体使用、提供方便和维持活动之用，也不得向不属于公共支配的慈善、教育或博爱的事业支出，或为其所用。

## 第九十条

国家的收支决算，每年均须由会计审计院审计，内阁必须于下一年度将决算和此项审计报告一并向国会提出。

会计审计院的组织及权限，由法律规定。

## 第九十一条

内阁必须定期、至少每年一次将国家财政状况向国会及国民作报告。

# 第八章　地方自治

## 第九十二条

关于地方公共团体的组织及运营事项，根据地方自治的宗旨，由法律规定。

## 第九十三条

地方公共团体根据法律规定设置议会为其议事机关。

地方公共团体的首长、议会议员以及法律规定的其他官吏，由该地方公共团体的居民直接选举。

### 第九十四条

地方公共团体有管理其财产、处理事务以及执行行政的权能，得在法律范围内制定地方条例。

### 第九十五条

仅适用于某一地方公共团体的特别法，如非根据法律规定，并经该地方公共团体的居民过半数以上投票同意，国会不得制定。

## 第九章 修 改

### 第九十六条

本宪法的修改，必须经各议院全体议员的三分之二以上赞成，才由国会提议，向国民提案，并得其承认。此种承认，有必要在特别的国民投票或国会规定的选举时所进行的投票中，须获得半数以上的赞成。

宪法修正案在获得前款的承认后，天皇应立即以国民的名义，将其作为本宪法的一部分予以公布。

## 第十章 最高法规

### 第九十七条

本宪法所保障的日本国民的基本人权，是人类为争取自由经过长年努力的成果，此等权利已于过去几经考验，被确信为现在及将来国民不可侵犯的永久权利。

### 第九十八条

本宪法为国家的最高法，与本宪法条款相抵触的法律、命令、诏敕以及有关国务的其他行为的全部或一部分，一律无效。

日本国已缔结的条约及确立的国际法规，必须诚实遵守。

### 第九十九条

天皇或摄政以及国务大臣、国会议员、法官以及其他公务员均负有尊重和拥护本宪法的义务。

## 第十一章　补充规则

**第一百条**

本宪法自公布之日起经六个月开始实施。

为实施本宪法所必要的法律制定、参议院议员的选举、召集国会的程序以及为实施本宪法所必要的准备程序，得于前款日期之前进行。

**第一百〇一条**

本宪法实施之际，如参议院尚未成立，在其成立以前由众议院行使国会的权力。

**第一百〇二条**

根据本宪法而产生的首届参议院议员，其中半数的任期为三年。此等议员，根据法律规定决定。

**第一百〇三条**

本宪法实施时在任的国务大臣、众议院议员、法官以及其他公务员，其地位与本宪法承认的地位相应者，除法律有特别规定外，不因本宪法的实施而当然失去其地位。但根据本宪法选出或任命其后任者时，当然失去其地位。

（孙谦、韩大元主编：《世界各国宪法·亚洲卷》，中国检察出版社2012年版）

（日本大使馆提供中译本　林来梵 校）

# 政党助成法

1994年2月4日法律第五号

最终修订：2014年6月13日法律第六十九号

## 第一章 总则

### 第一条 目的

鉴于议会制民主政治中政党机能的重要性，国家对政党资助补助金，因此，本法规定必要的政党条件、政党的申请、政党补助金的拨付手续的同时，还规定报告用途以及其他必要措施，以此促进政党政治活动的健康发展，并力图确保公平公正，达到有助于民主政治的健全发展之目的。

### 第二条 政党的定义

一、本法中的"政党"，是指政治团体［《政治资金规正法》（昭和二十三年法律第一百九十四号）第三条第一项规定的政治团体，下同］中，满足以下条件之一的：

1. 该政治团体所属的众议院议员或参议院议员有五人以上。

2. 有不属于前号所规定的政治团体的众议院议员或参议院议员，在最近的众议院议员的总选举（以下称"总选举"）中小选区选出议员的选举或比例代表选出议员的选举，或最近的参议院议员的通常选举（以下称"通常选举"）或此次通常选举的上次选举中比例代表选出议员的选举或选举区选出议员的选举中，该政治团体的得票总数占有效投票总数的百分之二以上。

二、前项各号的规定，对于属于其他政党［根据《政治资金规正法》第六条第一项（含同条第五项中适用的情况）的规定，仅限于提出政党申请的团体］的众议院议员或参议院议员所属的政治团体不适用。

**第三条　政党补助金的拨付等**

一、国家根据本法的规定，向根据《关于赋予接受政党补助金拨付的政党等法人资格的法律》（平成六年法律第一百〇六号）规定是法人的政党拨付政党补助金。

二、政党补助金，包括议员比例部分（按政党所属的众议院议员和参议院议员的人数拨付的政党交付金，下同）和得票比例部分（按总选举的小选举区选出议员的选举及比例代表选出议员的选举，和通常选举的比例代表选出议员的选举及选举区选出议员的选举中政党得票总数拨付的政党补助金，下同）。

**第四条　本法的运用等**

一、国家尊重政党的政治活动自由，拨付政党补助金时不得附加条件或限制其用途。

二、政党补助金来自从国民征收来的税金以及其他宝贵的财源，政党对此须特别注意，认识到自己的责任，保证其组织及运营的民主与公正。与此同时，为了不辜负国民的信赖，须妥善使用政党补助金。

## 第二章　政党的申请

**第五条　领取政党补助金的政党的申请**

一、欲接受政党补助金的政党，须于当年一月一日（同日在与去年进行的总选举或通常选举相关的次条第一项的选举基准日之前时，则为该选举基准日，以下称"基准日"）时将下述各事项于基准日的翌日起十五日以内向总务大臣提出申请。

1. 名称（有简称时，全称和简称都列出）。
2. 主要事务所所在地。

3. 代表、会计负责人以及会计负责人有事或无会计负责人时行使其职权的人等的姓名、住所、生年月日及选任年月日。

4. 会计监查人的姓名、住所、生年月日及选任年月日。

5. 所属众议院议员或参议院议员的姓名、住所，以及众议院小选区选出议员或比例代表选出议员和参议院比例代表选出议员或选举区选出议员，以及该众议院议员和参议院议员选出的选举日期。

6. 以下所列的得票总数：

甲、最近举行的总选举（以下各号及第八条第三项称"上次总选举"）中，小选区选出议员当选时该政党的得票总数；

乙、上次总选举比例代表议员当选时该政党的得票总数；

丙、最近举行的通常选举（以下各号及第八条第三项称"上次通常选举"）以及该次通常选举的上次通常选举（以下各号及第八条第三项称"上上次通常选举"）中，比例代表选出议员的选举时该政党分别的得票总数；

丁、上次通常选举以及上上次通常选举中，选举区选出议员当选时该政党分别的得票总数。

7. 有支部的情况下，支部的数目、名称及主要事务所的所在地和代表、会计责任人以及会计负责人有事或无会计负责人时行使其职权的人等的姓名和住所。

8. 其他总务省令规定的事项。

二、政党在提交前项规定的申请时，须一并提交下列文件：

1. 党纲及其他记载该政党目的、基本政策等的文书。

2. 党规、章程及其他记载该党组织、管理运营等相关事项的文书。

3. 作为该政党所属的众议院议员或参议院议员，记载其姓名等前项第五号所列事项的该众议院议员或参议院议员的承诺书，以及根据同项规定以申请书中不记载属于该政党以外的政党的姓名等其他同号所列事项为发誓主旨的该众议院议员或参议院议员的宣誓书。

4. 记载其他总务省令规定事项的文书。

三、政党根据第一项规定申请事项出现变动时，基准日之后举行总选举或通常选举的情况、或政党解散、或目的变更、或由于其他原因不再是政治团体、或变成不符合第二条第一项任一条件的政治团体等情况除外，须自变动翌日起七日内，援引第一项规定之例将变动的相关事项提出申请。根据前项规定，政党提交的文件内容有变动时同样处理。

四、根据第一项规定提出申请时，总务大臣须将同项各号所列事项（同项第七号所列事项是支部的数量）进行公示。根据前项前段的规定提出申请时，同样须将此类事项公示。

**第六条　总选举或通常选举时的申请**

一、欲接受政党补助金的政党，在该年举行总选举或通常选举时选出的众议院议员或参议院议员的任期起算之日（以下本项称"任期首日"）或该选举的翌日（以下本项称"选举翌日"）中较迟的一日（该选举自公示之日起至任期首日和选举翌日中较迟的一天的期间、涉及其他的总选举或通常选举自公示之日起至任期首日和选举翌日中较迟的一天的期间时，这些选举任期首日或选举翌日中最迟的一天，以下称"选举基准日"），须将前条第一项各号所列事项于选举基准日的翌日起十五日内向总务大臣提出。

二、前条第二项至第四项的规定，前项的申请适用。在这种情况下，同条第三项中"基准日"可换为"该申请相关的次条第一项的选举基准日"。

三、第一项和前项中适用前条第二项及第三项时，政党按同条第一项、同条第三项前段（含前项中适用的情况）或根据第一项规定已经提出申请事项或根据同条第二项或第三项后段（含此类规定在前项中适用的情况）的规定已经提交的文书无变动时，不管第一项和前项中适用的同条第二项及第三项如何规定，根据总务省令规定，可省略根据此类规定应提出的申请事项或应提出的文书的一部分。

四、如选举基准日在当年的十二月，第一项规定不适用。

## 第三章　政党补助金的算定等

**第七条　政党补助金的总额等**

一、每年应拨付各政党的政党补助金的算定基础的政党补助金总额，以基准日人口（以在基准日之前最近的官报公布的国势调查的结果为确定数）乘以二百五十日元所得之额为基准制定预算。

二、每年的议员比例数额及得票比例数额分别相当于前项总额的二分之一。

**第八条　政党补助金数额的算定**

一、每年应拨付各政党［该年、限第五条第一项提出申请（有第六条第一项的规定适用的情况时，同项的申请）时，本条以下同］的政党补助金的数额，为次项所定的议员比例数额和第三项所定得票比例数额合计的数额。

二、应拨付各政党的议员比例数额，等于议员比例数额总额乘以该政党所属的众议院议员及参议院议员的人数除以各政党所属的众议院及参议院议员人数总和所得的数额。

三、应拨付各政党的得票比例数额，等于相当于得票比例数额总额的四分之一的数额分别与下列数相乘所得的数额合计的数额。

1. 上次总选举的小选区选出议员的选举中该政党的得票总数除以该选举中各政党的得票总数之和所得之数。

2. 上次总选举的比例代表选出议员的选举中该政党的得票总数除以该选举中各政党得票总数之和所得之数。

3. 相当于下列数之和的二分之一的数：

甲、上次通常选举的比例代表选出议员的选举中该政党得票总数除以该选举中各政党得票总数之和所得之数；

乙、上上次通常选举的比例代表选出议员的选举中该政党得票总数除以该选举中各政党得票总数之和所得之数。

4. 相当于下列数之和的二分之一的数：

甲、上次通常选举的选举区选出议员的选举中该政党得票总数除以该选举中各政党得票总数之和所得之数；

乙、上上次通常选举的选举区选出议员的选举中该政党的得票总数除以该选举中各政党得票总数之和所得之数。

**第九条**

一、该年应拨付各政党（该年、限根据第五条第一项提出申请的）的政党补助金的数额，为该年的基准日时根据前条算定的数额（次项及第二十七条第一项称"基准额"）。

二、不管前项如何规定，同项的基准日所在之年中，举行总选举或通常选举时，该年应拨付各政党（该年、限根据第五条第一项或第六条第一项提出申请的，本条下同）的政党补助金的数额，为基准额乘以该年自一月到与该总选举或通常选举相关的选举基准日所在之月为止的月份数再除以十二所得数额（次项及第二十七条第一项称"基准额的月平均总额"），与该选举基准日时算定的前条第一项的数额（次项及第二十七条第一项称"再算定额"）乘该选举的基准日所在之月的翌月起至该年十二月止的月份数再除以十二所得之数相加的数额。

三、不管前两项如何规定，前项选举基准日所在之年中，该选举基准日之后举行总选举或通常选举时，该年应拨付各政党的政党补助金的数额，等于基准额的月平均总额，和再算定额与该再算定额相关的选举基准日所在之月的翌月起到与该选举基准日之后举行总选举或通常选举相关的选举基准日（以下本条及第二十七条第一项称"再再算定日"）所在之月为止的月份数相乘再除以十二所得的数额（第二十七条第一项称"再算定额的月平均总额"），和该再再算定日时计算的前条第一项的数额（第二十七条第一项称"再再算定额"）乘以该再再算定日所在之月的翌月起至该年十二月止的月份数除以十二所得的数额相加的数额。

四、不管前三项如何规定，再再算定日所在之年的该再再算定日之后举行总选举或通常选举时，该年应拨付各政党的政党补助金的数额为依前项规定之例算出的数额。

**第十条 政党补助金拨付的决定**

一、总务大臣在列入该年应拨付的政党补助金的年度国家预算通过时,应迅速根据前条规定算出该年应拨付各政党的政党补助金的数额,决定拨付该政党补助金。

二、总务大臣在根据前项规定决定后,在举行总选举或通常选举时,在第六条第一项规定的申请期限过了之后,须迅速根据前条的规定再算出该年应拨付各政党的政党补助金的数额,其数额与已决定的数额不同时,则变更该决定;在有新的应接受政党补助金的政党时,须决定该年应拨付该政党的政党补助金。

三、总务大臣根据前两项规定决定政党补助金或对其进行变更时,须迅速根据总务省令规定,通知应接受该政党补助金的政党该年应拨付该党的政党补助金的数额。

四、总务大臣在进行前项通知时,须公布应接受政党补助金的政党的名称及该年应拨付各政党的政党补助金的数额。

**第十一条 政党补助金的拨付时期等**

一、应拨付各政党的政党补助金,根据总务省令规定,四月拨付相当于该年应拨付该政党的政党补助金的四分之一的数额,七月拨付相当于该年应拨付该政党的政党补助金余额的三分之一的数额,十月拨付相当于该年应拨付该政党补助金余额二分之一的数额,十二月拨付相当于该年应拨付该政党的政党补助金余额。

二、根据前项规定,政党在接受政党补助金拨付时,根据总务省令规定,须向总务大臣提交请求书。在这种情况下,政党须按《法人格赋予法》第四条第一项的规定附加证明是法人政党的登记事项证明书。

三、对根据同项规定未提交前项请求书的政党,不拨付该年度政党补助金。但是,在到该年十二月的拨付时期为止提出该请求书的情况下,应根据总务省令的规定予以拨付与该请求书有关的政党补助金。

**第十二条 拨付手续的特例等**

该年应拨付的政党补助金由于列入的国家年度预算没通过等原因,或由于前二条的规定难以拨付时，关于政党补助金的拨付手续、拨付时期及每个拨付时期应拨付的金额，根据政令的规定可设特例。

**第十三条　拨付结果的公布**

根据总务省令规定，总务大臣须于每年十二月三十一日公示当年拨付的政党补助金的总额及拨付各政党的政党补助金的总额。

## 第四章　政党补助金的用途报告

**第十四条　政党补助金支出的定义等**

一、本章所称"政党补助金支出"，是指政党的支出（指《政治资金规正法》第四条第五项规定的支出，下同）中，从政党补助金或以政党基金（为特定目的而用政党补助金的一部分设立的基金，含与此相关的收益）中支出的部分（借款的返还和贷款的发放除外），含支部政党补助金的拨付，不含支部政党补助金的支出。

二、本章所称"支部政党补助金"，是指政党本部拨付给支部［限一个以上的市町村（含特别区）的区域（含《地方自治法》［昭和二十二年法律第六十七号］第二百五十二条之十九第一项中指定都市的区和《公职选举法》［昭和二十五年法律第一百号］第十二条规定的以选举区为单位设定的区域，下同）］的金钱等（指《政治资金规正法》第四条第一项规定的金钱，以下各项同）中从政党补助金或政党基金拨付的部分，含从一个支部向其他支部拨付金钱等中从支部政党补助金或支部基金（为特定目的而用支部政党补助金的一部分设立的基金，含与此相关的收益，下同）拨付的部分。

三、本章所称"支部政党补助金支出"，是指政党支部的支出中从支部政党补助金或支部基金中支出的部分（借款的返还和贷款的支付除外），含支部政党补助金的支付。

**第十五条　政党会计账本的记载等**

一、政党（限于当年接受政党补助金或用政党补助金支出或政党基金有余额）的会计负责人（会计负责人有事，或无会计负责人时行使其职务的人，限与会计账簿记载有关的部分，含辅助会计责任人职务的人。次条第一项同）为使与政党补助金相关的收支状况清晰明了，应置备会计账簿，须记载下列事项：

1. 关于政党补助金，接受拨付的金额及年月日。

2. 关于政党补助金的支出，其接受者的姓名、住所（如果接受者是团体的话，则列出其名称及其主要事务所所在地。第十七条第一项下同）和其目的、金额、年月日，和用于该政党补助金支出的政党补助金的金额或政党基金的金额。

3. 关于政党基金，其名称及目的、存入或支出的金额及其年月日、因其使用而收益的金额及年月日和余额。

二、政党的会计负责人（会计负责人有事或无会计负责人时行使其职务的人。除次条第一项外下同）在从政党补助金中支出单笔五万日元以上时，须收取证明其事实的、记载有目的、金额和年月日的收据或其他票据，但按社会习惯或其他事由难以收取的，不在此限。

三、关于政党基金，政党的会计负责人须根据总务省令规定收取余额的书面证明（以下称"余额证明"）。

四、根据第三十一条规定，政党的会计负责人自公布与第一项的会计账簿、第二项的收据等以及前项的余额证明等相关的报告书的要点之日开始，须将其保存五年。

五、政党的会计负责人在向支部拨付支部政党补助金之时，须同时向该支部的会计负责人通知其主旨及金额。

### 第十六条 政党支部会计账本的记载等

一、政党支部（限于当年接受政党补助金，或用支部政党补助金支出或支部基金有余额）的会计责任人，为使与支部政党补助金相关的收支状况清晰明了，须置备会计账簿，并记载下列项目：

1. 关于支部政党补助金，接受拨付的金额及年月日。

2. 关于支部政党补助金的支出，其接受者的姓名、住所（如果接受者是团体，则列出其名称及其主要事务所所在地。第十八条第一项下同）和其目的、金额、年月日，和用于该支部政党补助金支出的支部政党补助金的金额或支部基金的金额。

3. 关于支部基金，其名称及目的、存入或支出的金额及其年月日、因其使用而收益的金额及年月日和余额。

二、前条第二项至第五项的规定，适用于政党支部的会计负责人。在这种情况下，同条第二项中"从政党补助金中支出"换为"从支部政党补助金中支出"；同条第三项中"政党基金"换为"支部基金"；同条第四项中"第一项"换为"次条第一项"；"第二项"换为"同条第二项中适用第二项"；"前项"换为"同条第二项中适用前项"；"报告书"换为"支部报告书"；同条第五项中"该支部"换为"该政党的其他支部"；"该支部"换为"该其他支部"。

**第十七条　政党报告书的提交等**

一、第十五条第一项的政党会计负责人（限与报告书记载相关的部分，含辅助会计负责人职务的人。第二十八条第一项下同），须于十二月三十一日的翌日起三个月以内［期间若有总选举或通常选举的公示之日起至选举之日止的情况（第三十一条称"报告书提交期限延长的情况"），则四个月以内］向总务大臣提交记载有该政党当年以下事项（无这些事项时，则列出其主旨）的报告：

1. 关于政党补助金，其总额和接受拨付的金额及年月日。

2. 关于政党补助金的支出，其总额及总务省令规定的不同项目的金额和每项用于政党补助金支出的政党补助金的金额或政党基金的金额。

3. 政党补助金的支出中，劳务费和其他总务省令规定的经费以外的经费中单笔金额（如有多笔经费，其合计金额）五万日元以上的支出，其接受者的姓名、住所和目的、金额、年月日和用于该政党补助金支出的政党补助金的金额和政党基金的金额。

4. 关于支部政党补助金，接受该拨付的支部名称和拨付的目的、金额和年月日。

5. 关于政党基金，其名称及目的、存入或支出的金额及其年月日、因其使用而收益的金额及年月日和余额。

二、根据总务省令规定，政党的会计负责人在提交前项报告书时，须一并提交下列文书。

1. 前项第三号与政党补助金相关的收据等复本（因社会习惯或其他事由难以收取时，则出具记载有其主旨和由该政党补助金支出的目的、金额以及年月日的文书，或记载由该政党补助金支出的目的的文书和金融机构出具的与该政党补助金支出相关的汇款明细单中记载有支出金额及年月日部分的复本，第三十四条第一项和第四十四条第一项第一号及第七号称"政党收据等复本"）以及与政党基金相关的余额证明复本。

2. 根据次条第一项规定接受提交的支部报告书，以及根据第十九条第五项中适用的同条第一项规定接受提交的监查意见书和根据次条第二项规定接受提交的支部报告书及监查意见书（当该政党的支部适用第二十条第二项规定的情况时，含根据同项的规定接受提交的这些文书）。

3. 根据总务省令规定统计前号所列支部报告书记载的事项的总结文书。

4. 根据总务省令的规定统计前项报告书及第二号所列支部报告书中记载的事项的总结文书。

### 第十八条　政党支部的支部报告书的提交等

一、第十六条第一项的支部的会计负责人（限与支部报告书记载相关的部分，含辅助会计负责人职务之人。第二十九条第一项下同），根据总务省令的规定，须于十二月三十一日的翌日起二个月以内（期间若有总选举或通常选举从公示之日起到选举之日止的情况，则三个月以内）向给该支部拨付支部政党补助金的政党会计负责人（若有该支部从政党的其他支部接受支部政党补助金的拨付的情况，该其他支部符合总务省令规定的情况时，该其他支部的会计负责人就是总务省令所规定的人。第二十条第二项下同）提交记载该支部当年下列事项（无这些事项时，则列出其主旨）的支部报告书。

1. 关于支部政党补助金，其总额和接受拨付的金额及年月日。

2. 关于支部政党补助金的支出，其总额及总务省令规定的不同项目金额和每项用于支部政党补助金支出的支部政党补助金的金额或支部基金的金额。

3. 支部政党补助金支出中，劳务费和其他总务省令规定的经费以外的经费中单笔金额（如有多笔经费，其合计金额）五万日元以上的支出，其接受者的姓名、住所和目的、金额、年月日和用于该政党补助金支出的政党补助金的金额和政党基金的金额。

4. 关于拨付的支部政党补助金，接受此拨付的支部名称和拨付的目的、金额和年月日。

5. 关于支部基金，其名称及目的、存入和支付的金额及年月日，因其使用而获得的收益的金额及年月日和余额。

二、根据总务省令的规定，政党支部的会计负责人提交前项支部报告书时，须一并提交下列文书。

1. 前项第三号与支部政党补助金支出相关的收据等复本（由于社会习惯或其他事由难以收取时，则出具记载有其主旨和由支部政党补助金支出的目的、金额及年月日的文书，或记载由该支部政党补助金支出的目的的文书和金融机关出具的与该支部政党补助金支出相关的汇款明细表中记载有支出金额及年月日部分的复本。第四十条之二第一项和第四十四条第一项第二号及第七号称"支部收据等复本"）及与支部基金相关的余额证明复本。

2. 根据前项规定接受由其他支部提交的支部报告书及根据次条第五项中适用同条第一项的规定接受提交的监查意见书（该政党的其他支部适用第二十条第二项规定的情况时，含根据同项规定接受提交的这些文书）。

3. 在前号规定依次适用的情况下，接受其他支部的报告书，并接受该支部以外的其他支部的报告书和监查意见书。

4. 根据总务省令的规定，汇总前二号所列支部报告书中记载的事项的支部总结文书。

三、政党支部的会计负责人根据第一项规定提交支部报告书时，须自该提出之日的翌日起七日以内，将同项的支部报告书及前项第四号所列支部总结文书提交给该支部主要事务所所在地的都道府县的选举管理委员会。

**第十九条　监查意见书等附件**

一、政党的会计负责人在提交第十七条第一项报告书时，须将记载有对与该报告书相关的会计账簿、收据及余额证明等进行会计监查的人的监查意见的监查报告书与该报告书一并提交。

二、政党的会计负责人在提交第十七条第一项的报告书时，基于公认会计师或监查法人根据总务省令的规定对同项各号所列事项进行监查而编制的监查报告书须与该报告书一并提交。

三、根据与编制前项监查报告书的公认会计师或监查法人相关的《公认会计师法》（昭和二十三年法律第一百〇三号）第三十二条第二项（含同法第三十四条之十之十七第三项、第三十四条之二十一第四项、第三十四条之二十一之二第七项、第三十四条之二十九第四项及第四十六条之十第二项中适用的情况）或第三项（含同法第三十四条之十之十七第三项、第三十四条之二十一第四项、第三十四条之二十一之二第七项及第三十四条之二十九第四项中适用的情况）的规定实施的调查或同法第三十四条之四十至第三十四条之六十二规定的手续，同法第三十三条（含同法第三十四条之十之十七第三项、第三十四条之二十一第四项、第三十四条之二十一之二第七项及第三十四条之二十九第四项中适用的情况）的规定或同法第三十四条之四十七、第三十四条之四十九第二项及第三十四条之五十一的规定不适用。

四、公认会计师或监查法人编制第二项的监查报告书时，《公认会计师法》第四十九条之三第二项至第四项的规定，对政党及其支部的事务所、以及与编制该监查报告书有关的账簿文件及其他物件不适用。

五、第一项规定，对第十六条第一项的支部会计负责人提交前条第一项或第三项支部报告书的情况适用。在这种情况中，第一项中"应进行会计监查者"是指"该支部中设置的应进行会计监查者"。

**第二十条　支部报告书等提交的特例**

一、尽管政党不符合第十五条第一项有关政党的规定，在接受其支部根据第十八条第一项或第二项或次项的规定提交的支部报告书时，该政党的会计负责人仍须将自第十七条第二项第二号至第四号所列文书在同条第一项规定期限之内向总务大臣提交。

二、尽管政党的支部不符合第十六条第一项有关支部的规定，在根据第十八条第一项或第二项规定从该政党的其他支部接受提交的支部报告书时，该支部的会计负责人，须在同条第一项规定时间内向该政党的会计负责人提交同条第二项第二号至第四号所列文书，同时，须于向该政党的会计负责人提交这些文书之日的翌日起七日之内向同条第三项规定的选举管理委员会提交同项第四号所列支部总结文书。在政党的支部中，不符合第十六条第一项有关支部的规定的支部，根据本项规定从该政党其他支部接受提交的报告书时，也同样处理。

## 第五章　与政党解散等相关的措施

**第二十一条　政党解散等的申请**

一、政党（限于当年第五条第一项或第六条第一项提出申请的、符合第十五条第一项规定的政党以及符合第十六条第一项规定的支部）解散，或因目的变更及其他事由不是政治团体的，或不符合第二条第一项任一各号的政治团体，该政党的代表自该日的翌日起的十五日以内（在举行总选举或通常选举的情况下，发生总务省令规定的特别事情时，根据总务省令规定的期间内），须报告其主旨及年月日以及成为根本原因的事实。

二、根据前项规定提出申请时，总务大臣须进行公示。

**第二十二条　关于政党解散情况等政党补助金的拨付**

政党（限于当年提出第五条第一项或第六条第一项申请的。第二十七条第一项同）符合前条第一项规定时，不拨付当年应拨付给该政党的政党补助金。但，符合同项规定情况之前已交付的政党补助金（次条及第二十七条第一项中称"既拨付金"），不受此限。

**第二十三条　政党合并情况下政党的申请以及政党补助金的拨付**

一、两个以上的政党［仅限基于基准日或选举基准日中距合并之日最近之日有关的第五条第一项或第六条第一项提出申请（以下本项称"最近的申请"）的。以下本条同］合并时，当年应向因合并解散（以下称"合并解散政党"）的政党拨付的政党补助金，不管前项如何规定，拨付给在合并之日符合第二条第一项其中一号的（限于最近提出申请的。以下称"存续政党"）合并后存续的政治团体或在设立之日符合同项其中一号的（以下称"新设政党"）因合并设立的政治团体。在这种情况下，该拨付金额相当于当年应该拨付给合并解散政党的政党补助金金额减去"既拨付金"金额的剩余金额。

二、两个以上政党合并时，合并后存续的政治团体或因合并设立的政治团体适用于第二条第一项第二号的规定，合并后存续的政治团体，其得票总数为合并解散各政党的得票总数；因合并设立的政治团体，计算合并解散政党的得票总数，为该政治团体的得票总数。

三、政党分割时，当年应该拨付给因分割解散的政党（以下称"分割解散政党"）的政党补助金，不管前条如何规定，拨付给在设立之日符合第二条第一项第一号的因该分割而设立的政治团体（以下称"分割政党"）。在这种情况下，应拨付的金额为当年应拨付给分割解散政党的政党补助金的金额减去已拨付金额的余额乘以该分割政党在设立之日所属众议院议员或者参议院议员中至现在解散之日该分割解散政党所属的人数（以下本项以及第二十五条称"所属议员数"）所得的金额除以各分割政党（限于次项提出的申请）所属议员数合计之数所得的金额。

四、存续政党或新设政党或分割政党，在欲接受第一项或前项规定应接受拨付的政党补助金（以下本条称"未拨付金"）时，其合并之日或分割政党设立之日的翌日起的十五日以内（限于该合并之日或分割政党设立之日至当年十二月拨付时期），须向总务大臣提交其主旨、合并解散政党或分割政党的名称、当年应拨付合并解散政党或分割政党的政党补助金的金额以及未拨付金的金额、合并之日或分割政党设立之日第五条第一项各号（第六号除外）所列事项以及其他总务省令规定的事项。

五、存续政党或新设政党或分割政党，在提出前项申请的情况下，须一并提交第五条第二项各号所列文书、存续政党以及合并解散政党之间达成共识的有关合并文书的复本（如是新设政党，为各合并解散政党之间有关合并文书的复本；如是分割政党，为分割解散政党之间有关分割文书的复本）以及其他总务省令规定的文书。

六、总务大臣在接受第四项申请时，须在提出申请之日（该申请在第十条第一项规定的预算通过之前提出时，则为该预算通过之日）后立即根据第一项或第三项的规定算定提出申请的存续政党或新设政党或分割政党有关未拨付金的金额，以此决定向存续政党或新设政党或分割政党拨付的主旨。

七、有关第四项申请合并或分割之后，在当年举行总选举或通常选举的情况下，与该申请有关的存续政党或新设政党或分割政党的未拨付金中，不管第一项或第三项如何规定，不拨付从该选举的选举基准日当月的翌月起至当年十二月期间对应的根据政令规定的金额。

八、第六条第三项规定，适用于存续政党根据第四项规定提出申请或根据第五项规定提出文书的情况；第十条第三项以及第四项的规定，适用于总务大臣根据第六项规定作出决定的情况。在这种情况下，第六条第三项中"同条第一项"是指"前条第一项"、"第一项以及前项适用的同条第二项以及第三项"是指"第二十三条第四项以及第五项"、第十条第三项中"该政党补助金的拨付"是指"该未拨付金的拨付"、"当年应对该政党拨付的政党补助金的金额"是指"该未补助金的金额"、同条第四项中"前项"是指"第二十三条第八项适用的前项"、"政党补助金的拨付"是指"未拨付金的拨付"、"当年应对各政党拨付的政党补助金的金额"是指"该未拨付金的金额"。

九、新设政党或分割政党根据第四项的规定提交申请以及根据第五项的规定提交文书时，可视为其合并之日或分割政党设立之日根据第五条第一项的规定提交申请以及根据同条第二项的规定提交文书，适用于同条第三项以及第四项、第六条第三项、第二十一条、前条以及第二十七条的规定。

**第二十四条　有关合并的政党补助金算定的特例等**

一、存续政党或新设政党根据第五条第一项或第六条第一项的规定提交申请时，须一并提交该合并解散政党第五条第一项第六号所列的各得票总数以及其他总务省令规定的事项。

二、前项的存续政党或新设政党，在根据同项的规定提交申请的情况下，须一并提交存续政党以及合并解散政党之间达成一致的有关合并文书的复本（如是新设政党，各合并解散政党之间有关合并文书的复本）。但是，根据本项的规定已提交该文书的则不受此限。

三、第五条第四项前段的规定适用于第一项的申请。在这种情况下，同条第四项前段中"同项各号所列事项（同项第七号所列事项是支部的数量）"是指"根据第二十四条第一项的规定申请的事项"。

四、关于存续政党或新设政党第八条第三项各号规定的适用，如是存续政党，其得票总数应该是该加上合并解散政党的得票总数为该存续政党的得票总数；如是新设政党，合计合并解散政党的得票总数为该新设政党的得票总数。但是，在该存续政党或新设政党未提交第一项的申请的情况下则不受此限。

**第二十五条　关于分割政党补助金算定的特例等**

一、分割政党根据第五条第一项或第六条第一项的规定提交申请时，须一并提交与该分割解散政党有关的第五条第一项所列的各得票总数、该分割政党的所属议员以及各分割政党的所属议员数的合计总数、该分割政党选举时所属议员数（该分割政党在其设立之日所属众议院议员或参议院议员中、至该分割解散政党在解散之日时，在总选举或通常选举中被选出的分割解散政党的候选人的数量，以下本条同）以及该分割时各分割政党选举时所属议员数的合计之数以及其他总务省令规定的事项。

二、前项的分割政党在根据同项规定提交申请时须一并提交分割解散政党关于分割文书的复本。但，根据该规定已提交该文书的，不受此限。

三、第五条第四项前段的规定适用于第一项的申请。在这种情况下，同条第四项前段中"同项各号所列事项（同项第七号所列事项是指支部的数量）"是指"根据第二十五条第一项的规定，申请的事项"。

四、关于分割政党的第八条第三项各号规定的适用，该分割解散政党的得票总数乘以该分割政党选举时所属议员数所得之数除以各分割政党（限于提交第一项申请的）选举时所属议员数的合计之数为该分割政党的得票总数。但是，该分割政党在未提交第一项申请时，则不受此限。

**第二十六条　合并和分割一并进行的情况等的措施**

除了前三条的规定之外，合并以及分割一并进行的情况以及其他情况下有关政党的申请、政党补助金的拨付以及其他措施的必要事项，根据政令制定。

**第二十七条　非政党的政治团体存续情况下的措施**

一、政党在变成不符合第二条第一项任一各号的政治团体的情况下，根据以下各号所列的不同情况，向该政治团体拨付该各号所规定的数额的补助金（以下该条称"特定补助金"）。

1. 该年应向该政党拨付的政党补助金的数额根据第九条第一项的规定算定基准额乘以从该年的一月起至该政党不符合第二条第一项各号规定之日所属之月为止的月数所得的数额除以十二所得的数额减去已拨付的补助金的数额之后的余额。

2. 该年应向该政党拨付的政党补助金的数额根据第九条第二项的规定算定基准额的月平均总额和再算定额乘以该选举基准日所属之月的翌月起至不是政党之日所属之月为止的月数除以十二所得额之和，减去已拨付的补助金之后的余额。

3. 该年应向该政党交付的政党补助金的数额根据第九条第三项的规定算定基准额的月平均总额和再算定额的月平均总额和再再算定额乘以该再

再算定日所属之月的翌月起至不是政党之日所属之月为止的月数除以十二所得额为之和，减去已拨付的补助金之后的余额。

4. 该年应向该政党交付的政党补助金的数额根据第九条第四项的规定算定根据前号规定的案例算定的数额。

二、符合前项规定的政治团体，根据同项的规定欲接受特定补助金时，在根据第二十一条第一项的规定提交申请时须一并提交其主旨、根据前项规定应向该政治团体拨付的特定补助金的数额、第五条第一项各号（除第五号及第六号）所列事项以及其他总务省令规定的事项。

三、符合第一项规定的政治团体，在提交前项申请时须一并提交纲领以及其他记载该政治团体的目的、基本政策等的文书、党章、党纪以及其他记载有关该政治团体的组织、管理运营等事项的文书以及记载总务省令规定事项的文书。

四、第二项申请提交的情况下，在该申请提交之日后根据第十一条第一项规定最初到来的政党补助金的拨付时期，拨付相当于根据第六项适用的第十条第一项的规定决定的数额的全额。

五、第十二条规定适用政党补助金的拨付时，关于前项规定适用的必要事项由总务省令规定。

六、第五条第四项前段的规定适用于第二项的申请、第六条第三项的规定适用于根据第二项规定的申请以及提交第三项规定文书的情况、第十条（第二项除外）的规定适用于第二项申请的情况、第十一条第二项以及第三项的规定适用于符合第一项规定的政治团体基于同项规定接受特定补助金的拨付、第十三条的规定适用于向第一项的政治团体拨付的特别补助金的数额、第二十一条以及第二十二条的规定适用于提交第二项申请的政治团体。在这种情况下，第五条第四项前段中"同项各号"是指"第一项各号（第五号以及第六号除外）"，"是"是指"是及第二十七项总务省令规定的事项"，第六条第三项中"同条第一项"是指"前条第一项"，"第一项与前项中适用的同条第二项及第三项"是指"第二十七条第二项及第三项"，第十条第一项中"通过之时"是指

"通过之日之前有第二十七条第二项申请的情况下则在该预算通过之日之后、该通过之日以后有同项申请的情况下则在该申请之后","前条"是指"同项第一条","当年各政党"是指"同条第二项提交申请的政治团体","政党补助金的数额"是指"特定补助金的数额","该政党补助金的拨付"是指"该特定补助金的拨付",同条第三项中"前二项"是指"第二十七条第六项中适用的第一项","政党补助金拨付的决定或变更"是指"特定补助金拨付的决定","应接受该政党补助金拨付的政党"是指"应接受该政党补助金拨付的政治团体","当年应向该政党拨付的政党补助金"是指"该特定补助金",同条第四项中"前项"是指"第二十七条第六项中适用的前项","应接受政党补助金拨付的政党"是指"应接受特定补助金拨付的政治团体","当年应向各政党拨付的政党补助金"是指"应向该政治团体拨付的特定补助金",第十一条第二项中"法人政党"是指"法人政治团体",同条第三项中"不提交的政党"是指不提交的"政治团体","政党补助金"是指"特定补助金",第二十一条第一项中"或"是指"或","不是、或是不符合第二条第一项任一号的政治团体"是指"不是","该政党"是指"该政治团体",第二十二条中"前项第一条"是指"第二十七条第六项适用的前条第一项","该政党"是指"该政治团体","政党补助金"是指"特定补助金","政党补助金"（次条以及第二十七条第一项中称"既拨付金"）是指"特定补助金"。

七、第一项规定的政治团体接受特定补助金的拨付时以及第十五条第一项的政党符合第一项规定的政治团体，则把该政治团体视为政党，把该特定补助金视为政党补助金，适用于前章以及次条至第三十条的规定（含与这些规定有关的罚则）。

**第二十八条　关于提交解散等报告书的特例**

一、第十五条第一项的政党解散，或因目的变更及其他原因不是政治团体的情况，该政党的会计负责人根据总务省令的规定，在其事实发生之日须向总务大臣提交记载第十七条第一项各号所列事项（无这些事项时提

三、第十八条第二项以及第三项的规定，适用于提交第一项支部报告书的情况。在这种情况下，同条第二项中"书面或文书"是指"书面或文书（如有第二十九条第一项第二号所列情况，则为第一号所列的书面）"。同项第二号中"前项"是指"第二十九条第一项"、"次条第五项中适用的同条第一项"是指"同条第四项中适用的第十九条第一项"、"有关该政党其他支部的第二十条第二项"是指"第二十九条第一项第一号所列情况下限于接受提交的文书、有关该政党其他支部的会计负责人的第三十条第二项"。

四、第十九条第一项的规定，在提交第一项或者前项中适用的第十八条第三项支部报告书的情况下适用。在这种情况下，第十九条第一项中"应履行会计监查之人"是指"在该支部应设置的履行会计监查之人"。

**第三十条**

一、前条第一项第一号所列情况，即使政党不符合第十五条第一项有关政党的规定，根据前条第一项、同条第三项适用的第十八条第二项或次项的规定接受其支部会计负责人提交支部报告书时，该政党的会计负责人须根据总务省令的规定向总务大臣提交第二十八条第二项中适用的第十七条第二项第二号到第四号所列的文书。

二、前条第一项第一号所列情况，即使政党支部不符合第十六条第一项有关支部的规定，根据前条第一项或同条第三项中适用的第十八条第二项的规定，接受该政党的其他支部的会计负责人提交支部报告书时，该支部的会计负责人须根据总务省令的规定，向该政党的会计负责人提交前条第三项中适用的第十八条第二项第二号至第四号所列文书的同时，同时须在向该政党的会计负责人提交这些文书之日的翌日起七日之内根据前条第三项适用的第十八条第三项规定的选举管理委员会提交前条第三项适用的第十八条第二项第四号所列的支部总结文书。不符合第十六条第一项有关支部规定的支部的会计负责人，根据该项规定接受该政党其他支部的会计负责人提交的支部报告书时，同样处理。

## 第六章 报告书等的公布

**第三十一条 报告书等要旨的公布**

总务大臣受理定期报告文书［指第十七条第一项的报告书和同条第二项的支部报告书及总结文书（含根据第二十条第一项的规定应提交的文书），以下本条及第三十二条之二第一项同］或解散等报告文书［指第二十八条第一项的报告书和同条第二项适用的第十七条第二项或第二十九条第二项的支部报告书及总结文书（含根据前条第一项的规定应提交的文书），第三十二条之二第一项同］时，根据总务省令的规定，须通过官报公布其要旨。在这种情况下，关于定期报告文书，除报告书提交期限延长的情况或其他特别的情况外，该定期报告书应于提交之年的九月三十日之前公布。

**第三十二条 报告书等的保存及阅览**

一、总务大臣，对于根据第五条第一项、同条第三项（含第六条第三项适用的情况）、第六条第一项、第二十一条第一项（含第二十七条第六项适用的情况）、第二十三条第四项、第二十四条第一项、第二十五条第一项或第二十七条第二项的规定提出的申请书及与此文书一并提出的所有文书，从根据这些规定提交的申请公布之日起须保存五年。

二、总务大臣、对于第十七条第一项或第二十八条第一项的报告书、第十七条第二项（含第二十八条第二项适用的情况）或第二十九条第二项的支部报告书、监查意见书及总结文书（含根据第二十条第一项或第三十条第一项的规定应提出的此类文书）、第十九条第一项（含第二十八条第二项适用的情况）的监查意见书和第十九条第二项（第二十八条第二项适用的情况）的监查报告书，根据前条规定须自公布要旨之日起保存五年。

三、都道府县的选举管理委员会，对于第十八条第三项（含第二十九条第三项适用的情况）的支部报告书及支部总结文书（含根据第二十条第二项或第三十条第二项的规定应提交的此类文书）和第十九条第五项及第二十九条第四项适用的第十九条第一项的监查意见书（第五项、次条第三项及第三十八条称"都道府县提交文书"），须自总务大臣公布前条规定的要旨之日起保存五年。

四、不论何人，均可自第一项规定的公布之日或第二项规定的要旨公布之日起五年间，按总务省令的规定，向总务大臣提出申请阅览第一项规定的申请书或与其一并提出的文书或第二项规定的报告书、支部报告书、总结文书、监查意见书或监查报告书。

五、不论何人，均可自第二项规定的要旨公布之日起五年间，根据该选举管理委员会的规定，向都道府县选举管理委员会，提出申请阅览与该要旨公布相关的都道府县提交文书。

**第三十二条之二　关于报告书等的信息公开**

一、根据与定期报告书或解散等报告文书或应与此类文书一并提出的书面材料或文书中按第三十一条的规定该定期报告文书或解散等报告文书的要旨公布之前的文书相关的《关于行政机关保有信息公开的法律》（平成十一年法律第四十二号）第三条的规定，提出公开请求时，在该要旨公布日之前不实行同法第九条第一项的决定。

二、有前项规定的请求公开的情况时，《关于行政机关保有信息公开的法律》的适用，同法第十条第一项中"提出公开请求之日三十日以内"是指"根据《政党助成法》（平成六年法律第五号）第三十一条的规定自公布要旨之日起三十日以内"，同法第十一条中"提出公开请求之日起六十日以内"是指"根据《政党助成法》的规定自公布要旨之日起经过六十日以内"。

三、都道府县根据第一项的规定之例，对都道府县提交文书的相关信息进行公示。

## 第七章　政党补助金的返还等

**第三十三条　政党补助金的返还等**

一、政党（含符合第二十七条第一项的规定的政治团体，第三项及第四项除外，以下本条、次条及第四十条同）违反本法的规定接受政党补助金（含第二十七条第一项中规定的特定补助金，除第三项外，以下本条、次条及第四十条同）拨付决定（含已变更决定的情况）时，总务大臣根据政令的规定，在该政党未接受政党补助金的全部或一部分的拨付时，可停止拨付政党补助金的全部或一部分；在该政党接受政党补助金的全部或一部分时，可令该政党限期返还已接受的补助金的全部或一部分。

二、已接受政党补助金的政党符合以下任一号时，总务大臣根据总务省令的规定，可令该政党（该政党解散或目的变更或由于其他原因不再是政治团体时，是其曾经的代表者。第六项、第八项及第九项同）按照该各号所列情况的不同，限期返还与该各号所定数额相应的政党补助金。

1. 该政党在该年接受的政党补助金的总额（该年十二月三十一日时政党基金的余额比去年同期低时，则为加上此差额所得之数额），减去该政党该年政党补助金支出（第十四条第一项规定的政党补助金的支出）的总额（该年十二月三十一日时的政党基金余额比去年同期高时，则为加上此多出的差额所得之数额）尚有余额时，则为该余额。

2. 该政党的支部在该年接受支部政党补助金（第十四条第二项中规定的支部政党补助金，以下本条同）的总额（该年十二月三十一日时支部基金的余额比去年同期低时，则为加上此差额所得之数额），减去该政党的支部在该年支部政党补助金支出（第十四条第三项规定的支部政党补助金的支出，以下本条同）的总额（该年十二月三十一日时支部基金的余额比去年同期高时，该为加上此多出的差额所得之数额）尚有余额时，则为与符合本号的所有与支部相关的该余额的合计金额。

3. 该政党解散（第二十三条第一项规定的两个以上政党合并或同条第三项规定的政党分割除外。以下本项同），或因目的变更及其他原因不再是政治团体时，从该年一月一日起至第二十一条第一项的提出之日止，接受的政党补助金的总额［该申请提出之日（没提出申请时，即为该年十二月三十一日。以下本号同）政党基金的余额比去年十二月三十一日的政党基金余额低时，则为加上此差额所得之数额］，减去该政党从该年一月一日起至因解散或目的变更等其他原因不再是政治团体之日（以下本项称"解散等之日"）止政党补助金支出的总额（该解散等之日时政党基金的余额比去年的十二月三十一日的政党基金的余额高时，该为加上此多出的差额所得之数额）尚有余额时，该余额和该申请提出之日时政党基金的余额的合计数额。

4. 该政党解散，或因目的变更及其他原因不再是政治团体时或有第二十九条第一项第二号所列情况，该政党的支部自该年一月一日起至第二十一条第一项的申请之日（有同号所列的情况时，按总务省规定之日，以下本号同）止接受拨付的支部政党补助金的总额［该申请提出之日（没提出申请时，即为该年十二月三十一日，以下本号同）支部基金的余额比去年十二月三十一日时支部基金的余额低时，则为加上此差额所得之数额］，减去该支部从该年一月一日起到解散等之日（有第二十九条第一项第二号所列情况时，则为其事实发生之日，以下本号同）止支部政党补助金支出的总额（该解散之日时支部基金的余额比去年十二月三十一日时支部基金的余额高时，该为加上此多出的差额所得之数额）尚有余额时，符合本号的所有与支部相关的该余额和该申请之日支部基金的余额的合计数额。

三、继承合并解散政党或分裂解散政党或此类政党的支部在该年因合并或分裂解散之日止接受拨付或支出的政党补助金或支部政党补助金中至该解散之日止未用于政党补助金或支部政党补助金支出的部分（用于政党基金或支部基金的除外，以下本项同），以及此类政党或其支部在解散之日时持有的政党基金及支部基金的与该合并相关的存续政党或新设政党或与该分割相关的分割政党（本条以下称"存续政党等"），根据总务省令的规定，须向总务大臣提交其主旨。在这种情况下，该政党补助金及支部政党补助金可视为在该合并或分割之日向该存续政党拨付的政党补助金，该政党基金及支部基金可视为在该合并或分裂之日向该存续政党等拨付的政党补助金，并且可视为在该日作为政党基金存入之物，适用第四章、第二十八条起至第三十条止和第一项及第二项的规定（含与此类规定相关的罚则）。

四、存续政党等未提出前项的申请时，则该合并或分割不视为第二十三条第一项规定的两个以上政党的合并或同条第三项规定的政党的分割，适用第二项第三号及第四号的规定。

五、第二十一条第二项的规定适用关于第三项的申请，第三十二条第一项及第四项的规定适用关于该申请的相关申请书。

六、总务大臣，根据第一项或第二项的规定，命令停止拨付政党补助金或返还政党补助金时，须向该政党出示理由以及通知与停止相关的政党补助金的数额或应返还的政党补助金的数额。

七、总务大臣在进行前项的通知时，根据总务省令的规定，须告示其主旨、该政党名称及该停止的政党补助金的数额或应返还的政党交付金的数额。

八、根据第一项的规定被勒令返还政党补助金的政党，根据政令规定，按照其应返还的政党补助金自接受之日起至返还之日止的天数，该政党须交纳该政党补助金数额（在一部分返还后时，关于其后的时间，减去已交的数额）的年百分之十四点六的附加金（加算金）至国库。

九、根据第一项或第二项的规定，被勒令返还政党补助金的政党返还期截止时不返还的，根据政令的规定，按照自返还期限的翌日起到实际返还之日止的天数，其未返还部分须征收年百分之十四点六的滞纳金上交国库。

十、关于第一项、第二项及前两项，根据政令的规定，总务大臣可从该年应拨付的政党补助金中未拨付的部分或该年的翌年以后应拨付的政党补助金中，扣除勒令返还的政党补助金或附加金（加算金）或滞纳金的金额。

十一、第六项规定适用于总务大臣根据前项的规定进行扣除的情况。这种情况下，第六项中"与该停止相关的政党补助金的金额或应返还的政党补助金的金额"是指"该扣除的政党补助金或附加金（加算金）或滞纳金的金额"。

十二、根据第一项的规定应返还的政党补助金或与此相关的附加金（加算金）或滞纳金、可以援引国税滞纳处分之例征收。在这种情况下，该政党补助金或与此相关的附加金（加算金）或滞纳金的优先权在国税及地税之后。

**第三十四条**

一、根据第五条第一项、第六条第一项、第二十三条第四项或第二十七条第二项的规定提出申请的政党在提出该申请之日所在之年中，未提交应提交第十七条第一项的报告书、同条第二项的政党收据等复本或余额证明的复本、支部报告书、监查意见书或总结文书（含根据第二十条第一项的规定应提交的此类文书）、第十九条第一项的监查意见书或同条第二项的监查报告书（以下本项中称"报告书"）之时，总务大臣根据总务省令的规定，在提出该报告书等之前，可停止该应拨付给该政党的政党补助金的全部或部分。

二、前条第六项及第七项的规定，适用于总务大臣根据前项的规定停止同项规定的拨付的情况。在这种情况下，同条第六项及第七项中"与该停止相关的政党补助金的金额或应返还的政党补助金的金额"换为"与该停止相关的政党补助金的金额"。

## 第八章 杂 则

**第三十五条 为确保报告书等真实性的措施**

根据第十七条第一项或第二十八条第一项的规定提交报告书，或根据第十八条第一项、同条第三项（含第二十九第三项适用的情况）或第二十九条第一项的规定提交的支部报告书的，须分别附加保证记载真实的宣誓书。

**第三十六条** ［删除］

（申请文书等的说明听取等）

第三十七条 总务大臣或都道府县的选举管理委员会，认为根据法律规定提出的申请书、报告书、支部报告书或应与此一并提交的书面文件或文书（以下本条称"申请文书等"）在形式上不完备，或应记载的事项记载不全时，可对提交该申请文书者要求说明，或命其订正该申请文书等。

第三十八条 与政党补助金事务有关的财政上的措施

为了都道府县提交文书的保存和阅览，国家采取必要措施以保证其经费（《关于民间事业者实施文书保存中利用情报通信技术的法律》适用除外）。

第三十八条之二 关于根据第十五条第四项（含第十六条第二项适用的情况）的规定应保存的文件，《关于民间事业者实施文书保存中利用情报通信技术的法律》（平成十六年法律第一百四十九号）第三条及第四条的规定不适用。

第三十九条 基于行政不服审查法，提出不服行政复议的限制

关于根据本法规定处理或行使其他公权力的行为，不能根据《行政不服审查法》（昭和三十七年法律第一百六十号）提出不服行政复议。

第四十条 尾数计算

根据本法规定计算每年向各政党应拨付的政党补助金金额时，有不满一千日元的零头，则舍去该零头。

第四十条之二 根据电磁记录或电磁方法的提交

一、根据总务省令的规定，关于第十八条第一项或第二十九条第一项的支部报告书、第十八条第二项（含第二十九条第三项适用的情况）的支部收据的复本或余额证明的复本、支部报告书或支部总结文书（含根据第二十条第二项或第三十条第二项的规定应提交的此类文书）、第十九条第五项及第二十九条第四项适用的第十九条第一项的监查意见书或第三十五条的文书的提交，可以以电磁记录（用电子的方式、磁的方式以及其他为他人凭知觉无法认识的方式作的记录，可供电子计算机进行信息处理，为

总务省令所规定）的提交或电磁方法（使用电子信息处理系统的方法或利用其他信息通信技术的方法，为总务省令所规定。次项同）代替该文书或书面材料的提交，这种情况下，可视为该文书或书面材料的提交。

二、根据前项的规定，用电磁的方法提交文书或书面材料时，对与政党的会计负责人或政党曾经的会计负责人的使用相关的电子计算机所配置文件记录完成时，视为文书或书面材料已送达该政党的会计负责人或政党曾经的会计负责人。

### 第四十一条　委托政令

一、本法适用的情况中，与众议院议员或参议院议员的人数及总选举或通常选举的得票总数的计算相关的必要事项，由政令规定。

二、前项的规定之外，为实施本法的手续以及其他执行相关的必要事项，由政令规定。

### 第四十二条　委托总务省令

本法规定的申请书、会计账簿、报告书、总结文书、支部报告书、支部总结文书、监查意见书、监查报告书及其他文书的格式、记载要领和其他必要事项，由总务省令规定。

### 第四十二条之二　事务区分

根据第十八条第三项［含适用第二十九条第三项（含第二十七条第七项适用的情况），以及第二十七条第七项适用的情况］，第二十条第二项及第三十条第二项（含在第二十七条第七项中适用这些规定的情况），第三十二条第三项以及第五项和第三十七条的规定，都道府县处理的事务，是《地方自治法》第二条第九项第一号规定的第一号法定受托事务。

## 第九章　罚　则

### 第四十三条

政党（含政治团体，本条及第四十八条同）以虚假或其他不正当行为接受政党补助金时（含第二十七条第一项规定的特定补助金），该政党的干部或成员中有此行为，处五年以下徒刑或二百五十万日元以下罚款，或两者并处。

**第四十四条**

一、符合以下各号之一的，处五年以下监禁或百万日元以下罚款，或两者并处。

1. 违反第十七条第一项或第二十八条第一项的规定，不提交报告书；或违反第十七条第二项（含第二十八条第二项适用的情况）、第二十条第一项、第二十九条第二项或第三十条第一项的规定，不提交政党收据等复本或余额证明等复本、支部报告书、监查意见书或总结文书。

2. 违反第十八条第一项、同条第三项（含第二十九条第三项适用的情况）或第二十九条第一项的规定，不提出支部报告书；或违反第十八条第二项或第三项（含在第二十九条第三项中适用这些规定的情况）、第二十条第二项或第三十条第二项的规定，不提交支部收据等复本或余额证明等复本、不提交接受其他支部提交的支部报告书或监查意见书或支部总结文书。

3. 违反第十九条第一项（含第二十八条第二项适用的情况）的规定，不提出监查意见书；或违反第十九条第二项（含第二十八条第二项适用的情况）的规定，不提出监查报告书。

4. 违反第十九条第五项及第二十九条第四项适用的第十九条第一项的规定，不提出监查意见书。

5. 根据第十七条第一项或第二十八条第一项规定的报告书中，或第十七条第二项（含第二十八条第二项适用的情况）规定的总结文书中（含根据第二十条第一项或第三十条第一项的规定应提交的文书），未记载应记载的事项。

6. 根据第十八条第一项、同条第三项（含第二十九条第三项适用的情况）或第二十九条第一项规定的支部报告书中，或根据第十八条第二项或第三项（含在第二十九条第三项中适用这些规定的情况）规定的支部总结文书（含根据第二十条第二项或第三十条第二项的规定应提出的文书）

中，未记载应记载的事项。

7. 第十七条第一项或第二十八第一项的报告书、第十七条第二项（含第二十八条第二项适用的情况）的政党收据等复本或余额证明等复本、支部报告书或总结文书（含根据第二十条第一项或第三十条第一项的规定应提交的此类文书）或第二十九条第一项或第二项的支部报告书、第十八条第二项（含第二十九条第三项适用的情况）的支部收据等复本或余额证明等复本，支部报告书或支部总结文书（含根据第二十条第二项或第三十条第二项的规定应提交的此类文书）或第十八条第三项（含第二十九条第三项适用的情况）的支部总结文书中，记载虚假内容的。

二、关于前项情况，政党或其支部代表在该政党或其支部的会计负责人的选任和监督上疏于监管时，处五十万日元以下罚款。

**第四十五条**

符合以下各号之一的，处三年以下监禁或五十万日元以下罚款，或两者并处。

1. 违反第十五条第一项的规定，不置备会计账簿，或不记载应记载的事项；违反同条第二项的规定，不收取收据；违反同条第三项的规定，不收取余额证明等；违反同条第四项的规定，不保存会计账簿、收据或余额证明等；或违反同条第五项的规定，不通知的。

2. 违反第十六条第一项的规定，不置备会计账簿，或不记载应记载的事项；违反同条第二项适用的第十五条第二项的规定，不收取收据等；违反第十六条第二项适用的第十五条第三项的规定，不收取余额证明等；违反第十六条第二项适用的第十五条第四项的规定，不保存会计账簿、收据等或余额证明等；或违反第十六条第二项适用的第十五条第五项规定，不通知的。

3. 在第十五条第一项或第十六条第一项的会计账簿、第十五条第二项（含第十六条第二项适用的情况）的收据等或第十五条第三项（含第十六条第二项适用的情况）的余额证明等中，作虚假记载，或伪造第十五条第五项（第十六条第二项适用的情况）通知的。

4. 拒绝根据第三十七条的规定所要求的说明，或进行虚假说明；或违反同条规定的命令拒绝订正同条的申请文书等，或进行虚假订正。

### 第四十六条

在第十九条第一项（含同条第五项、第二十八条第二项及第二十九条第四项适用的情况）的监查报告书或第十九条第二项（含第二十八条第二项适用的情况）的监查报告书中，作虚假记载的，处三十万日元以下罚款。

### 第四十七条

因重大过失违反第四十四条第一项或第四十五条的，处以各条相应的刑责，但，可依其情况减刑。

### 第四十八条

一、政党干部或成员违反第四十三条时，对违法者进行处罚，对该政党也科以同条的罚款刑。

二、监查法人的职员在监查法人业务上违反第四十六条时，对违法者进行处罚，对该监查法人也科以同条的罚款刑。

三、根据第一项规定，关于违反第四十三条的行为科以罚款的情况的时效期间，取决于同条罪相关的时效期间。

四、关于政党，第一项规定适用的情况，其代表除代表与诉讼行为相关的政党之外，也适用与法人作为被告人或嫌疑人的刑事诉讼有关的法律规定。

## 附则 抄

### 第一条 施行日期

本法自《关于〈公职选举法〉部分改订的法律》（平成六年法律第二号）施行日当年的翌年的一月一日起施行。

### 第二条 经过措施

本法施行之日（下称"施行日"）起，至由《公职选举法》的一部分改正后的《公职选举法》施行之日后初次公示该选举日期的总选举（附则第四条称"根据新《公职选举法》进行的总选举"）的日期止的期间，关于本法的适用，第二条第一项第二号中"众议院议员的总选举（以下简称'总选举'）中小选区选出议员的选举或比例代表选出议员的选举"是指"众议院议员的总选举（以下简称'总选举'）"，第三条第二项中"总选举的小选举区选出议员的选举及比例代表选出议员的选举"是指"总选举"，第五条第一项第五号中"众议院小选区选出议员或比例代表选出议员"是指"众议院议员"，同项第六号中"下列得票总数"是指"下列得票总数（乙所列除外）"，同号甲中"总选举（以下本号及第八条第三项称'上次总选举'）的小选区选出议员选举"是指"总选举（第八条第三项称'上次总选举'）"，第八条第三项中"相当总额的四分之一的数额与以下所列数字分别相乘所得数额"是指"相当于总额二分之一的数额乘以第一号之数所得数额，以及相当于该总额的四分之一的数额与第三号及第四号之数分别相乘所得数额"，同项第一号中"总选举小选区选出议员的选举"是指"总选举"。

第三条

关于施行日当年第五条第一项第八号的规定的适用，同号中"提供的补助金的总额"，是指"提供的补助金的总额"（关于去年中提交同法第十七条第一项规定的报告书的本部或支部，根据同项的规定报告的收入中，前年该政党的本部或支部提供的补助金的总额）。

第四条

一、在施行日之前进行通常选举时，进行的通常选举之后至施行日的前一天为止的期间（以下本条称"特定期间"），关于满足两个以上政党要件的政治团体合并的情况，根据《自治省令》的规定，与该合并相关的存续政党相当的政治团体或与新设政党相当的政治团体自施行日的翌日起十五日内提出申请之时，满足因该合并解散的政党要件的政治团体视为合并解散政党，相当于该存续政党的政治团体或相当于新设政党的政治团体视为存续政党或新设政党，适用第二十四条的规定。

二、在特定期间满足两个以上政党要件的政治团体合并时，关于与该合并相关的存续政党相当的政治团体或与新设政党相当的政治团体（限提出前项申请的政治团体，以下本项同）相关的第二条第一项第二号的规定的适用，相当于存续政党的政治团体，其得票总数是，满足因该合并解散的政党要件的政治团体的得票总数相加之和；相当于新设政党的政治团体，其得票总数是，满足因该合并解散的政党要件的政治团体的得票总数相加之和。

三、在特定期间满足政党要件的政治团体分割时，根据《自治省令》的规定，与该分割相关的分割政党相当的政治团体自施行日的翌日起十五日以内提出申请时，满足该分割解散的政党要件的政治团体视为分割解散政党，与该分割政党相当的政治团体视为分割政党，适用第二十五条的规定。

四、关于前三项，以下各号所列用语的意义，由该各号决定。

1. 满足政党要件的政治团体。在该合并或分裂之日符合下列之一的政治团体：

甲、该政治团体所属的众议院议员或参议院议员拥有五人以上；

乙、有不符合甲中政治团体的众议院议员或参议院议员，在该合并或分裂之日之前进行的总选举（该合并或分割之日前，有根据新《公职选举法》举行总选举的情况，总选举中小选区选出议员的选举或比例代表选出议员的选举）或该合并或分割之前举行通常选举时比例代表选出议员的选举或选举区选出议员的选举中，该政治团体的得票总数在该选举中有效投票总数的百分之二以上。

2. 相当于存续政党的政治团体。满足两个以上政党要件的政治团体合并时，该合并后存续的政治团体，在该合并之日符合前号甲或乙之一。

3. 相当于新设政党的政治团体。满足两个以上政党要件的政治团体合并时，因该合并而成立的政治团体在该成立之日符合第一号甲或乙之一。

4. 相当于分割政党的政治团体。满足政党要件的政治团体分割时，因该分割而成立的政治团体在该成立之日符合第一号甲。

五、关于第二条第三项的规定适用前项第一号甲及乙的规定的情况，关于第二十三条第二项的规定适用同号乙的规定的情况，分别适用。在这种情况下，第二条第二项中"政党"是指"满足附则第四条第一项规定的政党要件的政治团体"，"的规定"是指"的规定［该合并或分割在修订《政治资金规正法》的一部分的法律（平成六年法律第四号）附则第一条补充条款规定施行之前进行时，同法改订前的《政治资金规正法》第六条第一项（含同条第四项适用的情况）］的规定"，第二十三条第二项中"合并解散政党"是指"满足因附则第四条第一项规定的合并而解散的政党要件的政治团体"。

**第五条　委托政令**

除了前三条规定之外，与本法施行相关的必要经过措施，由政令规定。

**第六条　政党补助金总额的重新研究**

本法施行后五年时，关于政党补助金的总额，以基于《公职选举法》的一部分修订的法律修订后的《公职选举法》以及基于《政治资金规正法》的一部分修订的法律（平成六年法律第四号）修订后的《政治资金规正法》的施行状况为基础、综合考虑政党的政治活动状况、政党财政的状况、政治资金的个人捐赠的状况、公司、工会及其他团体捐赠的状况等，进行重新研究。

（原文来自：http://law.e-gov.go.jp/htmldata/H06/H06HO005.html）

（陈巍　译　干保柱　校）

# 政治资金规正法

1948 年 7 月 29 日法律第一百九十四号

最终修订：2014 年 6 月 13 日法律第六十九号

## 第一章 总 则

**第一条 目的**

本法，鉴于议会制民主政治中政党及其他政治团体机能的重要性及公职候选人责任和义务的重要性，为使政治团体及公职候选人的政治活动置于国民不断的监督和批评之下，通过政治团体的申请、政治团体相关政治资金收支的公开及政治团体、公职候选人相关政治资金授受的规范及其他措施，确保政治活动的公开与公正，以为民主政治的健全发展作贡献为目的。

**第二条 基本理念**

一、本法，鉴于政治资金希求民主政治的健康发展而来自国民的捐款，以公开其收支状况为宗旨，并将判断之权委诸国民。为防止政治资金筹集过程中出现抑制国民自主意愿的情况，须切实遵守本法。

二、政治团体应充分认识到自身责任，在收受政治资金之际，尽量不要招致国民疑惑，须遵照本法光明正大地行事。

**第三条 定义等**

一、本法中的"政治团体"是指下列团体：

1. 推行及支持政治上的主义或政策，或对此加以反对作为本来目的之团体。

2. 推荐及支持特定的公职候选人，或对此加以反对作为本来目的之团体。

3. 除以上两团体外，能组织性地、连续地将下列活动作为主要活动开展的团体：

甲 推行及支持政治上的主义或政策，或反对之；

乙 推荐及支持特定的公职候选人，或反对之。

二、本法中的"政党"是指，政治团体中符合下列各号之一的：

1. 属于该政治团体的众议院议员或参议院议员有五人以上。

2. 在最近举行的众议院议员总选举中由小选举区选出的议员或由比例代表选出的议员选举中；以及在最近举行的参议院议员通常选举中由比例代表选出议员的选举或由选举区选出议员的选举中，该政治团体的得票总数占该选举有效投票总数的百分之二以上。

三、前项各号的规定，不适用于属于其他政党［限根据第六条第一项（含同条第五项适用的情况）的规定提出政党申请的］的众议院议员或参议院议员所属的政治团体。

四、本法中的"公职候选人"是指，根据《公职选举法》（昭和二十五年法律第一百号）第八十六条的规定，曾作为候选人提出申请的；根据同法第八十六条之二或第八十六条之三的规定，提出申请，已成为候选人的；根据同法第八十六条之四的规定，曾作为候选人提出申请的（含有成为该候选人之意者及担任同法第三条规定的公职者）。

五、第二项第一号规定的众议院议员或参议院议员人数的计算、同项第二号规定的政治团体得票总数的计算以及其他同项规定的适用相关的必要事项，由政令规定。

**第四条**

一、本法中的"收入"是指，金钱、物品等财产上的利益收受中，相当于为第八条之三各号所列方法的运用而提供或拨付的金钱等（金钱及其他政令规定的财产上的利益，以下同）的金钱等收受以外之物。

二、本法中的"党费或会费"是指，不问名称，作为履行基于政治团体的党章、章程及其他与此相当之规章的金钱上的债务，该政治团体的成员负担之物。

三、本法中的"捐赠"是指，金钱、物品等财产上的利益的提供或拨付，除了党费、会费及其他债务履行以外。

四、本法中的"政治活动相关捐赠"是指，对政治团体的捐赠或与公职候选人的政治活动（含竞选活动）有关的捐赠。

五、本法中的"支出"是指，金钱、物品等财产上的利益的提供或拨付，除了给第八条之三各号所列方法的运用而提供、拨付的金钱等以外。

**第五条**

一、在适用本法的规定上，以下所列团体可视为政治团体。

1. 拥有政治主张或研究政策目的的团体，由众议院议员或参议院议员主导，或其主要成员是众议院议员或参议院议员。

2. 政治资金团体（以为政党提供资金援助为目的的团体中，提交第六条之二第二项前段规定的申请之团体，以下同）。

二、在适用本法的规定上，法人及其他团体负担的党费或会费视为捐赠。

## 第二章 政治团体的申请等

**第六条 政治团体的申请等**

一、政治团体，从其成立之日或成为第三条第一项各号或前条第一项各号的团体之日（如是同项第二号的团体，则为根据次条第二项前段的规定提出申请之日；如是作为与第十九条之七第一项第二号有关的国会议员关联政治团体而组织起来的或重新成为政治团体的团体，则为接受第十九条之八第一项规定的通知之日）起七日以内，通过邮政文书、《关于民间经营者书信递送的法律》（平成十四年法律第九十九号）第二条第六项规定的一般书信递送经营者递送文书、同条第九项规定的特定书信递送经营者或同法第三条第四号规定的外国书信递送经营者的同法第二条第二项规定的非书信递送的文书，须将其主旨，该政治团体的目的、名称、主要事务所所在地以及主要活动区域，该政治团体的代表、会计负责人以及会计负责人因故或会计负责人不在时行使其职务者的姓名、住址、出生年月日以及选任年月日，该政治团体是政党或政治资金团体时其主旨，该政治团体是与第十九条之七第一项第一号有关的国会议员关联政治团体时其主旨以及与其代表的公职候选人有关的公职种类，该政治团体是与同项第二号有关的国会议员关联政治团体时其主旨，同号公职候选人的姓名以及与该公职候选人相关的公职种类以及其他政令规定的事项，按照以下各号的不同情况，提交给各号所列的都道府县的选举管理委员会或总务大臣。

1. 都道府县是其主要活动区域的政治团体（政党及政治资金团体除外。次号同）主要事务所所在地的都道府县选举管理委员会。

2. 横跨两个以上都道府县、主要事务所所在地的都道府县以外区域是其主要活动区域的政治团体通过主要事务所所在地的都道府县选举管理委员会向总务大臣。

3. 政党以及政治资金团体通过主要事务所所在地的都道府县选举管理委员会向总务大臣。

二、政治团体，提交前项规定的申请时，须提交纲领、党章、章程及其他政令规定的文书（第七条第一项称"纲领等"）。

三、提交第一项规定的申请时，与该申请有关的政治团体的名称，须为根据第七条之二第一项规定公布的政党或政治资金团体的名称以及与此类似名称以外的名称。

四、第一项文书的样式，由总务省令规定。

五、第一项及第二项的规定，适用于政党以外的政治团体因符合第三条第二项的规定而成为政党的情况。

**第六条之二**

一、政党可以分别指定一个团体成为该政党的政治资金团体。

二、政党在进行前项指定时，须立即将其主旨提交给总务大臣。取消指定时，同样处理。

**第六条之三**

政治团体，因其主要事务所所在地或主要活动区域发生变动，根据第六条第一项各号的不同情况，应接受同项规定申请的都道府县选举管理委员会或总务大臣发生变动时，应当自发生变动之日起七日内，按照同项及同条第二项规定之例，向因发生改变动理应接受同项规定申请的都道府县选举管理委员会或总务大臣提交申请。

**第七条**

一、政治团体，根据第六条第一项（含同条第五项适用的情况及根据前条的规定援引其例的情况。次条及第七条之三同）的规定提交的申请事项出现变动时，除符合第六条第五项的规定的情况外，从其变动之日起（符合与第十九条之七第一项第二号有关的国会议员关联政治团体时，或不符合该国会议员关联政治团体时，接受第十九条之八第一项或第二项规定的通知之日）的七日之内，须按照第六条第一项规定之例提交与其变动有关事项。根据同条第二项（含同条第五项适用的情况及根据前条规定援引其例的情况）的规定，政治团体提交的纲领等内容有变动时，同样处理。

二、第六条第三项的规定，适用于政治团体提交前项前段规定的申请的情况。

**第七条之二　政治团体名称等的公布**

一、提交第六条第一项规定的申请时，接受该申请的都道府县选举管理委员会或总务大臣，须将与申请有关的政治团体的名称、代表以及会计负责人的姓名、该政治团体的主要事务所所在地，当该政治团体是政党或政治资金团体时其主旨，当该政治团体是与第十九条之七第一项第一号有关的国会议员关联团体时其主旨以及与其代表的公职候选人相关的公职种类以及当该政治团体是与同项第二号有关的国会议员关联政治团体时其主旨、同号公职候选人的姓名以及与该公职候选人有关的公职种类，及时刊登在都道府县的公报或官报、通过因特网以及其他合适的方法予以公布。关于此类事项，提交前条第一项前段规定的申请时，同样处理。

二、都道府县选举管理委员会，将前项规定的公告刊登在都道府县公报时，须立即将该公报的复本提交给总务大臣。

三、政党因不符合第三条第二项的规定不是政党时，或提交与政治资金团体有关的第六条之二第二项后段规定的申请时，总务大臣须及时通过刊登官报、因特网以及其他合适的方法公布其主旨。

第七条之三　申请台账的编制等

一、接受第六条第一项规定的申请的都道府县选举管理委员会或总务大臣，须编制、保管与申请有关的政治团体的台账。

二、关于前项台账的记载事项及其他编制、保管的必要事项，由总务省令规定。

第八条　申请前的募捐或支出的禁止

政治团体在提交第六条第一项规定的申请之前，不能为开展政治活动（含竞选活动）进行任何名义的募捐和支出。

第八条之二　政治资金酒会的召开

政治资金酒会［收取等价而举行的酒会，与该酒会等价有关的收入金额减去该酒会所需经费金额所得余额，用于该酒会的主办者或其他人的政治活动（含竞选活动，这些人是政治团体时，则为其活动）。以下同］，须由政治团体举办。

第八条之三　政治团体及公职候选人的政治资金的使用

政治团体拥有的金钱等，公职候选人从政党接受的与政治活动相关的捐赠及其他与政治活动相关的金钱等，只能以下列方式运用。

一、银行及其他金融机构的存款或储蓄。

二、国债证券、地方债证券、政府担保债券（本金的偿还及利息的支付，由政府担保的债券）或由银行、农林中央金库、株式会社商工组合中央金库或以全国为对象的信用金库联合会发行的债券（次条第一项乙称"国债证券等"）。

三、获得《关于金融机构信托业务兼营的法律》第一条第一项认可的金融机构的金钱信托等，签订本金补贴的契约。

**第九条　会计账簿的置备及记载**

一、政治团体的会计负责人（会计负责人因故或不在时，履行其职责的人。第十五条除外，以下同）（限与会计账簿记载有关的部分，含辅佐会计负责人的人）须置备会计账簿，并记载与该政治团体相关的下列事项：

1. 与总收入及其相关的下列事项：

甲、关于个人负担的党费或会费，其件数、金额以及缴纳的年月日。

乙、关于募捐（第二十二条之六第二项规定的捐赠除外，以下乙及第十二条第一项第一号乙同），捐赠者的姓名、住所以及职业（捐赠者为团体时，其名称、主要事务所所在地及代表的姓名。次条第一项和第二项以及第十二条第一项第一号乙同）、该捐赠的金额（关于金钱以外的财产上的利益，基于时价评估之金额。以下同条同）和年月日以及捐赠者是第二十二条之五第一项正文规定之人、同项补充条款规定之人时，其主旨。

丙、关于募捐中次条第二项的募捐中介，该募捐中介的姓名、住所及职业（募捐中介是团体时，其名称、主要事务所所在地及代表的姓名。同项及第十二条第一项第一号丙）以及与该募捐中介相关的募捐金额、汇总募捐的时间及提供给该政治团体的年月日。

丁、关于第二十二条之六第二项规定的募捐，每一笔同一天同一地点收到的捐赠，其金额的合计额和该年月日及地点。

戊、关于机关报纸的发行及其他业务的收入，该业务的种类及每种的金额及收入年月日。

己、关于机关报纸的发行及其他业务收入中与政治资金酒会的等价有关的收入，每次政治资金酒会的名称、举办年月日、地点及与等价有关的收入金额，及支付等价者的姓名、住所和职业（支付者是团体时，其名称、主要事务所所在地及代表的姓名。次条第三项及第十二条第一项第一号庚同）以及与该等价支付有关的收入金额及年月日。

庚、关于政治资金酒会等价相关收入中次条第三项等价支付的中介，每次政治资金酒会，该等价支付的中介的姓名、住所及职业（中介是团体时，其名称、主要事务所所在地及代表的姓名。同项及第十二条第一项第一号辛同）以及与该等价支付有关的收入金额、汇总收入金额的时间及提供给该政治团体的年月日。

辛、关于借款，出借方、每一出借方的金额及借入年月日。

壬、关于其他收入，构成其根本原因的事实及其金额及年月日。

2. 所有支出以及接受支出者的姓名及住所（含为政治团体其代表或会计负责人授意的支出，以下本条、第十二条、第十七条、第十九条之十一、第十九条之十三以及第十九条之十六同）及支出目的、金额及年月日。

3. 金钱等运用相关的下列事项：

甲、关于存款（普通存款及活期存款除外，以下本号及第十二条第一项第三号戊同）或储蓄（普通储蓄除外，以下本号及第十二条第一项第三号戊同），存入时，该存款或储蓄的种类、存入金融机构的名称及所在地以及存入金额及年月日。取出时，该存款或储蓄的种类、取出金融机构的名称及所在地以及取出金额及年月日。

乙、关于国债证券等，取得时，该国债证券等的种类及名称、取得方的姓名或名称及住所或所在地及取得的金额及年月日；让渡或接受偿还时，该国债证券等的种类及名称、让渡方的姓名或名称及住所或所在地及让渡的价格金额及年月日或接受偿还的价格金额及年月日。

丙、关于金融信托，进行信托时，该金钱信托的受托者的名称及所在地、信托的金钱数额和信托设定的年月日及期限；该信托到期时，受托者的名称及所在地、归委托者的金钱数额及信托结束的年月日。

二、前项会计账本的种类、样式及记载要领，由总务省令规定。

**第十条　向会计负责人提交明细表**

一、经政治团体的代表或会计负责人同意，为该政治团体接收捐赠或进行支出的，从接受捐赠或进行支出之日起七日内，向会计负责人提交记载捐赠者的姓名、住所及职业以及该捐赠的金额及年月日、或接受支出者的姓名及住所以及该支出的目的、金额及年月日的明细书。但，会计负责人要求时，须立即提交。

二、政治团体的募捐中介（指为特定的政治团体或公职候选人筹集与政治活动相关的募捐，并将该款提供给该政治团体或公职候选人），在募捐结束之日起七日内，须将记载该捐赠者及募捐中介的姓名、住所及职业、该捐赠的金额及年月日以及与该募捐中介相关的金额及汇总时间的明细书提交给会计负责人。

三、政治团体的政治资金酒会的等价支付的中介（为特定政治团体筹集作为政治资金团体酒会的等价而被支付的金钱等，并提供给该政治团体。以下同），在等价支付中介结束之日起七日内，须将记载该等价支付者及该等价支付的中介的姓名、住所及职业、该支付的等价的金额及年月日以及与该等价支付中介相关的金额及汇总时间的明细书提交给会计负责人。

**第十一条　会计负责人等支出的手续**

一、经政治团体的会计负责人或政治团体的代表或会计负责人同意，为该政治团体进行支出的人，对于每件五万日元以上的全部支出，须收取记载该支出的目的、金额及年月日的收据及其他证明支出的书面材料（以下称"收据等"）。但是，收取有困难时，则不受此限。

二、经政治团体的代表或会计负责人同意，为该政治团体进行每件五万日元以上支出的人，须立即向会计负责人提交收据等［通过汇款支出时，金融机构出具的记载该支出的金额及年月日的汇款明细书(以下称"汇款明细书")］。

**第十二条　报告书的提交**

一、政治团体的会计负责人（限与报告书的记载相关部分，包括辅佐会计负责人的人），须每年十二月三十一日翌日起三个月内［如该期间有众议院议员总选举或参议院议员通常选举公示之日起至选举日期的期间的情况（第二十条第一项称"报告书提交延长的情况"），则为四个月内］，按照第六条第一项各号的不同情况向该各号所列都道府县选举管理委员会或总务大臣，提交记载下列该政治团体当年收入、支出及其他事项（无此类事项时，其主旨）的报告书。

1. 关于总收入，其总额及总务省令规定不同项目金额以及下列事项：

甲、关于个人负担的党费或会费，其金额及缴纳者的人数。

乙、来自同一人的捐赠金额一年超过五万日元时，捐赠者的姓名、住所及职业、该捐赠的金额及年月日。捐赠者是第二十二条正文规定的人、补充条款规定的人时，其主旨。

丙、来自同一募捐中介的募捐金额一年超过五万日元时，该募捐中介的姓名、住所及职业、与该募捐中介有关的捐赠金额、汇总捐赠金额的时间及提供给该政治团体的年月日。

丁、关于第二十二条之六第二项规定的募捐，在同一天同一地点接受的捐赠，其金额的合计额及该年月日及地点。

戊、关于机关报纸的发行及其业务收入，其业务的种类及每一种类的金额。

己、机关报刊的发行及其他业务收入中，有特定酒会（政治资金酒会中，该政治资金团体酒会等价相关收入金额超过一千万日元的。以下本条及第十八条之二同）或预期特定酒会的政治资金酒会等价相关的收入时，每次酒会其名称、举办年月日、举办地点及等价收入相关收入的金额及其支付者的人数。

庚、某一政治资金酒会等价相关收入中，同一人支付的政治资金酒会等价合计金额超过二十万日元时，关于当年等价的支付，该支付者的姓名、住所及职业以及该等价支付相关收入的金额及年月日。

辛、某一政治资金酒会等价相关收入中，同一募捐中介募集的政治资金酒会等价合计金额超过二十万日元时，关于当年等价支付的中介，该中介的姓名、住所及职业以及该等价支付中介相关收入的金额、汇总的时间及提供给该政治团体的年月日。

壬、关于借款，出借方及每一出借方的金额。

癸、关于其他收入［限捐赠及甲、戊、壬的收入以外的收入中、一笔金额（持续数次时，则为其合计金额）超过十万日元以上的］，成为其根本原因的事实及其金额及年月日。

2. 关于总支出，其总额及总务省令规定的不同项目金额以及人工费、光热水费及其他总务省令规定的经费以外的经费支出［限一笔金额（持续数次时，则为其合计金额）超过五万日元以上的］，接受支出之人的姓名及住址以及该支出的目的、金额及年月日。

3. 关于在十二月三十一日时拥有资产等（以下所列资产及借款。以下本号及第十七条第一项同）的，按照该资产等的不同分类，下列事项：

甲、土地：所在及面积以及取得的价格、金额及年月日。

乙、建筑物：所在及占地面积以及取得的价格、金额及年月日。

丙、以建筑物的所有为目的的地上权或土地的租借权：与该权利相关土地的所在及面积以及该权利取得的价格金额及年月日。

丁、取得金额超过一百万日元的动产：种类、数量、获得价格、金额及年月日。

戊、存款或储蓄：存款或储蓄的余额。

己、金钱信托：信托的金钱数额及信托设定的年月日。

庚、《金融商品交易法》（昭和二十三年法律第二十五号）第二条第一项及第二项规定的有价证券（金钱信托的受益证券及受益权除外）：种类、品种及数量以及获取价格、金额及年月日。

辛、出资的权利：出资方、每一出资的金额及年月日。

壬、每一贷款方的余额超过一百万日元的贷款：贷款方及贷款余额。

癸、支付金额超过一百万日元的押金：支付方以及支付的押金金额及年月日。

子、取得金额超过一百万日元的设施使用权利：种类及对象设施的名称以及取得的价格金额及年月日。

丑、每一借款方的余额超过一百万日元的借款：借款方及借款余额。

二、政治团体的会计负责人，提交前项报告时，须根据总务省令规定，关于同项第二号规定的经费支出，一并提交收据等复本（限用复印机复印的该收据等，以下同）[收据等难以收取时，记载其主旨及该支出的目的、金额及年月日的书面材料或记载该支出目的的书面材料及汇款明细书的复本（限用复印机复印的该汇款明细书。以下同）]。

三、政治团体的会计负责人（含辅佐会计负责人的人。第十九条之四及第十九条之五同），第一项第一号己至辛特定酒会或政治资金酒会等价相关收入中，存在有根据同项规定应记入报告书的收入之年的前年收取的财物的情况时，根据同项规定提交该特定政治酒会或政治资金酒会有关事项时，一并记载有应记入报告书的收入之年的前年收取的财物相关的同号己至辛所列事项。

四、第一项的报告书样式及记载要领，由总务省令规定。

**第十三条**

关于政治团体的负责人基于同项规定应报告的募捐以外的募捐，前条第一项规定，不应妨碍比照根据同项规定应报告的募捐记载在同项规定的报告书中。关于政治资金酒会等价有关的收入，同样处理。

**第十四条　监查意见书的附加**

一、政党或政治资金团体的会计负责人，提交第十二条第一项规定的报告书时，应预先请求基于该政党或政治资金团体的党章、章程及其他与此相当的规章制度而设立的会计监查者，出具对该报告书有关的会计账簿、明细书及收据等的监查意见，并将记载该监查意见的书面材料附加在该报告书中。

二、前项书面材料的样式，由总务省令规定。

**第十五条　会计负责人事务的交接**

一、政治团体的会计负责人更迭时，前任须自离职之日起十五日内向后任交接其负责的事务。

二、前项情况中，前任不能交接或后任不能接受交接时，履行会计负责人职责的人须交接或接收交接。履行会计负责人职责的人在接受事务交接的后任可以交接时，须立即交接。

三、根据前两项的规定进行交接时，交接人须编制交接书、记载交接的主旨及交接的年月日、交接人与接收交接之人共同署名签章，与现金及账簿及其他书面材料同时交接。

**第十六条　会计账簿的保存**

一、政治团体的会计负责人（政治团体符合次条第一项的规定时，则为该政治团体的会计负责人。次项同），须将会计账簿、明细书、收据等及汇款明细书，自第二十条第一项规定的与此相关的报告书要旨公布之日起保管三年。

二、政治团体的会计负责人，接受第二十二条之五第二项规定的通知时，须将与该通知有关的书面材料，自根据第二十条第一项规定的、与该通知有关的同条规定的报告书要旨公布之日起保存三年。

**第十七条　解散的申请等**

一、政治团体解散、或因变更目的及其他原因不再是政治团体时，其代表及会计负责人须自解散之日起三十日内，根据第六条第一项各号的不同情况向该各号所列都道府县选举管理委员会或总务大臣书面报告其主旨及年月日。同时，援引第十二条第一项规定之例，提交解散时与收入、支出及资产等有关事项的报告书。

二、关于政治团体在提交期限截止时未提交第十二条第一项规定的报告书，在该政治团体也未提交在提交期限截止时该提交期限当年之前一年同项规定的应提交的报告书之时，在第八条规定的适用上，可以视为该政治团体在该提交期限截止以后未提交第六条第一项规定的申请。

三、政治团体根据第一项的规定提出申请时，或符合前项的规定时，根据第六条第一项各号的不同情况，该都道府县选举管理委员会或总务大臣，须立即通过刊登都道府县公报或官报、利用因特网以及其他合适的方法公布。

四、第十二条第二项至第四项、第十三条及第十四条的规定适用第一项的报告书，第七条之二第二项适用于都道府县选举管理委员会根据前项规定刊登都道府县公报公布公告之时。

**第十八条　政治团体的支部**

一、政治团体（政治资金团体除外）有支部时，该政治组织的本部及支部，被分别视为一个政治团体，并适用本章的规定（含与此有关的罚则）。在这种情况下，第六条第五项、第六条之二、第七条之二第三项，第十四条（含前条第四项适用的情况）及次条的规定不适用于该政治团体的支部，第九条第一项第一号壬中的"其他收入"是指"其他收入（捐赠及甲、及戊、及辛的收入以及第十八条第三项规定的补助金以外的收入）"；第十二条第一项癸中"壬的收入"是指"壬的收入及第十八条第四项规定的补助金"；其他本章规定的该政治团体的本部及支部的适用的必要技术性解释及其他必要事项，由据政令规定。

二、关于前项，政治团体的支部是第十九条之七第二项规定的政党支部时，该政治团体的支部在第六条及第六条之三至第七条之二的规定的使用上，分别视为第十九条之七第一项第一号相关的国会议员关联政治团体。

三、关于第一项，政治团体会计负责人记载第九条第一项规定的会计账簿时，关于该政治团体的本部或支部提供的补助金相关收入，一并记载其本部或支部的名称及主要事务所所在地及该补助金的金额及年月日。

四、关于第一项，政治团体会计负责人记载第十二条第一项或前条第一项规定的报告书时，关于该政治团体的本部或支部提供的补助金相关收入或提供给政治团体的本部或支部的补助金相关支出，一并记载其总额及下列事项。

1. 关于该政治团体的本部或支部提供的补助金相关收入，其本部或支部的名称及主要事务所所在地及该补助金的金额及年月日。

2. 关于提供给该政治团体的本部或支部的补助金相关支出，其本部或支部的名称及主要事务所所在地、总务省令规定的项目以及该补助金金额及年月日。

五、关于第一项，政治团体的本部在该政治团体的支部解散时，可以取代该支部的代表及会计负责人，提交前条第一项规定的申请。此时，该政治团体的本部须通知该支部的代表及会计负责人该申请之主旨。

### 第十八条之二　政治团体以外者举办特定酒会的特例

一、政治团体以外者在举办预期特定酒会的政治资金酒会时，关于该政治资金酒会，从筹备举办该政治资金酒会时起，该政治团体以外者被视为政治团体，适用于本章［第六条第五项、第六条之二、第七条之二、第十二条第一项第三号及第三项、第十四条、第十六条第二项、第十七条第三项及前条规定（含与此相关的罚则）除外］。政治团体以外者举办的政治资金酒会成为特定酒会时，同样处理。

二、关于前项，第六条第一项中"其成立之日或成为第三条第一项各号或前条第一项各号的团体之日（同项第二号的团体，提交次条第二项前段规定的申请之日；作为第十九条之七第一项第二号相关的国会议员关联政治团体、新组织或重新成为政治团体的团体，接受第十九条之八第一项规定的通知之日）"是指"根据第十八条之二第一项的规定，政治团体以外者被视为政治团体之日"，"主要活动区域"是指"举办政治资金酒会的场所"、同项第一号及第二号中"进行的主要活动"是指"举办政治资金酒会"，同条第二项中"纲领、党章、章程"是指"记载该政治资金酒会的名称、举办年月日及举办场所及该政治资金酒会等价相关的预计收入金额、以及支出该等价相关收入金额减去该政治资金酒会所需经费金额所得余额之人的姓名（如是团体，则为团体名称）的文书，"纲领等"是指"举办计划书等"，同条第四项中"第一项"是指"第一项及第二项"，第六条之三中"主要活动区域"是指"政治资金酒会的举办场所"，第七条

第一部分　宪法、全国性涉党法律

第一项中"纲领等"是指"举办计划书等",第八条中"政治活动(含选竞活动)"是指"政治资金酒会的举办","募捐"是指"该政治资金酒会相关的等价支付",第八条之三中"所拥有的"是指"相当于举办政治资金酒会收入有关的金钱等全部或部分",第九条第一项中"有关政治团体"是指"有关政治团体举办的政治资金酒会",第十二条第一项中"的会计负责人"是指"的代表及会计负责人","每年十二月三十一日时,与该政治团体有关的当年收入、支出及其他事项中下列事项"是指"与该政治团体举办的政治资金酒会有关的下列事项","从当日的翌日起三个月内〔其期间有众议院议员的总选举或参议院议员的通常选举公示之日至选举日期的期间时(第二十条第一项称'报告书提交期限延长的情况',则为四个月内)〕"是指"该政治资金酒会结束之日起三个月内",同项第一号中"总收入"是指"总收入(含预期收入。以下本号同)",同号乙及丙中"一年五万日元"是指"五万日元",同号庚及辛中"当年等价"是指"该等价",同项第二号中"总支出"是指"总支出(预期支出除外。以下本号同)",同条第二项中"有关支出"是指"有关支出(预期支出除外。以下本号同)",第十六条第一项中"次条第一项"是指"第十八条之二第四项",第十七条第一项中"政治团体解散、或因目的变更以及其他援引不是政治团体时"是指"根据第十八条之二第一项的规定被视为政治团体的政治团体以外者,终止举办根据第六条第一项的规定申请的政治资金酒会之时","会计负责人"是指"会计负责人(限报告书的记载相关部分,含辅佐会计负责人的人)",同条第二项中"第十二条第一项"是指"第十二条第一项或前项","未提交的情况中,该政治团体在该提交期限截止时也未提交该提交期限当年之前一年根据同项规定应提交的报告书时",是指"未提交时",第二十三条中"募捐"是指"等价的支付",其他本章规定的有关该政治团体以外者的适用的必要的技术性解释及其他事项,由政令规定。

三、根据第一项后段的规定、被视为政治团体的政治团体以外者,由前项规定的解释、适用的第六条第一项所定期间内、至提交同项规定的申请的期间，视为已经提交同条规定的申请。

四、根据第一项的规定、被视为政治团体的政治团体以外者，关于提交由第二项规定的解释、适用的第十二条第一项的规定的报告书时、或由第二项规定的解释、适用的第六条第一项规定的政治资金酒会被终止的情况，提交第二项规定的解释、适用的第十七条第一项规定的报告书时，则被视为政治团体的政治团体以外者不再是政治团体。

## 第三章　有关公职候选人资金管理团体的申请等

### 第十九条　资金管理团体的申请等

一、公职候选人从其是代表的政治团体（除符合第三条第一项第三号的规定的人、依据第五条第一项的规定被认为是政治团体的人及推荐及支持除他以外的人）中，可以指定一个政治团体为其筹集政治资金。

二、公职候选人在进行前项指定时，在其指定之日起七日内，须根据该政治团体的第六条第一项各号的不同情况、向该各号所列都道府县选举管理委员会或总务大臣书面报告其主旨、与其相关的公职种类及其指定的政治团体（以下称"资金管理团体"）的名称、其主要事务所所在地及代表姓名。

三、提交前项规定的（以下称"资金管理团体申请"）申请之人，符合以下各号任一时，在该各号规定之日起七日内，援引同项规定之例，报告其主旨（符合第三号时，与其变动相关事项）。

1. 取消第一项指定时，则为取消之日。

2. 提交资金管理团体申请人不再是公职候选人时、或不再是该政治资金管理团体的代表时，或该政治资金管理团体解散、或不再是第一项规定的政治团体时，则为事实发生之日。

3. 根据前项规定申请的事项有变动时，应为变动之日。

四、提交前两项规定的申请之人，须将宣誓申请相关记载真实性的起誓文书附加在该书面材料上。

五、第二项及第三项规定的申请的样式，由总务省令规定。

**第十九条之二　资金管理团体名称等的公布**

一、资金管理团体提交申请时，接受该资金管理团体申请的都道府县选举管理委员会或总务大臣，须立即将提交资金管理团体申请之人的姓名、与其相关的公职种类及资金管理团体的名称、主要事务所所在地及代表的名称，通过刊登都道府县公报或官报、网络及其他合适的方法予以公布。对于此类事项，提交前条第三条规定的申请时，同样处理。

二、都道府县选举管理委员会或总务大臣，在都道府县公报或官报刊载前项规定的公告时，须立即将该都道府县的公报或官报的复本，是都道府县选举管理委员会的话，提交给总务大臣或政令规定的都道府县选举管理委员会，是总务大臣的话，提交给政令规定的都道府县选举管理委员会。

**第十九条之二（二）　资金管理团体取得不动产等的限制**

资金管理团体，不能取得或保有土地或建筑物所有权或以拥有建筑物为目的的地上权或土地的租借权。

**第十九条之三　与向资金管理团体捐赠相关的通知**

一、提出资金管理团体申请的公职候选人，在其为公职候选人期间，从政党接受的有关政治活动的捐赠相关金钱等的全部或部分金钱等，捐赠给该资金管理团体管理时，须书面通知该资金管理团体的会计负责人其主旨。

二、资金管理团体的会计负责人，接受前项规定的通知时，须将该通知相关文书，根据第二十条第一项的规定，自该通知相关同项规定的报告书要旨公布之日起保管三年。

**第十九条之四　资金管理团体会计账簿的记载**

资金管理团体的会计负责人，关于特定捐赠（提出资金管理团体申请的公职候选人，根据前条第一项的规定，对资金管理团体的捐赠。以下同），作为政治团体的会计负责人记载第九条第一项规定的会计账簿时，须根据前条第一项的规定，一并记载通知事项。

### 第十九条之五　资金管理团体报告书的记载等

资金管理团体（含根据第十二条第一项或第十七条第一项的规定、产生应记入报告书的收入及支出的年份的资金管理团体。次条同）的会计负责人，关于特别捐赠，作为政治团体的会计负责人，记载第十二条第一项或第十七条第一项规定的报告书时，须一并记载其总额。

### 第十九条之五（二）

关于资金管理团体（第十九条第七款第一项所规定的国会议员相关政治团体除外）的会计负责人作为政治团体的会计负责人、提交第十二条第一项及第二项或第十七条第一项及第四项的规定的报告书及收据等复本相关的第十二条第一项第二号的规定的适用，同号中"经费以外的经费支出"是指"经费以外的经费（如是第十九条第二项规定的资金管理团体期间进行的支出，则为人工费以外的经费）支出"。

### 第十九条之六　拥有支部的政治团体相关的本章规定的适用

第十九条第一项规定的政治团体拥有支部时，该政治团体的本部及支部分别视为一个政治团体，适用于本章规定（含与此相关的罚则）。在这种情况下，关于本章规定适用该政治团体的本部及支部相关的必要技术性解释及其他必要事项，由政令规定。

## 第三章之二　关于国会议员关联政治团体的特例等

### 第一节　关于国会议员关联政治团体的特例

#### 第十九条之七　国会议员关联政治团体

一、本节所谓"国会议员关联政治团体"是指下列政治团体（政党及第五条第一项各号所列团体除外）。

1. 众议院议员或参议院议员相关的公职候选人是代表的政治团体。

2. 符合《租税特别措施法》（昭和三十二年法律第二十六号）第四十一条之十八第一项第四号的政治团体中，以推荐或支持特定的众议院议员或参议院议员相关的公职候选人为根本目的的政治团体。

二、关于本节规定的适用（含与此相关的罚则），政党支部，将《公职选举法》第十二条规定的众议院议员或参议院议员有关的选举区区域或选举举行的区域作为单位而设立的团体中，众议院议员或参议院议员相关的公职候选人是代表的，则分别视为前项第一号相关的国会议员关联政治团体。

**第十九条之八　关于国会议员关联政治团体的通知**

一、众议院议员或参议院议员的公职候选人，有政治团体符合前条第一项第二号相关的国会议员关联政治团体时，须立即向该政治团体书面通知，为符合同号有关的国会议员关联政治团体、有必要提交第六条第一项或第七条第一项规定的申请。

二、发出前项规定的通知的人，不再是众议院议员或参议院议员相关的公职候选人时，须立即向该政治团体书面通知，因不符合前条第一项第二号有关的国会议员关联政治团体，有必要提交第七条第一项规定的申请。

三、前两项的文书样式，由总务省令规定。

**第十九条之九　国会议员关联政治团体支出的手续**

关于经国会议员关联政治团体的会计负责人或国会议员关联政治团体的代表或会计负责人同意、为该国会议员关联政治团体支出的人相关的第十一条规定的适用，同条第一项中"单笔五万日元以上的所有的支出"是指"所有的支出"，同条第二项中"单笔五万日元以上的支出"是指"支出"。

**第十九条之十　国会议员关联政治团体的报告书的记载等**

关于国会议员关联政治团体（含根据第十二条第一项或第十七条第一项的规定、产生应记入报告书的收入及支出的年份的国会议员关联政治团体。次条至第十九条之十五同）的会计负责人作为政治团体的会计负责人、提交第十二条第一项及第二项或第十七条第一项及第四项规定的报告书及收据等复本相关的第十二条第一项及第十七条第一项的规定的适用，第十二条第一项中"三个月内"是指"五个月内"、"四个月内"是指"六个月内"的，同项第二号中"经费以外的经费支出"是指"经费以外的经费支出（如是第十九条之七第一项规定的国会议员关联政治团体期间进行的支出，则为人工费以外的经费）"、"五万日元以上的"是指"超过1万日元"，第十七条第一项中"三十日内"是指"六十日内"。

**第十九条之十一　国会议员关联政治团体相关收据等难以收取时，支出明细书等的编制**

一、国会议员关联政治团体的会计负责人，该国会议员关联政治团体支出中有难以收取收据等情形时，在根据第十九条之十三第一项的规定、至接受政治资金监查的期间，须编制难以收取收据等的支出明细书（如有汇款明细书，则为记载第十二条第二项的该支出目的的书面材料。以下称"难以收取收据等的支出明细书"）。

二、关于国会议员关联政治团体的会计负责人相关第十六条第一项的规定的适用，同项中"及汇款明细书"是指"难以收取汇款明细书及收据等的支出明细书等"。

**第十九条之十二　第十九条之七第一项第二号相关的国会议员关联政治团体的适用**

关于第十九条之七第一项第二号相关的国会议员关联政治团体，第十九条之九解释适用的第十一条、第十九条之十解释适用的第十二条第一项第二号、同条第二项及前条第二项解释适用的第十六条第一项的规定，根据第六条第一项或第七条第一项的规定、自提交该国会议员关联政治团体的申请之日起适用。

**第十九条之十三　注册政治资金监查人的政治资金监查**

一、国会议员关联政治团体的会计负责人，在作为政治团体的会计负责人提交第十二条第一项或第十七条第一项的报告书时，须事先就该报告书及难以收取该报告书相关的会计账簿、明细书、收据等的支出明细书及汇款明细书，接受完成政治资金合理化委员会实施的政治资金监查相关的研修的注册政治资金检查人的政治资金监查。

二、前项的政治资金监查，基于政治资金合理化委员会制定的政治资金监查相关的具体指针，实施以下各号所列事项。

1. 保存难以收取会计账簿、明细书、收据等的支出明细书等及汇款明细书。

2. 会计账簿中记载该国会议员关联政治团体相关的当年的支出情况，且该国会议员关联政治团体的会计负责人置备该会计账簿。

3. 第十二条第一项或第十七条第一项的报告书，基于会计账簿、明细书、收据等、难以收取收据等的支出明细书等及汇款明细书，列示支出状况。

4. 难以收取收据等的支出明细书等，基于会计账簿进行记载。

三、注册政治资金监查人，在进行第一项的政治资金监查时，须编制政治资金监查报告书。

四、前项政治资金监查报告书的样式，由总务省令规定。

五、国会议员关联政治团体的代表、会计负责人、会计负责人因故或不在时履行其职责的人及其他总务省令规定的注册政治资金监查人，对于该国会议员关联政治团体，不能进行第一项的政治资金监查。

六、作为编制第三项的政治资金监查报告书的注册政治资金检查人的公认会计师相关的《公认会计师法》（昭和二十三年法律第一百〇三号）第三十二条第二项（含同法第四十六条之十第二项适用的情况）或第三项规定的调查，同法第三十三条的规定不适用。

### 第十九条之十四　政治资金监查报告书的提交

国会议员关联政治团体的会计负责人，作为政治团体的会计负责人提交第十二条第一项或第十七条第一项的报告书时，须与该报告书一并提交注册政治资金监查人根据前条第三项的规定编制的政治资金监查报告书。

**第十九条之十五　使用电子信息处理系统提交报告书**

国会议员关联政治团体的会计负责人，关于提交第十二条第一项或第十七条第一项规定的报告书及前条规定的政治资金监查报告书，努力适用《关于行政手续等中利用信息通信技术的法律》（平成十四年法律第一百五十一号）第三条第一项规定的电子信息处理系统（第三十二条之二简称"电子信息处理系统"）进行处理。

**第十九条之十六　国会议员关联政治团体相关的小额收据等复本的公开**

一、关于国会议员关联政治团体，任何人自根据第二十条第一项规定的报告书要旨公布之日起三年间，可以向接受该报告书的总务大臣或都道府县选举管理委员会，要求公开该报告书相关支出（限人工费以外的经费支出）中、根据第十二条第二项的规定应提交的收据等复本相关支出以外的支出相关的收据等复本。但，非国会议员关联政治团体期间的支出相关的小额收据等复本（以下本条及第三十二条第一号称"小额收据等复本"），不在此限。

二、前项规定的公开要求（以下本条称"公开要求"），须针对特定的国会议员关联政治团体、以发生小额收据等复本相关支出的当年为单位、且要区分第十二条第一项第二号规定的的总务省令规定项目。

三、公开要求，须以记载下列事项的书面形式（次项称"公开要求书"）向总务大臣或都道府县选举管理委员会提出。

1. 要求公开之人的姓名或名称及住所或居所以及是法人及其他团体时、其代表的姓名。

2. 要求公开的国会议员关联政治团体的名称及产生小额收据等复本相关支出的年份及第十二条第一项第二号规定的总务省令规定项目。

四、总务大臣或都道府县选举管理委员会认为公开要求书在形式上有不完善之处时，可以要求要求公开之人（以下本条称"公开要求者"）在规定的时期内补充完善。此时，总务大臣或都道府县选举管理委员会须向公开要求者努力提供可供补充完善参考的信息。

第一部分 宪法、全国性涉党法律

五、接受公开要求的总务大臣或都道府县选举管理委员会，除了该公开要求被认为滥用职权或违反公秩或良俗的情况外，须在公开要求之日十日内、令该公开要求相关的国会议员关联政治团体提交该公开要求相关的小额收据等复本。但，因前项规定、要求补充完善时，该补充完善所需天数，不计入该期限。

六、国会议员关联政治团体的会计负责人，接到前项规定的命令时，须在命令之日起二十日内、根据总务省令的规定、向总务大臣或都道府县选举管理委员会提交该命令相关的小额收据等复本。但，无与该命令相关的小额收据等复本相关支出、或已经正在提交该命令相关的小额收据等复本时，则通知其主旨即可。

七、接到第五项规定的命令的国会议员关联政治团体的会计负责人，有事务处理上的困难及其他正当理由时，可以向总务大臣或都道府县选举管理委员会提出将前项规定的期限延长至总务省令规定的适当期限。

八、国会议员关联政治团体的会计负责人，根据前项规定、要求延长期限时，须以记载第六项规定的期限内、要求延长的期限、其理由及其他总务省令规定的事项的书面材料进行。

九、总务大臣或都道府县选举管理委员会，收到根据第七项规定提交的延长期限要求时，可以将第六项规定的期限延长至适当期限。此时，总务大臣或都道府县选举管理委员会，须立即书面通知公开要求者延长后的期限及延长理由。

十、总务大臣或都道府县选举管理委员会，须向公开要求者公开根据第六项规定提交的小额收据等复本（同项补充条款规定的同一小额已被正在提交时，则为该小额收据等复本）[该小额收据等复本中有《关于行政机构保有信息的公开的法律》（平成十一年法律第四十二号）第五条规定的不公开信息时，该不公开信息部分除外]。

十一、总务大臣或都道府县选举管理委员会，根据前项规定公开小额收据等复本的全部或部分时，根据第六项的规定提交该小额收据等复本之日（关于第五项规定的命令相关的小额收据等复本的全部，第六项补充条款规定的同一小额收据等复本已被正在提交时，则为同项补充条款的通知之日）起三十日内，决定其主旨、并须书面通知公开要求者其主旨及实施公开相关的总务省令规定的事项。

十二、总务大臣或都道府县选举管理委员会，出现下列事项时，须立即决定不公开与公开要求相关的小额收据等复本、并书面通知公开要求者。

1. 该公开要求符合第五项规定的滥用职权或违反公序或良俗的情况时。

2. 根据第六项补充条款的规定，国会议员关联政治团体通知其无第五项规定的命令相关的小额收据等复本相关支出时。

十三、不管第十项如何规定，总务大臣或都道府县选举管理委员会，有事务处理上的困难及其他正当理由时，可以将同项规定的期限延长三十日以内。此时，总务大臣或都道府县选举管理委员会须立即书面通知公开要求者延长后的期限及延长的理由。

十四、因公开要求相关的小额收据等复本数量庞大，根据第六项规定，提交小额收据等复本之日起六十日内，对于其全部、作出第十一项的决定有可能对完成事务产生明显妨碍时，不管前项如何规定，总务大臣或都道府县选举管理委员会，对于公开要求相关的小额收据等复本中的适当部分，在该期限内作出该决定，对于余下的小额收据等复本，在适当的期限内作出决定即可。此时，总务大臣或都道府县选举管理委员会，须在第十一项规定的期限内、书面通知公开要求者下列事项。

1. 适用本项的主旨及其理由。

2. 余下的小额收据等复本，决定公开的期限。

十五、小额收据等复本的公开，通过阅览或提供复本进行。

十六、违反第五项规定的命令、该国会议员关联政治团体的会计负责人不提供小额收据等复本时，总务大臣或都道府县选举管理委员会，通知公开要求者其主旨，同时，须立即通过网络及其他适当方法公布其主旨以及该国会议员关联政治团体的名称及主要事务所所在地。

十七、关于根据据第六项的规定提交的小额收据等复本，总务大臣或都道府县选举管理委员会须在应保存期限内保存与此相关的第十二条第一项的报告书。

十八、关于根据第六项的规定、提交的小额收据等复本，《关于行政机关保有信息的公开的法律》或《都道府县信息公开条例》（就要求都道府县保有信息公开的居民等的权力，制定的该都道府县条例）的规定不适用。

十九、要求公开之人或接受小额收据等复本的公开之人，分别在实际费用范围内，须就对总务大臣的公开要求、缴纳政令规定数额的公开要求相关手续费或实施公开相关的手续费。

二十、前各项规定，即使国会议员关联政治团体成为国会议员关联团体以外的政治团体，在基于第十六条第一项的规定必须保存收据等的期间，视该政治团体为国会议员关联政治团体，同样适用。

二十一、根据《行政事件诉讼法》（昭和三十七年法律第一百三十九号）第十二条第四项的规定，向同项规定的特殊管辖法院提出要求取消第十一项或第十二项的决定（以下本条称"公开决定等"）的诉讼或要求取消公开决定等相关不服申诉的决定的诉讼时（次项称"小额收据等公开诉讼"），不管同法第十二条第五项如何规定，有其他法院正在审理同一或同类或类似的小额收据等复本的公开决定等或与此相关的不服申诉决定相关的抗告诉讼（同法第三条第一项规定的抗告诉讼。次项同）时，该特定管辖法院综合考虑当事人的住所或所在地、应接受询问的证人的住所、争论焦点或证据的共通性及其他情况，认为适当之时、基于申诉或职权、向该其他法院或同法第十二条第一项至第三项规定的法院移交诉讼的全部或部分。

二十二、根据《行政事件诉讼法》第十二条第四项的规定、在公开决定等或与此相关的不服申诉的决定相关的抗告诉讼中、向同项规定的特定管辖法院提起小额收据等公开诉讼以外的诉讼时，前项规定也适用。

**第十九条之十七　政治团体支部的本节规定的适用**

政治团体（政党及第五条第一项各号所列团体除外）拥有支部时，该政治团体的本部及支部分别视为一个政治团体，适用本节的规定（含与此相关的罚则）。

## 第二节　注册政治资金监查人

**第十九条之十八　注册**

一、符合以下各号之一的，在注册政治资金监查人名簿中登记姓名、出生年月日、住所及其他总务省令规定的事项，即可成为注册政治资金监查人。

1. 律师。

2. 公认会计师。

3. 税务师。

二、符合以下各号之一的，不能进行前项注册。

1. 犯第二十六条之六或第二十六条之七的罪行被处刑，其执行结束或不再接受执行之日起，未满三年的。

2. 根据第十九条之二十二第一项的规定取消注册，其取消之日起未满三年的。

3. 因惩戒处分，律师、公认会计师及税务师的业务被停止，现仍在接受处分的。

**第十九条之十九　注册政治资金监查人名簿**

一、注册政治资金监查人名簿，由政治资金合理化委员会准备。

二、注册政治资金监查人名簿的登记，由政治资金合理化委员会实施。

三、政治资金合理化委员会，根据总务省令的规定，可以使用磁盘（含使用与此相当的方法、可以确切记录一定事项之物）编制注册政治资金监查人名簿。

#### 第十九条之二十　注册手续

一、欲进行第十九条之十八第一项规定的注册之人（以下本条称"申请者"），须向政治资金合理化委员会提交记载同项规定事项的注册申请书，同时附加证明符合同项各号之一的书面材料。

二、政治资金合理化委员会，接到申请者提交的前项规定的注册申请书时，申请者符合第十九条之十八第一项各号之一时，须立即进行注册，申请者不符合同条第一项各号之一时或符合同条第二项各号之一时，须拒绝注册。

三、政治资金合理化委员会，根据前项规定、登记注册政治资金监查人名簿时，须颁发注册政治资金监查人证书给申请者，根据同项规定、拒绝注册时，以记载其理由的书面材料通知该申请者其主旨。

#### 第十九条之二十一　变更注册

注册政治资金监查人，根据第十九条之十八第一项的规定登记的事项发生变更时，须立即申请变更注册。

#### 第十九条之二十二　取消注册

一、进行注册政治资金监查人注册之人，符合第十九条之十八第一项各号之一或不符合同条第二项各号之一，未记载应记载事项或进行虚假记载、提交第十九条之二十第一项规定的注册申请书，政治资金合理化委员会认为进行注册政治资金监查人注册之人属于提交上述申请进行注册时，则取消其注册。

二、政治资金合理化委员会，根据前项规定取消注册时，须以记载其理由的书面材料通知接受该处分之人其主旨。

#### 第十九条之二十三　注销注册

一、注册政治资金监查人符合以下各号之一时或本人申请注销注册时，政治资金合理化委员会须立即注销该注册。

1. 不符合第十九条之十八第一项各号之一时。
2. 符合第十九条之十八第二项第一号或第三号时。

3. 根据前条第一项的规定，取消注册时。

二、注册政治资金监查人符合前项第一号或第二号时，其本人、其法定代理人或其继承人须立即向政治资金合理化委会报告其主旨。

### 第十九条之二十四　注册及注册注销的公告

政治资金合理化委员会，进行注册政治资金监查人注册时及取消其注册时，须立即通过刊登官报、网络及其他适当方法公告其主旨及注销注册时的事由。

### 第十九条之二十五　注册政治资金监查人证书的返还

注册政治资金监查人的注册被注销时，其本人、其法定代理人或其继承人须立即返还注册政治资金监查人证书至政治资金合理化委员会。

### 第十九条之二十六　注册细则

除本节规定外，注册的手续、注册的注销、注册政治资金监查人名簿、注册政治资金监查人证书以及其他注册相关的细则，由总务省令规定。

### 第十九条之二十七　注册政治资金监查人的研修

一、根据总务省令的规定，注册政治资金监查人须接受政治资金合理化委员会实施的政治资金监查相关研修。

二、对于完成前项研修的注册政治资金监查人，政治资金合理化委员会在注册政治资金监查人名簿中备注其已完成研修，同时颁发证明其主旨的证书。

三、政治资金合理化委员会，可以向接受第一项研修的注册政治资金监查人在实际费用范围内收取政令规定的数额的手续费。

### 第十九条之二十八　保密义务

一、注册政治资金监查人或曾经的注册政治资金监查人，无正当理由、不得泄露掌握的与政治资金监查业务相关的秘密。

二、注册政治资金监查人的雇员及其他从业者或曾经的此类人员，无正当理由、不得泄露在辅佐政治资金监查业务中掌握的秘密。

交其主旨。以下本项同）的报告书（未提交记载上一年同条第一项各号所列事项的报告书时，则包含该报告书）。

二、第十七条第二项以及第十九条第一项至第四项的规定准用于前项提交报告书的情况。在这种情况下，第十七条第二项第二号中"次项第一条"是指"第二十九条第一项"、"第十九条第五项中适用同条第一项"是指"同条第四项中适用第十九条第一项"、"以及次条第二项"是指"（限于第二十九条第一项第一号所列情况下受理提交的文书）以及第二十九条第三项中适用次条第二项"、"关于支部第二十条第二项"是指"支部的会计负责人第三十条第二项"、同项第四号中"前项"是指"第二十八条第一项"。

**第二十九条 关于提交解散等政党的支部报告书的特例**

一、第十六条第一项的支部在符合以下任一号的情况下，该支部的会计负责人须根据总务省令规定，在事实发生之日根据以下各号所列的不同情况，向各号的规定之人提交记载第十八条第一项各号所列事项（无这些事项时提交其主旨。以下本项同）的支部报告书（未提交记载上一年同条第一项各号所列事项的支部报告书时，则包含该报告书）。

1. 以该支部为其支部的政党解散、或目的变更以及其他原因不是政治团体的情况为向该支部拨付支部政党补助金（第十四条第二项规定的支部政党补助金。以下本项同）的政党的会计负责人（该支部从政党的其他支部接受支部政党补助金拨付时，为该其他支部的会计负责人，该其他支部符合总务省令规定时，作为总务省令规定之人。次条第二项同）。

2. 该支部解散的情况及其他总务省令规定的情况（符合前号所列情况的除外）为向该拨付支部政党补助金的政党的会计负责人（该支部从政党的其他支部接受支部政党补助金拨付时，则为该政党以及该支部的会计负责人）。

二、前项第二号所列情况中，接受同项提交的支部报告书的政党的会计负责人，根据总务省令的规定须向总务大臣提交该支部报告书以及根据第四项中适用的第十九条第一项规定接受的监查意见书。

## 第三节 政治资金合理化委员会

**第十九条之二十九 设置**

在总务省设置政治资金合理化委员会（以下本节称"委员会"）。

**第十九条之三十 主管事务**

一、委员会主管下列事务：

1. 制定第十二条第一项或第十七条第一项的报告书的记载方法相关的基本方针。

2. 注册政治资金监查人的注册相关事务。

3. 实施注册政治资金监查人相关的研修。

4. 制定政治资金监查相关的具体方针。

5. 关于政治资金监查的有效实施，向注册政治资金监查人提出必要的指导和建议。

6. 制定关于认定第十九条之十六第五项规定的滥用权力或违反公序或良俗的具体方针。

7. 前述各号所列之外，根据法律或基于法律之命令，属于委员会的其他事务。

二、委员会认为必要时，可以就政治资金收支的报告及公开相关的重要事项，向总务大臣提出建议。

**第十九条之三十一 组织**

一、委员会由委员五人组成。

二、委员为兼职。

**第十九条之三十二 委员**

一、委员，由总务大臣从富有学识经验的人中、基于国会决议指名、任命。

二、进行前项指名时，同属一个政党及其他政治团体的，不能超过二人。

三、委员任期为三年。但补缺委员的任期，为前任的剩余任期。

四、不管前项如何规定，委员任期在国会闭会或众议院解散时结束，在直至其后基于最初召集的国会指名、重新任命委员的期间，仍被视为在任。

五、总务大臣认为委员有身心障碍不能执行职务时或违反职务上的义务及有其他与其身份不符行为时，经国会同意，可以罢免该委员。

六、委员中同属一个政党及其他政治团体的超过二人时，由总务大臣抽签决定罢免二人以外的委员。

七、委员不得泄露职务上掌握的秘密。辞职后亦然。

**第十九条之三十三　委员长**

一、委员会中设委员长一职，由委员互选产生。

二、委员长总理会务，代表委员会。

三、委员长有事时，其事先指名的委员代理其职务。

**第十九条之三十四　会议**

一、委员会由委员长召集。

二、委员长及两人以上的委员不能出席时，委员会不得开会、决议。

三、委员会的议事，需出席者过半数通过，赞成、否决人数相等时，由委员长裁决。

四、关于委员长有事时第二项规定的适用，前条第三项规定的委员视为委员长。

**第十九条之三十五　资料的提供及其他协助**

一、委员会认为处理主管事务上有必要时，可以要求关联行政机关的首长及都道府县选举管理委员会提供资料、陈述意见、说明及其他必要协助。

二、委员会认为处理主管事务上特别有必要时，可以向前项规定之人以外的具备政治资金卓识的人委托必要的协助。

**第十九条之三十六　事务局（办公室）**

一、在委员会中设事务局，处理委员会事务。

二、事务局中除事务局长外（办公室主任），还配置其他所需职员。

三、事务局长在委员长的领导下，处理局内事务。

**第十九条之三十七　委托政令**

本节规定之外、委员会的组织及运营相关必要事项，由政令规定。

## 第四章　报告书的公开

**第二十条　收支报告书要旨的公布**

一、受理第十二条第一项或第十七条第一项规定的报告书时，总务大臣或都道府县选举管理委员会，须根据总务省令的规定公布其要旨。此时，关于第十二条第一项规定的报告书，报告书的提交期限被延长的情况及其他特别情况除外，该报告书提交的当年十一月三十日之前公布。

二、前项规定的公布，如是总务大臣，通过官报；如是都道府县选举管理委员会，通过都道府县公报，予以公布。

三、都道府县选举管理委员会，根据第一项的规定公布同项报告书的要旨时，须立即向总务大臣提交其复本。

四、总务大臣或都道府县选举管理委员会，不管第一项如何规定，在通过网络及其他合适的方法公布同项报告书时，无须公布该报告书的要旨。此时，使用网络以及其他合适的方法公布该报告书，可视为公布同项规定的报告书要旨。

**第二十条之二　收支报告书等的保存及阅览**

一、关于第十二条第一项或第十七条第一项规定的报告书、第十二条第二项（含第十七条第四项适用的情况。第三十二条第三号同）及第十四条第一项（含第十七条第四项适用的情况。次项同）规定的书面材料及第十九条之十四规定的政治资金监查报告书，受理此类材料的总务大臣或都道府县选举管理委员会，根据前条第一项的规定，自报告书要旨公布之日起保存三年。

二、任何人，根据前条第一项的规定自报告书要旨公布之日起三年内，如是总务大臣，则根据总务省令的规定；如是都道府县选举管理委员会，则根据该选举管理委员会的规定，可以要求阅览或提供该报告书、第十四条第一项规定的书面材料或政治资金监查报告书的复本。

三、根据前项规定，要求总务大臣提供复本之人，须在实际费用范围内缴纳政令规定的数额的手续费。

### 第二十条之三 收支报告书等相关信息的公开

一、第十二条第一项或第十七条第一项规定的报告书或附加在该报告书中或应一并提交的书面材料（以下本条称"收支报告书等"）中，根据第二十条第一项的规定该报告书要旨公布前相关的《关于行政机关保有信息的公开的法律》第三条规定的公开要求被提出时，该要旨被公布之日以前不能实施同法第九条第一项的决定。

二、关于提出前项规定的公开要求时《关于行政机关保有信息的公开的法律》的规定的适用，同法第十条第一项中"公开要求之日起三十日内"是指"根据《政治资金规正法》（昭和二十三年法律第一百九十四号）第二十条第一项的规定，要旨公布之日起三十日内"、同法第十一条中"公开要求之日起六十日内"是指"根据《政治资金规正法》第二十条第一项的规定，要旨公布之日起六十日内"。

三、都道府县援引第一项规定之例，实施收支报告书等相关信息的公开。

## 第五章 有关捐赠等的限制

### 第二十一条 公司等捐赠的限制

一、公司、工会［《工会法》（昭和二十四年法律第一百七十四号）第二条规定的工会。第三项及第二十一条之三第一项及第二项同］、职员团体[《国家公务员法》（昭和二十二年法律第一百二十号）第一百〇八条之二或《地方公务员法》（昭和二十五年法律第二百六十一号）第五十二条规定的职员团体。第三项及第二十一条之三第一项及第二项同]及其他团体，不得对政党及政治资金团体以外者进行有关政治活动的捐赠。

二、前项规定，不适用于政治团体实施的捐赠。

三、任何人不得劝诱或要求公司、工会、职员团体及其他团体（政治团体除外）进行有关政治活动的捐赠（对政党及政治资金团体捐赠除外）。

四、关于第一项及前项规定的适用，在政党的支部中、以一个以上的市町村（含特别区）的区域[如是《地方自治法》（昭和二十二年法律第六十七号）第二百五十二条之十九第一项的指定都市，则为该区的区域]或《公职选举法》第十二条规定的选举区的区域为单位而设立的支部以外的团体，被视为政党及政治资金团体以外的各个政治团体。

**第二十一条之二　公职候选人政治活动相关捐赠的禁止**

一、任何人不得进行公职候选人政治活动（竞选活动除外）相关的捐赠（限金钱等、对政治团体的捐赠除外）。

二、前项规定，不适用于政党实施的捐赠。

**第二十一条之三　捐赠总额的限制**

一、对政党及政治资金团体有关政治活动的捐赠，根据以下各号的不同情况，每年不得超过该各号所列的额度。

1. 个人捐赠　二千万日元
2. 公司捐赠

下表左栏为公司资本金的金额或出资的金额，同表右栏为对应额度。

| 五十亿日元以上 | 三千万日元 |
| --- | --- |
| 十亿日元以上五十亿日元以下 | 一千五百万日元 |
| 十亿日元以下 | 七百五十万日元 |

3. 工会或职员团体捐赠

下表左栏为工会的会员数或职员团体的会员数（次项称"会员等"），同表右栏为对应额度。

| 十万人以上 | 三千万日元 |
|---|---|
| 五万人以上十万人以下 | 一千五百万日元 |
| 五万人以下 | 七百五十万日元 |

4. 前两号的团体以外的团体（政治团体除外）捐赠

下表左栏为团体上一年的经费总额，同表右栏为对应额度。

| 六千万日元以上 | 三千万日元 |
|---|---|
| 二千万日元以上六千万日元以下 | 一千五百万日元 |
| 二千万日元以下 | 七百五十万日元 |

二、对于资本金的金额或出资金额为一百亿日元以上的公司、会员等人数为十五万人以上的工会或上一年的经费总额为八千万日元以上的前项第四号的团体，同项第二号至第四号所列金额为，三千万日元加上追加额度［资本金的金额或出资金额超过五十亿日元的、每五十亿日元追加五百万日元（其合计额达到三千万日元之后时，则为三百万日元。本号下同）额度；会员等人数超过十万人的、每五万人追加五百万日元额度；或上一年的经费总额超过六千万日元的、每二千万日元追加五百万日元额度］之和（其合计额超过七千万日元时，则为加七千万日元所得金额），适用于同项的规定。

三、个人实施的政治活动相关捐赠，对于政党及政治资金团体以外者，每年不得超过一千万日元。

四、第一项及前项的规定，不适用于通过特定捐赠及遗赠方式实施的捐赠。

五、关于第一项第二号规定的资本金的金额或出资金额、同项第三号规定的会员等人数及同项第四号规定的年度经费总额的计算及其他同项规定的适用相关的必要事项，由政令规定。

**第二十二条　对同一人的捐赠限制**

一、政党及政治资金团体以外的政治团体实施的政治活动相关捐赠，每年对政党及政治资金团体以外的同一政治团体，不得超过五千万日元。

二、个人实施的政治活动相关捐赠，每年对政党及政治资金团体以外的同一人，不得超过一百五十万日元。

三、前项规定，不适用于提交资金管理团体申请的公职候选人对该资金管理团体的捐赠以及通过遗赠方式实施的捐赠。

**第二十二条之二　禁止接受违反数量限制等的捐赠**

任何人，不得违反第二十一条第一项、第二十一条之二第一项、第二十一条之三第一项及第二项或第三项或前条第一项或第二项的规定、接受捐赠。

**第二十二条之三　捐赠的实质限制**

一、接受国家的补助金、负担金、利息补助金及其他补助金［试验研究、调查或灾害恢复相关的补助金及其他性质上无利益的补助金及《政党助成法》（平成六年法律第五号）第三条第一项规定的政党补助金（含同法第二十七条第一项规定的特定补助金）除外。第四项同］拨付决定（含利息补助金相关的契约的承诺决定。第四项同）的公司及其他法人，在接到该补助金的拨付决定的通知之日起至经过一年之日（该补助金拨付决定被全部取消时，则为接到该取消的通知之日）的期间，不得进行政治活动相关捐赠。

二、接受国家的资本金、基本金及其他类似资金的全部或部分的出资或支出的公司及其他法人，不得进行政治活动相关捐赠。

三、关于符合此类规定的公司及其他法人，对地方公共团体的议会议员或首长相关的公职候选人、与其相关的资金管理团体或符合与其相关的第三条第一项第二号或第三号乙规定的政治团体进行政治活动相关的捐赠，前两项的规定，不适用。

四、关于以下各号所列公司及其他法人，向该各号的地方公共团体的议会议员或首长相关的公职候选人、与其相关的资金管理团体、或推荐、支持或反对前者的政治团体，进行政治活动相关的捐赠，第一项及第二项的规定，适用。

1. 接受地方公共团体的补助金、负担金、利息补助金及其他补助金的拨付决定的公司及其他法人。

2. 接受地方团体的资本金、基本金及其他类似的资金的全部或部分的出资或支出的公司及其他法人。

五、任何人，不得在对方是第一项或第二项（含前项适用此类规定的情况）规定的适用的接受者的情况下、劝诱或要求对方进行政治活动相关的捐赠。

六、任何人，不得在明知是违反第一项或第二项（含第四项适用此类规定的情况）的规定的捐赠的情况下，接受该捐款。

**第二十二条之四**

一、连续三个事业年度以上出现政令规定的亏损的公司，在该亏损弥补期间，不得进行政治活动相关的捐赠。

二、任何人，不得在明知是违反前项规定的捐款的情况下，接受该捐款。

**第二十二条之五**

一、任何人，不得从外国人、外国法人、或其主要成员是外国人或外国法人的团体及其他组织［在《金融商品交易法》第二条第十六项规定的金融商品交易所（以下本项简称"金融商品交易所"）公开发行股票的股份公司中，如是已经决定了规定在定期股东大会上能够行决议权之人的《公司法》（平成十七年法律第八十六号）第一百二十四条第一项规定的基准日（以下本项称"定期股东大会基准日"）的股份公司，且在最近的定期股东大会基准日在一年以内的话，在该定期股东大会基准日、保有相当于外国人或外国法人已发行股票总数一半以上者］，接受政治活动相关的捐赠。但，日本法人，其发行的股票在金融商品交易所连续五年交易者〔含由新设合并或股份转让而设立的股份公司（限由该新设合并而消失的公司或转让该股份的公司均是股份公司，且其发行的股票在直至伴随该新设合并或该股份转让而退市的期间、在金融商品交易所上市交易者）中，其发行的股票伴随该新设合并或该股份转让在金融商品交易所自上市以来继续交易，且上市以来未满五年者，该上市时间，与伴随该新设合并或该股份转让停止交易的股票在直至停止交易的期间、在金融商品交易所继续交易的时间中最短的时间之和为五年以上者〕实施的捐赠，不在此限。

二、前项正文规定的团体、同项补充条款规定的团体，进行政治活动相关捐赠时，须书面通知该捐赠接受者前项正文规定的团体、同项补充条款规定的团体的主旨。

### 第二十二条之六

一、任何人，不得以本人以外的名义或匿名进行政治活动相关的捐赠。

二、前项及第四项的规定（限禁止匿名捐赠部分），不适用于在街头或一般公开演说会或集会场所对政党或政治资金团体的捐赠金额在一千日元以下的情况。

三、任何人，不得接受违反第一项规定的捐赠。

四、提供与第一项捐赠有关的金钱或物品时，该金钱或物品的所有权归属国库，其保管者须根据政令的规定，尽快办理将其上缴国库的手续。

五、关于前项规定的上缴国库相关的事务，根据政令规定，由都道府县知事实施。

### 第二十二条之六（二） 政治资金团体相关的捐赠办法的限制

一、任何人，不通过向政治资金团体的储蓄或存款账户汇款，不得向政治资金团体捐赠。但，其金额在一千日元以下的捐赠或通过不动产的让渡或租借（含地上权的设定）实施的捐赠，不在此限。

二、政治资金团体，不通过向捐赠接受者的储蓄或存款账户汇款，不得进行政治活动相关的捐赠。前项补充条款的规定，适用于此情况。

三、任何人，不得接受违反前两项规定的捐赠。

四、提供违反第一项或第二项规定的捐赠相关的金钱或物品时，或违反前项规定、接受金钱或物品的捐赠时，该金钱或物品的所有权归属国库，其保管者或该捐赠的接受者，须根据政令规定，尽快办理将其上缴国库的手续。

五、前条第五项的规定，适用于前项情况。

### 第二十二条之七　捐赠中介相关的限制

一、任何人，在从事政治活动相关募捐中介活动时，对对方不得利用业务、雇佣及其他关系或组织影响力、胁迫等不正当地约束其意愿的方法，进行该募捐的中介活动。

二、从事政治活动相关募捐中介活动者，不论采取何种方法，不得违背捐赠者的意愿，通过扣除其工资、工钱、外包货款及其他类似的方法来筹集该捐赠。

### 第二十二条之八　政治资金酒会等价支付相关的限制

一、政治资金酒会的举办者，不得在同一政治资金酒会中从同一人接受超过一百五十万日元的该政治资金酒会的等价支付。

二、政治资金酒会的举办者，在欲接受该政治资金酒会等价支付时，须事先书面告知该等价支付者该等价支付是政治资金酒会等价支付的主旨。

三、任何人，在进行政治资金酒会等价支付时，对于同一政治资金酒会的等价支付，不得超过一百五十万日元。

四、第二十二条之六第一项及第三项以及前条的规定，适用于政治资金酒会的等价支付。此时，第二十二条之六第一项中"政治活动相关的捐赠"及同条第三项中"捐赠"是指"政治资金酒会的等价支付"，前条第一项中"政治活动相关募捐中介"是指"政治资金酒会的等价支付的中介"，"该募捐的中介"是指"该等价支付的中介"，同条第二项中"政治号）第三条第四号规定的职员中、政令规定之人及同法附则第五项规定的被雇佣从事简单劳务的职员除外]。

6.《地方公营企业法》（昭和二十七年法律第二百九十二号）第七条规定的管理者。

二、任何人，不得要求前项各号所列的国家或地方公共团体的公务员、或行政执行法人、或特定地方独立行政法法人的职员，从事根据同项规定该公务员或职员不得从事之行为。

## 第六章 罚 则

**第二十三条**

政治团体违反第八条的规定接受捐赠或支出时，该政治团体的干部或成员有违反行为的，处以五年以下监禁或一百万日元以下罚款。

**第二十四条**

符合以下各号之一的［公司、政治团体及其他团体（以下本章称"团体"），其干部或成员有违反行为的]，处以三年以下监禁或五十万日元以下罚款。

1. 违反第九条的规定，未置备会计账簿的，或违反同条、第十八条第三项或第十九条之四的规定，在第九条第一项的会计账簿中未记载应记载的事项，或进行虚假记载的。

2. 违反第十条的规定，未提交明细书的，或在该明细书中未记载应记载事项，或进行虚假记载的。

3. 违反第十一条的规定，未收取收据等的，或未提交，或进行虚假记载的。

4. 违反第十六条第一项（含根据第十九条之十一第二项的规定，可以解释适用的情况）的规定，未保存难以收取会计账簿、明细书、收据等支出的明细书等或汇款明细书的。

5. 根据第十六条第一项（含根据第十九条之十一第二项的规定，可以解释适用的情况）的规定，在应保存的难以收取会计账簿、明细书、收据等支出的明细书或汇款明细书中进行虚假记载的。

6. 根据第十五条的规定，未进行移交的。

7. 拒绝第三十一条规定要求的说明，或作虚假说明的，或违反同条规定的命令，拒绝同条报告书等的修改，或作虚假修改的。

**第二十五条**

一、符合以下各号之一的，处以五年以下监禁或一百万日元以下罚款。

1. 违反第十二条或第十七条的规定，未提交报告书或应与报告书一并提交的书面材料的。

一之二、违反第十九条之十四的规定，未提交政治资金监查报告书的；

2. 违反第十二条、第十七条、第十八条第四项或第十九条之五的规定，在第十二条第一项或第十七条第一项的报告书或应与报告书一并提交的书面材料中，未记载应记载事项的。

3. 在第十二条第一项或第十七条第一项的报告书或应与报告书一并提交的书面材料中，作虚假登记的。

二、关于前项情况（违反第十七条规定的情况外），政治团体的代表在该政治团体的会计负责人的选任及监督方面疏于监管时，处以五十万日元以下罚款。

**第二十六条**

符合以下各号之一的（如是团体，其干部或成员有违反行为的），处以一年以下监禁或五十万日元以下罚款。

1. 违反第二十一条第一项、第二十一条之二第一项、第二十一条之三第一项或第二项或第三项、第二十二条第一项或第二项的规定，进行捐赠的。

2. 违反第二十一条第三项的规定，劝诱、要求捐赠的。

3. 违反第二十二条之二的规定，接受捐赠的。

**第二十六条之二**

符合以下各号之一的，处以三年以下监禁或五十万日元以下罚款。

1. 违反第二十二条之三第一项或第二项（含同条第四项适用此类规定的情况）的规定，作为进行捐赠的公司及其他法人的干部，有违反行为的。

2. 违反第二十二条之三第五项的规定，进行劝诱、要求捐赠的（如是团体，其干部或成员有违反行为的）；

3. 违反第二十二条之三第六项、第二十二条之五第一项或第二十二条之六第三项的规定，接受捐赠的（如是团体，其干部或成员有违反行为的）。

4. 违反第二十二条之六第一项的规定，进行捐赠的（如是团体，其干部或成员有违反行为的）。

5. 违反第二十二条之八第四项适用的第二十二条之六第一项的规定，进行等价支付的（如是团体，其干部或成员有违反行为的）。

6. 违反第二十二条之八第四项适用的第二十二条之六第三项的规定，接受等价支付的（如是团体，其干部或成员有违反行为的）。

**第二十六条之三**

符合以下各号之一的，处以五十万日元以下罚款。

1. 违反第二十二条之四第一项的规定，作为进行捐赠的公司的干部，有违反行为的。

2. 违反第二十二条之四第二项的规定，接受捐赠的（如是团体，其干部或成员有违反行为的）。

3. 违反第二十二条之八第一项的规定，接受等价支付的（如是团体，其干部或成员有违反行为的）。

4. 违反第二十二条之八第二项的规定，未告知的（如是团体，其干部或成员有违反行为的）。

5. 违反第二十二条之八第三项的规定，进行等价支付的（如是团体，其干部或成员有违反行为的）。

**第二十六条之四**

符合以下各号之一的，处以六个月以下监禁或三十万日元以下罚款。

1. 违反第二十二条之七第一项的规定，有捐赠中介行为的（如是团体，其干部或成员有违反行为的）。

2. 违反第二十二条之八第四项适用的第二十二条之七第一项的规定，有等价支付中介行为的（如是团体，其干部或成员有违反行为的）。

3. 违反第二十二条之九第一项的规定，要求或接受政治活动相关的捐赠、或干预他人进行政治活动相关的捐赠、或要求参加政治资金酒会并支付等价、或接受政治资金酒会的等价支付、或干预他人的此类行为的。

4. 违反第二十二条之九第二项的规定，要求同条第一项各号所列的国家或地方公共团体的公务员、或行政执行法人、或特定地方独立行政法法人的职员，从事根据同项规定该公务员或职员不得从事之行为的（如是团体，其干部或成员有违反行为的）。

**第二十六条之五**

符合以下各号之一的（如是团体，其干部或成员有违反行为的），处以二十万日元以下罚款。

1. 违反第二十二条之七第二项的规定，筹集捐赠的。

2. 违反第二十二条之八第四项适用的第二十二条之七第二项的规定，筹集作为等价支付的金钱等的。

**第二十六条之六**

在第十九条之十三第三项的政治资金监查报告书中作虚假记载的，处以三十万日元以下罚款。

**第二十六条之七**

违反第十九条之二十八或第十九条之三十二第七项的规定，泄露秘密的，处以一年以下监禁或五十万日元以下罚款。

**第二十七条**

一、对第二十三条、第二十四条、第二十五条第一项、第二十六条、第二十六条之二及第二十六条之四的罪犯,根据情节,可以并处监禁和罚款。

二、因重大过失,对第二十四条及第二十五条第一项的罪犯,可以并处监禁和罚款。但,法院根据情节,可以减轻处罚。

**第二十八条**

一、犯有第二十三条至第二十六条之五以及前条第二项之罪被处以罚款的,从其判决下达之日起五年内(对于缓期执行的,则为其判决下达之日起至不再接受刑罚执行的期间),剥夺其《公职选举法》规定的选举权和被选举权。

二、犯有第二十三条、第二十四条、第二十五条第一项、第二十六条、第二十六条之二、第二十六条之四及前条第二项之罪被处以监禁的,从其判决下达之日起至刑满的期间或刑罚时效情况除外至接受免除刑罚的期间及其后五年、或其判决下达之日起至不再接受刑罚执行的期间,剥夺其《公职选举法》规定的选举权和被选举权。

三、法院根据情节,在宣布判决的同时,可以宣告第一项规定之人在同项的五年内或缓期执行中的期限内不享有选举权和被选举权的规定不适应、或缩短在其期限内应该适用的期限,或宣告缩短在同项规定之人接受同项的五年内或缓期执行的判决的情况下、其缓期执行中的期限内、应适用不享有选举权和被选举权的规定的期限。

四、《公职选举法》第十一条第三项的规定,根据前三项的规定不享有选举权和被选举权的事由发生或消失之时,适用。此时,同条第三项中"第一项或第二百五十二条"是指"《政治资金规正法》第二十八条"。

**第二十八条之二**

因行为违反第二十三条、第二十六条第三号、第二十六条之二第三号、第二十六条之三第二号及第二十六条之四第三号的规定,没收其接受的捐赠相关的财产上的利益（第二十二条之六第四项规定的捐赠相关的金钱或物品除外）。未能没收其全部或部分时，追缴相当其价值的金额。

**第二十八条之三**

一、团体的干部或成员，其行为违反第二十三条及第二十六条至第二十六条之五的规定时，除处罚行为人外，对该团体处以该各条的罚款。

二、根据前项的规定、因第二十三条的违法行为对团体处以罚款的情况的时效期限，由同条罪行的时效期限来确定。

三、对于非法人团体，在第一项规定适用的情况下，其代表除了就诉讼行为代表其团体外，适用于关于以法人为被告人或嫌疑人的刑事诉讼相关法律的规定。

## 第七章 补 则

**第二十九条 确保报告书真实性的措施**

提出第十二条第一项或第十七条第一项规定的报告书之人，须分别附加宣誓相关记载真实性的起誓文书。

**第三十条** ［删除］

**第三十一条 监督上的措施**

总务大臣或都道府县选举管理委员会认为，根据法律规定提交的申请书材料、报告书或附加、或应一并提交的书面材料（以下本条称"报告书等"）形式上不完善或应记载其中的事项记载不充分时，可以向报告书等的提交者命令其说明或修改该报告书等。

**第三十二条 关于政治资金规正相关事务的国库负担**

以下各号所列经费，由国库负担。

1. 第十九条之十六规定的小额收据等复本的公开所需费用。

2. 第二十条规定的公布所需费用。

3. 第二十条之二第一项规定的报告书、书面材料（限第十二条第二项规定的书面材料）及政治资金监查报告书的保存所需费用。

4. 第二十条之二第二项规定的报告书的阅览设施所需费用。

**第三十二条之二　使用电子信息处理系统的方法进行申请等特例**

第六条第一项（含同条第五项适用的情况）或第二项、第六条之三、第七条第一项、第十二条第一项或第二项（含第十七条第四项适用的情况）、第十四条第一项（含第十七条第四项适用的情况）、第十七条第一项、第十八条第四项、第十九条第二项、第三项或第四项、第十九条之十四或第二十九条规定的申请、提交或附加中，向总务大臣提出的，使用电子信息系统进行时，不管相关规定如何，不需要通过都道府县选举管理委员会进行。

**第三十二条之三　《关于民间事业者实施的书面材料保存等中利用信息通信技术的法律》的适用除外**

关于根据第十六条（含根据第十九条之十一第二项的规定，解释适用的情况）及第十九条之三第二项的规定、应保存的书面材料，《关于民间事业者实施的书面材料保存等中利用信息通信技术的法律》（平成十六年法律第一百四十九号）第三条及第四条的规定，不适用。

**第三十二条之四　课税特例**

个人进行政治活动相关捐赠时，根据本法或《公职选举法》的规定、报告该捐赠，根据《租税特别措施法》的规定，对该个人的所得税的课税，采取特别措施。

**第三十三条　委任政令**

本法实施的手续及其他施行相关的必要事项，由政令规定。

**第三十三条之二　事务区分**

一、本法规定的都道府县处理的事务中，下列事项视为《地方自治法》第二条第九项第一号规定的第一号法定受托事务。

1. 根据第六条第一项（含同条第五项适用的情况）、第六条之三、第七条第一项、第七条之二第一项及第二项（含第十七条第四项适用的情况)、第七条之三第一项、第十二条第一项、第十七条第一项及第三项、第十八条第五项、第十九条第二项及第三项、第十九条之二、第十九条之十六、第二十条第一项及第三项、第二十条之二、第二十二条之六第五项（含第二十二条之六之二第五项适用的情况）及第三十一条规定，由都道府县处理的事务。

2. 根据第十八条第一项适用的第六条第一项、第六条之三、第七条第一项、第七条之二第一项及第二项（含第十八条第一项适用的第十七条第四项的情况）、第七条之三第一项、第十二条第一项及第十七条第一项及第三项的规定，由都道府县处理的事务。

3. 根据第十八条之二第一项适用的第六条第一项、第六条之三、第七条第一项、第七条之三第一项、第十二条第一项及第十七条第一项的规定，由都道府县处理的事务。

二、根据第二十八条第四项适用的《公职选举法》第十一条第三项的规定，由市町村处理的事务，视为《地方自治法》第二条第九项第一号规定的第一号法定受托事务。

## 附则 抄

### 第三十四条

本法，自公布之日实施。

### 第三十五条

一、本法施行之际，业已存在的政党、协会及其他团体及其支部，符合第三条规定的，须在本法施行之日起三十日内，提交第六条或适用于此的第十八条规定的申请。

二、在前项的期限内提交申请时，该政党、协会及其他团体及其支部的捐赠或支出，在本法施行日至提交同项申请期间进行的，将视为第八条或适用于此的第十八条规定的申请后进行的。

**第三十六条**

一、本法施行之际、根据从前的《众议院议员选举法》、《参议院议员选举法》或《地方自治法》的规定已经举行的、或根据此类法律规定已经公布或告示日期的选举，不管前两条的修订规定如何、仍适用从前规定。

二、前项规定，适用于同项所列选举以外的选举中适用《众议院议员选举法》第十二章规定的选举。

**第三十七条**

目前，对于在《关于促进解决北方领土问题等特别措施的法律》（昭和五十七年法律第八十五号）第十一条第一项规定的北方地区拥有籍贯之人的第二十八条第四项中、解释适用的《公职选举法》第十一条第三项的规定的适用，同项中"市町村长，在该市町村拥有籍贯之人"是指"根据《关于促进解决北方领土问题等特别措施的法律》（昭和五十七年法律第八十五号）第十一条第一项的规定，总务大臣指名人，在同项规定的北方地区拥有籍贯的"。

（原文来自：http://law.e-gov.go.jp/htmldata/S23/S23HO194.html）

（朱艳圣、齐膺军 译　干保柱 校）

# 公职选举法

1950 年 4 月 15 日法律第一百号

最终修订：2015 年 6 月 19 日法律第四十三号

## 第一章 总 则

**第一条 本法的目的**

本法根据日本宪法之精神，确立公选众议院议员、参议院议员以及地方公共团体议会的议员及首长的选举制度，确保其选举由选举人自由表明之意愿公正、公正举行，以期待民主政治健全发展为目的。

**第二条 本法的适用范围**

本法适用于众议院议员、参议院议员以及地方公共团体的议会议员及首长的选举。

**第三条 公职的定义**

本法中"公职"是指众议院议员、参议院议员、地方公共团体的议会议员及首长之职。

**第四条 议员的定员**

一、众议院议员定员 475 人，其中，295 人为小选举区选出议员，180 人为比例代表选出议员。

二、参议院议员定员 242 人，其中，96 人为比例代表选出议员，146 人为选举区选出议员。

三、地方公共团体的议会议员的定员，由《地方自治法》（昭和二十二年法律第六十七号）规定。

**第五条 选举事务的管理**

本法关于选举事务，除特别规定外，众议院（比例代表选出）议员或参议院（比例代表选出）议员的选举由中央选举管理会管理；众议院（小选区选出）议员、参议院（选举区选出）议员、都道府县议会议员或都道府县知事选举由都道府县选举管理委员会管理；市町村议会议员或市町村首长选举由市町村选举管理委员会管理。

**第五条之二 中央选举管理会**

一、中央选举管理会，由五名委员组成。

二、委员，由内阁总理大臣从国会议员以外者、拥有参议员被选举权者中，基于国会决议指名、任命。

三、前项指名，属于同一政党及其他政治团体的委员不得超过二人。

四、委员符合以下各号之一的，内阁总理大臣可以罢免该委员。但，第二号及第三号的情况，须经国会同意。

1. 不具有参议院议员被选举权的。

2. 因身心障碍，不能履行职务的。

3. 违反职务上的义务，有与委员身份不符行为的。

五、委员中，属于同一政党及其他政治团体的在二人以上时，内阁总理大臣将抽签决定罢免二人以外的委员。

六、国会，在进行第二项规定的委员指名时，须同时进行与委员人数相同的预备委员指名。在预备委员空缺的情况下，限同时进行委员指名时，进行预备委员的指名。

七、预备委员，在委员空缺或因故的情况下，履行职务。

八、第二项至第五项的规定，适用于预备委员。

九、委员的任期为三年。但补缺委员的任期为，前任的剩余任期。

十、不管前项如何规定，委员任期在国会闭会或众议院解散时结束，在直至其后基于最初召集的国会指名、重新任命委员的期间,仍被视为在任。

十一、委员为兼职。

十二、委员长由委员互选产生。

十三、委员长代表中央选举管理会,负责其事务。

十四、中央选举管理会的会议,没有半数以上的委员出席,不得召开。

十五、中央选举管理会的议事,由出席委员的过半数表决通过,赞成与反对人数相等时,由委员长决定。

十六、中央选举管理会的日常事务,由总务省负责。

十七、除前面各项规定外,有关中央选举管理会运营的必要事项,由中央选举管理会决定。

**第五条之三　技术建议及劝告与提出资料的要求**

一、中央选举管理会,关于众议院(比例代表选出)议员或参议院(比例代表选出)议员选举相关事务,向都道府县或市町村,可以就都道府县或市町村事务运营及其他事项进行适当的技术建言或劝告,或为该建言或劝告或为提供都道府县或市町村事务稳妥处理相关的信息,可以要求提供必要的信息。

二、中央选举管理会,关于众议院(比例代表选出)议员或参议院(比例代表选出)议员选举相关事务,向都道府县选举管理委员会,可以就《地方自治法》第二百四十五条之四第一项规定的对市町村的建言或劝告或提出资料要求,进行必要的指示。

**第五条之四　纠正的指示**

一、中央选举管理会,认为本法或基于本法的政令相关的都道府县的《地方自治法》第二条第九项第二号规定的第一号法定受托事务(限众议院比例代表选出议员或参议院比例代表选出议员的选举相关事务,以下本条及次条称"第一号法定受托事务")的处理违法法令规定时、或认为其存在明显欠缺或侵害公共利益时，对于为纠正或改善该第一号法定受托事务的处理而采取的措施，可以向该都道府县进行必要的指示。

二、中央选举管理会，关于本法或基于本法的政令相关的市町村的第一号法定受托事务的处理，向都道府县选举管理委员会，就《地方自治法》第二百四十五条之七第二项规定的对市町村的指示，可以进行必要的指示。

三、中央选举管理会，除前项规定外，对于本法或基于本法的政令相关的市町村的第一号法定受托事务的处理违法法令规定、或存在明显欠缺或侵害公共利益的情况，认为紧急及其他特别必要时，对于为纠正或改善该第一号法定受托事务的处理而采取的措施，可以自己向该市町村进行必要的指示。

**第五条之五　处理基准**

一、中央选举管理会，关于本法或基于本法的政令相关的都道府县的第一号法定受托事务的处理，可以制定都道府县处理该第一号法定受托事务的基准。

二、都道府县选举管理委员会，根据《地方自治法》第二百四十五条之九第二项规定，就市町村选举管理委员会基于本法规定、承担第一号法定受托事务的处理，在制定市町村处理该第一号法定受托事务的基准时，该都道府县选举管理委员会制定的基准，根据次项规定，不得与中央选举管理会制定的基准相背。

三、中央选举管理会，认为特别必要时，关于本法或基于本法的政令相关的市町村的第一号法定受托事务的处理，可以制定市町村处理该第一号法定受托事务的基准。

四、中央选举管理会，关于本法或基于本法的政令相关的市町村的第一号法定受托事务的处理，就根据《地方自治法》第二百四十五条之九第二项的规定制定的基准，可以向都道府县选举管理委员会进行必要的指示。

五、根据第一项或第三项的规定制定的基准，须在达到目的的必要最小限度内。

### 第六条　选举相关的启发、周知等

一、总务大臣、中央选举管理会、都道府县选举管理委员会及市町村选举管理委员会，须确保选举公开、公正，通过各种机会努力提高选举人的政治常识，尤其是在选举时，须告知选举人投票的方法、违反选举及其他选举相关的必要事项。

二、中央选举管理会、都道府县选举管理委员会及市町村选举管理委员会，须尽快通知选举人选举的结果。

三、对于选举人，只要没有特别情况，须采取措施在选举当日给予行使选举权必要的时间。

### 第七条　确保选举取缔的公正

检察官、都道府县公安委员会的委员及警察，须公正地执行有关取缔选举的规定。

### 第八条　关于特定地区的特例

在交通困难的岛屿及其他地方，对于难以适用于本法规定的事项，由政令特别制定。

## 第二章　选举权及被选举权

### 第九条　选举权

一、年满二十周岁以上的日本国民，享有众议院议员、参议院议员的选举权。

二、年满二十周岁以上的日本国民，连续三个月以上在市町村的区域内拥有住所的，享有其所属地方公共团体的议会议员及首长的选举权。

三、前项的市町村中，存在因其区域的全部或部分废置分合、变为该市町村区域的全部或部分的市町村，应包括因废置分合而消失的市町村（含根据本项规定含在该消失的市町村中的市町村）。

四、根据第二项规定，享有包括其所属市町村的都道府县的议会议员及首长选举权的、从该市町村的区域移居到同一都道府县区域内的其他市町村区域内的，不管同项规定的住所相关要件如何，继续享有该都道府县的议会议员及首长的选举权。

五、第二项的三个月的期限，不得因市町村的废置分合或边界变更而中断。

### 第十条　被选举权

一、日本国民，根据以下各号的不同情况，分别享有该议员或首长的被选举权。

1. 众议院议员，为年满二十五周岁以上者。

2. 参议院议员，为年满三十周岁以上者。

3. 都道府县的议会议员，为年满二十五周岁以上者。

4. 都道府县知事，为年满三十周岁以上者。

5. 市町村的议会议员，为年满二十五周岁以上者。

6. 市町村长，为年满二十五周岁以上者。

二、前项各号的年龄，根据选举期日来计算。

### 第十一条　不享有选举权和被选举权者

一、下列所列者，不享有选举权和被选举权。

1. ［删除］

2. 处以监禁以上徒刑、至其执行结束之人。

3. 处以监禁以上徒刑、至其不再接受执行之人（缓期执行者除外）。

4. 公职期间犯有《刑法》（明治四十年法律第四十五号）第一百九十七条至第一百九十七条之四的罪行或《关于公职人员等中介行为得利等处罚的法律》（平成十二年法律第一百三十号）第一条的罪行而被判刑、其执行结束或免于执行之人，自其执行结束或免于执行之日起未满五年的或其刑罚缓期执行的。

5. 根据法律规定实施的选举、投票及国民审查的犯罪而被处以监禁以上徒刑、缓期执行的。

二、关于因本法规定的选举相关犯罪、不享有选举权及被选举权之人,由第二百五十二条规定。

三、关于市町村首长,拥有其市町村籍贯、在其他市町村有住所的或在其他市町村已经注册第三十六条之六规定的在外选举人名簿的情况,根据第一项或第二百五十二条的规定、知晓不应享有选举权及被选举权的事由发生或消失时,须立即通知该其他市町村选举管理委员会其主旨。

**第十一条之二　不享有被选举权者**

公职期间犯有前条第一项第四号规定的罪行而被判刑、其执行结束或免于执行之人,自其执行结束或免于执行之日起满五年的,该五年之后的五年间,不享有被选举权。

## 第三章　选举区域

**第十二条　选举单位**

一、众议院(小选举区选出)议员、众议院(比例代表选出)议员、参议院(选举区选出)议员及都道府县的议会议员,分别在各自选举区选举产生。

二、参议院(比例代表选举)议员,在整个都道府县区域内选举产生。

三、都道府县知事及市町村首长,分别在该地方公共团体区域内选举产生。

四、市町村的议会议员,如有选举区,则在选举区选举产生;如没有选举区,则在其市町村区域内选举产生。

**第十三条　众议院议员的选举区**

一、众议院(小选举区选出)议员的选举区,根据附表一来确定,各选举区应选举产生的议员人数为一人。

二、众议院(比例代表选出)议员的选举区及各选举区应选举产生的议员人数,根据附表二确定。

三、即使附表一所列行政区划及其他区域出现变更,众议院(小选举区选出）议员的选举区，仍然按照以前的区域划分。但，横跨两个以上选举区的市町村的边界发生变更，则不在此限。

四、前项补充条款中，该市町村边界变更相关区域新属的市町村划分为两个以上的选举区时，关于该区域的选举区的所属，由政令规定。

五、众议院（比例代表选出）议员横跨两个以上选举区、市町村废置分合时，不管第二项如何规定，在至附表一首次更正的期间，众议院（比例代表选出）议员的选举区，仍然按照以前的区域划分。

六、即使有《地方自治法》第六条之二第一项规定的都道府县的废置分合，众议院（比例代表选出）议员的选举区，仍然按照以前的区域划分。

**第十四条　参议院选举区选出议员的选举区**

一、参议院（选举区选出）议员的选举区及各选举区应选举产生的议员人数根据表三确定。

二、即使有《地方自治法》第六条之二第一项规定的都道府县的废置分合，参议院（选举区选出）议员的选举区及各选举区应选举产生的议员人数，仍然按照以前之例确定。

**第十五条　地方公共团体议会议员的选举区**

一、都道府县的议会议员的选举区，以一市的区域、一个市的区域与相邻的町村的区域合并的区域、或相邻町村的区域合并的区域的任意一个为基本，由条例规定。

二、前项的选举区，其人口须为以该都道府县的人口除以该都道府县的议会议员的定员所得之数（以下本条称"议员平均人口"）的半数以上。在这种情况下，一市的区域的人口没有达到议员平均人口的半数时，须与相邻的其他市町村的区域合并成为一个选举区。

三、一市的区域的人口即使达到议员平均人口的半数以上，但没有达到议员平均人口时，须与相邻的其他市町村的区域合并成为一个选举区。

四、一町村的区域的人口为议员平均人口的半数以上时，可以将该町村区域设为一个选举区。

五、关于一市町村［如是《地方自治法》第二百五十二条之十九第一项的指定都市（以下称"指定都市"）的话，则为区。以下本项同］的区域分为属于两个以上的众议院（小选举区选出）议员的选举区的区域时前面各项规定的适用，可以将该各区域视为市町村的区域。

六、市町村，特别必要时，关于其议会议员的选举，可以根据条例设置选举区。但，指定都市则以区的区域为选举区。

七、根据第一项至第四项或前项的规定设置选举区时，须综合考虑行政区划、众议院（小选举区选出）议员的选举区、地势、交通等因素、合理地实施。

八、各选举区应选举产生的地方公共团体的议会议员的人数，须参照人口比例，由条例决定。但，有特别情况时，可大体以人口为基准、考虑地区间的均衡而决定。

九、指定都市适用于第一项至第三项的规定时市的区域（含市町村区域相关的区域），为该指定都市的区域分为两个以上的区域的区域。在这种情况下，划分该指定都市的区域时，第五项情况除外，不分割区的区域。

十、除前各项规定之外，地方公共团体的议会议员的选举区及各选举区应选举产生议员人数的有关必要事项，由政令规定。

**第十五条之二　选举区的选举期间的特例**

一、在众议院（小选举区选出）议员的选举日期公示或告示之日起至选举日的期间，横跨两个以上选举区的市町村即使边界有变更，该选举区，不管第十三条第三项补充条款如何规定，关于该选举，仍然不变更。

二、在众议院（比例代表选出）议员的选举日期公示或告示之日起至选举日的期间，横跨两个以上选举区的都道府县即使边界有变更，该选举区，不管第十三条第二项如何规定，关于该选举，仍然不变更。

三、在参议院（选举区选出）议员的选举日期公示或告示之日起至选举日的期间，都道府县即使边界有变更，该选举区，不管第十四条第一项如何规定，关于该选举，仍然不变更。

四、在都道府县议会议员的选举日期公示或告示之日起至选举日的期间，市町村即使区域有变更（横跨都道府县边界的区域除外），该选举区，不管前条第一项至第五项如何规定，关于该选举，仍然不变更。

**第十六条　选举区的变动与现任者的地位**

现任的众议院议员、参议院（选举区选出）议员、都道府县的议会议员及市町村的议会议员，即使因行政区划及其他区域的变更而致选举区发生变动，也不失去其职。

**第十七条　投票区**

一、投票区，根据市町村的区域而定。

二、市町村选举管理委员会认为必要时，可以划分市町村的区域，设立多个投票区。

三、根据前项规定设立投票区时，市町村的选举管理委员会须立即发布告示。

**第十八条　开票区**

一、开票区，根据市町村的区域而定。但，在众议院（小选举区选出）议员的选举或都道府县的议会议员的选举中，市町村分为两个以上的选举区时或有第十五条第六项规定的选举区时，根据该选举区的区域划分市町村的区域，设立多个开票区。

二、都道府县选举管理委员会仅限在认为有特别情况时，不管前项如何规定，可以划分市町村的区域、设立多个开票区，或者合并多个町村的区域、设立一个开票区。

三、根据前项规定设立开票区时，都道府县选举管理委员会须立即发布告示。

## 第四章 选举人名簿

### 第十九条 永久选举人名簿

一、选举人名簿，应永久保存，且各选举通用一册。

二、市町村选举管理委员会，承担选举人名簿的编制及保管的责任，每年三月、六月、九月及十二月和在进行选举之时，进行选举人名簿的登记。

三、选举人名簿，根据政令制定，可以使用磁盘（含使用与此相当的方法、可以确切记录一定事项之物）编制。

四、在举行选举时，必要时可以使用选举人名簿的抄本（如是根据前项规定、使用磁盘编制选举人名簿的市町村选举管理委员会的话，则为记载在该选举人名簿中的全部或部分事项或记载该事项的文件。以下同）。

五、有关选举人名簿的编制，不适用《关于行政手续等中利用信息通信技术的法律》（平成十四年法律第一百五十一号）第六条的规定。

### 第二十条 选举人名簿的记载事项等

一、选举人名簿，须记载（如是根据前条第三项的规定、使用磁盘编制的选举人名簿的话，则是记录）选举人的姓名、住所、性别及出生年月等。

二、选举人名簿，在划分市町村的区域、设立多个投票区的情况下，须按每个投票区编制。

三、除前两项的规定外，选举人名簿样式及其他必要的事项，由政令规定。

### 第二十一条 登记资格

一、选举人名簿的登记，在该市町村区域内拥有住所、年满二十周岁以上的日本国民［根据第十一条第一项或第二百五十二条或《政治资金规正法》（昭和二十三年法律第一百九十四号）第二十八条的规定、不享有选举权者除外］，在其登记市町村等［该市町村及消失市町村（因其区域的全部或部分的废置分合、变成该市町村的全部或部分的市町村，称因该废置分合消失的市町村，次项同）以下本项同］的住民票（居民卡）出具之日［从其他市町村移居至登记市町村区域内的、根据《居民基本台账法》（昭和四十二年法律第八十一号）第二十二条的规定提出申请的，则为该申请之日］起连续三个月以上被记录在其登记市町村等的居民基本台账中的。

二、前项消失的市町村中，其区域的全部或部分因废置分合变成该市町村的区域的全部或部分的市町村，包括因废置分合而消失的市町村。

三、第一项的居民基本台账登记期间，不得因市町村的废置分合或边界变更而中断。

四、市町村选举管理委员会，根据政令规定，须调查有资格登记该市町村的选举人名簿之人，为将其登记在选举人名簿进行整理。

**第二十二条　登记**

一、市町村选举管理委员会，须将在登记月一日有资格登记该市町村的选举人名簿之人于登记月二日登记在选举人名簿中。但，在登记月的一日到七日之间有选举及其他特别情况时，市町村的选举管理委员会，可以根据政令变更登记日。

二、市町村选举管理委员会，在举行选举时，根据管理该选举相关事务的选举管理委员会（众议院比例代表选出议员或参议院比例代表选出议员的选举，则为中央选举管理会）的规定，须将有资格登记该市町村的选举人名簿之人登记在选举人名簿。

**第二十三条　查阅**

一、市町村选举管理委员会，关于前条第一项规定的登记、在登记月三日至七日的期间、关于同条第二项规定的登记、在管理该选举相关事务的选举管理委员会规定的期间，须在市政府、町村公务所或该市町村选举管理委员会指定的场所，根据同条规定提供记载在选举人名簿中的登记者的姓名、住所及出生年月的书面材料以供查阅。

二、市町村选举管理委员会，须在查阅前三天发布查阅的场所。

**第二十四条　提出异议**

一、选举人不服选举人名簿的登记时，可在查阅期间以书面形式向该市町村选举管理委员会提出异议。

二、市町村选举管理委员会收到前项异议时，在收到异议之日起三日内，须决定该异议是否正当合理。决定该异议为正当合理时，须立即将异议涉及者登记在选举人名簿中或从选举人名簿中注销，并通知异议提出者及相关人，同时发布告示；决定该异议为不正当时，须立即通知异议提出者。

三、《行政不服审查法》（昭和三十七年法律第一百六十号）第十五条第一项第一号至第四号、第六号及第四项、第二十一条、第二十五条、第二十六条、第三十一条、第三十六条、第三十九条及第四十四条的规定，适用于第一项异议的提出。

四、第二百一十四条的规定，适用于第一项异议的提出。

**第二十五条　诉讼**

一、不服前项第二条规定的决定的异议者或相关人，可以将该市町村选举管理委员会作为被告、收到决定通知之日起七日内提出诉讼。

二、前项诉讼，由该市町村选举管理委员会所在地的地方法院专属管辖。

三、对前项法院的判决不服者，不能提出上诉，但可以上诉至最高法院。

四、第二百一十三条、第二百一十四条及第二百一十九条第一项的规定，适用于第一项及前项的诉讼。在这种情况下，同条第一项中"争论一选举的效力的多个请求、根据第二百○七条或第二百○八条的规定、争论一选举的当选效力的多个请求、根据第二百一十条第二项的规定、争论公职候选人的当选效力的多个请求、根据第二百一十一条的规定、争论公职候选人的当选效力或候选资格的多个请求或争论选举效力的多个请求和根据第二百〇七条或第二百〇八条、争论选举的当选效力的请求"是指"争论一查阅相关的登记在选举人名簿或从选举人名簿中注销的多个请求"。

**第二十六条　补正登记**

市町村选举管理委员会，根据第二十二条规定登记选举人名簿之日以后，知晓在该登记之际有资格登记选举人名簿的、且连续有资格之人没有登记在选举人名簿时，须立即将其登记在选举人名簿，并发布告示。

**第二十七条　注明及修订**

一、市町村选举管理委员会、知晓选举人名簿的登记者根据第十一条第一项或第二百五十二条或《政治资金规正法》第二十八条的规定、失去选举权或在该市町村区域内没有住所时，须立即在选举人名簿中注明。

二、市町村选举管理委员会，知晓选举人名簿登记者的记载内容（根据第十九条第三项的规定、使用磁盘编制选举人名簿的，则为记录内容）出现变更或者错误时，须立即修正或修订其记载（根据同项规定、使用磁盘编制选举人名簿的，则为记录）。

**第二十八条　登记注销**

市町村选举管理委员，该市町村选举人名簿的登记者符合以下之一的，必须立即将其从选举人名簿中注销。在这种情况下，符合第三号时，须发布告示。

1. 死亡或失去日本国籍的。

2. 前条第一项的被注明者，在该市町村区域内没有住所后过了四个月时。

3. 登记时不应登记的。

**第二十八条之二　登记确认及以政治活动为目的的选举人名簿抄本的阅览**

一、市町村选举管理委员，选举日期公示或告示之日起至选举日后五天的期间除外，为实施下表左栏所列活动，同表中栏所列之人提出有必要阅览选举人名簿抄本的申请时，在其活动必要限度内，分别向同表右栏所列之人提供选举人名簿供其阅览。

| 确认特定之人是否登记在选举人名簿中 | 选举人 | 提出申请阅览选举人名簿抄本的选举人 |
|---|---|---|
| 政治活动（含竞选活动） | 有意成为公职候选人之人（含公职人员。以下本条称"公职候选人等"） | 提出申请阅览选举人名簿抄本的公职候选人等或该公职候选人指定之人 |
| | 政党及其他政治团体 | 提出申请阅览选举人名簿抄本的政党及其他政治团体的干部或成员中，该政党及其他政治团体指定之人 |

二、前项申请，根据总务省令的规定，须明确下列事项。但，总务省规定的情况中，第四号甲规定的事项，不在此限。

1. 阅览选举人名簿抄本的申请之人（以下本条至第二十八条称"申请者"）的姓名及住所（申请者是政党及其他政治团体时，则为其名称、代表的姓名及主要事务所所在地）。

2. 阅览选举人名簿、了解的事项（以下本条至第二十八条称"阅览事项"）的利用目的。

3. 选举人名簿抄本的阅览之人（以下本条至第二十八条称"阅览者"）的姓名及住所。

4. 根据下列情况，其后所定事项：

甲、申请者为选举人或公职候选人等的，阅览事项的管理办法；

乙、申请者为政党及其他政治团体时，阅览事项的管理办法及该政党及其他政治团体的干部或成员中、处理阅览事项之人的范围。

5. 前面所列事项之外，总务省令规定的事项。

三、不管第一项如何规定，市町村选举管理委员会，认为阅览事项有可能被利用于不当目的或阅览事项不能妥善管理时、或有足够理由拒绝其申请阅览时，可以拒绝该申请的阅览。

四、公职候选人等申请者，为达到第二项第一号所列的利用目的（以下本条至第二十八条称"利用目的"）、有必要让该申请者及阅览者以外之人（限该申请者使用之人）处理阅览事项时，在提交第一项申请之际，须向市町村选举管理委员会申报其主旨及该申请者作为处理阅览事项而指定之人的姓名及住所。

五、收到前项规定的申请的市町村选举管理委员会，认为该申请有相当理由时，承认该申请。在这种情况下，接受该承认的申请者可以让该申请者指定之人（限接受该承认之人。第十二项及第二十八项之四称"候选人阅览事项处理者"）处理阅览事项。

六、政党及其他政治团体的申请者，不得让阅览者及属于第二项第四号乙规定的范围内之人中、该申请者指定之人（第十二项及第二十八项之四称"政治团体阅览事项处理者"）以外者处理其阅览事项。

七、政党及其他政治团体的申请者，为达到利用目的（以下本条至第二十八条称"利用目的"）、有必要让该申请者以外的法人（限该申请者使用之人）处理阅览事项时，在提交第一项申请之际，须明确该法人有关的下列事项、向市町村选举管理委员会申报其主旨。

1. 法人名称、代表或管理人的姓名及主要事务所所在地。
2. 让法人处理阅览事项的理由。
3. 法人的干部或成员中、处理阅览事项之人的范围。
4. 法人阅览事项的管理办法。
5. 前面各号所列事项外，总务省令规定的事项。

八、收到前项规定的申请的市町村选举管理委员会，认为该申请有相当理由时，承认该申请。在这种情况下，接受该承认的申请者，不管第六项如何规定，可以让该申请相关法人（第十项至第十二项及第二十八条之四称"承认法人"）处理其阅览事项。

九、关于第一项规定对接受前项规定的承认的政党及其他政治团体的适用，同项附表右栏中"成员"是指"成员（含第十项规定的承认承认法人阅览事项处理者）"。

十、承认法人，不得让属于第七项第三号所列范围内之人中、该承认法人指定之人（次项及第二十八项之四称"承认法人阅览事项处理者"）以外者处理其阅览事项。

十一、承认法人，为防止承认法人阅览事项处理者泄露阅览事项及其他阅览事项的妥善管理，须采取必要措施。

十二、申请者，为防止阅览者、候选人阅览事项处理者、政治团体阅览事项处理者或承认法人泄露阅览事项及其他阅览事项的妥善管理，须采取必要措施。

**第二十八条之三　以政治或选举相关调查研究为目的的选举人名簿抄本的阅览**

一、市町村选举管理委员会，除前条第一项规定之外，统计调查、舆论调查、学术研究及其他调查研究中公益性较高的，为实施政治或选举相关的调查研究有必要阅览选举人名簿抄本的申请被提交时，同项规定的期间除外，根据以下各号所列情况，在实施该调查研究的必要限度内，将选举人名簿提交给该各号所列之人阅览。

1. 申请者为国家或地方公共团体（以下本条及次条称"国家等"）机构时，申请阅览选举人名簿抄本的国家等机构的职员中、由该国家等机构指定之人。

2. 申请者为法人时，申请阅览选举人名簿抄本的法人的干部或成员（与其他法人共同申请时，含该其他法人的干部或成员）中、由该法人指定之人。

3. 申请者为个人时，申请阅览选举人名簿抄本的个人或其指定之人。

二、前项申请，根据总务省令的规定，须明确下列事项。

1. 申请者的姓名及住所（申请者是国家等机构时，其名称；申请者是法人时，其名称、代表或管理人姓名及主要事务所所在地）。

2. 利用目的。

3. 阅览者的姓名及住所（申请者是国家等机构时，其职名及姓名）。

4. 利用阅览事项实施的调查研究成果的使用。

5. 根据下列情况，分别所定事项：

甲、申请者为法人时，阅览事项的管理方法及该法人的干部或成员中、处理阅览事项之人的范围；

乙、申请者为个人时，阅览事项的管理方法。

6. 前面各号规定之外，由总务省令规定的事项。

三、不管第一项如何规定，市町村选举管理委员会，认为阅览事项有可能被利用于不当目的或阅览事项不能妥善管理时、或有足够理由拒绝其申请阅览时，可以拒绝该申请相关的阅览。

四、法人申请者，不得让阅览者及属于第二项第五号甲规定的范围内之人中、该申请者指定之人（第七项及次条称"法人阅览事项处理者"）以外者处理其阅览事项。

五、个人申请者，为达到利用目的、有必要让该申请者及阅览者以外之人处理阅览事项时，在提交第一项申请之际，须向市町村选举管理委员会申报其主旨及该申请者作为处理阅览事项而指定之人的姓名及住所。

六、收到前项规定的申请的市町村选举管理委员会，认为该申请有相当理由时，承认该申请。在这种情况下，接受该承认的申请者可以让该申请者指定之人（限接受该承认之人。次项及次条称"个人阅览事项处理者"）处理阅览事项。

七、申请者（国家等机构申请者除外），为防止阅览者、法人阅览事项处理者或个人阅览事项处理者泄露阅览事项及其他阅览事项的妥善管理，须采取必要措施。

**第二十八条之四　选举人名簿抄本阅览相关劝告及命令等**

一、申请者、阅览者、候选人阅览事项处理者、政治团体阅览事项处理者、承认法人、承认法人阅览事项处理者、法人阅览事项处理者、个人阅览事项处理者，未经本人事先同意，不得将该阅览事项用于利用目的以外之目的；不得提供给该阅览事项相关的申请者、阅览者、候选人阅览事项处理者、政治团体阅览事项处理者、承认法人、承认法人阅览事项处理者、法人阅览事项处理者、个人阅览事项处理者以外之人。

二、阅览者或申请者通过虚假及其他不当手段、阅览或使其阅览第二十八条之二第一项（含同条第九项适用的情况、第四项、第七项及第八项同）或前条第一项规定的选举人名簿抄本时，或申请者、阅览者、候选人阅览事项处理者、政治团体阅览事项处理者、承认法人、承认法人阅览事项处理者、法人阅览事项处理者或个人阅览事项处理者违反前项规定时，市町村选举管理委员会，可以对该阅览事项相关的申请者、阅览该事项、或使其阅览该事项之人或该行为违反者，劝告该阅览事项不得用于利用目的以外的目的、不得提供给申请者、阅览者、候选人阅览事项处理者、政治团体阅览事项处理者、承认法人、承认法人阅览事项处理者、法人阅览事项处理者及个人阅览事项处理者以外之人。

三、市町村选举管理委员会，对于接受前项规定的劝告之人无正当理由不采取该劝告相关措施的情况，认为个人权利利益有可能受到不当侵害时，可以命令其采取劝告相关措施。

四、不管前两项如何规定，阅览者或申请者通过虚假及其他不当手段、阅览或使其阅览第二十八条之二第一项或前条第一项规定的选举人名簿抄本时，或申请者、阅览者、候选人阅览事项处理者、政治团体阅览事项处理者、承认法人、承认法人阅览事项处理者、法人阅览事项处理者或个人阅览事项处理者违反第一项规定时，市町村选举管理委员会，为防止个人权利利益有可能受到不当侵害，认为有必要采取特别措施时，可以对该阅览事项相关的申请者、阅览该事项、或使其阅览该事项之人或该行为违反者，命令其采取措施、确保该阅览事项不用于利用目的以外的目的、不提供给申请者、阅览者、候选人阅览事项处理者、政治团体阅览事项处理者、承认法人、承认法人阅览事项处理者、法人阅览事项处理者及个人阅览事项处理者以外之人。

五、市町村选举管理委员会，对于第二十八条之二至本条的规定的施行，在必要限度内，可以要求申请者进行必要的报告。

六、前面各项规定，不适用于申请者是国家等机构时的情况。

七、市町村选举管理委员会，根据其规定，就第二十八条之二第一项及前条第一项的申请相关的选举人名簿抄本的阅览（总务省令规定的除外）状况，每年至少公布一次申请者的姓名（申请者是国家等机构时，其名称；申请者是法人时，其名称、代表或管理人姓名）及利用目的的概要及其他总务省令规定的事项。

八、市町村选举管理委员会，除了根据第二十八条之二第一项或前条第一项的规定、允许阅览的情况之外，不允许阅览选举人名簿抄本。

**第二十九条　通报及调查的要求**

一、市町村首长及市町村选举管理委员会，在选举人有无住所及其他选举资格确认方面，须相互通报拥有的相关资料。

二、选举人，认为选举人名簿中有遗漏、误载或误记，可以要求市町村选举管理委员会就修改选举人名簿进行调查。

**第三十条　选举人名簿的再编制**

一、因天灾及其他事故有必要时，市町村选举管理委员会，须重新编制选举人名簿。

二、前项的选举人名簿的编制、查阅及确定相关的日期、期间及其他编制有关的必要事项，由政令规定。

## 第四章之二　海外选举人名簿

**第三十条之二　海外选举人名簿**

一、市町村的选举管理委员会，除选举人名簿外，还编制和保管海外选举人名簿。

二、海外选举人名簿，应永久保存，且众议院议员及参议院议员选举通用一册。

三、市町村选举管理委员会，基于第三十条之五第一项规定的申请，进行登记海外选举人名簿。

四、海外选举人名簿，根据政令，可以使用磁盘编制。

五、举行选举时，必要时可以使用海外选举人名簿的抄本（如是根据前项规定、使用磁盘编制海外选举人名簿的市町村选举管理委员会的话，则为记载在该海外选举人名簿中的全部或部分事项或记载该事项的文件。以下同）。

六、有关海外选举人名簿的编制，不适用《关于行政手续等中利用信息通信技术的法律》第六条的规定。

**第三十条之三　海外选举人名簿的记载事项等**

一、海外选举人名簿，须记载选举人的姓名、最后住所（选举人在移居国外前记载在居民卡上的住所。以下同）或申请时（选举人将第三十条之五第一项规定的申请书提交给同条第二项规定的领事官或同项规定的总务省令、外务省令规定之人时。同条第一项及第三项同）籍贯、性别及出生年月等。

二、市町村选举管理委员会，在划分市町村区域设立多个投票区时，根据政令规定，须指定编制海外选举人名簿的一个以上投票区（以下称"指定海外选举投票区"）。

三、除前两项规定外，海外选举人名簿的样式及其他必要事项，由政令规定。

**第三十条之四　海外选举人名簿的被登记资格**

海外选举人名簿的登记，为没有在海外选举人名簿中登记、年满二十周岁以上的日本国民（根据第十一条第一项或第二百五十二条或《政治资金规正法》第二十八条的规定、不享有选举权者除外。次条第一项同），在与海外选举人名簿登记相关、管辖其住所的领事官的管辖区域（作为海外选举人名簿登记相关领事官的管辖区域，是由总务省令、外务省令规定的区域。同条第一项及及第三项同）内连续三个月以上有住所的。

**第三十条之五　海外选举人名簿的登记申请**

一、没有在海外选举人名簿中登记、年满二十周岁以上的日本国民，在与海外选举人名簿登记相关、管辖其住所的领事官的管辖区域有住所的，根据政令规定，可以以书面形式向最后住所所在地的市町村选举管理委员会（没有记录在任何一市町村的居民基本台账中之人，则为申请时其籍贯的市町村选举管理委员会）提出海外选举人名簿登记申请。

二、前项规定的申请，根据政令规定，须经过管辖海外选举人名簿登记相关的提交该申请之人住所的领事官（如是作为经过该领事官申请较为困难的区域、总务省令、外务省令规定的区域，则为总务省令、外务省令规定之人。以下本章同）。

三、在前项情况下，领事官根据政令，按照以下各号所列不同情况，在该各号规定之日后迅速在第一项规定的申请书中提出关于申请者的海外选举人名簿登记资格的意见，并寄送至该申请者最后住所所在地的市町村选举管理委员会（该申请者没有记录在任何一市町村的居民基本台账中的，则为申请时其籍贯的市町村选举管理委员会）。

1. 次号所列情况以外的情况，该申请时所属之日。

2. 该申请时所属之日作为在该领事官的管辖区域内拥有住所之日被记载在该申请书中、自被记载日起未满三个月的，从被记载日到经过三个月之日。

### 第三十条之六　海外选举人名簿的登记

一、市町村选举管理委员会，第一项规定的申请者有资格登记在该市町村的海外选举人名簿中时，须立即将其登记在海外选举人名簿中。

二、市町村选举管理委员会，在众议院议员或参议院议员的选举日期公示或告示之日到选举日期的期间，不管前项如何规定，可以不予登记。

三、市町村选举管理委员会，进行第一项规定的登记时，根据前条第三项的规定、须经过寄送同条第一项规定的申请书的领事官向同项规定的申请者、颁发已是海外选举人名簿登记者的证明书（以下称"海外选举人证"）。

### 第三十条之七　海外选举人名簿相关的查阅

一、市町村选举管理委员会，须每年四次及众议院议员或参议院议员选举举行之际、政令规定期间、在市政府、町村公务所或该市町村选举管理委员会指定的场所,根据前条第一项的规定提供记载在海外选举人名簿中的登记者的姓名、经过领事官(将该海外选举人名簿的登记者相关的第三十条之五第一项规定的申请书根据同条规定寄送的领事官)的名称、最后住所及出生年月(该海外选举人名簿的登记者没有记录在任何一市町村的居民基本台账中的,其姓名、经过领事官的名称及出生年月日)的书面材料以供查阅。

二、市町村选举管理委员会,须在查阅前三天发布查阅的场所。

**第三十条之八　提出海外选举人名簿登记相关异议**

一、第二十四条第一项及第二项的规定,适用于海外选举人名簿等相关异议的提出。

二、《行政不服审查法》第十五条第一项第一号至第四号、第六号及第四项、第二十一条、第二十五条、第二十六条、第三十一条、第三十六条、第三十九条及第四十四条的规定,适用于前项适用的第二十四条第一项的异议的提出。

三、第二百一十四条的规定,适用于第二十四条第一项的异议的提出。

**第三十条之九　海外选举人名簿登记相关诉讼**

一、第二十五条第一项至第三项的规定,适用于海外选举人名簿登记相关诉讼。在这种情况下,同条第一项中"前条第二项"是指"第三十条之八第一项适用前条第二项"、"七天"是指"七天[政令规定的情况中,邮政或《关于民间经营者书信递送的法律》(平成十四年法律第九十九号)第二条第六项规定的一般书信递送经营者、同条第九项规定的特定书信递送经营者或同法第三条第四号规定的外国书信递送经营者的同法第二条第二项规定的书信递送所需天数除外]"。

二、第二百一十三条、第二百一十四条及第二百一十九条第一项的规定,适用于前项适用的第二十五条第一项及第三项的诉讼。在这种情况下,第二百一十九条第一项中"争论一选举的效力的多个请求、根据第二百〇七条或第二百〇八条的规定、争论一选举的当选效力的多个请求、根据第二百一十条第二项的规定、争论公职候选人的当选效力的多个请求、根据第二百一十一条的规定、争论公职候选人的当选效力或候选资格的多个请求或争论选举效力的多个请求和根据第二百〇七条或第二百〇八条、争论选举的当选效力的请求"是指"争论一查阅相关的登记在海外选举人名簿或从海外选举人名簿中注销的多个请求"。

**第三十条之十　海外选举人名簿的注明及修订**

一、市町村选举管理委员会，知晓海外选举人名簿的登记者根据第十一条第一项或第二百五十二条或《政治资金规正法》第二十八条的规定、失去选举权或海外选举人名簿的登记者相关的居民票在国内市町村被重新制作时，须立即在海外选举人名簿中注明。

二、市町村选举管理委员会，知晓海外选举人名簿登记者的记载内容（根据第三十条之二第四项的规定、使用磁盘编制海外选举人名簿的，则为记录内容。第三十条之十四第一项同）出现变更或者错误时，须立即修正或修订其记载（根据第三十条之二第四项的规定、使用磁盘编制海外选举人名簿的，则为记录）。

**第三十条之十一　海外选举人名簿的登记注销**

市町村选举管理委员，该市町村的海外选举人名簿的登记者符合以下之一的，须立即将其从海外选举人名簿中注销。在这种情况下，符合第三号时，须发布告示。

1. 死亡或失去日本国籍的。

2. 前条第一项的被注明者，在国内的市町村、其居民票被重新制作之日后经过四个月的。

3. 登记时不应登记的。

**第三十条之十二　海外选举人名簿抄本的阅览**

第二十八条之二至第二十八条之四的规定，适用于海外选举人名簿。

**第三十条之十三　海外选举人名簿修正等相关的通知**

一、市町村长,关于在其市町村有籍贯的、登记在其他市町村的海外选举人名簿中的情况,在受理户籍相关的登记表、申请书及其他书面材料或根据职权记载户籍时,或在记载、消除户籍的附票或修正记载时,知晓该其他市町村选举管理委员会应修正或修订海外选举人名簿或应将该其他市町村海外选举人名簿登记者从海外选举人名簿中注销或该其他市町村海外选举人名簿登记者相关的住民票在国内市町村被重新制作时,须立即通知该其他市町村选举管理委员会。

二、第二十九条的规定,适用于确认海外选举人名簿登记资格相关的通报及海外选举人名簿修正相关的调查要求。

**第三十条之十四　海外选举人证的颁发记录簿的阅览**

一、领事官,选举人为确认特定人是否登记在海外选举人名簿,关于经过该领事官海外选举人名簿的领受者,提交阅览记载其登记的海外选举人名簿所属的市町村名及该登记者的姓名及其他海外选举人名簿记载内容相关事项的政令规定的文件(以下本条称"海外选举人证颁发记录簿")申请时,须让提交该申请的选举人阅览海外选举人证颁发记录簿。

二、前项申请,根据总务省令的规定,须明确该申请者的姓名及住所及其他总务省令规定的事项。

三、不管第一项如何规定,领事官,认为阅览同项规定的海外选举人名簿了解的事项(次项称"阅览事项")有可能被利用于不当目的或有足够理由拒绝其他第一项申请相关的阅览时,可以拒绝该申请相关的阅览。

四、根据第一项规定,海外选举人名簿的阅览者,未经本人同意,不得将该阅览事项用于确认特定人是否登记在海外选举人名簿目的以外的目的,不得提供给第三者。

五、领事官,除了根据第一项的规定、允许阅览的情况之外,不允许阅览海外选举人证颁发记录簿。

**第三十条之十五　海外选举人名簿的再编制**

第三十条的规定,适用于海外选举人名簿的在编制。

**第三十条之十六　海外选举人名簿登记相关的委任政令**

第三十条之四至前条规定的之外，海外选举人名簿登记相关的必要事项，由政令规定。

## 第五章　选举日期

**第三十一条　总选举**

一、因众议院议员任期届满而举行的总选举，在议员任期结束前的三十日内举行。

二、根据前项规定应该举行总选举的期间处于国会开会之中或从国会闭会之日的二十三日内，总选举将在国会闭会之日起二十四日之后三十日内举行。

三、因众议院解散而举行的众议院议员总选举，从解散之日起四十日内举行。

四、总选举的日期，须至少在十二天前公布。

五、众议院议员任期届满而举行的总选举日期公布后，在总选举日期前众议院被解散时，因任期届满而举行的总选举的公告，失去其效力。

**第三十二条　通常选举**

一、参议院议员的通常选举，在议员任期结束前的三十日内举行。

二、根据前项规定应该举行通常选举的期间处于参议院开会之中或从参议院闭会之日的二十三日内，通常选举将在参议院闭会之日起二十四日之后三十日内举行。

三、通常选举的日期，必须至少在十七天前公布。

**第三十三条　一般选举、因首长任期届满举行的选举及设置选举**

一、地方公共团体，因议会议员任期届满而举行一般选举或因首长任期届满而举行的选举，在其任期结束前三十日内举行。

二、地方公共团体，因议会解散而举行的一般选举，在解散之日起四十日内举行。

活动相关募捐中介"是指"政治资金酒会的等价支付的中介","捐赠"是指"等价支付","该捐赠"是指"作为等价支付的金钱等"。

五、应记载第二项规定的告知相关的书面材料的文体,由总务省令规定。

### 第二十二条之九　政治资金酒会等价支付相关的限制

一、国家或地方公共团体的公务员或行政执行法人［《独立行政法人通则法》（平成十一年法律第一百〇三号）第二条第四项规定的行政执行法人。以下同］或特定地方独立行政法人［《地方独立行政法人法》（平成十五年法律第一百一十八号）第二条第二项规定的特定地方独立行政法人。以下同］的职员中下列人员,不得利用其地位、要求或接受政治活动相关的捐赠、或干预他人进行政治活动相关的捐赠、或要求参加政治资金酒会并支付等价、或接受政治资金酒会的等价支付、或干预他人的此类行为。

1.《国家公务员法》第二条第二项规定的属于一般职务的职员（顾问、参与及其他兼职职员中、政令规定之人除外）。

2.《法院职员临时措施法》（昭和二十六年法律第二百九十九号）规定的法官及法官秘书以外的法院职员（兼职职员中、最高法院的规则规定之人除外）。

3.《国会职员法》（昭和二十二年法律第八十五号）第一条规定的国会职员（同法第二十四条之三规定的国会职员及两院的议长协商决定的兼职职员除外）。

4.《自卫队法》（昭和二十九年法律第一百六十五号）第二条第五项规定的队员（根据同法第七十一条第一项规定的训练召集命令、被召集者以外的预备自卫官、根据同法第七十五条之五第一项规定的训练召集命令、被召集者以外的快速反应预备自卫官、根据同法第七十五条之十一第一项规定的教育训练召集命令、被召集者以外的预备自卫官补）。

5.《地方公务员法》第三条第二项规定的属于一般职务的职员［《关于地方公营企业等的劳动关系的法律》（昭和二十七年法律第二百八十九

本条称"第二期间")举行该选举的事由发生时,在该期间之后十月的第四个星期日举行。

三、众议院议员的统一对象再选举或补缺选举,参议院议员任期届满当年、第二期间的第一日至参议院议员任期届满之日第五十四日之前日(该日之后,国会开会时,则为该通常选举日期公示之日前面的国会闭会之日)的期间,举行该选举的事由发生时,不管前项如何规定,在该通常选举日期举行。

四、参议院议员的统一对象再选举或补缺选举,在任期限不同的参议院议员任期届满当年、第二期间的第一日至通常选举日期公布之日的期间,举行该选举的事由发生时,不管第二项如何规定,在该通常选举日期举行。

五、参议院议员的统一对象再选举或补缺选举,根据以下各号的不同情况举行选举时,至该选举日期被公布,不管第二项及前项如何规定,在以下各号的选举日期举行。

1. 比例代表选举议员的情况,在任期限不同的比例代表选出议员的第一项规定的再选举(由于选举部分无效而举行的再选举除外)举行时。

2. 选举区选出议员的情况,在该选举区在任期限相同的选举区选出议员的第一项规定的再选举(限当选人在该选举中没有达到议员定员而举行的再选举)或在任期限不同的选举区选出议员的同项规定的再选举(由于选举部分无效而举行的再选举除外)举行时。

六、众议院议员及参议院议员的再选举(统一对象再选举除外),在该议员任期(参议院议员,则为在任期限相同的议员的任期。以下本项同)届满前六个月内举行该选举的事由发生时,不举行;众议院议员及参议院议员的统一对象再选举或补缺选举,在该议员任期届满之日六个月前之日所在第一期间或第二期间的第一日以后,举行该选举的事由发生时,不举行。

七、众议院议员及参议院议员的再选举及补缺选举,有必要举行的选举相关的第二百○四条或第二百○八条规定的诉讼的上诉期间或审理期间，不得举行。在这种情况下，关于此类期间第一项或第二项规定的事由发生的选举前项规定的适用，第一项中"举行该选举的事由发生之日"是指"第二百〇四条或第二百〇八条规定的上诉期限已过或管理该选举相关事务的选举管理委员会（众议院比例代表选出议员或参议院比例代表选出议员的选举，则为中央选举管理会）收到第二百二十条第一项后段规定的通知、较迟的事由发生之日"、第二项至前项的规定中"举行该选举的事由发生之时"是指"第二百〇四条或第二百〇八条规定的上诉期间已过或此类规定的上诉不再审理、较迟的事由发生之日"。

八、众议院议员及参议院议员的再选举及补缺选举日期，除特别规定的情况外，须根据下列各号的不同情况，发布公告。

1. 众议院议员选举，至少十二日前。
2. 参议院议员选举，至少十七日前。

**第三十四条　地方公共团体的议会议员及首长的再选举、补缺选举等**

一、地方公共团体的议会议员及首长的再选举、补缺选举（含第一百一十四条规定的选举）或增员选举或第一百十六条规定的一般选举，举行该选举的事由发生之日起五十日内举行。

二、前项所列选举中，第一百〇九条、第一百一十条或第一百一十三条规定的地方公共团体的议会议员及首长的再选举、补缺选举或增员选举，该议员任期结束前六个月内、举行该选举的事由发生时，不得举行。但，议员人数未达到其定员的三分之二时，则不在此限。

三、第一项所列选举中，有必要举行的选举相关的第二百〇二条或第二百〇六条规定的异议提出期间、没有确定决定第二百〇二条或第二百〇六条提出的异议或裁决提出的审查的期间、或第二百〇三条或第二百〇七条规定的诉讼在审理的期间（次项及第五项总称"争诉审理等期间"）、不得举行。

四、第一项所列选举中、以下各号所列选举的同项规定的适用　同项中"举行该选举的事由发生之日"是指"该各号规定之日（第二号至第六号规定之日处在争诉审理等期间的，则为第一号规定之日）"。

1. 有必要举行的选举相关的争诉审理等期间、举行该选举的事由发生的选举 第二百〇二条或第二百〇六条规定的异议提出期限已过、确定决定第二百〇二条或第二百〇六条规定提出的异议或裁决提出的审查、或管理该选举相关事务的选举管理委员会收到第二百二十条第一项后段规定的通知中、最迟的事由发生之日。

2. 因第一百〇九条第五号所列事由而举行的再选举 管理该选举相关事务的选举管理委员会收到第二百二十条第二项规定的通知之日（如是因没有提交第二百一十条第一项规定的诉讼而举行的再选举，则为同项规定的上诉期限已过之日）。

3. 因第一百〇九条第六号所列事由而举行的再选举 管理该选举相关事务的选举管理委员会收到第二百五十四条规定的通知之日。

4. 补缺选举或增员选举（第二号适用的情况除外） 管理该选举相关事务的选举管理委员会最后收到第一百一十一条第一项或第三项规定的通知之日。

5. 第一百十四条规定的再选举 管理该选举相关事务的选举管理委员会收到第一百一十一条第一项第四号规定的通知之日。

6. 第一百一十六条规定的一般选举 第二号至第四号规定之日中最迟之日。

五、地方公共团体的议会议员及首长的再选举、补缺选举或增员选举中，关于有必要举行的选举相关的争诉审理等期间、第二项规定的事由发生的选举的同项规定的适应，同项中"举行该选举的事由发生之时"是指"第二百〇二条或第二百〇六条规定的异议提出期限已过、确定决定第二百〇二条或第二百〇六条规定提出的异议或裁决提出的审查、或第二百〇三条或第二百〇七条规定的诉讼不再审理中、最迟的事由发生之时"。

六、第一项选举的期日，除特别规定的情况外，须根据下列各号的不同情况，发布公告。

1. 都道府县知事选举，至少十七日前。

2. 指定都市首长选举，至少十四日前。

3. 都道府县议会议员及指定都市议会议员选举，至少九日前。

4. 指定都市以外的市的议会议员及首长选举，至少七日前。

5. 町村议会议员及首长选举，至少五日前。

**第三十四条之二　地方公共团体议会议员及首长的任期届满而举行的选举的日期的特例**

一、地方公共团体议会议员任期届满之日在该地方公共团体首长任期届满之日前九十日起至首长任期届满之日的前日的期间的情况，根据第一百一十九条第一项的规定、该地方公共团体议会议员任期届满而举行的一般选举与首长任期届满而举行的选举同时举行时，不管第三十三条如何规定，此类选举，可在该地方公共团体首长任期届满之日前五十日或该地方公共团体议会议员任期届满之日前三十日中、最迟之日起至该地方公共团体议会议员任期届满之日后五十日或该地方公共团体首长任期届满之日中、最早之日之间举行。

二、都道府县选举管理委员会或市町村选举管理委员会，根据前项规定举行选举时，须在该地方公共团体议会议员任期届满之日前六十日发布告示。

三、不管第三十三条第一项及本条第一项如何规定，前项规定的告示发布后至发布该地方公共团体首长任期届满而举行的选举日期、该地方公共团体议会议员因任期届满以外其他事由全部没有时［该地方公共团体议会议员任期届满而举行的一般选举的日期被公布时（第三十条第四项补充条款规定适用的情况除外）除外］、该地方公共团体首长任期届满而举行的选举、在该地方公共团体首长任期届满之日前五十日或该地方公共团体议会议员任期届满之日前三十日中、较迟之日至该地方公共团体首长任期届满之日之间举行；前项规定的告示发布后至发布该地方公共团体议会议员任期届满而举行的一般选举日期，该地方公共团体首长空缺或申请辞职时［该地方公共团体首长任期届满而举行的选举的日期被公布时（第三十条第四项补充条款规定适用的情况除外）除外］、该地方公共团体议会议员任期届满而举行的一般选举，在该地方公共团体议会议员任期届满之日前三十日起至该地方公共团体议会议员任期届满之日后五十日或该地方公共团体首长任期届满之日中较早之日之间举行。

四、前三项的规定，适用于地方公共团体首长任期届满之日处于该地方公共团体议会议员任期届满之日前九十日至议员任期届满之日的前日之间时。在这种情况下，第一项中"首长任期届满之日前五十日"是指"议会议员任期届满之日前五十日"，"议会议员任期届满之日前三十日"是指"首长任期届满之日前三十日"，"议会议员任期届满之日后五十日"是指"首长任期届满之日后五十日"，"该地方公共团体首长任期届满之日"是指"该地方公共团体议会议员任期届满之日"，第二项中"前项"是指"第四项适用的前项"，"议会议员任期届满之日"是指"首长任期届满之日"，前项中"第一项的"是指"次项适用的第一项的"，"前项"是指"次项适用的前项"，"首长任期届满而举行的选举"是指"议会议员任期届满而举行的一般选举"，"议会议员因任期届满以外其他事由全部没有"是指"首长因任期届满以外事由空缺或申请辞职"，"议会议员任期届满而举行的一般选举"是指"首长任期届满而举行的选举"，"首长任期届满之日"是指"议会议员任期届满之日"，"议会议员任期届满之日"是指"首长任期届满之日"，"首长空缺或申请辞职"是指"议会议员全部没有"，"议会议员任期届满之日"是指"首长任期届满之日"，"首长任期届满之日"是指"议会议员任期届满之日"。

五、第三十三条第五项的规定，适用于根据第一项或第三项（含此类规定适用于前项的情况）的规定举行的选举。

## 第六章 投 票

**第三十五条 选举方法**

选举通过投票进行。

**第三十六条 一人一票**

投票，在各选举中，限一人一票。但，众议院议员选举中每位小选举区选出议员及比例代表选出议员、参议院议员选举中每位选举区选出议员及比例代表选出议员，是一人一票。

**第三十七条　投票管理者**

一、在每次选举中，设置投票管理者。

二、投票管理者，由市町村选举管理委员会从具有该选举的选举权者中选任。

三、在众议院议员选举中，小选举区选出议员的选举和比例代表选出议员的选举同时举行时，市町村选举管理委员会，可以将小选举区选出议员的投票管理者同时作为比例代表选出议员的投票管理者。

四、在参议院议员选举中，选举区选出议员的选举和比例代表选出议员的选举同时举行时，市町村选举管理委员会，可以将选举区选出议员的投票管理者同时作为比例代表选出议员的投票管理者。

五、投票管理者负责投票相关事务。

六、投票管理者，不具有该选举的投票权时，失去其职务。

七、在划分市町村区域、设立多个投票区的情况下，市町村选举管理委员会根据政令规定指定一个以上的投票区，对于该指定投票区的投票管理者，可以让其处理该投票区以外的投票区的选举人处理的第四十九条规定的投票相关事务中、政令规定的事务。

**第三十八条　投票监督人**

一、在每次选举中，市町村选举管理委员会，须从各投票区选举人名簿的登记者中征得本人同意后选任两人以上五人以下的投票监督人，且在选举日期前三日通知本人。

二、投票监督中，参加者在设立投票所时没有达到两人时或之后不足两人时，投票管理者须从该投票区选举人名簿的登记者中选任达到两人为止的投票监督人，并立即通知本人，监督投票。

三、该选举的公职候选人，不能选任为投票监督人。

四、属于同一政党及其他政治团体的，在一个投票区不能选任两人以上为投票监督人。

五、投票监督人，无正当理由不得辞职。

**第三十九条　投票所**

投票所，设在市政府、町村公务所或市町村选举管理委员会指定的场所。

**第四十条　投票所开关时间**

一、投票所，上午七点开始，晚上八点关闭。但，市町村选举管理委员会，限在认为为选举人的投票方便有必要等特别情况时、或不影响选举人的投票等特别情况时，可以将投票所开始时间在两个小时的范围内提前或延迟，或将投票所关闭时间在四小时的范围内提前。

二、市町村选举管理委员会，在前项补充条款的情况下，须立即发布告示，同时通知投票所的投票管理者，如是市町村的议会议员或者首长选举以外的选举，须立即向都道府县选举管理委员会申报。

**第四十一条　投票所的公告**

一、市町村选举管理委员会，须至少在选举日期五日前公布投票所。

二、因天灾及其他不可避免的事故、而变更根据前项规定公布的投票所时，除选举当日外，市町村选举管理委员会，不管前项如何规定，须立即发布公告。

**第四十二条　选举人名簿或海外选举人名簿的登记与投票**

一、在选举人名簿或海外选举人名簿中没有登记者，不能投票。但，持有应在选举人名簿中登记的决定书或确定判决书、选举当日到投票所的，投票管理者须让其投票。

二、选举人名簿或海外选举人名簿的登记者，变得不能在选举人名簿或海外选举人名簿中登记时，不能投票。

**第四十三条　不享有选举权者的投票**

选举当日（如是第四十八条之二规定的投票，则为投票当日），不享有选举权者不能投票。

**第四十四条　在投票所的投票**

一、选举人，须在选举当日亲自到投票所投票。

二、选举人，不经与选举人名簿或其抄本（如该选举人名簿是根据第一十九条第三项的规定、由磁盘编制的，则为记载在该选举人名簿中的全部或部分事项或记载该事项的文件。次项、第五十五条及第五十六条同）进行核对的，不能进行投票。

三、移居至同一都道府县区域内的其他市町村区域的选举人，在以前的市町村举行都道府县议会议员或首长选举的投票时，在与前项的选举人名簿或其抄本核对时，须出示足够证明其在该都道府县区域内连续拥有住所的材料。

**第四十五条　投票用纸的提交及样式**

一、投票用纸，须于选举当日在投票所提交给选举人。

二、投票用纸的样式，众议院议员或者参议院议员的选举由总务省令规定；地方公共团体议会议员或首长的选举由管理该选举相关事务的选举管理委员会决定。

**第四十六条　投票的记载事项及投函**

一、众议院（比例代表选出）议员或参议院（比例代表选出）议员选举以外的选举的投票，选举人须在投票所将一名该选举公职候选人的姓名亲自填写在投票用纸上，投入投票箱。

二、众议院（比例代表选出）议员选举的投票，选举人须在投票所将某个众议院名簿申请政党等（提交第八十六条之二第一项规定的申请的政党及其他政治团体。以下同）同项申请的名称或简称亲自填写在投票用纸上，投入投票箱。

三、参议院（比例代表选出）议员选举投票，选举人须在投票所将一名公职候选人参议院名簿登记者（第八十六条之三第一项的参议院名簿登记者。以下本章至第八章同）的姓名亲自填写在投票用纸上，投入投票箱。但，代替填写公职候选人参议院名簿登记者的姓名时，可以填写某个参议院名簿申请政党等（提出同项规定的申请的政党及其他政治团体。以下同）同项申请相关的名称或简称。

四、投票用纸上，不得记载选举人的姓名。

**第四十六条之二　记号式投票**

一、地方公共团体议会议员或首长选举投票（次条、第四十八条之二及第四十九条的规定的投票除外），地方公共团体，不管前条第一项如何规定，根据条例的规定，选举人自己可以在投票所从姓名印刷在投票用纸上的公职候选人中选出有意投票者，在记载栏中记载○记号，投入投票箱。

二、前项情况，第四十八条第一项中"该选举的公职候选人姓名"是指"○的记号"，"第四十六号第一项至第三项"是指"第四十六条之二第一项及第二项"，同条第二项中"公职候选人（含公职候选人参议院名簿登记者）一个的姓名"是指"对公职候选人一人○的记号"，第六十八条第一项第一号中"没有用的"是指"没有用的或没有采用所定的○的记号的记载方法的"，同项第二号中"不能成为公职候选人之人的姓名"是指"对不能成为公职候选人之人的○的记号"，同项第四号及第五号中"公职候选人的姓名"是指"对公职候选人的○的记号"，同项第六号中"公职候选人的姓名外，记载他事的。但记载职业、身份、住所及敬称之类的，不在此限"是指"记载○的记号以外的事项的"，同项第七号中"不自己写公职候选人的"是指"不自己记载○的记号的"，同项第八号中"公职候选人之一"是指"对公职候选人之一○的记号"，第八十六条之四第五项中"三日"是指"四日"，"二日"、"三日"，同条第六项中"根据第一项至第四项之例，都道府县知事或市长选举，至选举日期前三日；町村长选举，至选举日期前二日，可以申请该选举的候选人"是指"选举日期，延期至政令规定之日。在这种情况下，管理该选举相关事务的选举管理委员会，须立即发布公告"，同条第七项中"前项"是指"根据前项规定,选举日期延期时的次项","根据第三十三条第五项(含第三十四条之二第五项适用的情况),第三十四条第六项或第一百一十九条第三项的规定,公告的日期后五日"是指"政令规定之日",同条第八项中"前项"是指"前两项","至该选举日期前三日"是指"至政令规定之日",第一百二十六条第一项中"第七项"是指"第六项或第七项",同条第二项中"第七项"是指"第六项或第七项","七日内"是指"政令规定之日内",同条第三项中"第七项"是指"第六项或第七项",第六十八条第一项第三号及第六十八条之二的规定,不适用。

3. 在第一项的情况下,○记号的记载方法、投票用纸上印刷公职候选人姓名顺序的决定方法及公职候选人死亡、或在辞去公职候选人情况下投票用纸中公职候选人的表示方法及其他必要事项,由政令规定。

**第四十七条　盲文投票**

关于投票相关的记载,政令规定的盲文视为文字。

**第四十八条　代理投票**

一、因心身障碍及其他事由,自己不能记载该选举公职候选人姓名(众议院比例代表选出议员的选举投票,是众议院名簿申请政党等名称及简称;参议院比例代表选出议员的选举投票,是公职候选人参议院名簿登记者的姓名或参议院名簿申请政党等名称及简称)的选举人,不管第四十六条第一项至第三项、第五十条第四项及第五项以及第六十八条如何规定,可以向投票管理者申请代理投票。

二、根据前项规定的申请,投票管理者听取投票监督人意见后,从投票所的工作人员中选定两名辅佐该选举人,其中一名在记载投票场所将该选举人指示的一名公职候选人(含公职候选人参议院名簿登记者)姓名、一个众议院名簿申请政党等名称或简称或一个参议院名簿申请政党等名称或简称填写在投票用纸上,另外一个人须在场监督。

三、前两项情况的必要事项,由政令规定。

## 第四十八条之二　提前投票

一、选举当日预计符合以下各号所列事由之一的选举人的投票，不管第四十四条第一项如何规定，在该选举日期公告或公布之日的翌日起至选举日期前日的期间，可以让其在选举日期前到投票所进行投票。

1. 职务或业务或总务省令规定的公务。

2. 因公务（前号总务省令规定的公务除外）或事故，在所属投票区区域外旅行或滞留。

3. 因疾病、负伤、妊娠、衰老或身体原因，或产期步行困难，或者被收容在监狱、劳教所、拘留所、少管所（少年院）或女子劳教所（妇女辅导院）。

4. 居住或停留在交通困难的岛屿及其他总务省令规定的地区。

5. 居住在所属设有投票区的市町村以外的住所。

二、前项情况中，下表左栏所列规定的适用，此类规定中同表中栏所列内容分别是指同表右栏所列内容，第三十七条第七项及第五十七条的规定，不适用。

| 第三十七条第二项及第六项 | 该选举的选举权 | 选举权 |
| --- | --- | --- |
| 第三十八条第一项 | 各投票区选举人名簿的登记者 | 有选举权者 |
| | 二人以上五人以下 | 二人 |
| | 到前三日 | 的公示或告示之日 |
| 第三十八条第二项 | 投票所 | 日期前投票所 |
| | 投票所选举人名簿登记者 | 有选举权者 |
| 第三十八条第四项 | 在投票区、二人以上 | 在日期前投票所、二人 |
| 第四十二条第一项 | 选举当日投票所 | 第四十八条之二第一项规定的选举日、日期前投票所 |
| 第四十五条第一项 | 选举当日、投票所 | 第四十八条之二第一项规定的选举日、日期前投票所 |
| 第四十六条第一项至第六项及前条第二项 | 投票所 | 日期前投票所 |

(续表)

| | | |
|---|---|---|
| 第三十七条第二项及第六项 | 该选举的选举权 | 选举权 |
| 第五十一条 | 第六十条 | 第四十八条之二第三项中适用的第六十条 |
| | 投票所 | 日期前投票所 |
| | 最后 | 该投票日的最后 |
| 第五十三条第一项 | 投票所 | 日期前投票所 |
| | 如果不关闭 | 必须关闭，但，在翌日连续将投票用纸投入该投票箱的情况中，到其日期前投票所开放时，投票管理者如果不打开该投票箱 |
| 第五十三条第二项 | 不得 | 不得，根据前项补充条款规定、打开投票箱的情况，不在此限 |
| 第五十五条 | 投票管理者同时是该选举的开票管理者的情况除外，投票管理者和一人或数人投票监督人一起，选举当日 | 投票管理者在日期前投票所、设立该日期前投票所的期间的末日 |
| | 给开票管理者 | 将（以下本条称"投票箱等"）送到市町村选举管理委员会、收到该投票箱等的市町村选举管理委员会在选举日期、将该投票箱等给开票管理者 |

三、第三十九条至第四十一条及第五十八条至第六十条的规定，适用于日期前投票所。在这种情况下，下表左栏所列规定中、同表中栏所列内容，分别是指同表右栏所列内容。

| | | |
|---|---|---|
| 第三十九条 | 市政府 | 选举日期公示或告示之日的翌日起至选举日期前日的期间（设立两个以上日期前投票所时，除去一个日期前投票所，市町村选举管理委员会指定的期间），市政府 |
| | 上午七时 | 上午八时三十分 |
| 第四十条第一项 | 限在认为为选举人的投票方便有必要等特别情况时、或不影响选举人的投票等特别情况时，可以将投票所开始时间在两个小时的范围内提前或延迟或将投票所关闭时间在四小时的范围内提前 | 一、该市町村选举管理委员会开设一个日期前投票所时，可以将日期前投票所开始时间在两个小时的范围内提前，或将日期前投票所关闭时间在两个小时的范围内延迟<br>二、该市町村选举管理委员会开设两个日期前投票所时（在上午八时三十分至晚上八点的期间，限任一日期前投票所开放的情况），可以将日期前投票所开始时间在两个小时的范围内提前或延迟，或将日期前投票所关闭时间在两个小时的范围内提前或延迟 |
| 第四十条第二项 | 通知、且、如是市町村的议会议员或首长选举以外的选举如果不立即向都道府县选举管理委员会申报其主旨 | 如果不通知 |
| 第四十一条第一项 | 至少五日前、投票所 | 公示或告示之日，日期前投票所（设立两个以上日期前投票所时，日期前投票所的场所及设立该日期前投票所的期间） |
| 第四十一条第二项 | 投票所 | 日期前投票所 |
| | 选举当日除外、其他、市町村 | 市町村 |

四、第一项情况中，投票录的制作方法及其他必要事项，由政令规定。

### 第四十九条　不在者投票

一、关于前条第一项的选举人投票,除同项规定外,根据政令规定,不管第四十二条第一项补充条款、第四十四条、第四十五条、第四十六条第一项至第三项、第四十八条及第五十条如何规定,可以通过在不在者投票管理者管理的记载投票的场所、在投票用纸上记载投票、装入信封、向不在者投票管理者提交的方法,让其进行。

二、关于选举人中身体重度残疾者〔《身体残疾者福利法》(昭和二十四年法律二百八十三号)第四条规定的残疾者、《战伤病者特别援护法》(昭和三十八年法律第一百六十八号)第二条第一项规定的战伤病者、《护理保险法》(平成九年法律第一百二十三号)第七条第三项规定的要护理者中、政令规定之人〕的投票,除前条第一项及前项规定外,根据政令规定,不管第四十二条第一项补充条款、第四十四条、第四十五条、第四十六条第一项至第三项、第四十八条及第五十条如何规定,可以通过在其现在场所、在投票用纸上记载投票、将其通过邮政递送、《关于民间经营者书信递送的法律》(平成十四年法律第九十九号)第二条第六项规定的一般书信递送经营者递送、同条第九项规定的特定书信递送经营者或同法第三条第四号规定的外国书信递送经营者的同法第二条第二项规定的书信递送送达的方法,让其进行。

三、前项选举人根据同项规定的方法有意投票的人中,因自己不能记载投票、政令规定之人,不管第六十八条如何规定,根据政令,(限有选举权者)可事先向市町村选举管理委员会的委员长申请记载有关投票。

四、关于属于特定国外派遣组织的选举人滞留国外者中,预计选举当日符合第一项第一号所列事由之人的投票,同项及第一项的规定除外,根据政令的规定,不管第四十二条第一项补充条款、第四十四条、第四十五条、第四十六条第一项至第三项、第四十八条及第五十条如何规定,可以通过国外的在不在者投票管理者管理的记载投票的场所、在投票用纸上记载投票、装入信封、向不在者投票管理者提交的方法,让其进行。

五、前项的特定国外派遣组织，是指，基于法律规定派遣至国外的组织中、同时符合以下各号的，且基于同项规定的方法、规范地实施投票、政令规定的组织。

1. 该组织的首长，享有该组织运营相关的、基于管理或调整的法令的权限。

2. 该组织，滞留在国外特定的设施或区域。

六、基于将成为特定国外派遣组织的组织派遣至国外的法律规定，被派遣至国外的选举人，现在滞留在特定国外派遣组织滞留的设施或区域的，关于本法的规定的适用，视为属于该特定国外派遣组织的选举人。

七、关于选举人中，是乘坐作为《船舶安全法》（昭和八年法律第十一号）中的远洋区域作为航行区域的船舶及其他类似工具、总务省令规定的船舶，在本国以外区域航行的船员［《船员法》（昭和二十二年法律第一百号）第一条规定的船员］的，选举当日预计符合前条第一项第一号所列事由之人的众议院议员总选举或参议院议员通常选举的投票，除同项及第一项规定外，根据政令规定，不管第四十二条第一项补充条款、第四十四条、第四十五条、第四十六条第一项至第三项、第四十八条及第五十条如何规定，可以通过在不在者投票管理者管理的记载投票的场所、在总务省令规定的投票送信用纸上记载投票、将此传真至总务省令指定的市町村选举管理委员会委员长的方法，让其进行。

八、关于属于国家在南极地区实施科学考察业务的组织（以下本项称"南极地区调查组织"）的选举人（含与南极地区调查组织同行的选举人中在该南极地区调查组织的首长管理之下、在南极地区开展活动之人），滞留在以下各号所列设施或船舶之人中，选举当日预计符合前条第一项第一号所列事由之人的众议院议员总选举或参议院议员通常选举的投票，除同项及第一项规定外，根据政令规定，不管第四十二条第一项补充条款、第四十四条、第四十五条、第四十六条第一项至第三项、第四十八条及第五十条如何规定，根据其所滞留的以下各号所列设施或船舶的不同情况，可以通过分别在该各号所定场所、在总务省令规定的投票送信用纸上记载投票、将此传真至总务省令指定的市町村选举管理委员会委员长的方法，让其进行。

1. 提供给南极地区该科学考察业务之用的设施中、国家设置的设施不在者投票管理者管理的场所。

2. 在本国和前号所列设施之间运输南极地区调查组织的船舶中、前项的总务省令规定的船舶 关于举行基于本项规定的方法的投票，不在者投票管理者获得该船舶船长许可的场所。

九、不在者投票管理者，通过让市町村选举管理委员会选定之人监督投票及其他方法，确保公正实施不在者投票。

### 第四十九条之二　海外投票等

一、关于登记在海外选举人名簿中的选举人（该选举人中登记在海外选举人名簿中的政令规定之人除外），在众议院议员或参议院议员选举中有意投票之人的投票，除根据第四十八条之二第一项及前条第一项的规定外，根据政令，不管第四十四条、第四十五条第一项、第四十六条第一项至第三项、第四十八条及次条如何规定，可以根据以下各号所列方法之一，让其进行。

1. 众议院议员的总选举或参议院议员的通常选举、是甲所列期间、众议院议员或参议院议员的再选举或补缺选举、是乙所列之日，自己去海外公馆（大使馆、领事馆）首长（每次选举、总务大臣和外务大臣协议指定的海外公馆除外。以下本号同）管理的记载投票的场所，出示海外选举人证、护照及其他政令规定的文件，在投票用纸上记载投票、装入信封、将其提交给海外公馆首长的方法。甲 该选举的日期公示之日的翌日起至选举日期前六日（投票送达所需天数之地的海外公馆及其他特别情况，则为事先大臣和外务大臣协议指定之日）的期间（事先总务大臣和外务大臣协议指定之日除外）。乙 该选举的日期公示之日的翌日起至选举日期前六日的期间内、事先总务大臣和外务大臣协议指定之日。

2. 该选举人在投票场所在投票用纸上记载投票，使用邮政等递送方法。

二、登记在海外选举人名簿中的选举人，在众议院议员或参议院议员选举中有意投票之人的国内投票，第四十二条第一项补充条款中"选举人名簿"是指"海外选举人名簿"，"投票所"是指"指定海外选举投票区的投票所"，第四十四条第一项中"投票所"是指"指定海外选举投票区的投票所"，同条第二项中"选举人名簿"是指"出示海外选举人证、海外选举人名簿"，"该选举人名簿"是指"该海外选举人名簿"，"第十九条第三项"是指"第三十条之二第四项"，"书面材料、次项、第五十五条及第五十六条同"是指"书面材料"，第四十八条之二第一项中"日期前投票所"是指"市町村选举管理委员会指定的日期前投票所"，"投票区"是指"指定海外选举区投票区"，同条第二项的表中"第四十二条第一项"是指"根据第四十九条之二第二项的规定、解释适用的第四十二条第一项"，"选举当日投票所"是指"选举当日指定海外选举投票区的投票所"。

三、关于登记在海外选举人名簿中的选举人，在众议院议员或参议院议员选举中有意投票之人的投票，前条第二项至第八项的规定，不适用。

### 第五十条　选举人确认及拒绝投票

一、投票管理者，不能确认有意投票的选举人是否是其本人时，须要求其宣誓是其本人。不宣誓者，不得投票。

二、投票否决，须由投票管理者在听取投票监督人的意见后决定。

三、接到前项决定的选举人不服时，投票管理者须暂时让其投票。

四、前项投票，选举人须将选票放入信封并封上，并在信封上写上自己的姓名，投入投票箱。

五、投票监督人对选举人有异议时，与前两项同样处理。

### 第五十一条　退出者的投票

根据第六十条的规定，从投票所退出者，可以最后投票。但，投票管理者认为其不扰乱投票所秩序时，不妨碍其投票。

### 第五十二条　保守投票秘密

任何人，均没有陈述选举人所投的被选举人的姓名或政党及其他政治

三、因地方公共团体的设置而举行的议会议员的一般选举及首长选举，《地方自治法》第六条之二第四项或第七条第七项公布的该地方公共团体的设置之日起五十日内进行。

四、因地方公共团体的议会议员任期届满而举行的一般选举的日期公布之后，在其任期应届满之前，该地方公共团体的议会没有议员时，或因地方公共团体的首长任期届满而举行的选举的日期公布之后，在其任期应届满之前，该地方公共团体的首长空缺、或提出辞职时，不发布因此类事由而举行的选举的公告。但，因任期届满而举行的选举的日期前，该地方公共团体的议会被解散或首长被解职或因不信任案而去职时，因任期届满而举行的选举的公告，失去其效力。

五、第一项至第三项的选举日期，根据以下各号的不同情况，须发布公告。

1. 都道府县知事选举，至少十七日前。
2. 指定都市首长选举，至少十四日前。
3. 都道府县的议会议员及指定都市的议会议员选举，至少九日前。
4. 指定都市以外的市的议会议员及首长选举，至少七日前。
5. 町村的议会议员及首长选举，至少五日前。

**第三十三条之二　众议院议员及参议院议员的再选举及补缺选举**

一、众议院议员及参议院议员因第一百〇九条第一号所列事由而进行的再选举，在举行该再选举的事由发生之日起四十日内，众议院议员及参议院议员因同条第四号所列事由而举行的再选举（限由于选举无效而进行的再选举），由管理该选举相关事务的选举管理委员会（众议院比例代表选出议员或参议院比例代表选出议员的选举，则为中央选举管理会）接到第二百二十条第一项后段规定的通知之日起四十日内进行。

二、众议院议员及参议院议员的再选举（前项规定的再选举除外。以下称"统一对象再选举"）或补缺选举，在九月十六日至翌年三月十五日期间（以下本条称"第一期间"）举行该选举的事由发生时，在该期间之后四月的第四个星期日举行，在三月十六日至当年九月十五日期间（以下团体的名称或简称的义务。

**第五十三条　投票箱的封闭**

一、应关闭投票所时，投票管理者发布通知，封闭投票所的入口，等投票所的选举人投票结束时，封闭投票箱。

二、任何人，不得在投票箱封闭后进行投票。

**第五十四条　投票录的制作**

投票管理者制作投票录，记载投票情况，并须与投票监督人共同署名。

**第五十五条　投票箱等的解送**

投票管理者同时是该选举的开票管理者的情况除外，投票管理者须与一名或多名投票监督人一起在投票当日将投票箱、投票录、选举人名簿或其抄本及海外选举人名簿或其抄本解送至开票管理者。

**第五十六条　提前投票**

在岛屿及其他交通不便的地方，认为在选举日期不能解送投票箱时，管理该选举事务的选举管理委员会（众议院比例代表选出议员或参议院比例代表选出议员的选举，是都道府县选举管理委员会）可以酌情决定投票日期，到开票日期前让其解送投票箱、投票录、选举人名簿或其抄本及海外选举人名簿或其抄本。

**第五十七条　延迟投票**

一、因天灾及其他不可避免的事故而不能投票或有必要重新进行投票时，管理该选举事务的选举管理委员会（众议院比例代表选出议员或参议院比例代表选出议员的选举，是都道府县选举管理委员会）须重新确定日期，让其进行投票。但，选举日期须由该选举管理委员会至少提前五日发布公示。

二、在众议院议员、参议院议员或都道府县的议会议员或首长选举中，在出现前项规定的事由的情况下，市町村选举管理委员会须通过该选举的选举长（众议院比例代表选出议员或参议院选出议员的选举，是选举分会长）向都道府县选举管理委员会报告。

**第五十八条　投票所的出入者**

非选举人、投票所工作人员、具有监视投票所的职权之人或警察，不能进入投票所。但，选举人同行的幼儿及其他有不得已的事情须和选举人一起进入投票所的、且投票管理者认可之人，不在此限。

**第五十九条　维持投票所秩序的处理要求**

投票管理者认为在维持投票所的秩序上有必要时，可以要求警察进行处理。

**第六十条　投票所的秩序维持**

投票所出现进行演说讨论或喧闹或进行有关投票协议或劝诱以及其他扰乱投票所秩序者时，投票管理者可以制止，如不服从命令，可以使其退出投票所。

## 第七章　开　票

**第六十一条　开票管理者**

一、在每次选举中，设置开票管理者。

二、开票管理者，由市町村选举管理委员会从具有该选举的选举权者中选任。

三、在众议院议员选举中，小选举区选出议员选举与比例代表选出议员选举同时举行时，市町村选举管理委员会，可以将小选举区选出议员的开票管理者同时作为比例代表选出议员的开票管理者。

四、在参议院议员的选举中，选举区选出议员选举与比例代表选出议员选举同时举行时，市町村选举管理委员会，可以将选举区选出议员的开票管理者同时作为比例代表选出议员的开票管理者。

五、开票管理者负责开票相关事务。

六、开票管理者，不具有该选举的选举权时，失去其职务。

### 第六十二条　开票监督人

一、公职候选人［众议院小选举区选出议员的选举，是候选人申请政党（提出第六十八条第一项或第八项规定的申请的政党及其他政治团体。以下同）及公职候选人（候选人申请政党的申请相关者除外）；众议院比例代表选出议员的选举、是众议院名簿申请政党等；参议院比例代表选出议员的选举、是参议院名簿申请政党等］从该选举的各开票区的选举人名簿的登记者中征得本人同意后指定一名开票监督人，且在选举日期前三日向都道府县选举管理委员会申报。但，同一人不能申请为该选举同日举行的其他选举的开票监督人。

二、前项规定的被申报者（以下各号所列事由发生时，与各号规定之人的申请相关者除外）没有超过十人时即成为开票监督人；超过十人时，须由市町村选举管理委员会从中抽签确定十人为开票监督人。

1. 公职候选人（候选人申请政党的申请相关者除外、以下本号同）死亡时、根据第八十六条第九项或第八十六条之四第九项的规定、公职候选人的申报被驳回时或根据第八十六条第十二项或第八十六条之四第十项规定、公职候选人辞去候选人时（含根据第九十一条第二项或第一百○三条第四项的规定、被视为辞去候选人的情况）。该公职候选人

2. 候选人申请政党的申请相关的候选人死亡时，根据第八十六条第九项规定、候选人申请政党提出的候选人申请被驳回或根据同条第十一项的规定、候选人申请政党撤销候选人的申请时（含根据第九十一条第一项或第一百○三条第四项的规定、被视为撤销候选人的申请的情况）。该候选人申请政党

3. 众议院名簿申请政党等，有第八十六条之二第十项规定的申请时或同条第十一项规定的驳回时。该众议院名簿申请政党等

4. 参议院名簿申请政党等，有在第八十六条之三第二项中适用的第八十六条之二第十项规定的申请时或在第八十六条之三第二项中、第八十六条之二第十一项规定的驳回时。该参议院名簿申请政党等。

三、属于同一政党及其他政治团体的公职候选人的申请之人，在同一

开票区不能有三人以上的开票监督人。

四、第一项规定的被申报者中，属于同一政党及其他政治团体的公职候选人的申请之人有三人以上时，不管前两项如何规定、市町村选举管理委员会抽签决定两人以外者不能成为开票监督人。

五、根据第二项或前项的规定、开票监督人确定后，属于同一政党及其他政治团体的公职候选人的申请相关的开票监督人为三人以上时，市町村选举管理委员会抽签决定的两人以外者失去其职务。

六、进行第二项、第四项或前项规定的抽签的场所及时间，须由市町村选举管理委员会事先发布告示。

七、第二项各号所列事由发生时，该各号规定之人的申请相关的开票监督人失去其职务。

八、第二项规定的开票监督人没有达到三人以上时或到开票日期前日没有达到三人时，由市町村选举管理委员会，开票监督人在选举日期以后没有达到三人时或开票监督人与会者在开票所开始时仍没有达到三人时或其后也没有达到三人时，由开票管理者，从开票区的选举人名簿登记者中选任达到三人的开票监督人，须立即通知其本人，到场监督开票。但，不能通过该公职候选人、候选人申请政党、众议院名簿申请政党等或参议院名簿申请政党等申请相关的开票监督人或市町村选举管理委员会或开票管理者选任的相关开票监督人，从属于申请前项规定的开票监督人的公职候选人所属的政党及其他政治团体、申请同项规定的开票监督人的候选人申请政党、众议院名簿申请政党等或参议院名簿申请政党等、或与市町村选举管理委员会或开票管理者选任的开票监督人所属的政党及其他政治团体是同一政党及其他政治团体之人中，选任三人以上。

九、该选举的公职候选人，不能成为开票监督人。

十、开票监督人，无正当理由不能辞职。

**第六十三条　开票所的设置**

开票所，设在市政府、町村公务所或市町村选举管理委员会指定的场所。

### 第六十四条　开票场所及时间的公布

市町村选举管理委员会，须预先公布开票场所及时间。

### 第六十五条　开票日

开票，在所有投票箱解送之日或翌日进行。

### 第六十六条　开票

一、开票管理者，须在开票监督人的监督下打开投票箱，调查第五十条第三项及第五项规定的投票，听取开票监督人的意见，决定是否受理投票。

二、开票管理者，须与开票监督人一起，将该选举的各投票所及日期前在投票所的投票混在一起，并检查投票。

三、投票检查结束后，开票管理者，须立即向选举长（众议院比例代表选出议员或者参议院比例代表选出议员的选举，为选举分会长）报告结果。

### 第六十七条　开票时投票效力的决定

投票效力，由开票管理者在听取开票监督人的意见后决定。决定时，只要不违反第六十八条的规定、投票的选举人的意愿明确无误，须认为其投票有效。

### 第六十八条　无效投票

一、众议院（比例代表选出）议员或参议院（比例代表选出）议员选举以外的选举投票，符合以下各号之一的，无效。

1. 未使用规定用纸的。

2. 记载非公职候选人的或根据第八十六条之八第一项、第八十七条第一项或第二项、第八十七条之二、第八十八条、第二百五十一条之二或第二百五十一条之三的规定、不能成为公职候选人之人的姓名的。

3. 记载提交第八十六条第一项或第八项规定的申请的政党及其他政治团体中不符合同条第一项任一号的该申报相关的候选人、与同条第九项后段规定的申报相关的候选人或违反第八十七条第三项规定的申报相关候选人的姓名的。

4. 在某一投票中记载两人以上公职候选人姓名的。

5. 记载没有被选举权的公职候选人的姓名的。

6. 除候选人姓名外，记载其他事情的。但，记载职业、身份、住所或敬称之类的，不在此限。

7. 未亲自填写公职候选人姓名的。

8. 难以确认记载的公职候选人是何人的。

二、众议院（比例代表选出）议员选举投票，符合以下各号之一的，无效。

1. 未使用规定用纸的。

2. 记载众议院名簿申请政党等以外的政党及其他政治团体（含提交第八十六条之二第十项规定的申请的政党及其他政治团体）的名称或简称的。

3. 记载提交第八十六条之二第一项规定的申请的政党及其他政治团体中不符合同项任一号的、或违反第八十七条第五项的规定、重复申请第八十六条之二第一项的众议院名簿的政党及其他政治团体的名称或简称的。

4. 记载因第八十六条之二第一项的众议院名簿登记者全员，同条第七项各号规定的事由发生时或同项后段规定的申请提交时、该众议院名簿相关政党及其他政治团体的名称或简称的。

5. 某一投票中记载两个以上众议院名簿申请政党等的第八十六条之二第一项规定的申请相关的名称或简称的。

6. 众议院名簿申请政党等的第八十六条之二第一项规定的申请相关的名称及简称之外，记载其他事项的。但，记载本部所在地、代表姓名或敬称之类的，不在此限。

7. 未亲自填写众议院名簿申请政党等的第八十六条之二第一项规定的申请相关名称或简称的。

8. 难以确认记载的众议院名簿申请政党等为何者的。

三、参议院（比例代表选出）议员选举，符合以下各号之一的，无效。

1. 未使用规定用纸的。

2. 记载非公职候选人的参议院名册登记者、第八十六条之三第二项适用第八十六条之二第七项后段规定的与申报有关的参议院名册登记者或第八十六条之八第一项、第八十七条第一项或同条第六项中适用的同条第四项、第八十八条、第二百五十一条之二或第二百五十一条之三规定的不能成为公职候选人的参议院名册登记者姓名的。但是，记载类似代表者姓名的则不受此限。

3. 记载提交第八十六条之三第一项规定的申请的政党及其他政治团体中不符合同项任一号的、或提交同条第二项中适用的第八十六条之二第十项规定的申请的、或违反第八十七条第六项中适用的同条第五项的规定、重复申请第八十六条之三第一项的参议院名簿的政党及其他政治团体的同项规定的申请相关的参议院名簿登记者的姓名或其申请相关的名称或简称的。

4. 记载因参议院名簿登记者全员，第八十六条之三第二项中适用的第八十六条之二第七项各号规定的事由发生时或第八十六条之三第二项中适用的第八十六条之二第七项后段规定的申请提交时、该参议院名簿相关政党及其他政治团体的名称或简称的。

5. 某一投票中记载两个以上参议院名簿登记者的姓名或两个以上参议院名簿申请政党的第八十六条之三第一项规定的申请相关的名称或简称的。

6. 记载某一投票中一名参议院名簿登记者的姓名及该参议院名簿登记者相关的参议院名簿申请政党等以外的参议院名簿申请政党的第八十六条之三第一项规定的申请的相关的名称或简称的。

7. 记载没有被选举权的参议院名簿登记者的姓名。

8. 公职候选人的参议院名簿登记者的姓名或参议院名簿申请政党等的第八十六条之三第一项规定的申请相关的名称及简称之外，记载其他事项的。但，对于记载有公职候选人的参议院名簿登记者的姓名的投票，记入该参议院名簿登记者相关的参议院名簿申请政党等的同项规定的申请相关的名称或简称或职业、身份、住所或敬称之类的，不在此限；对于没有记载参议院名簿登记者的姓名的投票中、记载参议院名簿申请政党等的同项规定的申请相关的名称或简称的，记入本部所在地、代表姓名或敬称之类的，不在此限。

9. 未亲自填写公职候选人的参议院名簿登记者的姓名或参议院名簿申请政党等的第八十六条之三第一项规定的申请相关名称或简称的。

10. 难以确认记载的公职候选人的参议院名簿登记者为何人或参议院名簿申请政党等为何者的。

**第六十八条之二　对同一姓名候选人等的投票效力**

一、同一姓名、姓或名的公职候选人为两人以上时，仅记载其姓名、姓或名的投票，不管前条第一项第八号如何规定，为有效。

二、第八十六条之二第一项规定的申请相关的名称或简称为同一的众议院名簿申请政党等有两个以上时，记载其名称或简称的投票，不管前条第二项第八号如何规定，为有效。

三、第八十六条之三第一项规定的申请相关的参议院名簿登记者（限公职候选人。以下本条同）的姓名、姓或名或参议院名簿申请政党等的名称或简称为同一的参议院名簿登记者或参议院名簿申请政党等有两个以上时，记载其姓名、姓或名或名称或简称的投票，不管前条第三项第十号如何规定，为有效。

四、第一项或第二项的有效投票，在每个开票区，根据该候选人或该众议院名簿申请政党等其他有效投票数情况按比例，分别加上。

五、第三项的有效投票，在每个开票区，根据该参议院名簿登记者及其他有效投票数或该参议院名簿申请政党等及其他有效投票数（不含该参议院名簿申请政党等相关各参议院名簿登记者的有效票数）情况按比例，分别加上。

**第六十九条　参观开票**

选举人，可在其开票所要求参观开票。

#### 第七十条　开票录的制作

开票管理者，制作开票录，记载开票情况，并须与开票监督人共同署名。

#### 第七十一条　投票、投票录及开票录的保存

投票，要区分有效无效，与投票录及开票录一起全部放在市町村选举管理委员会，在与该选举相关的议员或首长任职期间，须予以保存。

#### 第七十二条　因部分无效而举行的再选举的开票

在部分选举无效、举行再选举情况下的开票，必须决定其投票效力。

#### 第七十三条　延迟开票

第五十七条第一项正文及第二项的规定，适用于开票。

#### 第七十四条　开票所的取缔

第五十八条正文、第五十九条及第六十条的规定，适用于开票所的取缔。

### 第八章　选举会及选举分会

#### 第七十五条　选举长及选举分会长

一、在每次选举中，设置选举长。

二、在众议院（比例代表选出）议员或参议院（比例代表选出）议员的选举中，除设置前项的选举长外，在各都道府县设置选举分会长。

三、选举长，由管理该选举事务的选举管理委员会（众议院比例代表选出议员或参议院比例代表选出议员的选举，是中央选举管理会），从具有该选举的选举权者中选任；选举分会长，由都道府县选举管理委员会从具有该选举的选举权者中选任。

四、选举长负责选举会相关事务，选举分会长负责选举分会相关事务。

五、选举长及选举分会长不具有该选举的选举权时，失去其职务。

### 第七十六条　选举监督人

第六十二条的规定，适用于选举会及选举分会的选举监督人。在这种情况下，同条第一项中"该选举各开票区的选举人名簿的登记者"是指"具有该选举的选举权者（根据第七十九条第二项的规定、公告开票事务与选举会事务一起实施时，则为其开票区的选举人名簿登记者。第八项同）"，"至日期前三天"是指"至日期前三天（第七十九条第一项规定的情况，同条第二项规定的告示发布之日至选举的日期前三天）"，"市町选举管理委员会"是指"该选举长（众议院比例代表选出议员或参议院比例代表选出议员的选举，则为选举分会的选举监督人，为该选举分会长。以下本条同）"，同条第二项中"市町村选举管理委员会"是指"该选举长"，同条第三项中"开票区"是指"选举会（众议院比例代表选出议员或参议院比例代表选出议员的选举，则为选举会或选举分会。第八项同）"，同条第四项至第六项的规定中"市町村选举管理委员会"是指"该选举长"，同条第八项中"或者到选举日期的前日未达到三人时，市町村选举管理委员会，开票监督人选举日期后为达到三人时"是指"至选举会日期未达到三人时"，"开票所"是指"选举会"，"开票管理者"是指"该选举长"，"其开票区选举人名簿的登记者"是指"既有该选举的选举权者"，"市町村选举管理委员会或开票管理者"是指"该选举长"。

### 第七十七条　选举会及选举分会的举办场所

一、选举会，在都道府县厅或管理该选举事务的选举管理委员会（众议院比例代表选出议员或参议院比例代表选出议员的选举，为中央选举管理会）指定的场所举办。

二、选举分会，在都道府厅或都道府县选举管理委员会指定的场所举办。

### 第七十八条　选举会及选举分会的场所及时间

管理该选举事务的选举管理委员会（众议院比例代表选出议员或参议院比例代表选出议员的选举，为中央选举管理会）须事前公布选举会例,其他的部分报告一起,重新调查、计算各公职候选人、各众议院名簿申请政党等或各参议院名簿申请政党等的得票总数。

**第八十一条 举行众议院比例代表选出议员或参议院比例代表选出议员的选举会**

一、众议院(比例代表选出)议员的选举中,选举分会长,在完成前条第一项及第三项的规定的调查时,须附上选举录的复本,立即向该选举长报告结果。

二、前项的选举长,须在收到所有选举分会长、同项规定的报告之日或收到中央选举管理会、第一百〇一条第四项规定的通知之日、两者中较迟之日(该选举与众议院小选举区选出议员的选举没有同时举行时,则为收到所有选举分会长、前项规定的报告之日)或其翌日,举行选举会,在选举监督人的监督下,调查其报告,计算各众议院名簿申请政党等的得票总数。

三、因部分选举无效举行再选举的情况下,收到第一项规定的报告时,该选举长,须援引前项规定之例,与其他部分报告一起,重新调查,计算各众议院名簿申请政党等的得票总数。

四、前三项的规定,适用于参议院(比例代表选出)议员的选举。在这种情况下,第二项中"收到同项规定的报告之日或收到中央选举管理会、第一百〇一条第四项规定的通知之日、两者中较迟之日(该选举与众议院小选举区选出议员的选举没有同时举行时,则为收到所有选举分会长、前项规定的报告之日)"是指"收到同项规定的报告之日","各众议院名簿申请政党等的得票总数"是指"各参议院名簿申请政党等的得票总数[含该参议院名簿申请政党等相关各参议院名簿登记者(限该选举日期的公职候选人。以下本项同)的得票总数。次项同]及各参议院名簿登记者的得票总数"。前项中"各众议院名簿申请政党等的得票总数"是指"各参议院申请政党等的得票总数以及各参议院名簿登记者的得票总数"。

**第八十二条 参观选举会及选举分会**

选举人,可要求参观选举会及选举分会。

**第八十三条　选举录的制作及选举录其他关联资料的保存**

一、选举长或选举分会长，须制作选举录，记载选举会或选举分会相关情况，与选举监督人共同署名。

二、选举录，与第六十六条第三项规定的报告相关的书面材料（众议院比例代表选出议员的选举，是第八十一条第三项规定的报告相关的书面材料；参议院比例代表选出议员的选举，是同条第四项中适用的同条第一项规定的报告相关的书面材料）一起，放在管理该选举事务的选举管理委员会（众议院比例代表选出议员或参议院比例代表选出议员的选举，是中央选举管理会；选举分会，是该都道府县选举管理委员会），在与该选举相关的议员或首长任职期间，须予以保存。

三、在第七十九条的情况下，区别投票的有效无效，投票录及选举录一起，放在管理该选举事务的选举管理委员会，在与该选举相关的议员或首长任职期间，须予以保存。

**第八十四条　延迟选举会或延迟选举分会**

第五十七条第一项正文的规定，适用于选举会及选举分会。在这种情况下，同项正文中"（众议院比例代表选出议员或参议院比例代表选出议员的选举，是都道府县选举管理委员会）"是指"（关于众议院比例代表选出议员或参议院比例代表选出议员的选举会，是中央选举管理会；关于选举分会，是都道府县选举管理委员会）"。

**第八十五条　选举会场及选举分会场的取缔**

第五十八条正文、第五十九条及第六十条的规定，适用于选举会场及选举分会场的取缔。

## 第九章　公职候选人

**第八十六条　众议院小选举区选出议员的选举中候选人的申请等**

一、在众议院（小选举区选出）议员的选举中，符合以下各号之一的政党及其他政治团体，在提名所属该政党及其他政治团体成员为候选人时，须在该选举日期公示或告示之日不通过邮政等而以文书形式向该选举长提交申请。

1. 该政党及其他政治团体所属的众议院议员或参议院议员有五人以上。

2. 在最近举行的众议院议员的总选举中小选举区选出议员的选举或比例代表选出议员的选举或在参议院议员的通常选举中比例代表选出议员的选举或选举区选出议员的选举中，该政党及其他政治团体的得票总数为该选举有效投票总数的百分之二以上。

二、有意成为众议院（小选举区选出）议员候选人之人，须在前项公示或告示之日不通过邮政等而以文书形式向该选举长提交申请。

三、选举人名簿登记者在提名他人为众议院（小选举区选出）议员候选人时，在征得本人同意后，在第一项公示或告示之日不通过邮政等而以文书形式向该选举长提出推荐申请。

四、在第一项的文书中，须记载该政党及其他政治团体的名称、本部所在地及代表（总裁、会长、委员长及其他与此相当地位之人）的姓名及候选人的名字、籍贯、住所、出生年月及职业以及其他政令规定的事项。

五、在第一项的文书中，须附加以下所列文书。但，最近举行的众议院议员总选举的日期后、提交第八十六条之六第一项或第二项的规定的申请的政党及其他政治团体中没有提交同条第九项的申请的（限根据同条第四项的规定、附加的文书有变动的，到选举日期公示或告示之日前日提交同条第七项申请的。次条第二项称"众议院名称申请政党"）在提交第一项规定的申请时，可以省略附加第一号所列文书及第二号所列文书中政令规定的文书。

1. 记录政党及其他政治团体的纲领、党章、章程及其他与此相当的文书。

2. 证明符合第一项各号之一的、政令规定的文书。

3. 代表起誓该申报不违反第八十七条第三项的规定的宣誓书。

4. 应允成为候选人的同意书及该候选人起誓不是根据第八十六条之八

第一项、第八十七条第一项或第二项、第八十七条之二、第二百五十一条之二或第二百五十一条之三的规定、不能成为公职候选人之人的宣誓书。

5. 记载该政党及其他政治团体中选定候选人的机构的名称、其成员的选出方法及选定候选人的程序的文书以及该机构的代表起誓公正选定候选人的宣誓书。

6. 其他政令规定的文书。

六、第二项及第三项的文书中,须记载候选人的姓名、籍贯、住所、出生年月、职业及政令规定的其他事项。

七、第二项及第三项的文书中,须附加该候选人起誓不是根据第八十六条之八第一项、第八十七条第一项或第二项、第八十七条之二、第二百五十一条之二或第二百五十一条之三的规定、不能成为公职候选人之人的宣誓书,记载该候选人所属政党及其他政治团体(属于两个以上政党及政治团体时,任一政党及政治团体的名称)的名称的文书,该记载相关政党及其他政治团体的代表的证明书及其他政令规定的文书。

八、在第一项公示或告示之日申请的候选人为两人以上的情况下,随后该候选人死亡、被认为该申请被撤销、被认为该候选人辞去候选人、或者根据次项后段的规定、该申请被驳回时,援引前面各项规定,在该选举日期前三日可以申请候选人。

九、知晓发生以下各号之一事由时,选举长须根据第一项至第三项或前项的规定,驳回申请。根据第一项或前项的规定提交申请之人,因除名、退党及其他事由而不再属于该候选人申请政党的报告在该选举日期前日由该候选人申请政党以书面形式提交时,同样处理。

1. 第一项或前项规定的政党及其他政治团体的申请,由不符合第一项任一号的政党及其他政治团体提交的。

2. 第一项或前项规定的政党及其他政治团体的申请,违反第八十七条第三项的规定的。

3. 根据第一项至第三项或前项规定、提交申请之人,根据第八十六条之八第一项、第八十七条第一项或第二项、第八十七条之二、第八十八条、第二百五十一条之二或第二百五十一条之三的规定、不能成为或是公职候选人的。

十、在前项后段的文书中，须附加该申请相关事由的文书，如是除名，附加记载该除名手续的文书及代表起誓公正处理该除名的宣誓书，如是退党，附加该候选人向候选人申请政党提出的退党申请的复本，其他事由，附加证明该事由的文书。

十一、候选人申请政党，候选人根据第一项的规定提出申请的情况下在同项公示或告示之日，根据第八项的规定、候选人提交申请情况下在该选举日期前三日如果没有向选举长提交申请，不能撤销候选人的申请。

十二、候选人（候选人申请政党相关者除外。以下本项同），根据第二项或第三项的规定提交申请的、是第一项公示或告示之日，根据第八项提交申请的候选人、是在该选举日期前三日，如果没有向选举长提交申请，不能辞去候选人。

十三、知晓根据第一项至第三项，第八项、第十一项或前项的规定提交申请时、根据第九项的规定驳回申报时或候选人死亡或符合第九十一条第一项或第二项或第一百〇三条第四项的规定时，选举长须立即告示，同时向该都道府县选举管理委员会报告。

十四、第一项第一号规定的众议院议员或参议院议员数量的计算，同项第二号规定的政党及其他政治团体的得票总数（含在第七项的文书中记载其名称的政党及其他政治团体的得票总数。次条第十四项同）的计算及其他第一项规定适用的必要事项，由政令规定。

**第八十六条之二 众议院比例代表选出议员的选举中根据名册提名候选的申请等**

一、在众议院（比例代表选出）议员的选举中，符合以下各号之一的政党及其他政治团体，通过向选举长提交记载该政党及其他政治团体的名称（含一个简称）及其所属者的姓名以及这些人中应成为当选人顺序的文件（以下称"众议院名簿"），可使记载在众议院名簿中的人成为该选举的候选人。

1. 该政党及其他政治团体所属的众议院议员或参议院议员有五人以上。

2. 在最近举行的众议院议员的总选举中小选举区选出议员的选举或比例代表选出议员的选举或在参议院议员的通常选举中比例代表选出议员的选举或选举区选出议员的选举中，该政党及其他政治团体的得票总数为该选举有效投票总数的百分之二以上。

3. 在该选举中，通过根据本项规定的申请、在候选人的众议院名簿登记者的数量为该选举区议员定员的十分之二以上。

二、前项规定的申请，在该选举日期公示或告示之日，须不通过邮政等在该众议院名簿中附加以下所列文书。但，众议院名簿申请政党，提交同项规定的申请时，可以省略附加第二号所列文书及第三号所列文书中政令规定的文书。

1. 记载政党及其他政治团体的名称、本部所在地及代表的姓名与众议院名簿登记者的姓名、籍贯、住所、出生年月日及职业以及其他政令规定事项的文件。

2. 记载政党及其他政治团体的纲领、党章、章程及其他与此相当的文件。

3. 证明符合前项各号之一的、政令规定的文书。

4. 代表起誓该申报不违反第八十七条第五项的规定的宣誓书。

5. 应允成为众议院名簿登记者的候选人的同意书及该众议院名簿登记者起誓不是根据第八十六条之八第一项或第八十七条第一项或第四项的规定、不能成为或是公职候选人之人的宣誓书。

6. 记载该政党及其他政治团体中选定众议院名簿登记者及决定这些人之间应成为当选人的顺序（以下简称"众议院名簿登记者的选定"）的机构的名称、其成员的选出方法以及众议院名簿登记者的选定手续的文件以及该机构代表起誓公正选定该众议院名簿登记者的宣誓书。

7. 其他政令规定的文件。

三、在众议院名簿上登记的政党及其他政治团体的名称及简称，如是

第八十六条之六第六项规定的告示相关的政党及其他政治团体，须是该告示相关的名称及简称。如是同项告示相关的政党及其他政治团体以外的政党及其他政治团体，须是根据同项规定告示的名称及简称以及与此相类似的名称及简称以及其代表或任一选举区中众议院名簿登记者的姓名被表示的或这些人的姓名被类推的名称及简称以外的名称及简称。在这种情况下，同项告示相关的政党及其他政治团体的该告示相关名称或简称，在变成其代表或任一选举区中众议院名簿登记者的姓名被表示的或这些人的姓名被类推的名称及简称时，该政党及其他政治团体、关于本项前段的适用，被视为非同条第六项规定的告示相关的政党及政治团体。

四、符合第一项第一号或第二号的政党及其他政治团体，不管第八十七条第一项如何规定，可以将该众议院（比例代表选出）议员的选举同时举行的众议院（小选举区选出）议员的选举中、该政党及其他政治团体的申请相关的该众议院（比例代表选出）议员的选举区区域内的众议院（小选举区选出）议员选举区的候选人，在该众议院（比例代表选出）议员选举中、作为该政党及其他政治团体的申请相关的众议院名簿的众议院名簿登记者。

五、各众议院名簿的众议院名簿登记者（与该选举同时举行的众议院小选举区选出议员的选举的候选人，根据前项规定，被作为该众议院名簿的众议院名簿登记者的除外）的数量，在每个选举区不能超过该众议院（比例代表选出）议员的选举中应选举议员的数量。

六、符合第一项第一号或第二号的政党及其他政治团体，根据第四项的规定，在与该选举同时举行的众议院（小选举区选出）议员的选举中候选人有两人以上为该政党及其他政治团体的申请相关的众议院名簿的众议院名簿登记者的情况下，不管第一项如何规定，对于这些人的全部或部分，可以使应成为当选人的顺序相同。

七、知晓该选举日期前、发生符合以下各号之一的事由时，选举长须在注销第一项规定的申请相关的众议院名簿中该众议院名簿登记者相关的记载，同时立即通知该众议院名簿申请政党等。众议院名簿登记者，因除名、退党及其他事由而不再属于该众议院名簿申请政党等的报告在该选举日期前日由该众议院名簿申请政党以书面形式提交时，同样处理。

1. 众议院名簿登记者死亡。

2. 众议院名簿登记者，根据第八十六条之八第一项、第八十七条第一项或第四项或第八十八条的规定，不能成为或是公职候选人的。

3. 众议院名簿登记者，符合第九十一条第三项或第一百〇三条第四项的规定的。

4. 符合第一项第一号或者第二号的政党及其他政治团体，根据第四项的规定，将与该选举同时举行的众议院（小选举区选出）议员的选举中的候选人（含应成为候选人之人）作为该政党及其他政治团体的申请相关的众议院名簿的众议院名簿登记者时，该众议院名簿登记者不再是该众议院（比例代表选出）议员的选举区区域内众议院（小选举区选出）议员选举区的候选人，或提交第一项或第九项规定的申请之日、未成为该众议院（比例代表选出）议员选举区的区域内众议院（小选举区选出）议员选举区的候选人。

八、在前项后段文书中，须附加该申请相关事由的文书，如是除名，附加记载该除名手续的文书及代表起誓公正处理该除名的宣誓书，如是退党，附加该众议院名簿登记者向候选人申请政党等提出的退党申请的复本，其他事由，附加证明该事由的文书。

九、提交第一项规定申请后（提交本项规定的申请时、该申请之后），不再是众议院名簿登记者之人的数量超过提交第一项规定申请时众议院名簿登记者的数量的四分之一时，众议院名簿申请政党等在至该选举日期前十日的期间，援引同项及第二项（第二号至第四号除外）规定之例，在不超出不再是众议院名簿登记者之人的数量的范围内，可以提交众议院名簿登记者的补充申请。在这种情况下，可在该申请之际变更众议院名簿登记者应成为当选人的顺序。

十、众议院名簿申请政党等，在前项规定之日之前，不通过邮政等方式而是以书面形式形式向选举长提出申请，可撤回众议院名簿。在这种情况下，须附加证明撤回事由的文书。

十一、知晓第一项规定的申请，由不符合同项任一号的政党及其他政治团体提交或违反第三项或第五项或第八十七条第五项的规定时，知晓关于第一项规定的申请相关众议院名簿、在第九项规定的期限已过后、众议院名簿登记者的全员根据第七项的规定、是应注销该众议院名簿中的记载之人时，选举长须驳回该申请。

十二、知晓第九项规定的申请违反同项的规定，或该选举结果、该众议院名簿登记者的数量违反第五项的规定时，选举长须驳回该申请。

十三、提交第一项、第九项或第十项规定的申请时，根据第七项的规定注销众议院名簿中众议院名簿登记者相关的记载时，或根据第十一项或前项的规定驳回申请时，选举长须立即发布告示，同时向中央选举管理会报告。

十四、第一项第一号规定的众议院议员或参议院议员数量的计算，同项第二号规定的政党及其他政治团体得票总数的计算以及其他同项规定适用的必要事项，由政令规定。

**第八十六条之三　参议院比例代表选出议员的选举中根据名册提名候选的申请等**

一、在参议院（比例代表选出）议员的选举中，符合以下各号之一的政党及其他政治团体，通过向选举长提交记载该政党及其他政治团体的名称（含一个简称）及其所属者（含政党及其他政治团体推荐之人。第九十八条第三项同）的姓名的文书（以下称"参议院名簿"），可使记载在参议院名簿中的人（以下称"参议院名簿登记者"）成为该选举的候选人。

1. 该政党及其他政治团体所属的众议院议员或参议院议员有五人以上。

2. 在最近举行的众议院议员总选举中小选举区选出议员的选举或比例代表选出议员的选举或在参议院议员的通常选举中比例代表选出议员的选举或选举区选出议员的选举中，该政党及其他政治团体的得票总数为该选举有效投票总数的百分之二以上。

3. 在该参议院议员的选举中，候选人（含通过提交本项规定的申请，成为候选人的参议院名簿登记者）有十人以上。

二、前条第二项、第三项、第五项、第七项（第四号除外）、第八项、第九项前段及从第十项至第十四项的规定，适用于参议院（比例代表选出）议员的选举。在这种情况下，同条第二项各号列举以外的部分中"前项"是指"次条第一项"，"众议院名簿"是指"同项的众议院名簿（以下本条称'众议院名簿'）"，"众议院名称申请政党"是指"任期届满前九十日起至后七天的期间、提交第八十六条之七第一项规定的申请的政党及其他政治团体中没有提交同条第五项规定的申请的政党及其他政治团体（限根据同条第三项的规定、附加的文书的内容没有变动的）"，"同项"是指"次条第一项"，同条第一号中"众议院名簿登记者"是指"次条第一项的参议院名簿登记者（以下本条称'参议院名簿登记者'）"，同项第三号中"前项各号"是指"次条第一项各号"，同项第四号中"第八十七条第五项"是指"第八十七条第六项中适用的同条第五项"，同项第五号中"众议院名簿登记者"是指"参议院名簿登记者"，"第八十七条第一项或第四项"是指"第八十七条第一项或同条第六项中适用的同条第四项、第二百五十一条之二或第二百五十一条之三"，同项第六号中"选定众议院名簿登记者及决定这些人中应成为当选人的顺序（以下简称'众议院名簿登记者的选定'）"是指"众议院名簿登记者的选定"，"及参议院名簿登记者"是指"及参议院名簿登记者"，"该众议院名簿登记者"是指"该参议院名簿登记者"，同条第三项中"众议院名簿"是指"参议院名簿"，"第八十六条之六第六项"是指"第八十六条之七第四项"，"任一选举区中的众议院名簿登记者"是指"参议院名簿终结者"，"同条第六项"是指"同条第四项"，同条第五项中"各众议院名簿的众议院名簿登记者（与该选举同时举行的众议院小选举区选出议员的选举的候选人，根据前项规定，被作为该众议院名簿的众议院名簿登记者的除外）"是指"各参议院名簿的参议院名簿登记者"，"数量、每选举区"是指"数量"，同条第七项"第一项的规定"是指"次条第一项的规定"，

"众议院名簿"是指"参议院名簿","众议院名簿登记者"是指"参议院名簿登记者","众议院名簿申请政党等"是指"参议院名簿申请政党等","所属者"是指"所属者（含该政党及其他政治团体推荐之人）","第八十七条第一项或第四项或第八十八条"是指"第八十七条第一项或同条第六项中适用的同条第四项、第八十八条、第二百五十一条之二或第二百五十一条至三",同条第八项中"众议院名簿登记者"是指"参议院名簿登记者","众议院名簿申请政党等"是指"参议院名簿申请政党等",同条第九项前段中"第一项"是指"次条第一项","众议院名簿登记者"是指"参议院名簿登记者","众议院名簿申请政党等"是指"参议院名簿申请政党等","第二项"是指"同条第二项中适用的第二项",同条第十项中"众议院名簿申请政党等"是指"参议院名簿申请政党等","众议院名簿"是指"参议院名簿",同条第十一项中"第一项"是指"次条第一项","第八十七条第五项"是指"第八十七条中适用的同条第五项","众议院名簿"是指"参议院名簿","众议院名簿登记者"是指"参议院名簿登记者",同条第十二项中"违反，或该选举结果、该众议院名簿登记者的数量违反第五项的规定"是指"违反",同条第十三项"第一项、第九项"是指"次条第一项或本条第九项","众议院名簿"是指"参议院名簿","众议院名簿登记者"是指"参议院名簿登记者",同条第十四项中"第一项第一号"是指"次条第一项第一号","必要事项"是指"必要事项及参议院（比例代表选出）议员的再选举及补缺选举中第二项补充条款的规定适用的必要事项"。

**第八十六条之四　众议院议员或参议院比例代表选出议员的选举以外的选举中提名候选的申请等**

一、有意成为公职候选人（众议院议员或参议院比例代表选出议员的候选人除外。以下本条同）之人，在该选举日期公示或告示之日，不通过邮政等方式而须以书面形式向该选举长进行申请。

二、选举人名簿的登记者有意提名他人为公职候选人时，须征得本人同意，在前项的公示或告示之日，不通过邮政方式等而以书面形式提交推荐申请。

三、在前两项的文书中，须记载可成为公职候选人之人的姓名、户籍、住所、出生年月日、职业及所属政党及其他政治团体的名称（属于两个以上政党及其他政治团体时，是任一政党及政治团体的名称、次项规定的证明书相关政党及其他政治团体的名称）以及其他政令规定的事项。

四、在第一项及第二项的文书中，须附加应成为公职候选人之人起誓并非根据第八十六条之八第一项、第八十七条第一项、第八十七条之二、第二百五十一条之二或第二百五十一条之三的规定、不能成为该选举的公职候选人的宣誓书，记载所属政党及其他政治团体名称时，须附加该记载相关的政党及其他政治团体的证明书（参议院选举区选出议员的候选人，则为该政党及其他政治团体代表的证明书）及其他政令规定的文书。

五、参议院（选举区选出）议员或地方公共团体议会议员的选举，在第一项公示或者告示之日提交申请的公职候选人，在超出选举中议员定员的情况下，在当日之后，该候选人死亡或辞去公职候选人时，援引前面各项规定之例，参议院（选举区选出）议员或都道府县或市议会议员的选举、在选举日期三日前，町村议会议员的选举、在选举日期两日前，可提交该选举的公职候选人的申请。

六、在地方公共团体首长的选举中，第一项告示之日提交申请的候选人有两个以上的，在当日之后，该候选人死亡或辞去公职候选人时，援引第一项至第四项规定之例，都道府县知事或市长的选举、在选举期日期三日前，町村首长的选举、在选举日期两日前，可提交该选举的公职候选人的申请。

七、地方公共团体首长选举中，根据第一项、第二项或前项的规定提交申请的候选人有两人以上的，在选举日期一日前，因该候选人死亡或辞去公职候选人、候选人为一人时，选举日期，根据第三十三条第五项（含第三十四条之二第五项中适用的情况）、第三十四条第六项或者第一百十九条第三项的规定，延期至告示日期后五日。在这种情况下，管理该选举相关事务的选举管理委员会须立即发布告示。

八、在前项或第一百二十六条第二项的情况下，从其告示之日到该选举日期前三日，援引第一项到第四项规定之例，可提交该地方公共团体首长候选人的申请。

九、知晓根据第一项、第二项、第五项、第六项或前项的规定、提交申请之人是根据第八十六条之八第一项、第八十七条第一项、第八十七条之二、第八十八条、第二百五十一条之二或者第二百五十一条之三的规定、不能成为或是该选举的公职候选人之人，选举长须驳回其申请。

十、公职候选人，根据第一项或第二项的规定提交申请的公职候选人在第一项公示或告示之日，根据第五项、第六项或第八项的规定提交申请的公职候选人在各项规定的日期之前，如果不向选举长提交申请，则不能辞去候选人。

十一、知晓根据第一项、第二项、第五项、第六项、第八项或前项的规定提交申请时、根据第九项规定驳回申报时或公职候选人死亡、或符合第九十一条第二项或第一百〇三条第四项的规定时，选举长须立即发布告示，同时向管理该选举相关事务的选举管理委员会报告。

### 第八十六条之五　候选人选定手续的申请等

一、符合第八十六条第一项各号之一的政党及其他政治团体，在确定应成为该政党及其他政治团体众议院（小选举区选出）议员候选人的选定及众议院名簿登记者的选定（以下本条称"候选人的选定"）的手续时，从当日起七日内，须不通过邮政等方式而是以书面形式向总务大臣提交申请。

二、在前项文书中，记载该政党及其他政治团体的名称、本部所在地及代表的姓名以及选定候选人的机构名称、其成员的选出方法及选定候选人的手续。

三、在第一项文书中，须附加记载该政党及其他政治团体的纲领、党章、章程以及其他与此相当的文书以及证明符合第八十六条各号之一的、政令规定的文书。

四、提交第一项规定的申请的政党及其他政治团体，根据同项的规定、申请的事项出现变化时，从变化之日起七日内，须不通过邮政等方式而是书面形式向总务大臣报告变化相关的事项。

五、总务大臣，有第一项规定的申请时，总务大臣须立即告示与该申报相关的政党及其他政治团体的名称、本部所在地及代表的姓名以及选定候选人机构的名称及其成员的选出方法及候选人选定的手续。关于这些事项，提交前项规定的申请时，同样处理。

六、提交第一项规定的申请的政党及其他政治团体，在第三项的文书内容出现变动时，从变动之日起七日内，须以书面形式向总务大臣报告变动相关的事项。

七、提交第一项规定的申请的政党及其他政治团体解散、或不再是符合第八十六条任一号的政党及其他政治团体时，其代表须从事实发生之日起七日内，以文书形式向总务大臣报告其主旨。在这种情况下，总务大臣须发布告示。

**第八十六条之六　众议院比例代表选出议员的选举中政党及其他政治团体名称的申报等**

一、第八十六条之二第一项规定的政党及其他政治团体中、符合同项第一号或第二号的政党及其他政治团体，从众议院议员总选举日期起三十日内（该期间众议院解散的，则至解散之日的期间），不通过邮政等而以书面形式向中央选举管理会申报该政党及其他政治团体的名称及一简称。在这种情况下，该名称及简称不得是其代表或任一选举区中有意成为众议院名簿登记者之人的姓名被表示、或这些人的姓名被类推的名称及简称。

二、第八十六条之二第一项规定的政党及其他政治团体中、符合同项第一号或第二号的政党及其他政治团体，从众议院议员总选举日期后的二十四日至该众议院议员的任期届满之日前的九十日或众议院解散之日中、较早之日之间，符合同项第一号或第二号时，不管前项前段如何规定，从符合之日起七日内（该期间众议院解散的，则至解散之日的期间），不通过邮政方式等而以书面形式向中央选举管理会申报该政党及其他政治团体的名称及一简称。在这种情况下，适用于同项后段的规定。

三、前两项的文书中，须记载该政党及其他政治团体的名称及一简称、本部所在地、代表的姓名及其他政令规定的事项。

四、在第一项及第二项文书中，须附加记载该政党及其他政治团体的纲领、党章、章程以及其他与此相当的文书以及证明该政党及其他政治团体符合第八十六条之二第一项第一号或第二号的、政令规定的文书。

五、提交第一项或第二项规定的申报的政党及其他政治团体，提交此类规定的申报之日后至该众议院议员的任期届满之日前九十日或众议院解散之日中、较早之日之间，根据此类规定报告的事项有变动时，从变动之日起七日内（该期间众议院解散的，则至解散之日的期间），不通过邮政方式等而以书面形式向中央选举管理会申报变动相关事项。

六、中央选举管理会，有第一项或第二项规定的申报时，须立即告示该申报相关的政党及其他政治团体的名称及简称、本部所在地及代表的姓名。关于这些事项，根据前项规定提交申报时，同样处理。

七、提交第一项或第二项规定的申报的政党及其他政治团体，在第四项的文书内容出现变动时，从变动之日起七日内，须以书面形式向中央选举管理会申报变动相关的事项。

八、提交第一项或第二项规定的申报的政党及其他政治团体，提交此类规定的申报之日后至该众议院议员的任期届满之日前九十日或众议院解散之日中、较早之日之间，解散或不再是符合第八十六条之二第一项第一号或第二号的政党及其他政治团体时，其代表须从事实发生之日起七日内，以文书形式向中央选举管理会报告其主旨。在这种情况下，总务大臣须发布告示。

九、提交第一项或第二项规定的申报的政党及其他政治团体，即使在众议院议员的任期届满之日前九十日或众议院解散之日中、较早之日以后，可以不通过邮政方式等而以书面形式向中央选举管理会提交申请撤回该申报。在这种情况下，中央选举管理会须发布告示。

十、众议院（比例代表选出）议员的再选举及补缺选举中第一项、第二项、第五项或第七项至前项的规定适用的必要事项,由政令规定。

**第八十六条之七　参议院比例代表选出议员的选举中政党及其他政治团体名称的申报等**

一、第八十六条之三第一项规定的政党及其他政治团体中、符合同项第一号或第二号的政党及其他政治团体,从参议院议员任期届满之日前九十日至之后七日之间,不通过邮政方式而以书面形式向中央选举管理会申报该政党及其他政治团体的名称及一简称。在这种情况下,该名称及简称不得是其代表或任一选举区中有意成为参议院名簿登记者之人的姓名被表示、或这些人的姓名被类推的名称及简称。

二、前项文书中,须记载该政党及其他政治团体的名称及一简称、本部所在地、代表的姓名以及其他政令规定的事项。

三、第一项文书中,须附加该政党及其他政治团体的纲领、党章、规约及记载其他与此相当的文件以及证明政党及其他政治团体符合第八十六条之三第一项第一号或第二号的、政令规定的文书。

四、中央选举管理会,须在第一项的期限过后立即告示同项规定的申报相关的政党及其他政治团体的名称及简称、本部所在地以及代表的姓名。

五、提交第一项规定的申报的政党及其他政治团体,即使前项规定的告示之日以后,可不通过邮政方式等而以书面形式向中央选举管理会提交申请撤回该申报。在这种情况下,中央选举管理会须发布告示。

六、参议院(比例代表选出)议员的再选举及补缺选举中第一项的规定适用的必要事项,由政令规定。

**第八十六条之八　禁止提名没有被选举权的人为候选人**

一、根据第十一条第一项、第十一条之二或第二百五十二条或《政治资金规正法》第二十八条的规定,没有被选举权的人不能成为或是公职候选人。

二、关于第二百五十一条之二第一项各号所列之人或因第二百五十一条之三第一项规定的组织选举运动管理者等的选举相关的犯罪,不能成为或是公职候选人之人，根据此类条款而定。

**第八十七条　禁止重复提名候选人等**

一、在某一选举中成为公职候选人的，不能同时成为其他选举中的公职候选人。

二、在众议院（小选举区选出）议员的选举中，一政党及其他政治团体申请相关的候选人，不能在该选举中同时成为与其他政党及其他政治团体申请相关的候选人。

三、在众议院（小选举区选出）议员的选举中，候选人申请政党不能在一个选举区重复提交候选人的申请。

四、一众议院名簿的公职候选人的众议院名簿登记者，在该选举中，不能同时成为其他众议院名簿的公职候选人的众议院名簿登记者。

五、在众议院（小选举区选出）议员的选举中，众议院名簿申报政党等，不能在一选举区重复提交众议院名簿。

六、前两项的规定，适用于参议院（比例代表选出）议员的选举。在这种情况下，第四项中"众议院名簿"是指"参议院名簿"，"众议院名簿登记者"是指"参议院名簿登记者"，前项中"众议院名簿申请政党等"是指"参议院名簿申请政党等"，"在一选举区、重复"是指"重复"，"众议院名簿"是指"参议院名簿"。

**第八十七条之二　对辞去众议院小选举区选出议员或参议院选举区选出议员等人的提名候选的限制**

根据《国会法》（昭和二十二年法律第七十九号）第一百〇七条的规定，辞去众议院（小选举区选出）议员或参议院（选举区选出）议员之人或根据第九十条的规定，被视为辞去众议院（小选举区选出）议员或参议院（选举区选出）议员之人，因该辞职或被视为辞职，不能提名为因空缺而举行的补缺选举的候选人。

**第八十八条　对选举事务相关者提名候选的限制**

以下各号所列之人，在任职期间不能成为其关联区域内该选举的公职候选人。

1. 投票管理者。
2. 开票管理者。
3. 选举长及选举分会长。

**第八十九条　公务员提名候选的限制**

一、国家或者地方公共团体的公务员或行政执行法人［《独立行政法人通则法》（平成十一年法律第一百〇三号）第二条第四项规定的行政执行法人。以下同］或特定地方独立行政法人［《地方独立行政法人法》（平成十五年法律第一百一十八号）第二条第二项规定的特定地方独立行政法人。以下同］的干部或职员，在任职期间不能成为公职候选人。但，以下各号所列公务员（含行政执行法人或特定地方独立行政法人的干部及职员、次条及第一百〇三条第三项同），不在此限。

1. 内阁总理大臣及其他国务大臣、内阁官房副长官、内阁总理大臣辅佐官、副大臣、大臣政务官及大臣辅佐官。
2. 技术人员、监督者及担任行政事务者以外的人中、由政令指定的人员。
3. 专职委员、顾问、参与（参事）、嘱托员（特约人员）及其他与此相当的职务人员中临时或兼职中、由政令指定的人员。
4. 消防团长及其他消防团员（专职除外）以及防汛团长及其他防汛团员（专职除外）。
5. 《关于地方公营企业等劳动关系的法律》（昭和二十七年法律第二百八十九号）第三条第四号规定的职员中、由政令指定的人员。

二、举行众议院议员任期届满的总选举或参议院议员的通常选举时，该众议院议员或参议院议员，不管前项正文如何规定，在任职期间可以成为该选举的公职候选人。举行地方公共团体的议会议员或首长任期届满的选举时，该议员或首长成为该选举的公职候选人的情况，同样处理。

三、第一项正文的规定，不影响同项第一号、第二号、第四号及第五号所列之人以及前项规定之人兼任的国家或地方公共团体的公务员或行政执行法人或特定地方独立行政法人的干部或职员的地位。

**第九十条　提名候选的公务员的辞职**

因前项规定不能成为公职候选人的公务员，根据第八十六条第一项至第三项或第八项、第八十六条之二第一项或第九项、第八十六条之三第一项或同条第二项中适用的第八十六条之二第九项前段或第八十六条之四第一项、第二项、第五项、第六项或第八项的规定、成为公职候选人时，不管公务员辞职相关的法令如何规定，在其申请之日被视为辞去公务员。

**第九十一条　成为公务员的候选人的处理**

一、根据第八十六条第一项或第八项的规定，作为候选人提交申请之人（限候选人申请政党的申请相关者），根据第八十八条或第八十九的规定，不能成为公职候选人时，该申请被视为撤销。

二、根据第八十六条第二项、第三项或第八项或第八十六条之四第一项、第二项、第五项、第六项或第八项的规定，作为公职候选人提交申请之人（候选人申请政党的申请相关者除外），根据第八十八条或第八十九条的规定，不能成为公职候选人的，被视为辞去候选人。

三、众议院（比例代表选出）议员或参议院（比例代表选出）议员的选举中，众议院名簿登记者或参议院名簿登记者，根据第八十八条或者第八十九条的规定，不能成为公职候选人时，其人，不能成为公职候选人的众议院名簿登记者或参议院名簿登记者。

**第九十二条　委托保管金（保证金）**

一、町村议会的议员选举除外，根据从第八十六条第一项到第三项或第八项或第八十六条之四第一项、第二项、第五项、第六项或第八项的规定，有意提交公职候选人申请的，每个公职候选人，根据以下各号的区分，须提交相应的委托保管金或相当于委托保管金金额的国债证书。

1. 众议院（小选举区选出）议员选举　　　　三百万日元
2. 参议院（选举区选出）议员选举　　　　　三百万日元
3. 都道府县议会议员选举　　　　　　　　　六十万日元

| | |
|---|---|
| 4. 都道府县知事选举 | 三百万日元 |
| 5. 指定都市议会议员选举 | 五十万日元 |
| 6. 指定都市首长选举 | 二百四十万日元 |
| 7. 指定都市以外的市议会议员选举 | 三十万日元 |
| 8. 指定都市以外的市首长选举 | 一百万日元 |
| 9. 町村长选举 | 五十万日元 |

二、根据第八十六条之二第一项的规定有意提交申请的政党及其他政治团体，须在每个选举区为每个该众议院名簿的众议院名簿登记者提交六百万日元[该众议院名簿登记者为与该众议院比例代表选出议员的选举同时举行的众议院小选举区选出议员的选举中的候选人（含应成为候选人之人）时，为三百万日元]的委托保管金或相当于六百万日元金额的国债证书。

三、根据第八十六条之三第一项的规定提交申请的政党及其他政治团体，须为每个该参议院名簿的参议院名簿登记者提交六百万日元的委托保管金或相当于六百万日元金额的国债证书。

**第九十三条　公职候选人相关的委托保管金（物）没收**

一、根据第八十六条第一项至第三项或第八项或第八十六条之四第一项、第二项、第五项、第六项或第八项的规定，提交申请的公职候选人的得票数，在其选举中没有达到以下各号不同情况的票数时，前条第一项的委托保管金，众议院（小选举区选出）议员或参议院（选举区选出）议员的选举归属国库；都道府县议会议员或首长的选举归属都道府县；市议会的议员或首长的选举归属该市；町村长的选举归属町村。

1. 众议院（小选举区选出）议员选举

有效投票总数的十分之一。

2. 参议院（选举区选出）议员的选举

通常选举中该选举区内议员定员除以有效投票总数所得数的八分之一。但，应选议员的人数在通常选举中超出该选举区内议员定员时，应选议员的任数除以有效投票总数所得数的八分之一。

3. 都道府县或市议会的议员选举

该选举区内的议员定员（无选举区时，为议员定员）除以有效投票的总数所得数的十分之一。

4. 地方公共团体首长的选举

有效投票总数的十分之一。

二、前项规定，适用于同项规定的公职候选人的申请被撤销，或公职候选人辞去候选人以及前项规定的公职候选人的申请根据第八十六条第九项或第八十六条之四第九项规定被驳回的情况。

**第九十四条　名簿申请政党等相关的委托保管金的没收**

一、在众议院（比例代表选出）议员的选举中，每个众议院名簿申请政党等，在各选举区三百万日元乘以第一号所列之数所得金额和六百万日元乘以第二号所列之数的所得金额合计的金额，没有达到该众议院名簿申请政党等相关的第九十二条第二项的委托保管金的金额时，该委托保管金中减去合计金额所得金额归属国库。

1. 在该众议院名簿申请政党等的申请相关的众议院名簿的众议院名簿登记者中，与该选举同时举行的众议院（小选举区选出）议员选举的当选人的数。

2. 该众议院名簿申请政党等相关的当选人的数乘以二所得之数。

二、根据第八十六条之二第十项的规定、众议院名簿被撤销，或根据同条第十一项的规定、同条第一项的申请被驳回的政党及其他政治团体相关的第九十二条第二项的委托保管金，归属国库。

三、在参议院（比例代表选出）议员的选举中，每个参议院名簿申请政党等，第一号所列之数没有达到第二号所列之数时，与该参议院名簿申请政党等相关的第九十二条第三项的委托保管金中相当于六百万日元乘以同号所列之数减去第一号所列之数所得之数的金额的委托保管金，归属国库。

1. 该参议院名簿申请政党相关的当选人数乘以二所得之数。

2. 提交第八十六条之三第一项规定的申请之时参议院名簿登记者的数。

四、根据第八十六条之三第二项中适用的第八十六条之二第十项的规定、参议院名簿被撤销，或根据第八十六条之三第二项中适用的第八十六条之二第十一项的规定、第八十六条之三第一项的申请被驳回的政党及其他政治团体相关的第九十二条第三项的委托保管金，归属国库。

## 第十章　当选人

**第九十五条　众议院比例代表选出议员或参议院比例代表选出议员的选举以外的选举中的当选人**

一、众议院（比例代表选出）议员或参议院（比例代表选出）议员的选举以外的选举中，得到有效投票最多的为当选人。但，须得到以下各号不同情况对应的票数。

1. 众议院（小选举区选出）议员的选举

有效投票总数的六分之一以上的得票。

2. 参议院（选举区选出）议员的选举

通常选举中以该选举区内的议员定员除以有效投票的总数所得之数六分之一以上的得票。但，应选举议员之数超过通常选举中该选举区的议员定员时，以应选举议员之数除以有效投票总数所得之数六分之一以上的得票。

3. 地方公共团体的议会议员选举

该选举区内的议员定员（无选举区时，为议员定员）除以有效投票总数所得之数四分之一以上的得票。

4. 地方公共团体的首长选举

有效投票总数的四分之一以上的得票。

二、决定当选人时当选人的得票数相同的，由选举会的选举长抽签决定。

**第九十五条之二　众议院比例代表选出议员的选举中当选人的数量及当选人**

一、在众议院（比例代表选出）议员的选举中，各众议院名簿申请政党等的得票数按顺序除以从一至该各众议院名簿申报政党等相关的众议院名簿登记者（限在该选举日期公职候选人。第一百〇三条第四项除外、以下本章及次章同）数的各整数所得的商中，从其数值最大的按顺序数至与该选举中应选议员的数相当的数，得到与各众议院名簿申请政党等的得票数相关的个数，分别是各众议院名簿申请政党等的当选人的数。

二、在前项中，两个以上的商为同一数值，根据同项规定不能确定与各众议院名簿申请政党等相关的当选人的数时，在这些商中，由选举会的选举长抽签决定该选举中应达到应选议员的数的商。

三、在众议院名簿中，根据第八十六条之二第六项的规定两人以上的众议院名簿登记者、其应成为当选人的顺序相同时，在应成为当选人顺序相同的人之间、应成为当选人的顺序，从与该选举同时举行的众议院（小选举区选出）议员的选举中的得票数对获得该选举区有效投票数最多之人的得票数的比例最大者开始按顺序确定。在这种情况下，应成为当选人顺序相同的众议院名簿登记者中，该比例相同时，由选举会的选举长抽签决定这些人中应成为当选人的顺序。

四、在众议院（比例代表选出）议员的选举中，各众议院名簿申请政党等的申请相关的众议院名簿登记者中，按照这些人应成为当选人的顺序，与根据第一项及第二项的规定、确定的该众议院名簿申请政党等的当选人数相当数量的众议院名簿登记者，成为当选人。

五、在第一项、第二项及前项中，有被作为与该选举同时举行的众议院（小选举区选出）议员选举的当选人的众议院名簿登记者时，该众议院名簿登记者视为没有记载在众议院名簿，适用于此类规定。

六、在第一项、第二项及第四项中，有与该选举同时举行的众议院（小选举区选出）议员的选举中、其得票数没有达到第九十三条第一项第一号规定的数的众议院名簿登记者时，该众议院名簿登记者视为没有记载在众议院名册，适用于此类规定。

**第九十五条之三　参议院比例代表选出议员的选举中当选人的数量及应成为当选人的顺序以及当选人**

一、在参议院（比例代表选出）议员的选举中，各参议院名簿申请政党等的得票数［含该参议院名簿申请等相关的各参议院名簿登记者（限选举日期公职候选人。第一百〇三条第四项除外。以下本章及次章同）的得票数］，按顺序除以从一至该各参议院名簿申报政党等相关的参议院名簿登记者数的各整数所得的商中，从其数值最大的按顺序数至与该选举中应选议员的数相当的数，得到与各参议院名簿申请政党等的得票数（含该参议院名簿申请政党等相关的各参议院名簿登记者的得票数）相关的个数，分别是各参议院名簿申请政党等的当选人的数。

二、在前项中，两个以上的商为同一数值，根据同项规定不能确定与各参议院名簿申请政党等相关的当选人的数时，在这些商中，由选举会的选举长抽签决定该选举中应达到应选议员的数的商。

三、各参议院名簿申请政党等的申请相关的参议院名簿中，参议院名簿登记者之间应成为当选人的顺序，从得票数最多的按顺序确定。在这种情况下，其得票数相同之人时，由选举会的选举长抽签决定这些人中应成为当选人的顺序。

四、在参议院（比例代表选出）议员的选举中，各参议院名簿申请政党等的申请相关的参议院名簿登记者中，按照根据前项的规定、确定的这些人中应成为当选人的顺位，与根据第一项及第二项的规定、确定的该参议院名簿申请政党等的当选人的数相当之数的参议院名簿登记者，成为当选人。

**第九十六条　当选人的更正决定**

根据第二百〇六条、第二百〇七条第一项或第二百〇八条第一项规定的异议的提出、审查的提出或诉讼的结果、不举行再选举可确定当选人（众议院比例代表选出一院的选举，是众议院名簿申请政党等相关的当选人的数量或当选人、参议院比例代表选出议员的选举、是参议院名簿申请政党等相关当选人的数量或应成为当选人的顺序或当选人）的情况下，须立即召开选举会，确定当选人。

**第九十七条　众议院比例代表选出议员或参议院比例代表选出议员的选举以外的选举中当选人的提前补充**

一、众议院（比例代表选出）议员或参议院（比例代表选出）议员的选举以外的选举中，当选人死亡时或根据第九十九条、第一百〇三条第二项或第四项或第一百〇四条的规定失去当选时，立即召开选举会，根据第九十五条第一项补充条款规定的得票者没有成为当选人之人中（众议院小选举区选出议员或地方公共团体首长选举，接受同条第二项规定适用的得票者没有成为当选人的）确定当选人。

二、参议院（比例代表选出）议员或地方公共团体议会议员选举中，在第一百〇九条第五号或第六号的事由在选举日期起三个月内发生的情况下，第九十五条第一项补充条款规定的得票者没有成为当选人时，或在此类事由在选举日期起三个月后发生的情况下，接受同条第二项规定适用的得票者没有成为当选人时，须立即召开选举会，从这些人中确定当选人。

三、参议院（小选举区选出）议员或地方公共团体议会首长选举中，在第一百〇九条第五号或第六号的事由发生的情况下，接受第九十五条第二项规定适用的得票者没有成为当选人时，须立即召开选举会，从中确定当选人。

**第九十七条之二　众议院比例代表选出议员或参议院比例代表选出议员的选举中当选人的提前补充**

一、众议院（比例代表选出）议员的选举中，当选人死亡时，根据第九十九条、第九十九条之二第一项（含同项第五条适用的情况）或第一百〇三条第二项或第四项的规定失去当选时或根据第二百五十一条、第二百五十一条之二或第二百五十一条之三的规定当选无效时，该当选人相关的众议院名簿的众议院名簿登记者没有成为当选人时，须立即召开选举会，按照众议院名簿中应成为当选人的顺序，从中确定当选人。

二、第九十五条之二第五项及第六项的规定，适用于前项的情况。

三、第一项的规定，适用于参议院（比例代表选出）议员选举。在这种情况下，同项中"第九十九条之二第一项（含同条第五项适用的情况）"是指"第九十九条之二第六项中适用同条第一项（含第五项中适用的情况）"、"众议院名簿的众议院名簿登记者"是指"参议院名簿的参议院名簿登记者"、"其众议院名簿"是指"其参议院名簿相关的参议院名簿登记者之间"。

**第九十八条　被选举权的丧失与当选人的决定等**

一、在前三条的情况中，第九十五条第一项补充条款规定的得票者、接受适用同条第二项规定的得票者、众议院名簿登记者或参议院名簿登记者，没有成为当选人的、在选举日期后没有被选举权时、或是第二百五十一条之二或第二百五十一条之三规定的该选举相关的第二百五十一条之二第一项各号所列之人或因第二百五十一条之三第一项规定的组织选举运动管理者等的选举相关的犯罪、在该选举相关选举区（没有选举区时，为举行选举的区域）举行的该公职相关选举中不能成为或是公职候选人时，不能确定为当选人。众议院名簿登记者没有成为当选人的，是第二百五十一条之二或第二百五十一条之三规定的与该选举同时举行的众议院（小选举区选出）议员的选举相关的第二百五十一条之二第一项各号所列之人或因第二百五十一条之三规定的组织选举运动管理者等的选举相关的犯罪、在与众议院（小选举区选出）议员的选举相关的选举区举行的该众议院（小选举区选出）议员的选举中不能成为或是公职候选人时，同样处理。

二、在众议院（小选举区代表选出）议员选举相关的第九十六条或第九十七条的情况下，在候选人申请政党申请的候选人中，第九十五第一项补充条款规定的得票者或接受同条第二项规定适用的得票者没有成为当选人的，因除名、退党及其他事由不再是该候选人申请政党所属之人的情况报告，以文书形式，在第九十六条或第九十七条规定的事由发生日的前日之前提交选举长时，不能确定为当选人。

三、在众议院（比例代表选出）议员或参议院（比例代表选出）议员选举有关的第九十六条或前条的情况下，众议院名簿登记者或参议院名簿登记者，没有成为当选人，因除名、退党及其他事由不再是该众议院名簿申请政党等或参议院申请政党等所属之人的情况报告，以文书形式，在这些规定的事由发生日的前日之前提交选举长时，不能确定为当选人。撤销众议院名簿或参议院名簿的申请，以文书形式，在这些规定的事由发生日的前日之前提交选举长的情况下、该众议院名簿的众议院名簿登记者或参议院名簿的参议院名簿登记者，没有成为当选人的情况，同样处理。

四、第八十六条第十项的规定，适用于第二项的申请、第八十六条之二第八项及第十项后段的规定，适用于前项的申请。

**第九十九条　因被选举权的丧失而失去当选人资格**

当选人，在选举日期后不再具有被选举权时，失去当选资格。

**第九十九条之二　众议院比例代表选出议员或参议院比例代表选出议员的选举中，因所属政党的变动失去当选人的资格**

一、众议院（比例代表选出）议员选举中的当选人（第九十六条、第九十七条之二第一项或第一百一十二条第二项规定的当选人除外。以下本项至第四项同），在选举日期以后，该当选人为众议院名簿登记者的众议院名簿申请政党等以外的政党及其他政治团体，不是该选举中众议院名簿申请政党等［因该当选人是众议院名簿登记者的众议院名簿申请政党等（含因该众议院名簿申请政党等相关的合并或分割、该合并后存续的政党及其他政治团体或因该合并而设立的政党及其他政治团体或因该分割而设立的政党及其他政治团体）两个以上政党及其他政治团体的合并、该合并后存续的政党及政治团体除外。当分割以设立两个以上政党及其他政治团体为目的、解散一个政党及其他政治团体时，称设立该两个以上政党及其他政治团体。第四项中称"其他众议院名簿申请政党等"］的所属之人时，失去当选资格。

二、众议院（比例代表选出）议员选举中的当选人，因除名、退党及其他事由不再是该众议院名簿登记者的众议院名簿申请政党等所属之人时，该众议院名簿申请政党等须立即以文书形式向选举长报告。在这种情况下，选举长须立即通知该当选人。

三、前项前段的文书中，须附加与该申请相关事由的文书，如是除名即为记载除名手续的文书，如是退党即为该当选人向众议院名簿申请政党等提出的退党申请的复本，其他事由即为证明该事由的文书。

四、接到第二项通知的当选人，该当选人在选举日期以后不再属于其众议院名簿申请政党等时，须在接到通知之日起五日内向选举长提交该当选人在选举日期以后不再属于其众议院名簿申请政党等的宣誓书。

五、前面各项的规定，适用于众议院（比例代表选出）议员选举中的当选人、根据第九十六条、第九十七条之二第一项或第一百一十二条第二项的规定确定为当选人的。在这种情况下，第一项中"其选举日期"是指"根据第九十六条、第九十七条之二第一项或第一百一十二条第二项的规定、该选举人在选举会中被确定为选举人之日"、"成为所属之人"是指"成为所属之人"（根据第九十六条、第九十七条之二第一项或第一百一十二条第二项的规定、该选举人在选举会被确定为选举人之日时、是所属之人的情况）、前项中"其选举之日"是指"根据第九十六条、第九十七条之二第一项或第一百一十二条第二项的规定、该选举人在选举会中被确定为选举人之日"。

六、前面各项的规定，适用于参议院（比例代表选出）议员选举中的当选人。在这种情况下，第一项中"第九十七条之二第二项"是指"第九十七条之二第三项中适用的同条第一项"、"第一百一十二条第二项"是指"第一百一十二项第四项中适用的同条第二项"、"众议院名簿登记者"是指"参议院名簿登记者"、"众议院名簿申请政党等"是指"参议院名簿申请政党等"、第二项中"众议院名簿登记者"是指"参议院名簿登记者"、"众议院名簿申请政党等"是指"参议院名簿申请政党等"、"所属之人"是指"所属之人（含该参议院名簿申请政党等推荐之人）"、第三项及第四项中"众议院名簿申请政党等"是指"参议院名簿申请政党等"、前项中"第九十七条之二第一项"是指"第九十七条之二第三项中适用的同条第一项"、"第一百一十二条第二项"是指"第一百一十二条第四项中适用的同条第二项"。

**第一百条　无投票当选**

一、众议院（小选区选出）议员选举中，根据从第八十六条第一项至第三项或第八项的规定，提交申请的候选人为一人或变为一人时，不举行投票。

二、众议院（比例代表选出）议员选举中，第八十六条之二第一项或第九项规定的申请相关的众议院名簿登记者的总数未超过或变得未超过选举中应选举议员的人数时，或提交同条第一项规定的申请的众议院名簿申请政党等为一个或变为一个时，不举行投票。

三、参议院（比例代表选出）议员的选举中，第八十六条之三第一项或同条第二项中适用的第八十六条之二第九项前段规定的申请相关的参议院名簿登记者的总数未超过或变得未超过选举中应选议员的数时，不举行投票。

四、参议院（选举区选出）议员或地方公共团体议会议员选举中，提交第八十六条之四第一项、第二项或第五项规定的申请的候选人的总数未超过或变得未超过选举中应选议员的数时，或地方公共团体首长的选举中，提交同条第一项、第二项、第六项或第八项规定的申请的候选人为一人或成为一人时，不举行投票。

五、根据前各项或第一百二十七条的规定不举行投票时，选举长须立即通知该选举的各投票管理者，同时发布告示，且报告管理该选举事务的选举管理委员会（众议院比例代表选出议员或参议院比例代表选出议员的选举，为中央选举管理会）。

六、在第一项至第四项（在第二项规定适用的情况、众议院比例代表选出议员的选举与众议院小选举区选出议员的选举同时举行的情况除外）或第一百二十七条的情况下，选举长须从选举日期起五日内召开选举会，将该公职候选人确定当选人。

七、除了前项规定的情况之外，众议院（比例代表选出）议员的选举中，第八十六条之二第一项或第九项规定的申请相关的众议院名簿登记者的总数未超过或变得未超过选举中应选议员的人数时，选举长须在次条第四项规定的通知之日或翌日召开选举会，从该众议院名簿登记者中确定为当选人。在这种情况下，适用第九十五条之二第五项及第六项的规定。

八、处理前两项的规定，众议院（比例代表选出）议员的选举中，提交第八十六条之二第一项规定的申请的众议院名簿申请政党等为一人时或变为一人时，选举长须在次条第四项规定的通知之日或翌日召开选举会，从该众议院名簿申请政党等的申请相关的众议院名簿登记者中，按照众议院名簿中应成为当选人的顺序，将与选举中应选议员人数相同人数的众议院名簿登记者确定为当选人。在这种情况下，适用第九十五条之二第三项、第五项及第六项的规定。

九、在前三项的情况下，选举长须在听取选举监督人的意见后、决定该公职候选人有无被选举权。

**第一百○一条　众议院小选举区选出议员的选举中当选人决定情况的报告、告知及告示**

一、众议院（小选举区选出）议员的选举中，当选人决定时，选举长须立即向该都道府县选举管理委员会报告当选人的住所、姓名及得票数，以及与当选人相关的候选人申请政党的名称、选举中各候选人的得票总数及其他选举情况。

二、提交前项规定的报告时，都道府县选举管理委员会须立即告知当选人当选情况、告知候选人申请政党当选人的住所及姓名，且告示当选人的住所及姓名以及该当选人相关的候选人申请政党的名称。

三、在众议院议员的选举中，在小选举区选出议员的选举与比例代表选出议员的选举同时举行的情况下，收到第一项报告的都道府县选举管理委员会须立即向中央选举管理会报告当选人的住所、姓名及得票数，以及当选人相关的候选人申请政党的名称、选举中各候选人的得票总数及其他选举情况。

四、提交前项规定的报告时，中央选举管理会须立即在每个包括其选举区的众议院（比例代表选出）议员的选举区，向该众议院（比例代表选出）议员选举的选举长通知当选人的住所、姓名及得票数，以及当选人相关的候选人申请政党的名称、选举中各候选人的得票总数及其他选举情况。

**第一百○一条之二　众议院比例代表选出议员的选举中当选人的人数及当选人决定情况的报告、告知及告示**

一、众议院（比例代表选出）议员的选举中，众议院名簿申请政党等相关的当选人的人数及当选人决定时，选举长须立即向中央选举管理会报告众议院名簿申请政党等相关的得票数、当选人的人数以及当选人的住所、姓名及其他选举情况。

二、提交前项规定的报告时，中央选举管理会须告知众议院名簿申请政党等得票数、当选人的人数以及当选人的住所、姓名，告知当选人当选情况，且告示众议院名簿申请政党等的得票数、当选人的人数以及当选人的住所、姓名。

三、在第九十七条之二或第一百一十二条第二项的情况中，前两项中"得票数、当选人的人数及当选人"是指"当选人"。

**第一百〇一条之二（二） 参议院比例代表选出议员的选举中当选人的人数及应成为当选人的顺序以及当选人决定情况的报告、告知及告示**

一、参议院（比例代表选出）议员的选举中，参议院名簿申请政党等相关的当选人的人数及应成当选人的顺序决定时，选举长须向中央选举管理会报告参议院名簿申请政党等相关的得票数（含该参议院名簿申请政党等相关的各参议院名簿登记者的得票数、次项同）、当选人的人数及应成当选人的顺序以及当选人的住所及姓名以及各参议院名簿登记者的得票数以及其他选举情况。

二、提交前项规定的报告时，中央选举管理会须立即告知参议院名簿申请政党等该参议院名簿申请政党等相关的得票数、当选人的人数、当选人的住所及姓名，告知当选人当选情况，且告示该参议院名簿申请政党等相关的得票数、当选人的人数以及当选人的住所及姓名。

三、第九十七条之二或第一百一十二条第四项中适用同条第二项的情况中，第一项中"得票数（含该参议院名簿申请政党等相关的各参议院名簿登记者的得票数、次项同）、当选人的人数以及应成当选人的顺序以及当选人的住所及姓名以及各参议院名册登记者的得票数"是指"当选人的住所及姓名"，前项中"该参议院名簿申请政党等相关的得票数、当选人的人数及当选人"是指"当选人"，"参议院名簿申请政党等相关的得票数、当选人的人数及当选人"是指"参议院名簿申请政党等相关的当选人"。

**第一百○一条之三　众议院议员或参议院比例代表选出议员的选举以外的选举中当选人决定情况的报告、告知及告示**

一、众议院议员或参议院（比例代表选出）议员的选举以外的选举中，当选人决定时，选举长须立即向管理该选举事务的选举管理委员会报告当选人的住所、姓名及得票数，选举中各公职候选人的得票数以及其他选举情况。

二、提交前项规定的报告时，管理该选举事务的选举管理委员会须立即告知当选人当选情况，且告示当选人的住所及姓名。

**第一百○二条　当选等效力的生效**

当选人的当选效力（如是众议院比例代表选出议员或参议院比例代表选出议员的选举，含当选人人数决定的效力），从第一百○一条第二项、第一百○一条之二第二项、第一百○一条之二（二）第二项或前条第二项规定告示之日起生效。

**第一百○三条　当选人禁止兼职情况等的特例**

一、当选人担任根据法律规定不能兼任与该选举有关的议员或首长之职的，收到第一百○一条第二项、第一百○一条之二第二项、第一百○一条之二（二）第二项或者第一百○一条之三第二项的规定的当选告知时，被视为从收到告知之日起辞去其职务。

二、根据第九十六条、第九十七条、第九十七条之二或第一百一十二条的规定，确定为当选人的、根据法律规定不能兼任与该选举有关的议员或首长的，收到第一百○一条第二项、第一百○一条之二第二项、第一百○一条之二（二）第二项或者第一百○一条之三第二项的规定的当选告知时，不管前项如何规定，从收到告知之日起五日内未向管理该选举事务的选举管理委员会（众议院比例代表选出议员或参议院比例代表选出议员的选举，为中央选举管理会）提交辞职申请，则失去其当选。

三、在前项情况中，同项规定的公务员提交其退职申请时，不管关于公务员辞职的法令如何规定，视为在其提出申请之日辞去公务员。

四、在一选举中，根据第九十六条、第九十七条、第九十七条之二或第一百一十二条的规定，确定为当选人的，在其他选举中提交第八十六条第一项至第三项或第八项规定的申请时，是第八十六条之二第一项或第九项的规定的申请相关的众议院名簿登记者时，是第八十六条之三第一项或同条第二项中适用的第八十六条之二第九项前段规定的申请相关的参议院名簿登记者时或提交第八十六条之四第一项、第二项、第五项、第六项或第八项规定申请时，不管第九十一条或第一项如何规定，收到第一百〇一条第二项、第一百〇一条之二第二项、第一百〇一条之二（二）第二项或第一百〇一条之三第二项规定的一选举的当选告知之日起五日内未向管理该选举事务的选举管理委员会（众议院比例代表选出议员或参议院比例代表选出议员的选举，为中央选举管理会）提交辞去当选申请时，对于其他选举，视为其公职候选人相关的候选人申请被撤销或辞去公职候选人，或不是其公职候选人的众议院名簿登记者或参议院名簿登记者，或失去其当选。

**第一百〇四条　不停止外包等情况下，失去地方公共团体议会议员或首长的当选人资格**

地方公共团体的议会议员或首长选举中的当选人，地方自治法第九十二条之二或第一百四十二条规定的地方公共团体的相关者，收到第一百〇一条之三第二项规定的告知之日起五日内未向管理该选举事务的选举管理委员会提交没有同法第九十二条之二或第一百四十二条规定的关系时，失去其当选。

**第一百〇五条　当选证书的颁发**

一、除了第一百〇三条第二项及第四项与前条规定的情况之外，管理该选举事务的选举管理委员会（众议院比例代表选出议员或参议院比例代表选出议员的选举，为中央选举管理会），根据第一百〇二条的规定当选人的当选生效时，须立即给当选人颁发当选证书。

二、对于根据第一百〇三条第二项及第四项与前条的规定未失去当选资格的当选人，管理该选举事务的选举管理委员会（众议院比例代表选出议员或参议院比例代表选出议员的选举,为中央选举管理会),提交第一百〇三条第二项及第四项与前条规定的申请时,须立即给当选人颁发当选证书。

**第一百〇六条　没有当选人情况等的报告及告示**

一、没有当选人时或当选人没有达到选举中议员的定员时,选举长须立即向管理该选举事务的选举管理委员会(众议院比例代表选出议员或参议院比例代表选出议员的选举,为中央选举管理会)报告。

二、提交前项规定的报告时,管理该选举事务的选举管理委员会(众议院比例代表选出议员或参议院比例代表选出议员的选举,为中央选举管理会)须立即发布告示。

**第一百〇七条　选举及当选无效情况的告示**

根据第十五章的规定,诉讼的结果、选举或当选无效时,或因根据第二百一十条第一项的规定未提出诉讼、因驳回该诉讼或驳回该诉状的裁判被确定或该诉讼被撤销、当选无效时,或根据第二百五十一条的规定,当选无效时,管理该选举事务的选举管理委员会(众议院比例代表选出议员或参议院比例代表选出议员的选举,为中央选举管理会)须立即发布告示。

**第一百〇八条　当选等相关的报告**

一、在前三条的情况中,管理该选举事务的选举管理委员会(众议院比例代表选出议员或参议院比例代表选出议员的选举,为中央选举管理会),须根据以下不同情况立即报告。

1. 众议院议员、参议院议员或都道府县知事选举时,向总务大臣报告。

2. 都道府县的议会议员选举时,向都道府县知事报告。

3. 市町村的首长选举时,向都道府县知事及都道府县选举管理委员会报告。

4. 市町村的议会议员选举时,向都道府县知事、都道府县选举管理委员会及市町村长报告。

二、总务大臣，根据前项规定，收到众议院议员或参议院议员选举中颁发第一百○五条规定的当选证书的报告时，须立即向内阁总理大臣报告其主旨与当选人的住所及姓名，内阁总理大臣须立即向众议院议长或参议院议长报告。

## 第十一章 特别选举

**第一百○九条 众议院小选举区选出议员、参议院选举区选出议员或地方公共团体首长的再选举**

在众议院（小选举区选出）议员、参议院（选举区选出）议员（在任期限相同）或地方公共团体首长的选举中，发生以下各号所列事由之一时，除了根据第九十六条、第九十七条或第九十八条的规定能确定当选人时之外，管理该选举事务的选举管理委员会须告示选举日期，举行再选举。但，对于同一个人，因以下所列其他事由或根据第一百一十三条或第一百一十四条的规定告示其选举日期时，不在此限。

1. 没有当选人时或当选人没有达到选举中议员的定员时。

2. 当选人死亡时。

3. 根据第九十九条、第一百○三条第二项或第四项或第一百○四条的规定，当选人失去当选时。

4. 第二百○二条、第二百○三条、第二百○四条、第二百○六条、第二百○七条或第二百○八条规定的异议的提出、审查的提出或诉讼的结果，没有当选人或当选人没有达到选举中议员的定员时。

5. 第二百一十条或第二百一十一条规定的诉讼的结果，当选人的当选无效时，或因第二百一十条第一项的规定的诉讼未被提起、驳回该诉讼或驳回诉状的裁判被确定或该诉讼被撤销，当选人的当选无效时。

6. 根据第二百五十一条的规定，当选人的当选无效时。

**第一百一十条 众议院比例代表选出议员、参议院比例代表选出议员或地方公共团体议会议员的再选举**

一、在众议院（比例代表选出）议员、参议院（比例代表选出）议员

（在任期限相同）或地方公共团体议会议员的选举中，发生前条各号所列事由之一时，或众议院（比例代表选出）议员或参议院（比例代表选出）议员（在任期限相同）的选举中根据第九十九条之二第一项［含同条第五项（含同条第六项中适用的情况）或第六项适用的情况］的规定当选人失去当选时，除了根据第九十六条、第九十七条或第九十七条之二或第九十八条的规定能确定当选人时之外，该选举的当选人的不足之数符合以下各号时，管理该选举事务的选举管理委员会（众议院比例代表选出议员或参议院比例代表选出议员的选举，为中央选举管理会），须援引前条规定之例举行再选举。

1. 众议院（比例代表选出）议员，第一百一十三条第一项的议员欠员人数超过该选举区议员定员的四分之一时。

2. 参议院（比例代表选出）议员（在任期限相同），第一百一十三条第一项的议员欠员人数超过通常选举中议员定员的四分之一时。

3. 都道府县议会议员，在同一选举区中第一百一十三条第一项的议员欠员人数达到二人时。但，议员定员为一人的选举区为达到一人时。

4. 市町村议会议员，第一百一十三条第一项的议员欠员人数超过该选举区议员定员（无选举区时，为议员定员）的六分之一时。

二、众议院（比例代表选出）议员或参议院（比例代表选出）议员（在任期限相同）选举中，第二百〇四条或第二百〇八条规定的诉讼的结果全部或部分无效时，中央选举管理会根据前条规定，须援引前条规定之例举行再选举。

三、地方公共团体议会议员选举中，因第二百〇二条、第二百〇三条、第二百〇六条、第二百〇七条规定的异议的提出、审查的提出或诉讼的结果全部或部分无效、没有当选人或当选人未达到该选举中议员的定员时，不管第一项如何规定，管理该选举事务的选举管理委员会，须援引前条规定之例举行再选举。

四、参议院（比例代表选出）议员（在任期限相同）或地方公共团体议会议员选举中，当选人的不足之数即使不符合第一项各号，举行以下各号不同情况的选举时，不管同项如何规定，在选举的同时举行再选举。但，第一项规定的事由在以下各号不同情况的选举日期告示之后（如是市町村议会议员选举，则为该市町村的其他选举日期告示之日前十日内）发生时，不在此限。

1. 参议院（比例代表选出）议员，举行在任期限不同的比例代表选出议员的选举时。

2. 地方公共团体议会议员选举，在该选举区（无选举区时，为本区域）举行同一地方公共团体的其他选举时。

五、前项再选举的日期，为同项各号的不同情况而举行的选举日期。

六、第四项第二号的同一地方公共团体的其他选举因地方公共团体首长的任期届满而举行时，关于第三十四条第二项正文规定适用于根据同项规定应同时举行的地方公共团体议会议员的再选举，同项正文中"应举行的事由发生时"是指"该地方公共团体首长的任期届满"。

**第一百一十一条　议员或首长空缺情况等的通知**

一、众议院议员、参议院议员或地方公共团体议会议员出现空缺时或地方公共团体首长空缺或提出退职时，须根据以下不同情况进行通知。

1. 众议院（小选举区选出）议员及参议院（选举区选出）议员，根据《国会法》第一百一十条的规定从发出欠员通知之日起五日内，内阁总理大臣通知总务大臣，总务大臣经都道府县知事通知都道府县选举管理委员会。

2. 众议院（比例代表选出）议员及参议院（比例代表选出）议员，根据《国会法》第一百〇十条的规定从发出欠员通知之日起五日内，内阁总理大臣通知总务大臣，总务大臣通知中央选举管理会。

3. 地方公共团体议会议员，从其欠员出现之日起五日内，由其地方公共团体议会议长通知该都道府县或市町村选举管理委员会。

4. 地方公共团体首长，在其空缺情况下从空缺之日起五日内由其职务代理者，在其提出辞职情况下从提出之日起五日内由地方公共团体议会议长通知该都道府县或市町村选举管理委员会。

二、收到前项通知的选举管理委员会或中央选举管理会，认为第一百一十二条的规定适用时，须立即通知该选举长议员欠员或首长空缺或提出辞职的情况。

三、根据《地方自治法》第九十条第三项或第九十一条第三项的规定，增加地方公共团体议会议员定员时，从该条例施行之日起五日内，须由地方公共团体议会议长通知该都道府县或市町村选举管理委员会。

**第一百一十二条　议员或首长空缺情况等的提前补充**

一、众议院（小选举区选出）议员出现欠员，接受第九十五条第二项规定适用的得票者没有成为当选人时，须召开选举会，从中确定当选人。

二、众议院（比例代表选出）议员出现欠员，该选举相关的众议院名簿的众议院名簿登记者未成为当选人时，须召开选举会，按照众议院名簿中应成为当选人的顺序，从中确定当选人。

三、第九十五条之二第五项及第六项的规定，适用于前项的情况。

四、第二项的规定，适用于参议院（比例代表选出）议员出现欠员的情况。在这种情况下，同项中"众议院名簿的众议院名簿登记者"是指"参议院名簿的参议院名簿登记者"，"众议院名簿"是指"参议院名簿相关的参议院名簿登记者之间"。

五、参议院（选举区选出）议员或地方公共团体议会议员的欠员，在从该议员选举日期起三个月内发生的情况下，根据第九十五条第一项补充条款规定的得票者没有成为当选人时，或从该议员选举日期起三个月后发生的情况下，接受同条第二项规定适用的得票者没有成为当选人时，须召开选举会，从中确定当选人。

六、在地方公共团体首长空缺或提出辞职的情况下，接受同条第二项规定适用的得票者没有成为当选人时，须召开选举会，从中确定当选人。

七、第九十八条的规定，适用于前面各项的情况。

八、选举长接到前条第二项的通知之日起二十日内，须召开选举会，从中确定当选人。

### 第一百一十三条 补缺选举及增员选举

一、众议院议员、参议院议员（在任期限相同）或地方公共团体议会议员的欠员，收到从第一百一十一条第一项第一号至第三号规定的通知时，根据从前条第一项至第五项、第七项或第八项的规定，除了能确定当选人时之外，议员欠员人数符合以下各号时，管理该选举事务的选举管理委员会（众议院比例代表选出议员或参议院比例代表选出议员的选举，为中央选举管理会）须告示选举日期，举行补缺选举。但，对于同一个人，根据第一百〇九条或第一百一十条的规定、告示选举日期时，不在此限。

1. 众议院（小选举区选出）议员，达到一人时。

2. 众议院（比例代表选出）议员，第一百一十条第一项当选人的不足之数超过该选举区议员定员的四分之一时。

3. 参议院（比例代表选出）议员（在任期限相同），第一百一十条第一项当选人的不足之数超过通常选举中议员定员的四分之一时。

4. 参议院（选举区选出）议员（在任期限相同），超过通常选举中议员定员的四分之一时。

5. 都道府县议会议员，在同一选举区中第一百一十条第一项当选人的不足之数达到二人时。但，议员定员为一人的选举区达到一人时。

6. 市町村议会议员，第一百一十条第一项当选人的不足之数超过该选举区议员定员（无选举区时为议员定员）的六分之一时。

二、接到第一百一十一条第三项规定的通知时，该都道府县或市町村选举管理委员会须告示选举日期，举行增员选举。

三、参议院议员（在任期限相同）或地方公共团体议会议员的欠员人数即使不符合第一项各号，举行以下各号不同情况的选举时，不管同项正文如何规定，与该选举同时举行补缺选举。但，以下各号不同情况的选举日期告示之后（市町村议会议员选举，为该市町村其他选举日期告示之日前十日内），管理该选举事务的选举管理委员会（参议院比例代表选出议员的选举，为中央选举管理会）在接到第一百一十一条第一项第一号至第三号规定的通知时，不在此限。

1. 参议院（比例代表选出）议员，举行在任期限不同的比例代表选出议员的选举时。

2. 参议院（选举区选出）议员，举行该选举区在任期限相同的选举区选出议员的再选举或在任期限不同的选举区选出议员的选举时。

3. 地方公共团体议会议员选举，在该选举区（无选举区时为该区域）举行同一地方公共团体的其他选举时。

四、前项补缺选举日期，为因同项各号的不同情况而举行的选举的日期。

五、第一百一十条第六项的规定，适用于第三项第三号规定的地方公共团体议会议员的补缺选举。

**第一百一十四条　首长空缺或提出辞职情况下的选举**

地方公共团体首长空缺或提出辞职，收到第一百一十一条第一项第四号规定的通知时，根据第一百一十二条第六项至第八项的规定，除了能确定当选人时之外，管理该选举事务的选举管理委员会须告示选举日期，举行选举。但，对于同一个人，根据第一百〇九条的规定、告示选举日期时，不在此限。

**第一百一十五条　合并选举及在任期限不同的议员的选举的当选人**

一、以下各号所列选举在每个各号不同情况同时举行的情况下，合并成为一个选举（参议院议员，为每个比例代表选出议员或选举区选出议员的选举）。

1. 参议院议员，通常选举、再选举或补缺选举。

2. 地方公共团体议会议员，同一地方公共团体的再选举、补缺选举或增员选举。

二、在任期限不同的参议院（比例代表选出）议员选举中举行合并选举时，各参议院名簿申请政党等相关的当选人的人数中，第九十五条之三第一项及第二项中"该选举中应选举的议员的人数"是指，作为"该选举中应选举的在任期限长的议员的人数"适用这些规定的情况下、以各参议院名簿申请政党等相关的当选人的人数为各参议院名簿申请政党等相关的在任期限长的议员的选举的当选人的人数。

三、在任期限不同的参议院（比例代表选出）议员选举中举行合并选举，适用第一百条第三项的规定时，通过抽签决定各参议院名簿申请政党等相关的在任期限长的议员的选举的当选人的人数及各参议院名簿中应成为当选人的顺序。

四、在任期限不同的参议院（比例代表选出）议员选举中举行合并选举，各参议院名簿申请政党等的申请相关的参议院名簿登记者中，按照第九十五条之三第三项或前项规定的这些人中应成为当选人的顺序，以与第二项规定的该参议院名簿申请政党等相关的在任期限长的议员的选举的当选人的人数相当之数的参议院名簿登记者为在任期限长的议员的选举的当选人。

五、在任期限不同的参议院（选举区选出）议员选举中举行合并选举，从第九十五条第一项补充条款规定的得票者中得票最多的人开始，按顺序确定在任期限长的议员的选举的当选人。

六、在任期限不同的参议院（选举区选出）议员选举中举行合并选举，适用第一百条第四项的规定时，须从候选人中抽签决定在任期限长的议员的选举的当选人。

七、第一百条第九项的规定，适用于第三项的在任期限长的议员的选举的当选人的决定及前项的情况。

八、在任期限不同的参议院议员选举中举行合并选举，关于在任期限长的议员的选举的当选人或议员，因发生第九十七条、第九十七条之二或第一百一十二条规定的事由，根据这些规定进行提前补充，如是比例代表选出议员的选举，有该议员或当选人相关的参议院名簿的参议院名簿登记者在任期限短的议员或当选人时，按照这些人中第四项规定的参议院名簿登记者中应成为当选人的顺序，确定当选人；如是选举区选出议员的选举，有在选举中选出在任期限短的议员或当选人时，从这些人中确定当选人。

**第一百一十六条　没有议员或当选人情况下的一般选举**

对于地方公共团体议会议员或其选举中的当选人，在发生第一百一十条或第一百一十三条规定的事由的情况下，议员或当选人全部没有或全部落选时，不管这些规定如何，管理该选举事务的选举管理委员会须告示选举日期，举行一般选举。

**第一百一十七条　设置选举**

在设置地方公共团体情况下，都道府县或市町村选举管理委员会须告示该地方公共团体议会议员及首长相关的选举日期，举行一般选举及首长选举。

**第一百一十八条　[删除]**

## 第十二章　同时举行 与选举同时举行的特例

**第一百一十九条　同时举行选举的范围**

一、都道府县议会议员的选举及都道府县知事的选举或市町村议会议员的选举及市町村首长的选举，可同时举行。

二、都道府县选举管理委员会，基于次条第一项或第二项规定的申请或第一百〇八条第一项第三号或第四号规定的报告，可同时举行该市町村的选举（市町村议会议员及首长的选举、以下本章同）和都道府县的选举（都道府县议会议员及首长选举、以下本章同）。

三、前项规定的选举日期，须由都道府县选举管理委员会发布告示。

**第一百二十条　是否同时举行选举的决定手续**

一、市町村选举管理委员会，在举行市町村议会议员或首长选举的情况下，因任期届满的选举，到任期届满之日前六十日，因任期届满以外事由的选举，发生应举行除了第一百〇八条第一项第三号或第四号规定的报告之外的选举的事由之日起三日内，须立即向都道府县选举管理委员会提出申请。

二、市町村选举管理委员会，发布第三十四条之二第二项（含同条第四项适用的情况）规定的告示时，须立即向都道府县选举管理委员会提出申请。

三、都道府县选举管理委员会，在第一项或前项规定的申请或第一百〇八条第一项第三号或第四号规定的报告之日起三日内，须通知市町村选举管理委员会是否同时举行市町村和都道府县的选举。

**第一百二十一条　同时举行选举的决定前，停止举行市町村选举**

市町村选举，在前条第三项规定的通知之前期间，不能举行。但，同项期限内没有通知时，不在此限。

**第一百二十二条　投票及开票的顺序**

第一百一十九条规定的同时举行选举时的投票及开票的顺序，同条第一项规定的情况是由管理该选举事务的选举管理委员会决定，同条第二项规定的情况是由都道府县选举管理委员会决定。

**第一百二十三条　投票、开票及选举会相关规定的适用**

一、第一百一十九条第一项或第二项规定的同时举行选举，除了第三十六条及第六十二条规定的之外，关于投票及开票规定，适用于各选举。第一百一十九条第一项规定的同时举行选举，选举会的区域为同一区域时，除了第七十六条规定的之外，关于选举会的规定，同样处理。

二、前项中的必要事项，由政令规定。

**第一百二十四条　提前投票**

都道府县和市町村选举同时举行时，第五十六条规定的投票日期，不管同条如何规定，由都道府县选举管理委员会决定。

**第一百二十五条　延期投票**

一、都道府县和市町村选举同时举行时，发生第五十七条第一项规定的事由，都道府县选举管理委员会须援引同项规定之例重新举行投票。

二、前项情况下，市町村的选举管理委员会须经都道府县选举的选举长向都道府县的选举管理委员会提交申请。

**第一百二十六条　在首长候选人为一人的情况下，选举日期的延期**

一、在都道府县的选举与市町村首长的选举同时举行的情况下，关于市町村首长的选举，发生第八十六条之四第七项规定的事由时，市町村选举管理委员会须立即向都道府县选举管理委员会报告。

二、知晓在都道府县知事的选举与市町村首长的选举同时选举的情况下，关于都道府县首长的选举，发生第八十六条之四第七项规定的事由时，且知晓关于市町村首长选举，根据前项规定的报告、发生同项第七条规定的事由时，都道府县选举管理委员会须将选举日期延期，从报告之日（有两个以上报告时，未最后的报告之日）起七日内同时举行选举。在这种情况下，须至少五日前告示其日期。

三、根据第一百一十九条第一项或第二项的规定同时举行选举时，关于地方公共团体首长选举，发生第八十六条之四第七项规定的事由时相关的必要事项，除了符合前项规定的情况之外，由政令规定。

**第一百二十七条　无投票当选**

在根据第一百一十九条第一项或第二项的规定同时举行选举的情况下，发生第一百条第四项规定的事由时，不举行该选举相关的投票。

**第一百二十八条　[删除]**

## 第十三章　竞选活动

**第一百二十九条　竞选活动期间**

竞选活动，对于各选举，须在提交第八十六条第一项至第三项、或第八项规定候选人申请、第八十六条之二第一项规定的众议院名簿申请、第八十六条之三第一项规定的参议院名簿申请（关于同条第二项中适用的第八十六条之二第九项前段规定的申请相关的候选人，为该申请），或第八十六条之四第一项、第二项、第五项、第六项或第八项规定的公职候选人申请之日起至该选举日期前日的期间，举行。

的场所及时间，都道府县选举管理委员会，须事前公布选举分会的场所及时间。

**第七十九条　开票事务与选举会事务的**

一、众议院（小选区选出）议员或地方公共团体的议会议员或首长选举中，选举会的区域与开票区的区域重合，不管除第六十六条第一项及第二项、第六十七条、第六十八条第一项与第六十八条之二第一项及第四项的规定外的第七章如何规定，该选举的开票事务可在选举会场与选举会的事务一起进行。

二、在前项规定的情况下，管理该选举事务的选举管理委员会，须在该选举日期公示或告示之日，发布该选举的开票事务是否与选举会的事务一起进行的公告。

三、根据第一项的规定，在开票事务与选举会事务一起进行时，开票管理者或开票监督人由选举长或选举监督人充任，开票的情况一并记载在选举录中。

**第八十条　选举会或选举分会的举行**

一、选举长（众议院比例代表议员或参议院选出议员的选举中的选举长除外）或选举分会长，须在收到所有开票管理者、第六十六条第三项规定的报告之日或其翌日，举行选举会或选举分会，在选举监督人的监督下，调查其报告，计算各公职候选人（含公职候选人参议院名簿登记者。第三项同）、各众议院名簿申请政党等或各参议院名簿申请政党等的得票总数［如是各参议院名簿申请政党等的得票总数，含与该参议院名簿申请政党等相关的各参议院名簿登记者（限选举日公职候选人）的得票总数。第三项同］。

二、在前条第一项的情况下，不管前项如何规定，选举长须根据投票检查的结果，计算各公职候选人的得票总数。

三、第一项规定的选举长或选举分会长，在因部分选举无效举行再选举的情况下，收到第六十六条第三项规定的报告时，援引第一项规定之

**第一百三十条 选举事务所的设置及申请**

一、如不是以下所列，不能设置选举事务所。

1. 众议院（小选举区选出）议员的选举，为公职候选人或其推荐申报者（推荐申报者未多人时，为其代表、以下本条、次条及第一百三十九条同）及候选人申请政党。

2. 众议院（比例代表选出）议员的选举，为众议院名簿申请政党等。

3. 参议院（比例代表选出）议员的选举，为参议院名簿申请政党等及公职候选人的参议院名簿登记者。

4. 前三号所列选举之外的选举，为公职候选人或其推荐申报者。

二、前项各号所列之人（机构），在设置选举事务所时，市町村选举以外的选举须立即向管理该选举事务的选举管理委员会（众议院比例代表选出议员或参议院比例代表选出议员的选举，为中央选举管理会及设置该选举事务所的都道府县选举管理委员会）及设置该选举事务所的市町村选举管理委员会提交报告，市町村的选举须向该市町村选举管理委员会提交报告。选举事务所有变动时，同样处理。

**第一百三十一条 选举事务所的数量**

一、前条第一项各号所列之人（机构）设置的选举事务所，不能超过以下不同情况的数量。但，根据政令规定，在交通困难等区域，第一号选举事务所最多可设置三个，第四号的选举事务所最多可设置五个。

1. 众议院（小选举区选出）议员的选举中的选举事务所，候选人或其推荐申报者设置，为每个候选人一个；候选人申请政党设置，为每个其候选人申请政党申请的候选人相关的选举区一个。

2. 众议院（比例代表选出）议员的选举中众议院名簿申请政党等的选举事务所，为每个众议院名簿申请政党等申请的众议院名簿相关的选举区区域内的都道府县一个。

3. 参议院（比例代表选出）议员的选举中的选举事务所，参议院名簿申请政党等设置，为每个都道府县一个；公职候选人的参议院名簿登记者设置，为每个参议院名簿登记者一个。

4. 参议院（选举区选出）议员或都道府县知事选举中的选举事务所，为每个公职候选人一个。

5. 地方公共团体议会议员或市町村首长选举中的选举事务所，每个公职候选人一个。

二、关于前项各号的选举事务所，设置该选举事务所，每个该选举事务所每天不能超过一次，不能移动（含因废纸而进行的设置）。

三、关于第一项第一号至第四号的选举事务所，设置该选举事务所，为标示选举事务所，须在入口处悬挂管理该选举事务的选举管理委员会（众议院比例代表选出议员或参议院比例代表选出议员的选举，为中央选举管理会）发给的名牌。

**第一百三十二条 选举当日的选举事务所的限制**

不管第一百二十九条如何规定，即使在选举当日，限在设立该投票所的场所的入口三百米以外的区域，可以设置选举事务所。

**第一百三十三条 休息所等的禁止**

不能因选举运动而设立休息所及其他类似设施。

**第一百三十四条 选举事务所的关闭命令**

一、违反第一百三十条第一项、第一百三十一条第三项或第一百三十二条的规定设置选举事务所时，对于市町村选举以外的选举，管理该选举事务的选举管理委员会（众议院比例代表选出议员或参议院比例代表选出议员的选举，为中央选举管理会或设置该选举事务所的都道府县选举管理委员会）或设置该选举事务所的市町村选举管理委员会立即命令关闭该选举事务所；对于市町村的选举，该市町村选举管理委员会须立即命令关闭该选举事务所。

二、超过第一百三十一条第一项规定的定数，设置选举事务所时，对于超过之数的选举事务所，与前项同样处理。

**第一百三十五条　禁止选举事务关联者的竞选活动**

一、第八十八条所列之人，不能在任职期间、在其关联区域内进行竞选活动。

二、对于不在者投票，不在者投票管理者不能利用其业务上的地位进行竞选活动。

**第一百三十六条　禁止特定公务员的竞选活动**

以下各号所列人员，任职期间不能参加竞选活动。

1. 中央选举管理会委员、从事中央选举管理会事务工作的总务省职员以及选举管理委员会委员及职员。

2. 法官。

3. 检察官。

4. 会计检察官。

5. 公安委员会委员。

6. 警察。

7. 征税官员及职员。

**第一百三十六条之二　禁止利用公务员等的地位的竞选活动**

一、符合以下各号之一的，不能利用其地位进行竞选活动。

1. 国家或地方公共团体的公务员或行政执行法人或特定地方独立行政法人的干部或职员。

2. 冲绳振兴开发金融公库的干部或职员（以下称"干部职员"）。

二、符合前项各号所列之人，有以推荐、支持或反对公职候选人或有意成为公职候选人之人（含担任公职者）为目的的以下各号所列行为，或公职候选人或有意成为公职候选人之人（含担任公职者）的同项各号所列之人，有以被推荐、或被支持为公职候选人为目的的以下各号所列行为，视为符合同项规定的禁止行为。

1. 利用其地位，干预公职候选人的推荐，或援助这些干预，或使他人进行这些行为的。

2. 利用其地位，劝诱投票、干预演讲会的举办及其他竞选活动的策划，指示或指导策划实施，或使他人进行这些行为的。

3. 利用其地位，结成第一百九十九条之五第一项规定的后援团体，干预其结成的准备，劝诱成为同项规定的后援团体的成员，或援助这些行为，或使他人进行这些行为的。

4. 利用其地位，发行报纸及其他刊物，公布或刊载文书图画，或援助这些行为，或使他人进行这些行为的。

5. 约定推荐、支持或反对公职候选人或有意成为公职候选人之人的，或对于约定者，作为代价，提供给约定者相关利益，或约定提供相关利益的。

**第一百三十七条　禁止利用教育工作者地位的竞选活动**

教育工作者［《学校教育法》（昭和二十二年法律第二十六号）规定的学校以及《关于综合推进学前儿童的教育、保育等的相关法律》（平成十八年法律第七十七号）规定的幼保合作型幼儿园园长及教员］不得利用教育上的地位对儿童、学生等开展竞选活动。

**第一百三十七条之二　禁止未成年人的竞选活动**

一、未年满二十周岁者，不得参加竞选活动。

二、任何人，不得利用未年满二十周岁者进行竞选活动，但利用作为竞选活动的劳务，不在此限。

**第一百三十七条之三　禁止无选举权和被选举权者的竞选活动**

根据第二百五十二条或《政治资金规正法》第二十八条的规定，无选举权及被选举权者不得参加竞选活动。

**第一百三十八条　家庭拜访**

一、任何人，不得进行与选举有关的、以获得选票或不获得选票为目的的家庭拜访。

二、不管以何种方法，为竞选活动，就举办演说会或举行演讲，逐户进行告知的行为或广播特定候选人的姓名或政党及其他政治团体的名称的行为，视为符合前项规定的禁止行为。

**第一百三十八条之二　禁止署名活动**

任何人不得从事与选举有关，为了获得选票或者不获得选票、针对候选人的署名活动。

**第一百三十八条之三　禁止发表人气投票**

任何人，不得发表与选举有关的、预测应就任公职之人（众议院比例代表选出议员的选举，为政党及其他政治团体相关的应就任公职之人或其人数，参议院比例代表选出议员的选举，为政党及其他政治团体相关的应就任公职之人或其人数或应就任公职的顺序）人气投票的经过或结果。

**第一百三十九条　禁止提供饮料、食物**

任何人，对于竞选活动，不得以任何名义提供饮料和食物（饮茶及通常与此一起食用的点心除外）。但，众议院（比例代表选出）议员选举以外的选举中，对于从事竞选活动（众议院小选举区选出议员的选举中候选人申请政党实施的及参议院比例代表选出议员选举中参议院名簿申请政党等实施的除外。以下本条同）者及竞选活动使用的劳务人员，在该选举的竞选活动期间，按照每一公职候选人，在政令规定的盒饭费用范围内，且在不超过两者十五人份（四十五餐）［根据第一百三十一条第一项的规定，在公职候选人或其推荐申报者可以设置的选举事务所数量超过一的情况下，每增加一个选举事务所，追加六人份（十八餐）］乘以该选举日期公示或告示之日起至选举日期的天数所得份数的范围内，在选举事务所提供盒饭（含提供给竞选活动的从事者及竞选活动使用的劳务人员外带的盒饭），不在此限。

**第一百四十条　禁止造势活动**

任何人，不得为了选举、以汽车或组成车队往来等形式造势。

**第一百四十条之二　禁止连呼行为**

一、任何人，不得从事竞选活动相关的连呼行为，但，限在演说会场及街头演说（含演说）场所及上午八时至下午八时之间，根据次条规定为竞选活动使用的汽车及船舶上进行的情况，不在此限。

二、根据前项补充条款的规定、进行竞选活动连呼行为之人，须在学校（《学校教育法》第一条规定的学校以及《关于综合推进学前儿童的教育、保育等的相关法律》第二条第七项规定的幼保合作型认定幼儿园。以下同）、医院、诊疗所及其他疗养设施周边保持安静。

**第一百四十一条　汽车、船舶及扩音器的使用**

一、以下各号所列选举中，主要用于竞选活动的汽车〔《道路交通法》（昭和三十五年法律第一百〇五号）第二条第一项第九号规定的汽车。以下同〕或船舶及扩音器（含便携型。以下同），每一公职候选人，除了该各号规定的之外，不能使用。但，对于扩音器，个人演说会（含演讲）在进行时、在会场中不妨碍使用一台扩音器。

1. 众议院（小选举区选出）议员、参议院（选举区选出）议员与地方公共团体的议会议员及首长的选举，汽车（在结构上以宣传为目的的除外。次号同）一台或船舶一艘及扩音器一台。

2. 参议院（比例代表选出）议员的选举，汽车两台或船舶两艘及扩音器两台。

二、不管前项如何规定，在众议院（小选举区选出）议员的选举中，候选人申请政党在每个包括申请的候选人相关的选举区的都道府县，可以为竞选活动使用汽车一台或船舶一艘及扩音器一台，在该都道府县的该候选人申请政党的申请候选人（在该都道府县区域内的选举区中、该候选人申请政党申请的候选人。以下同）的人数超过三人时，其超过人数每增加十人就增加汽车一台或船舶一艘及扩音器一台。但，对于扩音器，政党演说会（含演讲）在进行时、在会场中不妨碍使用一台扩音器。

三、众议院（比例代表选出）议员的选举中，众议院名簿申请政党等在每个申请众议院名簿相关的选举区，可以为竞选活动使用汽车一台或船舶一艘及扩音器一台，在该选举区的该众议院名簿申请政党等的众议院名簿登记者的人数超过五人时，其超过人数每增加十人就增加汽车一台或船舶一艘及扩音器一台。但，对于扩音器，政党演说会（含演讲）在进行时、在会场中不妨碍使用一台扩音器。

四、众议院（比例代表选出）议员的选举中，主要用于竞选活动的汽车、船舶及扩音器，根据前项规定、众议院名簿申请政党等使用外，不得使用。

五、根据第一项正文、第二项正文或第三项正文的规定，用于竞选活动的汽车、船舶或扩音器，须根据管理该选举事务的选举管理委员会（众议院比例代表选出议员或参议院比例代表选出议员的选举，为中央选举管理会）的规定进行公示（对于汽车和船舶，两者通用的公示）。

六、第一项的汽车，町村议会议员或首长选举之外的选举、限政令规定的乘用汽车，町村议会议员或首长的选举、限乘用汽车或小型货车［符合《道路运送车辆法》（昭和二十六年法律第一百八十五号）第三条规定的小型汽车的货运汽车］。

七、众议院（小选举区选出）议员或参议院议员的选举中，公职候选人，根据政令规定，在政令规定的范围内，可免费使用第一项的汽车。但，在众议院（小选举区选出）议员或参议院（选举区选出）议员的选举中，限该公职候选人相关的委托保管金（物）根据第九十三条第一项的规定不归属国库的情况，在参议院（比例代表选出）议员的选举中，限该公职候选人的参议院名簿登记者处于应成为相当于该参议院名簿登记者相关的参议院名簿申请政党等的第九十四条第三项所列之数的当选人顺序的情况。

八、都道府县议会议员或首长的选举，为都道府县；市议会议员或首长的选举，为市，可以分别比照前项规定（参议院比例代表选出议员的选举相关部分除外），根据条例规定，免费提供公职候选人的第一项的汽车。

**第一百四十一条之二　汽车等的乘车限制**

一、根据前条第一项的规定，用于竞选活动的汽车或船舶的乘车者或乘船者，除了公职候选人（众议院比例代表选出议员的选举中的候选人为与该选举同时举行的众议院小选举区选出议员的选举中的候选人以外的除外。次项同）、司机（汽车限一台一人）及船员外，每台汽车或每艘船舶不得超过四人。

五、第一项的通常明信片是免费的，第二项的通常明信片是收费的，根据政令规定，须是标记为选举用的日本邮政明信片。

六、第一项第一号至第三号以及第五号至第七号、第二项及第三项的传单，如不采用报纸夹页广告及其他政令规定的方法，就不能颁布。

七、第一项第一号至第三号及第五号至第七号以及第二项的传单，根据管理该选举事务的选举管理委员会的规定，如不使用管理该选举事务的选举管理委员会（参议院比例代表选出议员的选举，为中央选举管理会。以下本项同）交付的标签，就不能颁布。在这种情况下，对于第二项的传单，管理该选举事务的选举管理委员会交付的标签，每个该选举的选举区须进行区分。

八、第一项第一号至第三号及第五号至第七号的传单，长不能超过29.7厘米、宽不能超过21厘米；第二项的传单，长不能超过42厘米、宽不能超过29.7厘米。

九、第一项第一号至第三号及第五号至第七号、第二项及第三项的传单，其表面须记载颁布责任者及印刷者（法人，为名称）的姓名及住所。在这种情况下，第一项第一号之二的传单、须一并记载该参议院名簿登记者相关的参议院名簿申请政党等的名称及表示同号传单的记号；第二项的传单、须一并记载该候选人申请政党的名称；第三项的传单、须一并记载该众议院名簿申请政党等的名称及表示同项传单的记号。

十、众议院（小选举区选出）议员或参议院议员选举中的公职候选人，根据政令规定，在政令规定的额度范围内，可免费制作第一项第一号至第二号的通常明信片及传单。在这种情况下，适用第一百四十一条第七项补充条款的规定。

十一、都道府县知事选举中的都道府县、市长选举中的市，参照前项规定（参议院比例代表选出议员选举相关部分除外），根据条例的规定，可免费制作公职候选人的第一项第三号、第五号及第六号的传单。

十二、在多人中传阅用于竞选活动的传阅板及其他文书图画或看板（含公告板。以下同），视为第一项至第四项的颁布。但，将第一百四十三

二、根据前条第一项的规定，用于竞选活动的汽车或船舶的乘车者或乘船者（公职候选人、司机及船员除外），须根据管理该选举事务的选举管理委员会的规定，佩戴臂章。

**第一百四十一条之三　禁止车上的竞选活动**

任何人，不得在根据第一百四十一条的规定用于竞选活动的汽车上进行竞选活动。但，在停止的汽车上进行竞选活动的演说以及根据第一百四十一条之二第一项的规定在汽车上进行竞选活动的连呼行为，不在此限。

**第一百四十二条　文书图画的颁布**

一、众议院（比例代表选出）议员选举之外的选举中，用于竞选活动的文书图画，除了以下各号规定的通常明信片以及第一号至第三号及第五号至第七号规定的传单外，不得颁布。在这种情况下，不得散发传单。

1. 众议院（小选举区选出）议员选举中，每个候选人通常明信片三万五千枚，向管理该选举事务的选举管理委员会申请的两个种类以内的传单七万枚。

1(2). 参议院（比例代表选出）议员选举中，每个公职候选人的参议院名簿登记者，通常明信片，十五万枚，向中央选举管理会申请的两个种类以内的传单二十五万枚。

2. 参议院（选举区选出）议员的选举中，每个候选人，该都道府县区域内的众议院（小选举区选出）议员的选举区的数为一个时，通常明信片为三万五千枚，向管理该选举事务的选举管理委员会申请的两个种类以内的传单十万枚；该都道府县区域内的众议院（小选举区选出）议员的选举区的数超过一个时，每增加一个，通常明信片在三万五千枚的基础上增加二千五百枚，向管理该选举事务的选举管理委员会申请的两个种类以内的传单，在十万枚的基础上增加一万五千枚（当该数字超过三十万枚时，为三十万枚）。

3. 都道府县知事选举中，每个候选人，该都道府县区域内的众议院（小选举区选出）议员的选举区的数为一个时，通常明信片为三万五千枚，向管理该选举事务的选举管理委员会申请的两个种类以内的传单十万枚；该都道府县区域内的众议院（小选举区选出）议员的选举区的数超过一个时，每增加一个，通常明信片在三万五千枚的基础上增加二千五百枚，向管理该选举事务的选举管理委员会申请的两个种类以内的传单，在十万枚的基础上增加一万五千枚（当该数字超过三十万枚时，为三十万枚）。

4. 都道府县议会议员的选举中，每个候选人，通常明信片八千枚。

5. 指定都市的选举中，首长选举时，每个候选人，通常明信片三万五千枚，向管理该选举事务的选举管理委员会申请的两个种类以内的传单七万枚；议会议员的选举时，每个候选人，通常明信片四千枚。

6. 指定都市之外的市选举中，首长选举时，每个候选人，通常明信片八千枚，向管理该选举事务的选举管理委员会申请的两个种类以内的传单一万六千枚；议会议员的选举时，每个候选人通常明信片二千枚。

7. 町村选举中，首长选举时，每个候选人，通常明信片二千五百枚，向管理该选举事务的选举管理委员会申请的两个种类以内的传单五千枚；议会议员的选举时，每个候选人，通常明信片八百枚。

二、不管前项如何规定，众议院（小选举区选出）议员的选举中，候选人申请政党可在每个包括与申请的候选人相关的选举区在内的都道府县，为竞选活动颁布（散发除外）二万枚乘以该都道府县的该候选人申请政党的申请候选人的数所得之数以内的通常明信片以及四万枚乘以该都道府县的该候选人申请政党的申请候选人的数所得之数以内的传单。但，对于传单，除了在申请候选人相关的每个选举区颁布四万枚以内之外，不能颁布。

三、众议院（比例代表选出）议员选举中，众议院名簿申请政党等在每个申请的众议院名簿相关的选举区，可颁布（散发除外）向中央选举管理会申请的两个种类以内的竞选活动传单。

四、众议院（比例代表选出）议员选举中，用于竞选活动的文书图画，除了根据前项规定、众议院名簿申请政党等可以颁布的传单之外，不能颁布。

条第一项第二号规定之物张贴在同号规定的汽车或船舶上进行传阅的，以及公职候选人（众议院比例代表选出议员选举的候选人为与该选举同时举行的众议院小选举区选出议员选举的候选人以外的除外）穿着（佩戴）同项第三号规定之物进行传阅的，不在此限。

十三、众议院议员的总选举中，有关众议院解散，表示公职候选人或有意成为公职候选人（含担任公职者）之人的姓名或这些人的姓名被类推的事项，通过邮政等或电报问候选举人的行为，视为符合第一项的禁止行为。

**第一百四十二条之二　小册子或书籍的颁布**

一、不管前条第一项及第四项如何规定，众议院议员的总选举或参议院议员的通常选举中，候选人申请政党或众议院名簿申请政党等或参议院名簿申请政党等，为竞选活动可以颁布（散发除外）在该候选人申请政党或众议院名簿申请政党等或参议院名簿申请政党等本部直接发行的小册子或书籍中作为记载关于国政的重要政策及实现政策的基本方策的或记载这些要旨等的、向总务大臣申报的一种小册子或书籍。

二、前项的小册子或书籍，须通过以下所列方法，否则不能颁布。

1. 在该候选人申请政党或众议院名簿申请政党等或参议院名簿申请政党等的选举事务所内、政党演说会或政党等演说会的会场内或街头演说场所颁布。

2. 在该候选人申请政党或众议院名簿申请政党等或参议院名簿申请政党等所属之人（含参议院名簿登记者。次项同）的该众议院议员的总选举或参议院议员的通常选举中的公职候选人的选举事务所内、个人演说会的会场内或街头演说场所颁布。

三、第一项的小册子或书籍，不得记载该候选人申请政党或众议院名簿申请政党等或参议院名簿申请政党等所属之人的该众议院议员的总选举或参议院议员的通常选举中的公职候选人（该申请政党或众议院名簿申请政党等或参议院名簿申请政党等的代表除外）的姓名以及被类推的事项。

四、第一项的小册子及书籍，在其封面须记载该候选人申请政党或众议院名簿申请政党等或参议院名簿申请政党等的名称、颁布责任者及印刷者的姓名（法人，为名称）及住所以及表示是同项小册子或书籍的记号。

**第一百四十二条之三　利用网站等方法颁布文书图画**

一、不管第一百四十二条第一项及第四项如何规定，用于竞选活动的文书图画，可以利用网站等方法予以颁布。

二、在选举日期的前日之前以使用网站的方法进行颁布的用于竞选活动的文书图画，不管第一百二十九条如何规定，即使是在选举当日，可以在信号接收者使用的通信末端机器的显示屏上显示。

三、使用网站等方法颁布用于竞选活动的文书图画之人，通过其电子邮箱地址（《关于特定电子邮件发送信号的合理化等的法律》第二条第三号规定的电子邮箱地址。以下同）及其他利用因特网等方法联络时的必要信息，须在与该文书图画相关的电气通信信号接收者使用的通信末端机器的显示屏上正确显示。

**第一百四十二条之四　使用电子邮件颁布文书图画**

一、不管第一百四十二条第一项及第四项如何规定，在以下各号所列选举中，该各号规定的，可通过使用电子邮件的方法颁布用于竞选活动的文书图画。

1. 众议院（小选举区选出）议员的选举　公职候选人及候选人申请政党。

2. 众议院（比例代表选出）议员的选举　众议院名簿申请政党等。

3. 参议院（比例代表选出）议员的选举　参议院名簿申请政党等及公职候选人参议院名簿登记者。

4. 参议院（选举区选出）议员的选举　公职候选人及接受第二百〇一条之六第三项（含第二百〇一条之七第二项适用的情况）的确认书提交的政党及其他政治团体（限根据第八十六条之四第三项的规定、作为该公职候选人所属的政党及其他政治团体而记载的）。

5. 都道府县或指定都市议会议员的选举　公职候选人接受第二百〇一条之八第二项中适用的第二百〇一条之六第三项的确认书提交的政党及其他政治团体。

6. 都道府县知事或市长的选举　公职候选人及接受第二百〇一条之九第三项的确认书提交的政党及其他政治团体。

7. 前各号所列选举以外的选举　公职候选人。

二、根据前项规定，为颁布用于竞选活动的文书图画而使用电子邮件（以下称"竞选活动用电子邮件"）的发送者（含试图发送者。以下称"竞选活动用电子邮件发送者"），须对以下各号所列之人、且使用竞选活动用电子邮件向该各号规定的电子邮箱地址发送邮件，否则，不能发送。

1. 事先通知竞选活动用电子邮件发送者要求发送竞选活动用电子邮件或同意其发送竞选活动用电子邮件之人（限将其电子邮箱地址亲自通知该竞选活动用电子邮件发送者之人）。对该竞选活动用电子邮件发送者亲自通知的电子邮箱地址。

2. 除前号所列之人外，持续接收竞选活动用电子邮件发送者为政治活动而使用的电子邮件（以下称"竞选活动用电子邮件"）者（限将其电子邮箱地址亲自通知该竞选活动用电子邮件发送者之人，且通知之后、掌握亲自通知的所有电子邮箱地址、通知该竞选活动用电子邮件发送者要求不发送该政治活动用电子邮件之人除外），事先从竞选活动用电子邮件发送者接受发送竞选活动用电子邮件的通知之人中，掌握对该通知其接受信息的政治活动用电子邮件相关的亲自通知的所有电子邮箱地址，没有通知要求不发送该竞选活动用电子邮件之人。对于发送该竞选活动用电子邮件的通知，通知要求不发送竞选活动用电子邮件的电子邮箱地址以外的与该政治活动用电子邮件相关的亲自通知的电子邮箱地址。

三、众议院（比例代表选出）议员的选举中，公职候选人众议院名簿登记者（是与该选举同时举行的众议院小选举区选出议员的选举的候选人除外）通过使用电子邮件方法颁布用于竞选活动的文书图画，视为根据第一项的规定、众议院名簿登记者相关的众议院名簿申请政党等颁布的文书图画。关于这种情况下前项规定的适用，同项中"发送者（试图发送者）"是指"发送的众议院名簿登记者（试图发送的众议院名簿登记者）"。

四、竞选活动用电子邮件发送者，须根据以下各号所列情况，保存证明该各号规定的事实的记录。

1. 向第二项第一号所列之人发送竞选活动用电子邮件的情况　同号所列之人亲自通知该竞选活动用电子邮件发送者其电子邮箱地址及其要求发送或同意发送竞选活动用电子邮件。

2. 向第二项第二号所列之人发送竞选活动用电子邮件的情况　同号所列之人亲自通知该竞选活动用电子邮件发送者其电子邮箱地址，该竞选活动用电子邮件发送者持续向该电子邮箱地址发送政治活动用电子邮件以及该竞选活动用电子邮件发送者向同号所列之人发送竞选活动用电子邮件的通知。

五、竞选活动用电子邮件发送者，收到第二项各号所列之人通过掌握要求不发送竞选活动用电子邮件的电子邮箱地址、发送电子邮件及其他方法、要求不向该电子邮箱地址发送竞选活动用电子邮件的通知时，不得向该电子邮箱地址发送竞选活动用电子邮件。

六、竞选活动用电子邮件发送者发送竞选活动用电子邮件时，须通过使用该竞选活动用电子邮件的方法，在颁布的文书图画中正确表示以下所列事项。

1. 竞选活动用电子邮件。
2. 该竞选活动用电子邮件发送者的姓名或名称。
3. 对于该竞选活动用电子邮件发送者、可进行前项的通知。
4. 通过发送电子邮件及其他利用因特网等方法，进行前项通知时，必要的电子邮箱地址及其他地址。

**第一百四十二条之五　通过利用因特网等方法，颁布用于不让某人当选的文书图画之人的标识义务**

一、选举日期的公示或告示之日起至选举当日期间，通过利用网站等方法颁布用于不让某人当选活动的文书图画之人，其电子邮箱地址须在该文书图画相关的电气通信接收者使用的通信末端机器的显示屏上正确显示。

二、选举日期的公示或告示之日起至选举当日期间，通过利用电子邮件等方法颁布用于不让某人当选活动的文书图画之人，须在文书图画中正确标识其电子邮箱地址及姓名或名称。

**第一百四十二条之六　禁止利用因特网等方法标识候选人姓名等的有偿广告**

一、任何人，不得为选举活动将标识公职候选人的姓名或政党及其他政治团体的名称或这些姓名、名称被类推的事项的广告有偿登载在利用因特网等方法颁布的文书图画上。

二、任何人，在竞选活动期间作为免于前项禁止的行为，不得将标识公职候选人的姓名或政党及其他政治团体的名称或这些姓名、名称被类推的事项的广告有偿刊载在利用因特网等方法颁布的文书图画上。

三、任何人，在竞选活动期间，不得将没有标识公职候选人的姓名或政党及其他政治团体的名称或这些姓名、名称被类推的事项的广告中、有在该广告相关的电气通信的接受者使用的通信末端机器的显示屏上通过使用网站等方法能够标识颁布的用于竞选活动的文书图画的功能的、有偿刊载在通过使用因特网等方法颁布的文书图画中。

四、不管前两项如何规定，以下各号所列选举中，该各号分别规定的政党及其他政治团体在竞选活动期间，可以将广告中、有在该广告相关的电气通信的接受者使用的通信末端机器的显示屏上通过使用网站等方法能够标识颁布的该政党及其他政治团体用于竞选活动的文书图画用的功能的、有偿刊载在通过使用因特网等方法颁布的文书图画中。

1. 众议院议员的选举　候选人申请政党及众议院名簿申请政党等。

2. 参议院议员的选举　参议院名簿申请政党等及接受第二百〇一条之六第三项（含第二百〇一条之七第二项适用的情况）的确认书提交的政党及其他政治团体。

3. 都道府县或指定都市议会议员的选举　接受第二百〇一条之八第二项（含同条第三项中适用的情况）中适用的第二百〇一条之六第三项的确认书提交的政党及其他政治团体。

4. 都道府县知事或市长的选举　接受第二百〇一条之九第三项的确认书提交的政党及其他政治团体。

**第一百四十二条之七　合理利用选举相关的因特网等**

在选举中因特网等的利用者，对于公职候选人不得滥用恶劣的诽谤中伤等表达自由、有损公正选举，须努力合理利用因特网等。

**第一百四十三条　文书图画的张贴**

一、用于竞选活动的文书图画，除了符合以下各号的（众议院比例代表选出议员的选举，为符合第一号、第二号、第四号、第四号之二及第五号的、众议院名簿申请政党等使用的）之外，否则，不得张贴。

1. 为标识选举事务，在其场所使用的海报、告示牌、灯箱及看板之类。

2. 根据第一百四十一条的规定、安装在用于竞选活动的汽车或船舶上的海报、告示牌、灯箱及看板之类。

3. 公职候选人使用的绶带、胸章及袖章之类。

4. 演说会场中举办演说会时使用的海报、告示牌、灯箱及看板之类。

4(2). 室内演说会场中举办演说会时放映之类。

4(3). 个人演说会告知用的海报（限众议院小选举区选出议员、参议院选举区选出议员或都道府县知事选举）。

5. 除前项各号所列之外，用于竞选活动的海报（参议院比例代表选出议员的选举，限公职候选人的参议院名簿登记者使用的）。

二、为竞选活动通过气球、霓虹灯或电光标识的行为、通过幻灯机及其他方法放映投影等（前项第四号之二的放映之类除外）的行为，视为符合同项的禁止行为。

三、众议院（小选举区选出）议员、参议院（选举区选出）议员或都道府县知事选举中，第一项第四号之三的个人演说会告知海报及同项第五号规定的用于竞选活动的海报（众议院小选举区选出议员的选举中候选人申请政党使用的除外），根据第一百四十四条之二第一项的规定，在设置的每个海报张贴场地公职候选人每人限一枚外，不得张贴。

四、根据第一百四十四条之二第一项的规定，设置海报张贴场地的都道府县议会议员及市町村议会议员及首长的选举中，第一项第五号规定的用于竞选活动的海报，根据同条第八项的规定、在设置的每个海报张贴场地公职候选人每人限一枚外，不得张贴。

五、根据第一项第一号的规定、标识选举事务所的文书图画，不管第一百二十九条如何规定，即使在选举当日，也可以张贴。

六、第一项第四号之三的个人演说会告知用海报及同项第五号规定的用于竞选活动的海报，不管第一百二十九条如何规定，即使在选举当日，也可以张贴。

七、第一项第一号规定的海报、告示牌及看板之类的数量，每个选举事务所不得超过三个。

八、第一项第四号规定的海报、告示牌及看板之类的数量，张贴或悬挂在演说会场外时，每个会场不得超过二个。

九、第一项规定的海报（同项第四号之三及第五号的海报除外）、告示牌及看板之类（在室内的演说会场内使用的同项第四号的海报、告示牌及看板之类除外），纵向不得超过273厘米、横向不得超过73厘米（同项第一号的海报、告示牌及看板之类，纵向不得超过350厘米、横向不得超过100厘米）。

十、第一项规定的灯箱，每个大小高不得超过85厘米、直径不得超过45厘米。

十一、第一项第四号之三的个人演说会告知用海报，长不得超过42厘米、宽不得超过10厘米。

十二、前项海报，可与第一项第五号的海报一起制作、张贴。

十三、第一项第四号之三的个人演说会告知用海报，须在其表面记载张贴责任者的姓名及住所。

十四、众议院（小选举区选出）议员或参议院（选举区选出）议员选举中，根据政令，在其规定额度范围内，公职候选人可免费制作第一项第一号及第二号的告示牌及看板之类、同项第四号之三的个人演说会告知用海报（限众议院小选举区选出议员或参议院选举区选出议员的选举）以及同项第五号的海报。在这种情况下，适用第一百四十七条第七项补充条款的规定。

十五、关于都道府县议会议员及首长选举、都道府县，关于市议会议员及首长选举、市，分别参照前项规定（参议院比例代表选出议员的选举相关部分除外），根据条例的规定，可免费提供制作公职候选人第一项第四号之三的个人演说会告知用海报（限都道府县知事选举）以及同项第五号的海报。

十六、标识用于公职候选人或有意成为公职候选人之人（含担任公职者。以下本项称"公职候选人等"）的政治活动的该公职候选人等的姓名或该公职候选人等的姓名被类推的事项的文书图画及标识用于第一百九十九条之五第一项规定的后援团体的政治活动的该后援团体（以下本项称"后援团体"）的名称的文书图画，张贴以下所列之物以外之物的行为，视为符合第一项的禁止行为。

1. 告示牌及看板之类，每个公职候选人等或同一公职候选人等相关的所有后援团体在政令规定的总数范围内，且，在该公职候选人等或该后援团体用于政治活动的每个事务所在其场所限两个。

2. 海报，使用张贴该海报的胶合板、塑料板及其他类似材料张贴之物［为标识公职候选人等或后援团体用于政治活动的事务所或联络所、或后援团体成员而张贴之物以及依据第十九项各号的不同情况的每一该选举的一定期间内、在该选举区（没有选举区时，则为举行选举的区域）内张贴之物除外］。

3. 以政治活动为目的的演说会、演讲会、研修会及其他类似集会（以下本号称"演说会等"）的会场中，在举办该演说会等中使用之物。

4. 根据第十四章之三的规定，可以使用之物。

十七、前项第一号的告示牌及看板之类，纵向不得超过150厘米，横向不得超过40厘米，且，须按照管理该选举事务的选举管理委员会（众议院比例代表选出议员或参议院比例代表选出议员的选举，为中央选举管理会）的规定，进行标识。

十八、第十六项第二号的海报，须在其表面记载张贴责任者及印刷者的姓名（法人，为名称）及住所。

十九、第十六项中"一定期间"是指以下各号规定的期间。

1. 众议院议员的总选举，从众议院议员的任期届满之日六个月前一日至该总选举日期之间或众议院解散之日的翌日至该总选举日期之间。

2. 参议院议员的通常选举，从参议院议员的任期届满之日六个月前一日至该通常选举日期之间。

3. 地方公共团体议会议员或首长任期届满的选举，从其任期届满之日六个月前一日至该通常选举日期之间。

4. 众议院议员或参议院议员的再选举［统一对象再选举（第三十三条之二第三项至第五项规定的除外。次号同）除外］或补缺选举（限同条第三项至第五项规定的选举），发生应举行该选举的事由时，从管理该选举事务的选举管理委员会（众议院比例代表选出议员或参议院比例代表选出议员的选举，为中央选举管理会）告示之日的翌日至该选举日期之间。

5. 众议院议员或参议院议员的统一对象再选举或补缺选举（第三十三条之二第三项至第五项规定的除外），发生应举行该选举的事由时（在同条第七项的规定适用的情况下，根据同项规定、解释适用的同条第二项规定的较迟的事由发生时），从管理该选举事务的选举管理委员会（众议院比例代表选出议员或参议院比例代表选出议员的选举，为中央选举管理会）告示之日的翌日或应举行该选举的日期的前六个月之日中、较迟之日至该选举日期之间。

6. 地方公共团体议会议员或首长的选举中因任期届满而举行的选举之外的选举，发生应举行该选举的事由时（在第三十四条第四项的规定适用的情况下，根据同项规定、解释适用的同条第一项规定的最迟事由发生时），从管理该选举事务的选举管理委员会告示之日的翌日至该选举日期之间。

**第一百四十三条之二　文书图画的撤除义务**

张贴或悬挂前条第一项第一号、第二号或第四号的海报、告示牌、灯箱及看板之类之人，在废止选举事务所时、停止第一百四十条第一项至第三项的主要用于竞选活动的汽车或船舶时、或演说会结束时，须立即撤除前条第一项第一号、第二号或第四号的海报、告示牌、灯箱及看板之类。

**第一百四十四条　海报数量**

一、第一百四十三条第一项第五号的海报，张贴不得超出以下不同情况的数量。但，关于第一号的海报，在每个与候选人相关的选举区张贴一千枚以内，否则不得张贴。

1. 众议院（小选举区选出）议员的选举中，候选人申请政党使用的数是，每个包括与申请的候选人相关的选举区的都道府县，一千枚乘以该都道府县中该候选人申请政党的申请候选人的人数所得之数。

2. 众议院（比例选举选出）议员的选举中，众议院名簿申请政党等使用的数是，每个与申请的众议院名簿相关的选举区，五百枚乘以该选举区中众议院名簿申请政党等的众议院名簿登记者的人数所得之数。

2(2). 参议院（比例代表选出）议员的选举中，每一公职候选人的参议院名簿登记者七万枚。

3. 都道府县议会议员、市议会议员或市长的选举中，每一公职候选人一千二百枚。但，指定都市的市长选举，每一候选人四千五百枚。

4. 町村议会议员或首长的选举中，每一公职候选人五百枚。

二、前项的海报，根据管理该选举事务的选举管理委员会（众议院比例代表选出议员或参议院比例代表选出议员的选举，为中央选举管理会。以下本项同）的规定，没有接受管理该选举事务的选举管理委员会实施的检印或交付的标签，就不得张贴。在这种情况下，对于同项第一号的海报，管理该选举事务的选举管理委员会实施的检印或交付的标签，须在该选举的每个选举区进行区分。

三、前两项的规定，不适用于根据次条第八项的规定、设置张贴场地的都道府县议会议员及市町村议会议员及首长的选举。

四、第一百四十三条第一项第五号的海报，众议院（比例代表选出）议员的选举中众议院名簿申请政党等使用的话，在该选举区除了张贴向中央选举管理会申请的三种以内的之外，不得张贴；众议院（小选举区选出）议员的选举中众议院名簿申请政党使用及众议院（比例代表选出）议员的选举中众议院名簿申请政党等使用的话，长不得超过85厘米、宽不得超过60厘米；除此以外的，长不得超过42厘米、宽不得超过30厘米。

五、第一百四十三条第一项第五号的海报，须在其表面记载张贴责任者及印刷者的姓名（法人，为名称）及住所。在这种情况下，须一并记载：候选人申请政党等使用的、为该候选人申请政党的名称；众议院名簿申请政党等使用的、为该众议院名簿申请政党等的名称及标识是前项海报的记号；参议院名簿登记者使用的、为该参议院名簿登记者相关的参议院名簿申报政党等的名称。

**第一百四十四条之二　海报张贴场地**

一、众议院（小选举区选出）议员、参议院（选举区选出）议员或都道府县知事选举中，市町村选举管理委员会须设置第一百四十三条第一项第五号的海报（众议院小选举区选出议员选举中候选人申请政党使用的除外）张贴场地。

二、前项张贴场地的总数，为每个投票区在五个以上十个以内，根据政令规定算定。但，市町村选举管理委员会在特别的情况下，事先与都道府县选举管理委员会协商之后，可减少总数。

三、第一项的张贴场地，市町村选举管理委员会，在每个投票区基于政令规定的基准，在公众容易看见的场所设置。

四、市町村选举管理委员会在设置第一项的张贴场地时，须立即告示张贴场地的设置场所。

五、根据管理该选举事务的选举管理委员会的规定，公职候选人在第一项的张贴场地、可从告示之日起事先张贴第一百四十三条第一项第四号之三及第五号的海报各一枚。在这种情况下，市町村选举管理委员会，根据政令的规定、在张贴海报方面对该公职候选人提供尽可能的方便。

六、在前项情况下，每一公职候选人可张贴的张贴场地的区域为长、宽各四十二厘米以上。

七、除前面各项规定之外，第一项张贴场地的海报张贴顺序及其他有关张贴海报的必要事项，由管理该选举事务的选举管理委员会制定。

八、对于都道府县议会议员选举、都道府县，对于市町村议会议员及首长选举、市町村，可以根据条例规定分别设置第一百四十三条第一项第五号的海报的张贴场地。

九、都道府县或市町村根据前项规定、设置海报张贴场地时，该张贴场地的总数为每个投票区在五个以上十个以内，根据政令算定。但，特别情况下，该都道府县或市町村，根据条例规定可分别减少总数。

十、第三项至第七项的规定，适用于根据第八项规定、设置海报张贴场地的情况。

**第一百四十四条之三　不设置海报张贴场地**

因天灾及其他无法避免的事故及其他特别情况，可不设置前条第一项或第八项的张贴场地。

**第一百四十四条之四　任意制海报张贴场地**

除了依据第一百四十四条之二第八项的规定之外，对于都道府县议会议员选举、都道府县，对于市町村议会议员及首长选举、市町村，可以分别参照同条第三项至第七项及前条的规定，根据条例规定、设置第一百四十三条第一项第五号的海报张贴场地。在这种情况下，海报张贴场地的数量，为每个投票区一个以上。

**第一百四十四条之五　关于设置海报张贴场地的协作**

在根据第一百四十四条之二及前条的规定、设置海报张贴场地的情况下，土地或建筑物的居住者、管理者或所有者，须在设置海报张贴场地方面尽可能地协作。

**第一百四十五条　海报的张贴地方等**

一、任何人，不得在众议院议员、参议院（比例代表选出）议员、都道府县议会议员或市町村议会议员或首长选举（根据第一百四十四条之二第八项的规定，设置海报张贴场所的选举除外）中、记载国家或地方公共团体所有或管理之物或者不在者投票管理者管理的投票的场所张贴第一百四十三条第一项第五号的海报。但，在桥梁、电线杆、公营住宅及其他总务省令规定之物以及第一百四十四条之二及第一百四十四条之四的张贴场所张贴的情况，不在此限。

二、在前项选举中，任何人在他人建筑物上试图张贴第一百四十三条第一项第五号的海报时，须得到其居住者、没有居住者时其管理者、没有管理者时其所有者（次项中总称为"居住者等"）的同意。

三、没有得到前项同意、在他人建筑物上张贴的第一百四十三条第一项第五号的海报，居住者等可以撤除。第一项选举以外的选举中，对于没有得到居住者等的同意、在该居住者等的建筑物上张贴的海报，同样处理。

**第一百四十六条　关于文书图画的颁布或张贴，免于禁止行为的限制**

一、任何人在竞选活动期间，不得以任何著述、演艺等的广告及其他名义，作为第一百四十二条或第一百四十三条的免于禁止的行为，颁布或张贴标识公职候选人的姓名或象征标志、政党及其他政治团体的名称或推荐、支持或反对公职候选人之人的姓名的文书图画。

二、有关前项规定的适用，竞选活动期间，在该公职候选人的选举区（无选举区时，为其区域）颁布或张贴标识公职候选人的姓名、政党及其他政治团体的名称或公职候选人的推荐申请者及其他从事竞选活动之人或与公职候选人在同一户籍内之人的姓名的贺年片、严寒问候信、酷暑问候信以及类似的问候信，视为第一百四十二条或第一百四十三条的免于禁止的行为。

## 第一部分　宪法、全国性涉党法律

**第一百四十七条　文书图画的撤除**

都道府县或市町村选举管理委员会认为文书图画符合以下各号之一时，可以让其撤除。在这种情况下，都道府县或市町村选举管理委员会，应事先向该警察署署长通报。

1. 违反第一百四十三条、第一百四十四条或第一百六十四条之二第二项或者第四项的规定张贴的。

2. 第一百四十三条第十六项规定的公职候选人等或后援团体成为该公职候选人等或后援团体之前张贴的文书图画符合同项规定的，或同项的公职候选人等或后援团体相关的同条第十九项各号的不同情况下每一该选举中、在该各号规定的期间前或期间中张贴的海报符合该期间中同项第十六条规定的。

3. 违反第一百四十三条之二的规定、没有撤除的。

4. 违反第一百四十五条第一项或第二项（含第一百六十四条之二第五项中适用的情况）的规定、张贴的。

5. 在竞选活动之前或期间张贴的文书图画符合前条规定的。

**第一百四十七条之二　禁止问候信**

公职候选人或有意成为公职候选人之人（含担任公职者），对在该选举区（无选举区时，为其区域）内的人不得发送除答礼用的亲自执笔的书信之外的贺年片、严寒问候信、酷暑问候信以及其他类似的问候信（含电报及其他类似的）。

**第一百四十八条　报纸、杂志的报道及评论等的自由**

一、本法关于限制竞选活动的规定（第一百三十八条之三的规定除外），不得妨碍报纸（含类似的通讯类的出版物。以下同）及杂志刊登关于选举的报道和评论的自由。但，不得滥用表达自由记载虚假事项或歪曲事实等、不得危害选举公正。

二、以销售报纸与杂志为业者，可以用通常方法（在竞选活动期间及选举当日，对定期购阅者以外之人发行报纸或杂志，限有偿的情况）发行前项规定的报纸或杂志，或可在都道府县选举管理委员会指定的场所张贴。

三、对于前两项规定的适用，报纸或杂志，是指限于竞选活动期间及选举当日、以下所列之物。但，对于盲文报纸，第一号乙的规定（含同号丙及第二号中第一号乙相关部分）不适用。

1. 具备以下条件的报纸或杂志：

甲、报纸为每月三回以上，杂志每月一回以上，每回定期有偿发行；

乙、第三种邮件承认的；

丙、该选举的选举日期公示或告示之日前一年以来，符合甲及乙、继续发行的。

2. 发行符合前号的报纸或杂志之人，其发行的报纸或杂志具备同号甲及乙的条件的。

**第一百四十八条之二　禁止非法利用报纸和杂志等**

一、任何人，不得以当选或不当选为目的而向报纸或杂志编辑及其他经营担当者提供或提供申请或约定提供金钱、物品和其他财产上的利益、或提供或提供申请或约定提供宴请接待，以刊登选举相关的报道及评论。

二、报纸或杂志的编辑及其他经营担当者，不得接受、或要求前项的提供、宴请接待或同意前项的申请，以刊登选举相关的报道和评论。

三、任何人，不得以当选或不当选为目的而利用报纸和杂志编辑或经营上的特殊地位，以刊载选举相关的报道或评论。

**第一百四十九条　报纸广告**

一、众议院（小选举区选出）议员的选举中，候选人根据总务省令的规定，竞选活动期间可以在任意一家报纸刊登同一尺寸的选举相关的广告，限于五次；候选人申请政党根据总务省令的规定，竞选活动期间可以在任意一家报纸刊登按照该都道府县中该候选人申请政党的候选人的人数（超过十六人时，为十六人）总务省令规定的尺寸的选举相关的广告，限于总务省令规定的次数。

二、众议院（比例代表选出）议员的选举中，众议院名簿申请政党等根据总务省令的规定，竞选活动期间可以在任意一家报纸刊登按照该选举区的该众议院名簿申请政党等的众议院名簿登记者的人数（超过二十八人时，为二十八人。以下本章同）总务省令规定的尺寸的选举相关的广告，限于总务省令规定的次数。

三、参议院（比例代表选出）议员的选举中，参议院名簿申请政党等根据总务省令的规定，竞选活动期间可以在任意一家报纸刊登按照参议院名簿登记者的人数（超过二十五人时，为二十五人。以下本章同）总务省令规定的尺寸的选举相关的广告，限于总务省令规定的次数。

四、众议院议员或参议院（比例代表选出）议员选举以外的选举中，公职候选人根据总务省令的规定，竞选活动期间可以在任意一家报纸刊登同一尺寸的选举相关的广告，限于两次（参议院选举区选出议员的选举为五次，都道府县知事的选举为四次）。

五、刊登前面各项广告的报纸，不管第一百四十二条或第一百四十三条如何规定，以销售报纸与杂志为业者，可以用通常方法（对定期购阅者以外之人发行报纸或杂志，限有偿的情况）发行前项规定的报纸或杂志，或可在都道府县选举管理委员会指定的场所张贴。

六、众议院议员、参议院议员或都道府县知事的选举中，可以免费发布第一项至第四项规定的报纸广告。但，限于众议院（比例代表选出）议员的选举中该众议院名簿申请政党等在该选举区的得票总数为该选举区的有效投票总数的百分之二以上、参议院（比例代表选出）议员的选举中该参议院名簿申请政党等的得票总数［含该参议院名簿申请政党等相关的各参议院名簿登记者（限该选举日期的公职候选人）的得票总数］为该选举的有效投票总数的百分之一以上的情况。

**第一百五十条　政见播报**

一、众议院（小选举区）议员的选举中，候选人申请政党根据政令的规定，在竞选活动期间出于公益目的可以通过日本放送协会、基干放送经营者［《放送法》（昭和二十五年法律第一百三十二号）规定的基干放送经营者，日本放送协会及放送大学学园（《放送大学学园》[平成十四年法律第一百五十六号] 第三条规定的放送大学学园。第一百五十二条第二项同）除外。以下同] 的广播放送或电视放送（《放送法》第二条第十六号规定的中波放送或同条十八号规定的电视放送。以下）设备，免费播放其政见（含该候选人申请政党申请的候选人的介绍）。在这种情况下，日本放送协会及基干放送经营者须原样播放其录音或录像的政见、或候选人申请政党录音或录像的政见。

二、候选人申请政党，根据政令规定、在政令规定的额度范围内可免费录音或录像前项的政见。

三、众议院（比例代表选出）议员、参议院议员或都道府县知事选举中，该公职候选人（众议院比例代表选出议员的选举、为众议院名簿申请政党等，参议院比例代表选出议员的选举、为参议院名簿申请政党等。第五项同）根据政令的规定，在竞选活动期间出于公益目的可以通过日本放送协会、基干放送经营者的广播放送或电视放送设备，免费播放其政见（含众议院比例代表选出议员的选举、为众议院名簿登记者、参议院比例代表选出议员的选举、为参议院名簿登记者的介绍。以下本项同）。在这种情况下，日本放送协会及基干放送经营者须原样播放其录音或录像的政见、或候选人申请政党录音或录像的政见。

四、关于第一项的播放，对于在都道府县拥有申请候选人的所有候选人申请政党，使用同一播放设备，须提供给予按照该都道府县的该候选人申请政党的申请候选人的人数政令规定的时间数等同等的便利。

五、关于第三项的播放，对于每一选举区、该选举区的所有公职候选人，使用同一播放设备，须提供给予同一时间数（众议院比例代表选出议员的选举、为该选举区的该众议院名簿申请政党等的众议院名簿登记者的数量，参议院比例代表选出议员的选举、为按照参议院名簿登记者的数量政令规定的时间数）等同等的便利。

六、前面各项播放的次数、时间及其他播放相关的必要事项，总务大臣与日本放送协会及基干放送经营者协商后确定。在这种情况下，须特别考虑在众议院（比例代表选出）议员选举中众议院名簿申请政党等或参议院（比例代表选出）议员选举中参议院名簿申请政党等的播放上提供便利。

**第一百五十条之二　政见播放中的品位保持**

公职候选人、候选人申请政党、众议院名簿申请政党等及参议院名簿申请政党等，自觉认识到其责任，在进行前条第一项或第三项规定的播放（以下称"政见播放"）时，不得伤害他人或其他政党及其他政治团体的名誉、伤害善良的风俗，不得有进行关于特定商品的广告及其他营业相关的宣传等降低政见播放的品位的言行。

**第一百五十一条　经历播放**

一、众议院（小选区选出）议员、参议院（选举区选出）议员或者都道府县知事的选举中，日本放送协会，根据其规定、为了使关联地区的候选人周知、可以播放公职候选人的姓名、年龄和党派（众议院小选举区选出议员的选举，为该候选人相关的候选人申请政党的名称）、主要经历等。

二、关于前项播放的次数，每一公职候选人，众议院（小选区选出）议员选举、广播播放约为十次，电视播放为一次；其他选举、广播播放约五次，电视播放为一次。但，日本放送协会在情况允许的范围内须尽可能多次播放。

三、参议院（选举区选出）议员选举或都道府县知事选举中，除前两项规定之外，日本放送协会及基干放送经营者根据政令在通过电视播放政见之际播放经历。

**第一百五十一条之二　中止政见播放及经历播放**

一、符合第一百条第一项至第四项的规定、没有必要举行投票时，中止政见播放（众议院小选举区选出议员的选举中进行的除外）及经历播放的手续。

二、在一都道府县举行的所有众议院（小选举区选出）议员选举中，符合第一百条第一项的规定、没有必要举行投票时，中止在该都道府县举行的众议院（小选举区选出）议员的选举相关的政见播放的手续。

三、由于天灾及其他无法避免的事故及特别的情况，不能进行政见播放或经历播放时，不得进行替代的政见播放或经历播放。

**第一百五十一条之三　选举播放节目编辑的自由**

本法关于限制竞选活动的规定（第一百三十八条之三的规定除外），对于日本放送协会或基干放送经营者进行的选举相关的报道或评论，不得妨碍根据《放送法》的规定编辑播放节目的自由。但，不得滥用表达自由记载虚假事项或歪曲事实等、不得危害选举公正。

**第一百五十一条之四　［删除］**

**第一百五十一条之五　竞选活动播放的限制**

除本法的规定外，任何人不得使用广播设备（含广告播放设备、共同收听设备以及其他有线电气通讯设备）进行竞选活动的播放或让他人进行播放。

**第一百五十二条　禁止以问候为目的的有偿广告**

一、公职候选人或有意成为公职候选人之人（含担任公职者。次项称"公职候选人等"）以及第一百九十九条之五第一项中规定的后援团体（次项称"后援团体"），对选举区内（无选举区时，为举行选举的区域，次项同）的人主要以问候（限贺年、酷暑、严寒及类似目的进行的问候以及吊唁、激励、感谢及类似目的进行的问候，次项同）为目的的广告，不得有偿刊登在利用报纸、杂志、传单、小册子、因特网等方法公布的文书图画及其他类似之物上，或利用放送经营者（《放送法》第二条第二十六号规定的放送经营者，日本放送协会及放送大学学园除外。次项同）的放送设备进行播放。

二、任何人，对于公职候选人或后援团体，不得要求对选举区内的人主要以问候为目的的广告，有偿刊登在利用报纸、杂志、传单、小册子、因特网等方法公布的文书图画及其他类似之物上，或利用放送经营者的放送设备进行播放。

第一百五十三条　　［删除］

第一百五十四条　　［删除］

第一百五十五条　　［删除］

第一百五十六条　　［删除］

第一百五十七条　　［删除］

第一百五十八条　　［删除］

第一百五十九条　　［删除］

第一百六十条　　［删除］

**第一百六十一条　使用公营设施的个人演说会等**

一、公职候选人（众议院比例代表选出议员选举中的候选人是与该选举同时举行的众议院小选举区选出议员选举中的候选人以外之人除外。次条至第一百六十四条之三同）、候选人申请政党及众议院名簿申请政党等，可以使用以下所列设施（限候选人申请政党、为在包括申请的候选人相关的选举区的都道府县区域内的设施，众议院名簿申请政党等、为在申请的众议院名簿相关的选举区区域内的设施），举行个人演说会、政党演说会或政党等演说会。

1. 学校及公民馆［《社会教育法》（昭和二十四年法律第二百〇七号）第二十一条规定的公民馆］。

2. 属于地方公共团体管理的公会堂。

3. 除前两项外，市町村选举管理委员会指定的场所。

二、关于前项设施，根据政令的规定，其管理者须提供必要的设备。

三、市町村选举管理委员会，在指定第一项第三号的设施时，须立即向都道府县选举管理委员会报告。

四、接到前项报告时，都道府县选举管理委员会须立即公示。

**第一百六十一条之二　使用公营设施以外设施的个人演说会等**

公职候选人、候选人申请政党及众议院名簿申请政党等可以使用前条第一项规定的设施以外的设施（含建筑物及其他设施的室内，限候选人申请政党、为在包括申请的候选人相关的选举区的都道府县区域内的设施、众议院名簿申请政党等、为在申请的众议院名簿相关的选举区区域内的设施），举行个人演说会、政党演说会或政党等演说会。

**第一百六十二条　个人演说会等中的演说**

一、在个人演说会中，该公职候选人可以进行竞选活动的演说。

二、在个人演说会中，该公职候选人以外的人可以进行竞选活动的演说。

三、在候选人申请政党举行的政党演说会中，演说者可以为该候选人申请政党申请的候选人的竞选活动、进行演说。

四、在众议院名簿申请政党等举行的政党等演说会中，演说者可以为该众议院名簿申请政党等的竞选活动、进行演说。

**第一百六十三条　举行个人演说会等的申请**

举行第一百六十一条规定的个人演说会的公职候选人、举行政党演说会的候选人申请政党或举行政党等演说会的众议院名簿申请政党等，须在应举行日期两日之前以书面形式向市町村选举管理委员会申请应使用的设施、应举行的日期及公职候选人的姓名（候选人申请政党或众议院名簿申请政党等、为其名称）。

**第一百六十四条　个人演说会设施的免费使用**

关于举行第一百六十一条规定的个人演说会时设施（包括设备）的使用，每一公职候选人可以免费使用一次同一设施（包括设备）。

**第一百六十四条之二　个人演说会等会场张贴的特例**

一、众议院（小选区选出）议员、参议院（选举区选出）议员或都道府县知事的候选人，候选人申请政党或众议院名簿申请政党等，在举行个人演说会、政党演说会或政党等演说会时，须在会场前公众容易看见的场所张贴次项规定的告示牌或看板之类。

二、根据前项的，在个人演说会、政党演说会或政党等演说会的会场前须张贴的告示牌及看板之类，纵向不得超过273厘米、横向不得超过73

厘米，须根据管理该选举事务的选举管理委员会（众议院比例代表选出议员的选举，为中央选举管理会）的规定、进行标识。在这种情况下，对于在政党演说会的会场前须张贴的告示牌及看板之类，管理该选举事务的选举管理委员会规定的标识，须在该选举的每个选举区进行区分。

三、前项规定的告示牌及看板之类的数量为：候选人，每个该选举不超过五个；候选人申请政党，每一包括申请的候选人相关的选举区的都道府县、不超过二乘以该都道府县的该候选人申请政党的申请候选人的数量所得之数；众议院名簿申请政党等，每个申请的众议院名簿相关的选举区不超过八个。在这种情况下，政党演说会的会场前张贴的同项规定的每个选举区的告示牌及看板之类的数量，为每个候选人相关的选举区在两个以内。

四、除了第二项规定的告示牌及看板之类以外，在第一项的个人演说会、政党演说会或政党等演说会中用于竞选活动的文书图画，不管第一百四十三条第一项第四号如何规定，不得在个人演说会、政党演说会或政党等演说会的会场外张贴。

五、第二项规定的告示牌及看板之类，可以在个人演说会、政党演说会或政党等演说会会场外的场所（候选人申请政党使用的、限申请的候选人相关的该选举区的区域内，众议院名簿申请政党等使用的、限众议院名簿相关的选举区的区域内）使用，也可以用于竞选活动。但，该告示牌及看板之类的张贴场所，适用于第一百四十五条第一项及第二项的规定。

六、在众议院（小选举区选出）议员或参议院（选举区选出）议员的选举中，公职候选人根据政令的规定，在政令规定的额度范围内可以免费制作第二项规定的告示牌及看板之类。这种情况，适用于第一百四十一条第七项补充条款的规定。

### 第一百六十四条之三　禁止其他的演说会

一、竞选活动的演说会，除本法规定举行的个人演说会、政党演说会及政党等演说会外，不得以任何名义举行。

二、公职候选人以外者举行两人以上的公职候选人的合并演说会、候选人申请政党以外者举行两个以上的候选人申请政党的合并演说会以及众议院名簿申请政党等以外者举行两人以上的众议院名簿申请政党等的演说会，视为前项规定的禁止行为。

**第一百六十四条之四　个人演说会等及街头演说中使用录音碟**

在个人演说会、政党演说会及政党等演说会以及街头演说中，为了竞选活动，不得妨碍使用录音碟进行演说。

**第一百六十四条之五　街头演说**

一、竞选活动的街头演说（含从室内面向街头进行的演说。以下同）如不是以下所列，不得举行。

1. 演说者在其场所悬挂次项规定的标旗进行时。

2. 候选人申请政党或众议院名簿申请政党等，根据第一百四十一条第二项或第三项的规定，在停止的用于竞选活动的汽车或船舶的车上或船上及周围进行时。

二、为竞选活动将举行前项第一号规定的街头演说时，公职候选人（众议院比例代表选出议员的选举，为众议院名簿申请政党等）事先须接受管理该选举事务的选举管理委员会（众议院比例代表选出议员或参议院比例代表选出议员的选举，为中央选举管理会）规定样式的标旗。

三、前项的标旗，按照以下各号所列选举的不同情况，交付各号规定的数量。

1. 众议院（比例代表选出）议员或参议院（比例代表选出）议员选举以外的选举，每一公职候选人一个。

2. 众议院（比例代表选出）议员选举，众议院名簿申请政党等在申请的众议院名簿相关的每一选举区，相当于众议院（比例代表选出）议员选举中应选举的议员的人数的数量。

3. 参议院（比例代表选出）议员选举，公职候选人的参议院名簿登记者每人六个。

四、第一项第一号的标旗，如有公务员请求时，须进行提示。

**第一百六十四条之六　禁止夜间的街头演说**

一、任何人，不得在午后八时至翌日午前八时进行竞选活动的街头演说。

二、第一百四十条之二第二项的规定，适用于竞选活动的街头演说者。

三、竞选活动的街头演说者，须尽量不长时间地在同一场所进行。

**第一百六十四条之七　街头演说的选举动员等的限制**

一、第一百六十四条之五第一项第一号规定的街头演说（众议院比例代表选出议员的选举中举行的除外）中，竞选活动的从事者［司机（根据第一百四十一条第一项的规定、用于竞选活动的汽车每台限一人）及船员除外、含司机的助手及劳务人员］为，每一公职候选人（参议院比例代表选出议员的选举、一个公职候选人的参议院名簿登记者进行演说的每一场所），不得超过十五人。

二、前项规定的竞选活动从事者，须根据管理该选举事务的选举管理委员会（参议院比例代表选出议员的选举、为中央选举管理会）的规定，佩戴一定的袖章或第一百四十一条之二第二项规定的袖章。

**第一百六十五条　　［删除］**

**第一百六十五条之二　邻近选举的场所演说会等的限制**

在两人以上的选举中，在一选举的竞选活动期间涵盖其他选举的选举日期时，任何人不得在当日关闭投票所之前的时间在投票所入口三百米内的区域内举行竞选活动的演说会（含演说）。竞选活动的街头演说及第一百四十条之二第一项补充条款的规定的汽车或船舶上进行竞选活动的连呼行为，同样处理。

**第一百六十六条　禁止在特定建筑物及设施中的演说等**

任何人，不得以任何名义在以下所列的建筑物或设施中进行竞选活动的演说及连呼行为。但，在第一号所列的建筑物中举行第一百六十一条规定的个人演说会、政党演说会或政党等演说会，不在此限。

1. 国家或地方公共团体所有或管理的建筑物（公共住宅除外）。

2. 火车、电车、公用汽车、船舶（第一百四十一条第一项至第三项规定的船舶除外）以及停车场及其他铁道地内。

3. 医院、诊所及其他疗养设施。

### 第一百六十七条　选举公报的发行

一、众议院（小选举区选出）议员、参议院（选举区选出）议员或都道府县知事选举中，都道府县选举管理委员会，须在每次选举（因选举部分无效而举行的再选举除外）中发行一次刊载有公职候选人的姓名、经历和政见等的选举公报。众议院（小选举区选出）议员或参议院（选举区选出）议员的选举，须刊登公职候选人的照片。

二、都道府县选举管理委员会，须在每次选举（因选举部分无效而举行的再选举除外）中发行一次刊载众议院（比例代表选出）议员选举中众议院名簿申请政党等的名称及简称、政见、众议院名簿登记者的姓名、经历及应成为当选人的顺序等的选举公报；以及参议院（比例代表选出）议员选举中参议院名簿申请政党等的名称及简称、政见、参议院名簿登记者的姓名、经历及照片等的选举公报。

三、选举公报，须在每个选举区（无选举区时，为举行选举的区域）发行。

四、发生特别情况的区域，不发行选举公报。

五、前项规定的不发行选举公报的区域，由都道府县选举管理委员会决定。

### 第一百六十八条　刊登文章的申请

一、众议院（小选举区选出）议员、参议院（选举区选出）议员或都道府县知事选举中，公职候选人接受在选举公报刊登姓名、经历、政见等时，须出具刊登文章（众议院小选举区选出议员或参议院选举区选出议员选举中，同时附加照片），在该选举日期公示或告示之日起两日内（众议院小选举区选出议员选举、为选举日期公示或告示之日）须以书面形式向管理该选举事务的选举管理委员会申请。

二、众议院（比例代表选出）议员选举中，众议院名簿申请政党等接受在选举公报刊登其名称及简称、政见、众议院名簿登记者的姓名、经历及应成为当选人顺序等时，须出具刊登文章，在该选举日期公示或告示之日以书面形式向中央选举管理会申请。

三、参议院（比例代表选出）议员选举中，参议院名簿申请政党等接受在选举公报刊登其名称及简称、政见、参议院名簿登记者的姓名、经历及照片等时，须出具刊登文章，在该选举日期公示或告示之日起两日内以书面形式向中央选举管理会申请。在这种情况下，该参议院名簿申请政党等，通过在该刊登文章二分之一以上的部分记载该参议院名簿登记者的姓名及经历，及粘贴照片等，努力介绍参议院名簿登记者。

四、前三项的刊登文章，适用于第一百五十条之二的规定。

**第一百六十九条　选举公报的发行手续**

一、众议院（比例代表选出）议员或参议院（比例代表选出）议员选举中，提出前条第二项或第三项的申请时，中央选举管理会，在众议院（比例代表选出）议员选举时须在选举日期的九日前向都道府县选举管理委员会发送两本其刊登文章的复本；在参议院（比例代表选出）议员选举时须在选举日期的十一日前向都道府县选举管理委员会发送两本其刊登文章的复本。

二、都道府县选举管理委员会，在收到前条第一项的申请或发送的前项刊登文章的复本时，须在选举公报上原文刊发刊登文章或其复本。在这种情况下，根据众议院（比例代表选出）议员选举时该选举区的该众议院名簿申请政党等的众议院名簿登记者的数量、参议院（比例代表选出）议员选举时参议院名簿登记者的数量、总务省令规定的尺寸进行刊发。

三、众议院议员选举中，与小选举区选出议员相关的选举公报和与比例代表选出议员相关的选举公报，须用不同的纸张发行。

四、参议院议员选举中，与比例代表选出议员选举相关的选举公报和与选举区选出议员选举相关的选举公报，须用不同的纸张发行。

五、众议院（小选举区选出）议员、参议院（选举区选出）议员或都道府县知事选举中，一张纸上刊登两人以上公职候选人姓名、经历、政见、照片等时；众议院（比例代表选出）议员选举中，一张纸上刊登两个以上众议院名簿申请政党等的名称及简称、政见、众议院名簿登记者的姓名、经历及应成为当选人顺序等时；或参议院（比例代表选出）议员选举中，一张纸上刊登两个以上参议院名簿申请政党等的名称及简称、政见、参议院名簿登记者的姓名、经历及照片等时，其刊登顺序，由都道府县选举管理委员会抽签决定。

六、提出前条第一项的申请的公职候选人或其代理人或提出同条第二项或第三项的申请的众议院名簿申请政党等或参议院名簿申报政党等的代表或其代理人，可以监督前项抽签。

### 第一百七十条　选举公报的散发

一、根据都道府县选举管理委员会的规定，选举公报由市町村选举管理委员会，在选举日期前两天向在该选举用的选举人名簿上的登记者的各家庭散发。但，根据第一百一十九条第一项或第二项的规定同时举行时，在第一百七十二条之二规定的条例所定的日期之前散发。

二、市町村选举管理委员会，在向前项各家庭散发选举公报困难或有特别情况时，可以事先向都道府县选举管理委员会提出申请，根据同项规定在应散发之日前利用报纸夹页及其他类似的方法代为散发。在这种情况下，该市町村选举管理委员会，须通过在市政府、町村公所及其他适当的场所放置选举公报等方法、采取措施完善选举公报的散发，努力使选举人容易得到选举公报。

### 第一百七十一条　中止选举公报的发行

符合第一百条第一项至第四项规定、没有必要举行投票时或有天灾及其他无法避免的事故及其他特别情况时，中止选举公报的发行手续。

### 第一百七十二条　选举公报相关的其他必要事项

除了第一百六十七条至前条规定的之外，选举公报相关的其他必要事项，由管理该选举事务的选举管理委员会（众议院比例代表选出议员或参议院比例代表选出议员选举，为中央选举管理会）决定。

**第一百七十二条之二　任意制选举公报的发行**

都道府县议会议员、市町村议会议员或市町村首长的选举中，管理该选举事务的选举管理委员会，参照第一百六十七条至第一百七十一条的规定、根据条例的规定，可发行选举公报。

**第一百七十三条**　［删除］

**第一百七十四条**　［删除］

**第一百七十五条　投票记载所姓名等的公示**

一、市町村选举管理委员会，对于各选举，须在选举当日，众议院（比例代表选出）议员选举、在投票所内记载投票的场所公示众议院名簿申请政党等的名称及简称以及在投票所内其他适当的地方公示众议院名簿申报政党等的名称及简称以及众议院名簿登记者的姓名及应成为当选人顺序等；参议院（比例代表选出）议员选举、在投票所内记载投票的场所以及其他适当的地方公示参议院名簿申请政党等的名称及简称以及参议院名簿登记者的姓名；其他选举、在投票所内记载投票的场所以及其他适当的地方公示公职候选人的姓名及党派（众议院小选举区选出议员选举，为该候选人相关的候选人申请政党的名称。以下本条同）。但，根据第四十六条之二第一项规定的方法举行投票的选举，不在此限。

二、市町村选举管理委员会，对于各选举（限在包含该市町村的全部或部分的区域举行的选举），在该选举日期公示或告示之日的翌日至选举日期前日的期间，在日期前投票所或记载不在者投票管理者中、政令规定之人管理的投票的场所内的适当地方，众议院（比例代表选出）议员选举、须公示众议院名簿申请政党等的名称及简称；参议院（比例代表选出）议员选举、须公示参议院名簿申请政党等的名称及简称以及参议院名簿登记者的姓名；其他选举、须公示公职候选人的姓名及党派。

三、第一项公示的顺序，众议院（比例代表选出）议员选举、为了任一公示刊登顺序相同、都道府县选举管理委员会在每个都道府县、参议院（比例代表选出）议员选举、都道府县选举管理委员会在每个都道府县、其他选举、町村选举管理委员会在每个开票区，在该选举公示或告示之日，依据第八十六条第一项至第三项、第八十六条之二第一项、第八十六条之三第一项或第八十六条之四第一项或第二项规定的申请时间经过后实施的抽签决定的顺序而定。但，对于众议院（比例代表选出）议员或参议院（比例代表选出）议员选举之外的选举，在抽签之后，根据第八十六条第八项或第八十六条之四第五项、第六项或第八项的规定提出申请时（提交这些规定的申请的公职候选人全员不再是候选人时除外），依据在这些规定的期间经过之后市町村选举管理委员会在每个开票区重新进行抽签决定的顺序而定。

四、参议院（比例代表选出）议员选举中、第一项的各参议院名簿申请政党等相关的参议院名簿登记者的姓名的公示的刊登顺序，依据在参议院名簿中登记的姓名顺序（提交第八十六条之三第二项中适用的第八十六条之二第九项前段规定的申请时，为在该参议院名簿中记载的姓名后面、按照其记载的顺序原样加上该申请相关文书中记载的姓名得到的姓名顺序）而定。

五、除了次项前段规定的之外，第二项公示刊登的顺序，依据第三项正文的抽签决定的顺序（参议院比例代表选出议员的选举、为同项正文的抽签决定的顺序以及前项规定的顺序、众议院比例代表选出议员或参议院比例代表选出议员的选举以外的选举、根据第十八条第二项的规定、划分市町村区域、设立多个开票区时、在该市町村选举管理委员会在每一选举区指定的一开票区进行的第三项正文的抽签决定的顺序）而定。在这种情况下，众议院（比例代表选出）议员或参议院（比例代表选出）议员选举之外的选举，在抽签之后，根据第八十六条第八项或第八十六条之四第五项、第六项或第八项的规定提出申请时，提出这些规定的申请的公职候选人的姓名及党派的公示，由总务省令规定。

六、对于根据第四十六条之二第一项规定的方法、进行投票的选举，进行第二项的公示时，其公示刊登的顺序，依据为了任一公示刊登顺序相同、管理该选举事务的选举管理委员会，在该选举告示之日第八十六条之四第一项或第二项规定的应提出申请的时间经过之后通过抽签决定的顺序而定。在这种情况下，抽签之后，根据第四十六条之二第二项的规定出现变更时，提交适用的第八十六条之四第五项或第八项规定的申请时，提交这些规定的申请的公职候选人的姓名及党派的公示，由总务省令决定。

七、公职候选人（众议院比例代表选出议员的选举、为众议院名簿申请政党等的代表，参议院比例代表选出议员的选举、为参议院名簿申请政党等的代表）或其代理人，可以监督第三项或前项的抽签。

八、除了前面各项规定的之外，第一项或第二项的公示的必要事项，由都道府县选举管理委员会决定。

**第一百七十六条　利用交通机构**

众议院（小选举区选出）议员、参议院（选举区选出）议员或都道府县知事选举中，公职候选人、推荐申报者及其他选举活动的从事者，竞选活动期间在关联区域内，为利用铁道事业、轨道事业及一般公共旅客汽车运输事业相关的交通机构［参议院比例代表选出议员的选举、《关于〈关于旅客铁道股份公司及日本货物铁道股份公司的法律〉（昭和六十一年法律第八十八号）第一条第一项规定的旅客公司及旅客铁道股份公司及日本货物铁道股份公司相关法律的部分修订的法律》（平成十三年法律第六十一号）附则第二条第一项规定的新公司的旅客铁道事业及一般公共旅客汽车运输事业以及国内航空定期运输事业相关的交通机构］，公职候选人根据国土交通大臣的决定、可以免费接受总计十五张特殊车票［参议院比例代表选出议员选举、为总计六张特殊车票（无须支付运费及国土交通大臣规定的快车费用、即可乘车的特殊车票）或特殊机票］。

**第一百七十七条　通常明信片等的返还及禁止让渡**

一、第一百四十二条第一项及第五项规定的用于竞选活动的通常明信片的接受者、同条第七项或第一百四十四条第二项规定的标签的接受者或众议院名簿申请政党等或前条规定的特殊车票或特殊机票的接受者，在以下所列之时，须立即返还其全部。但，因已经用于竞选活动、不能返还其全部时，须附加证明已经用于竞选活动的明细表，返还剩余部分。

1. 公职候选人（候选人申请政党的申请相关者及参议院比例代表选出议员的候选人除外。以下本号同），根据第八十六条第九项或第八十六条之四第九项的规定、公职候选人的申请被驳回时；或根据第八十六条第十二项或第八十六条之四第十项的规定、辞去公职候选人时（含根据第九十一条第二项或第一百〇三条第四项的规定、视为辞去公职候选人的情况）。

2. 候选人申请政党的申请相关的候选人，根据第八十六条第九项的规定、公职候选人的申请被驳回时；或根据同条第十一项的规定、候选人申请政党撤回该候选人相关的候选人申请时（含根据第九十一条第一项或第一百〇三条第四项的规定、视为候选人的申请被撤回的情况）。

3. 众议院名簿申请政党等，根据第八十六条之二第十项的规定、撤回申请时；或根据同条第十一项的规定、申报被驳回时。

4. 参议院比例代表选出议员的候选人，根据第八十六条之三第二项中适用的第八十六条之二第七项的规定、该候选人的参议院名簿登记者相关的记载被注销时；根据第八十六条之三第二项中适用的第八十六条之二第十项的规定、参议院名簿申请政党等撤回该候选人相关的参议院名簿时；或根据第八十六条之三第二项中适用的第八十六条之二第十一项或第十二项的规定、该候选人相关的参议院名簿的申请或该候选人相关的参议院名簿登记者的补充申请被驳回时。

二、第一百四十二条第一项、第二项及第五项规定的用于竞选活动的通常明信片的接受者或候选人申请政党、同条第七项或第一百四十四条第二项规定的标签的接受者、候选人申请政党或众议院名簿申请政党等或前条规定的特殊车票或特殊机票的接受者，不得将其让渡给他人。

**第一百七十八条　限制选举日期后的问候行为**

任何人，在选举日期（根据第一百条第一项至第四项的规定、不投票时，为同条第五项规定的告示之日）后不得有关于当选或落选、以问候举人为目的的以下所列行为。

1. 对选举人进行家庭访问。

2. 除了亲笔书写的书信及用于当选或落选的祝词、问候等的答谢的书信及通过利用因特网等方法发布的文书图画之外,发布或刊载文书图画。

3. 利用报纸或杂志。

4. 利用第一百五十一条之五所列播放设施,进行播放。

5. 举办当选庆祝会及其他集会。

6. 以汽车或组成车队往来等形式、造势的行为。

7. 为答谢当选,边走边喊当选人的姓名或政党及其他政治团体的名称。

**第一百七十八条之二　选举日期后文书图画的撤除**

第一百四十三条第一项第五号的海报（在第一百四十四条之二第一项及第八项的张贴除外）及第一百六十四条之二第二项的告示牌及看板之类的张贴者,须在选举日期（根据第一百条第一项至第四项的规定、不投票时,为同条第五项规定的告示之日）后立即撤除文书图画。

**第一百七十八条之三　众议院议员或参议院议员选举中竞选活动情况**

一、众议院议员选举中,本章关于比例代表选出议员选举相关的竞选活动的限制的规定,在本法许可的情况下,不得妨碍小选举区选出议员的选举相关的竞选活动涉及比例代表选出议员的选举相关的竞选活动。

二、众议院议员选举中,本章关于小选举区选出议员选举相关的竞选活动的限制的规定,在本法许可的情况下,不得妨碍候选人申请政党的众议院名簿申请政党等实施的比例代表选出议员的选举相关的竞选活动涉及小选举区选出议员的选举相关的竞选活动。

三、参议院议员选举中,本章关于比例代表选出议员选举相关的竞选活动的限制的规定,在本法许可的情况下,不得妨碍选举区选出议员的选举相关的竞选活动涉及比例代表选出议员的选举相关的竞选活动。

## 第十四章　竞选活动相关的收入、支出及捐赠

### 第一百七十九条　收入、捐赠及支出的定义

一、本法中的"收入"是指，收受、同意或约定授受金钱、物品以及其他财产上的利益。

二、本法中的"捐赠"是指，提供或交付金钱、物品以及其他财产上的利益，约定提供或交付的作为履行党费、会费及其他债务以外的。

三、本法中的"支出"是指，提供或交付、约定提供或交付金钱、物品以及其他财产上的利益。

四、前三项的金钱、物品以及其他财产上的利益，包括花圈、献花、香奠或作为祝贺而提供或交付的财物及其他类似财物。

### 第一百七十九条之二　适用除外

次条至第一百九十七条的规定，不适用于众议院（比例代表选出）议员的选举。

### 第一百八十条　出纳负责人的选任及申报

一、公职候选人，须选任一名竞选活动相关收入及支出的负责人（以下称"出纳负责人"）一人。但，不妨碍公职候选人自己成为出纳负责人或候选人申请政党或参议院名簿申请政党等或推荐申报者（推荐申报者为多人时，为其代表。以下本项同）得到该候选人的同意后选任出纳责任人、推荐申报者得到该候选人的同意后自己成为出纳负责人。

二、选任出纳负责人的（选任的如是候选人申请政党等或参议院名簿申请政党，为其代表），须以书面形式决定出纳负责人可以支出的最高金额，与出纳负责人一起署名盖章。

三、选任出纳负责人的（含自己成为出纳负责人的），须以书面形式向管理该选举事务的选举管理委员会（参议院比例代表选出议员的选举，为中央选举管理会）申报出纳负责人的姓名、住所、职业、出生年月及选任年月日及公职候选人的姓名。

四、候选人申请政党或参议院申请政党等或推荐申报者选任出纳负责人时，在前项规定的申报中，须附加证明选任得到公职候选人同意的书面材料（推荐申报者选任出纳负责人时，推荐申报者为多人的，一并附加能证明其代表的书面材料）。

第一百八十一条　出纳负责人的解任及辞任

一、公职候选人，可以通过书面形式通知解任出纳负责人。选任负责人的候选人申请政党或参议院名簿申请政党等或推荐申报者，得到该候选人同意时，同样处理。

二、出纳负责人，可以通过书面形式通知公职候选人及选任该出纳负责人的辞任。

第一百八十二条　出纳负责人的变动

一、出纳负责人出现变动时，选任出纳负责人的须援引第一百八十条第三项及第四项规定之例、立即报告。

二、前项规定的报告中因解任或辞任出现的异动，须附加证明前项规定的通知的书面材料。候选人申请政党或参议院名簿申请政党等或推荐申报者解任出纳负责人时，须一并附加证明解任得到候选人同意的书面材料。

第一百八十三条　出纳负责人的职务代理

一、公职候选人或候选人申请政党或参议院名簿申请政党等选任出纳负责人的及推荐申报者自己成为出纳负责人的，出纳负责人出现事故或出纳负责人不在时，公职候选人可以代理出纳负责人的职务。

二、推荐申报者选任出纳负责人的，出纳负责人出现事故或出纳负责人不在时，该推荐申报者可以代理出纳负责人的职务。该推荐申报者也出现事故或不在时，公职候选人可以代理出纳负责人的职务。

三、根据前两项规定，代替出纳负责人行使其职务之人，须援引第一百八十条第三项及第四项规定之例、进行报告。

四、前项规定的报告中，须记载出纳负责人姓名（选任出纳负责人的推荐申报者也有事故时或其本人不在时，一并记载其姓名）、事故或不在的事实及开始代理其职务的年月日。代理出纳负责人行使职务之人辞任时，须记载其事由及停止代理职务的年月日。

**第一百八十三条之二　出纳负责人申报的效力**

通过邮政提交第一百八十条第三项及第四项、第一百八十二条或前条第三项及第四项规定的报告文书时，以将接收时刻证明作为已经委托给日本邮政股份公司的时间点，视为提交这些规定的报告。

**第一百八十四条　禁止报告前接受捐赠及支出**

出纳负责人（含代理出纳负责人行使职务之人。第一百九十条的规定除外、以下同）如果不在第一百八十条第三项及第四项、第一百八十二条或第一百八十三条第三项及第四项规定的报告提交之后，不得为了推荐、支持或反对公职候选人的活动，以任何名义接受对公职候选人的捐赠或支出。

**第一百八十五条　会计账簿的备置及记载**

一、出纳负责人，须备置会计账簿，记载以下各号所列事项。

1. 有关竞选活动的所有的捐赠及其他收入（含经公职候选人或出纳负责人的同意、为公职候选人的捐赠）。

2. 前号捐赠者的姓名、住所及职业以及捐赠金额（对于金钱以外的财产上的利益，以时价计算的金额。以下同）及年月日。

3. 有关竞选活动的所有的支出（含经公职候选人或出纳负责人的同意、为公职候选人的支出）。

4. 前号支出的接受者的姓名、住所及职业以及支出的目的、金额及年月日。

二、前项会计账簿的种类及样式，由总务省令规定。

**第一百八十六条　提交明细书**

一、为出纳负责人以外之人的公职候选人、接受竞选活动相关的捐赠的，从接受捐赠之日起七日内、须向出纳负责人提交记载捐赠者的姓名、住所及职业以及捐赠的金额及年月日的明细书。但，出纳负责人请求时，须立即提交。

二、前项捐赠中，该候选人在提交候选人申请之前接受的，须在提交候选人申请之后立即向出纳负责人提交其明细书。

**第一百八十七条　出纳负责人的支出权限**

一、为准备提名候选所需支出及利用电话及因特网方法进行竞选活动所需支出除外，竞选活动相关的支出，不是出纳负责人，不得进行支出。但，得到出纳负责人的书面同意之人，不在此限。

二、准备提名候选所需支出中、公职候选人或成为出纳负责人之人进行支出的或他人得到其同意进行支出的，出纳负责人须在就任后立即对该候选人或支出者进行结算。

**第一百八十八条　收据等的收取及提交**

一、出纳负责人或公职候选人或经出纳负责人同意进行支出之人，对竞选活动的所有支出，须收取记载支出金额、年月日及目的的收据及其他证明支出的书面材料。但，有难以收取的情况时，不在此限。

二、公职候选人或经出纳负责人同意进行支出之人，须立即向出纳负责人提交前项的书面材料。

**第一百八十九条　提交竞选活动相关收入及支出的报告书**

一、对于公职候选人竞选活动相关的捐赠及其他收入与支出，出纳负责人，须将前条第一项的收据及其他证明支出的书面材料的复本（有难以收取同项的收据及其他证明支出的书面材料的情况时，记载其概要及该支出的金额、年月日及目的的书面材料的或记载该支出的书面材料的及金融机构出具的记载该支出金额及年月日的汇款明细书的复本）附加在记载第一百八十五条第一项各号所列事项的报告书中，根据以下各号的规定，提交给管理该选举事务的选举管理委员会（参议院比例代表选出议员的选举，为中央选举管理会）。

1. 在该选举日期公示或告示日之前、选举日期公示或告示之日至选举日期及选举日期过后的捐赠及其他收入与支出，从选举日期起十五日内。

2. 前号结算申报后的捐赠及其他收入与支出，从捐赠及其他收入与支出之日起七日内。

二、前项报告书的样式，由总务省令规定。

三、第一项的报告书，须附加宣誓记载真实性的起誓文书。

**第一百九十条　出纳负责人的事务交接**

一、出纳负责人辞任或被解任，须立即计算公职候选人相关的竞选活动的捐赠及其他收入与支出，与新的出纳负责人，如没有新的出纳负责人时，与代理其职务之人进行交接。代理出纳负责人、执行职务之人，在接受事务交接后，在新的出纳负责人决定时，也同样处理。

二、根据前项的规定、进行交接时，交接者须援引前条规定之例、编制交接书，记载交接要旨及交接的年月日，交接者与接受交接者共同署名盖章，现金及账簿以及其他文件须一同交接。

**第一百九十一条　账簿及文件的保存**

一、出纳负责人，须将会计账簿、明细书（第一百八十六条规定的明细书）及第一百八十八条第一项的收据及其他证明支出的书面材料自提交第一百八十九条规定的报告书之日起保存三年。

二、对于根据前项的规定、应保存的文件，《关于民间事业者实施文书保存中利用情报通信技术的法律》（平成十六年法律第一百四十九号）第三条及第四条的规定不适用。

**第一百九十二条　报告书的公开、保存及阅览**

一、受理第一百八十九条规定的报告书时，管理该选举事务的选举管理委员会（参议院比例代表选出议员的选举，为中央选举管理会）根据总务省令的规定，须公开其要旨。

二、前项规定的公开，中央选举管理会由官报、都道府县选举管理委员会由都道府县公报、市町村选举管理委员会由事先告示所定的容易周知的方法,进行。

三、第一百八十九条规定的报告书,受理该报告书的选举管理委员会或中央选举管理会须从受理之日起保存三年。

四、任何人,在前项规定的期间内、根据管理该选举事务的选举管理委员会(参议院比例代表选出议员的选举,为中央选举管理会)的规定、可以要求阅览报告书。

**第一百九十三条　要求报告书调查相关的资料**

中央选举管理会、都道府县选举管理委员会或市町村选举管理委员会认为关于第一百八十九条规定的报告书的调查有必要时,可对公职候选人及其他相关者要求其提交报告或资料。

**第一百九十四条　竞选活动相关支出金额的限制**

一、竞选活动相关支出金额,每一公职候选人,参议院(比例代表选出)议员选举不得超过政令决定的数额,其他选举不得超过以下各号不同情况之数乘以根据该各号不同情况政令规定的金额所得之数额与根据该各号不同情况政令规定的数额的合计数额。

1. 众议院(小选举区选出)议员的选举

其选举日期公示或告示之日该选举人名簿中的登记者的总数。

2. 参议院(选举区选出)议员的选举

以通常选举中该选举区内的议员的定员除以其选举日期公示或告示之日该选举人名簿中的登记者的总数所得之数。

3. 地方公共团体议会议员的选举

以该选举区内的议员的定员除以其选举日期公示或告示之日该选举人名簿中的登记者的总数的所得之数。

4. 地方公共团体首长的选举

其选举日期公示或告示之日该选举人名簿中的登记者的总数。

二、前项中,有未满一百日元的尾数时,其尾数为一百日元。

**第一百九十五条　选举部分无效及选举日期等延期时、竞选活动相关支出金额的限制**

因选举部分无效而举行的再选举、第五十七条第一项规定的投票延期以及第八十六条之四第七项及第一百二十六条第二项（含关于这些规定及第八十六条之四第六项的规定、适用于第四十六条之二第二项的规定的情况）规定的选举日期延期的竞选活动（关于专门登记在海外选举人名簿中的选举人在众议院议员或参议院议员选举中有意投票之人的投票而进行的竞选活动，在进行的除外）相关支出的金额，不管前项如何规定，每一公职候选人不得超过政令规定的数额。

**第一百九十六条　竞选活动相关支出金额的限制额度的告示**

管理该选举事务的选举管理委员会（参议院比例代表选出议员的选举，为中央选举管理会）在该选举日期公示或告示之日后，须立即告示前两项规定的额度。

**第一百九十七条　不属于竞选活动支出的范围**

一、以下所列支出，不属于竞选活动相关支出。

1. 提名候选所需支出中，公职候选人或成为出纳负责人之人进行的支出或经其同意进行的支出以外的支出。

2. 提交第八十六条第一项至第三项或第八项、第八十六条之三第一项或同条第二项中适用的第八十六条之二第九项前段或第八十六条之四第一项、第二项、第五项、第六项或第八项规定的申请之后、经公职候选人或出纳负责人同意进行的支出以外的支出。

3. 公职候选人乘用船车马等所需支出。

4. 选举日期后处理竞选活动遗留事务所需支出。

5. 关于竞选活动，支付的国家或地方公共团体的租税或手续费。

6. 候选人申请政党举行竞选活动（在众议院小选举区选出议员选举以外的选举中专门举行的除外）或参议院名簿申请政党等举行竞选活动（在参议院小选举区选出议员选举以外的选举中专门举行的除外）所需支出。

7. 根据第二百〇一条之四或第十四章之三的规定、政党及其他政治团体举行竞选活动所需支出。

二、使用第一百四十条规定的汽车及船舶所需支出，与前项同样处理。

**第一百九十七条之二　实际费用及报酬的额度**

一、众议院（比例代表选出）议员选举以外的选举中，可支付给竞选活动（众议院小选举区选出议员的选举、候选人申请政党举行的及参议院比例代表选出议员的选举、参议院名簿申请政党等举行的除外。以下本项及次项同）从事者的实际费用以及竞选活动的劳务人员的报酬及实际费用的额度，根据政令规定的标准，由管理该选举事务的选举管理委员会（参议院比例代表选出议员的选举，为中央选举管理会）决定。

二、众议院（比例代表选出）议员选举以外的选举中，关于竞选活动（限竞选活动的事务员、根据第一百四十一条第一项的规定、在用于竞选活动的汽车或船舶上从事竞选活动专门之人及专职手语翻译者）从事者，除前项规定的实际费用之外，限在提交第八十六条第一项至第三项或第八项、第八十六条之三第一项或同条第二项中适用的第八十六条之二第九项前段或第八十六条之四第一项、第二项、第五项、第六项或第八项规定的申请之日至选举日期前日的期间，每位公职候选人一日不超过五十人、在各选举、由政令规定的人数范围内，根据政令规定的每人每日的标准、可以支付由管理该选举事务的选举管理委员会（参议院比例代表选出议员的选举，为中央选举管理会）决定的额度的报酬。

三、众议院（小选举区选出）议员的选举中，候选人申请政党，对该候选人申请政党举行的竞选活动的从事者（限该候选人申请政党举行的竞选活动的事务员、根据第一百四十一条第二项的规定、在用于竞选活动的汽车或船舶上从事竞选活动专门之人及专职手语翻译者），限在提交第八十六条第一项或第八项规定的申请之日起至选举日期前日的期间，每人每日可以支付政令规定的额度的报酬。

四、众议院（比例代表选出）议员选举中，众议院名簿申请政党等，对于该众议院名簿申请政党等举行的竞选活动的从事者（限该众议院名簿申请政党等举行的竞选活动的事务员、根据第一百四十一条第三项的规定、在用于竞选活动的汽车或船舶上从事竞选活动专门之人及专职手语翻译者），限在提交第八十六条之二第一项规定的申请之日起至选举日期前日的期间，每人每日可以支付政令规定的额度的报酬。

五、第二项规定的支付报酬的接受者，限公职候选人事先根据政令的规定、向管理该选举事务的选举管理委员会（参议院比例代表选出议员的选举，为中央选举管理会）的申报之人。

第一百九十八条　　[删除]

第一百九十九条　　禁止特定捐赠

一、关于众议院议员及参议院议员选举、和国家、关于地方公共团体议会议员及首长选举、和地方公共团体有外包及其他特别利益契约的当事者，不得对该选举进行捐赠。

二、在公司及其他法人接受融资（试验研究、调查及灾害恢复相关的除外）的情况下，该融资者，众议院议员及参议院议员选举、从国家、地方公共团体议会议员及首长选举、从地方公共团体接受利息补助金支给的决定（含同意利息补助金相关契约的决定。以下本条同）时，从接到该利息补助金支给的决定的通知之日起至该利息补助金支给之日起一年后之日的期间，该公司及其他法人不得向该选举进行捐赠。

第一百九十九条之二　　禁止公职候选人等的捐赠

一、公职候选人或有意成为公职候选人之人（含担任公职者。以下本条称"公职候选人等"），不论以何种名义，不得对该选举区（没有选举区时，为举行选举的区域。以下本条同）内的人进行捐赠。但，对政党及其他政治团体或其支部或该候选人等的亲属进行的捐赠及为补偿该候选人等专门为了普及政治主张或政策而举行的讲习会及其他政治教育的集会[参加者的应酬接待（提供一般程度的饮食除外）、在该选举区外举行的及在第一百九十九条之五第四项各号的不同情况下每一选举区、该各号规定的期间内举行的除外。以下本条同］所必要的实际费用（实际餐费补偿除外。以下本条同）而进行的捐赠，不在此限。

二、关于向将公职候选人等作为捐赠名义人的该选举区内之人进行捐赠，该公职候选人等以外的人不得以任何名义进行捐赠。但，对该公职候选人等的亲属进行的捐赠及为补偿该候选人等专门为了普及政治主张或政策而举行的讲习会及其他政治教育的集会所必要的实际费用而进行的捐赠，不在此限。

三、任何人，不得劝诱或要求公职候选人、对该选举区内的人进行捐赠。但，劝诱或要求对政党及其他政治团体或其支部或该候选人等的亲属进行的捐赠及劝诱或要求为补偿该候选人等专门为了普及政治主张或政策而举行的讲习会及其他政治教育的集会所必要的实际费用而进行的捐赠，不在此限。

四、关于向将公职候选人等作为捐赠名义人的该选举区内的人进行捐赠，任何人，不得劝诱或要求该公职候选人等以外的人进行捐赠。劝诱或要求对该候选人等的亲属进行的捐赠及劝诱或要求为补偿该候选人等专门为了普及政治主张或政策而举行的讲习会及其他政治教育的集会所必要的实际费用而进行的捐赠，不在此限。

**第一百九十九条之三　禁止公职候选人等关联公司的捐赠**

公职候选人或有意成为公职候选人之人（含担任公职者）是其干部或职员的公司及其他法人或团体，不得以任何名义向该选区内（没有选举区时，为举行选举的区域）的人、用标识这些人的姓名或这些人的姓名被类推的方法进行捐赠。但，对政党及其他政治团体或其支部进行捐赠的，不在此限。

**第一百九十九条之四　禁止冠以公职候选人等的姓名的团体的捐赠**

公职候选人或有意成为公职候选人之人（含担任公职者）的姓名被标识或其姓名被类推的名称被标识的公司及其他法人或团体，不得以任何名义向该选区内（没有选举区时，为举行选举的区域）的人进行捐赠。但，对政党及其他政治团体或其支部或该公职候选人或有意成为公职候选人之人进行捐赠的，不在此限。

**第一百九十九条之五　禁止后援团体捐赠等**

一、政党及其他团体或其支部，支持特定公职候选人或有意成为公职候选人之人（含担任公职者）的政治主张或政策、或推荐或支持特定公职候选人或有意成为公职候选人之人（含担任公职者）是其主要的政治活动（以下称"后援团体"），不得以任何名义对该选举区（没有选举区时，为举行选举的区域）内的人进行捐赠。但，对政党及其他政治团体或其支部或公职候选人或有意成为公职候选人之人（含担任公职者）进行捐赠的情况及该后援团体以设立团体目的为由进行的活动或事业进行捐赠（花圈、献花、香奠或祝礼及其他类似的以及第四项各号的不同情况下每一该选举的一定期间内的除外），不在此限。

二、任何人，在后援团体的大会及其他集会（含组建后援团体的集会）或后援团体举行的参观、旅行及其他活动中，在第四项各号的不同情况下每一该选举的一定期间，不得设宴招待（提供一般程度的饮食除外）、该选举区（没有选举区时，为举行选举的区域）内的人、不得提供金钱或纪念品及其他物品。

三、公职候选人或有意成为公职候选人之人（含担任公职者），不管第一百九十九条之二第一项如何规定，在次项各号的不同情况下每一该选举的一定期间、不得对公职候选人或有意成为公职候选人之人相关的后援团体（提交《政治资金规正法》第十九条第二项规定的申请的政治团体除外）进行捐赠。

四、本条中的"一定期间"是指，以下各号规定的期间：

1. 众议院议员的总选举，为众议院议员任期届满之日前九十日至该总选举日期之前的期间或众议院院解散之日的翌日至该总选举日期的期间。

2. 参议院议员的通常选举，为参议院议员任期届满之日前九十日至该通常选举日期的期间。

3. 地方公共团体议会议员或首长任期届满的选举，为其任期届满之日前九十日［根据第三十四条之二第二项（含同条第四项中适用的情况）的规定、进行告知时，为任期届满之日前九十日或该告示之日的翌日、两者中较迟之日］至该选举日期的期间。

4. 众议院议员或参议院议员的再选举（统一对象再选举除外），发生应举行该选举的事由时（第三十三条之二第七项的规定适用时，根据同项规定，解释适用的同条第一项规定的较迟的事由发生之时），其事由由管理该选举事务的选举管理委员会（众议院比例代表选出议员或参议院比例代表选出议员的选举，为中央选举管理会）告示之日的翌日至该选举的日期的期间。

5. 众议院议员或参议院议员的统一对象再选举或补缺选举，发生应举行该选举的事由时（第三十三条之二第七项的规定适用时，根据同项规定，解释适用的同条第二项至第五项规定的较迟的事由发生之时），其事由由管理该选举事务的选举管理委员会（众议院比例代表选出议员或参议院比例代表选出议员的选举，为中央选举管理会）告示之日的翌日或应举行该选举的日期（对于同条第三项规定的，为参议院议员任期届满之日）前九十日、两者中最迟之日至该选举的日期的期间。

6. 地方公共团体议会议员或首长的选举中任期届满选举之外的选举，发生应举行该选举的事由时（第三十四条第四项的规定适用时，根据同项规定，解释适用的同条第一项规定的最迟的事由发生之时），其事由由管理该选举事务的选举管理委员会告示之日的翌日至该选举的日期的期间。

**第二百条　禁止劝诱、要求特定人进行捐赠**

一、任何人，不得劝诱或要求第一百九十九条规定的人进行选举相关的捐赠。

二、任何人，不得接受来自第一百九十九条规定的人的选举相关的捐赠。

**第二百〇一条　　［删除］**

## 第十四章之二　参议院（选举区选出）议员选举的特例

### 第二百〇一条之二　特例的范围

参议院（选举区选出）议员选举，除了依据本章规定的特例之外，依据本法的其他规定。

### 第二百〇一条之三　[删除]

### 第二百〇一条之四　推荐团体的竞选活动的特例

一、参议院（选举区选出）议员选举中，政党及其他政治团体，根据第八十六条之四第三项的规定、作为政党及其他政治团体所属人员被记载的候选人（以下称"所属候选人"）、其所属政党及其他政治团体推荐或支持接受第二百〇一条之六第三项（含第二百〇一条之二第七项适用的情况）的确认书的政党及其他政治团体以外的候选人的，在该候选人申请之日至该选举日期前日的期间、在其推荐、或支持的候选人（以下本条及第二百〇一条之六中称"推荐候选人"）所属选举区内，在该推荐候选人的数的四倍的次数以内，可为了推荐候选人的竞选活动而举行推荐演说会。

二、欲接受前项规定的适用的政党及其他政治团体，根据政令的规定，须附加作为推荐或支持的公职候选人的政党及其他政治团体的推荐候选人的同意书，向管理该选举事务的选举管理委员会提出申请，接受其确认书。

三、关于第一项规定的适用，作为一政党及其他政治团体的推荐候选人之人，在该选举中不能成为该政党及其他政治团体以外的政党及其他政治团体的推荐候选人，此外，接受第二百〇一条之六第三项的确认书的政党及其他政治团体的所属候选人之人，在该选举中不能成为政党及其他政治团体的推荐候选人。

四、提交第二项的确认书的都道府县选举管理委员会，须立即通知总务大臣。

五、第一百六十六条（限第一号相关部分）的规定，不适用于第一项的推荐演说会。

六、用于第一项的推荐演说会的文书图画（通过利用网站等方法发布的除外），限符合以下各号之一的，可进行张贴或发布。

1. 举办推荐演说会的海报。

2. 推荐演说会会场中，举办推荐演说会的海报、告示牌及看板之类。

3. 室内推荐演说会会场内，举办推荐演说会的投影等之类。

七、前项第一号的海报，每个推荐演说会的会场不能超过五百枚。

八、第六项第一号的海报中，不得记载该选举区的特定候选人的姓名或其姓名被类推的事项。

九、第一百四十三条第六项、第一百四十四条第二项前段、第四项及第五项、第一百四十五条与第一百七十八条之二的规定，适用于第六项第一号的海报；第一百四十三条第八项及第九项以及第一百四十三条之二的规定适用于第六项第二号的海报、告示牌及看板之类。在这种情况下，第一百四十四条第五项后段中"候选人申请政党"是指"接受第二百〇一条之四第二项的确认书的政党及其他政治团体"，"该候选人申请政党的名称、众议院名簿申请政党等使用的、为标识该众议院名簿申请政党等的名称及是前项海报的记号；参议院名簿登记者使用的、为该参议院名簿登记者相关的参议院名簿申请政党等的名称"是指"该政党及其他政治团体的名称"，第一百四十五条第一项补充条款中"总务省令规定之物以及第一百四十四条之二及第一百四十四条之四的张贴场所张贴的情况"是指"总务省令规定的"。

## 第十四章之三 政党及其他政治团体等选举中的政治活动

**第二百〇一条之五　总选举中政治活动的限制**

政党及其他进行政治活动的团体，除了特定情况之外，其政治活动中、举行政谈演说会及街头政谈演说、张贴海报、告示牌及看板之类（在政党及其他政治团体的本部或支部的事务处中张贴的除外。以下同）及散发（这些海报、告示牌或看板之类或传单中，张贴或发布标识有政党及其他进行政治活动的团体的象征标志的除外。以下同）传单（含类似的文书图画。以下同）及使用宣传（含普及宣传政党及其他进行政治活动的团体发行的报纸、杂志、书籍及小册子。以下同）用的汽车、船舶和扩声器，限于众议院的总选举日期公示之日至选举当日的期间。

**第二百〇一条之六　通常选举中政治活动的限制**

一、政党及其他进行政治活动的团体，其政治活动中、举行政谈演说会及街头政谈演说、张贴海报、告示牌及看板之类及散发传单及使用宣传用的汽车、船舶和扩声器，限于参议院的通常选举日期公示之日至选举当日的期间。但，参议院名簿申请政党等或该选举中在全国拥有十人以上所属候选人的政党及其他政治团体，对于以下各号所列政治活动，在其选举日期公示之日至选举日期前日的期间，按照该各号规定进行的情况，不在此限。

1. 关于举行政谈演说会，众议院（小选举区选出）议员的每个选举区一次。

2. 关于举行街头政谈演说，在根据第三号的规定、使用的汽车中停止的车上及周围。

3. 关于使用用于政策的普及宣传（含普及宣传政党及其他进行政治活动的团体发行的报纸、杂志、书籍及小册子。以下同）及演说的告知的汽车，政党及其他政治团体的本部及支部在六台以内，所属候选人（含参议院名簿登记者。以下本条同）人数超过十人时，超过的人数每增加五人增加一台所得数量以内。

3(2)．关于政策的普及宣传及演说告知用的扩声器的使用，在政谈演说会的会场、街头政谈演说（含政谈演说）的场所及根据前号规定、使用的汽车上。

4. 关于张贴海报，长85厘米、宽60厘米以内的、为七万枚以内，所属候选人的人数超过十人时，超过的人数每增加五人增加五千枚所得数量以内。

5. 关于张贴告示牌及看板之类：

甲、举办政谈演说会告知使用（每个政谈演说会，告示牌及看板之类在五个以内）及在其会场内使用；

乙、在根据第三号的规定、使用的汽车上安装使用。

6. 关于发布传单（散发除外），向总务大臣申报的三种以内。

二、前项第四号的海报及同项第六号的传单，不管第一百四十二条及第一百四十三条规定，可为用于该参议院名簿申请政党等或所属候选人的竞选活动。但，不得用于记载该选举区（没有选举区时，为举行选举的区域）的特定候选人的姓名或其姓名被类推的事项。

三、欲接受第一项补充条款的规定的适用的政党及其他政治团体，根据政令规定，须记载所属候选人的姓名及其他必要的事项，向总务大臣申请，接受其确认书。

四、总务大臣，在交付前项的确认书时，须通知都道府县选举管理委员会。

五、关于第一项规定的适用，作为接受第三项的确认书的政党及其他政治团体的所属候选人之人，在该选举中，不能成为该政党及其他政治团体以外的政党及其他政治团体的所属候选人，此外，政党及其他政治团体的推荐候选人，在该选举中，不能成为政党及其他政治团体的所属候选人。

**第二百〇一条之七　众议院议员或参议院议员的再选举或补缺选举的规制**

一、第二百〇一条之五的规定，适用于众议院议员的再选举或补缺选举。在这种情况下，同条中"限众议院议员总选举日期公示之日至选举当日的期间"是指"限在举行众议院议员再选举或补缺选举的区域、其选举日期告示之日至选举当日的期间"。

二、前条的规定，适用于参议院议员的再选举或补缺选举。在这种情况下，同条第一项正文中"限参议院议员的通常选举日期公示之日至选举当日的期间"是指"限在举行参议院议员再选举或补缺选举的区域、其选举日期告示之日至选举当日的期间"、同项补充条款中"在全国十人"是指"一人"、"公示"是指"告示"。同项第三号规定的汽车台数，不考虑所属候选人（参议院比例代表选出议员的选举，为参议院名簿登记者）的数量，为一台。关于参议院（选举区选出）议员的再选举或补缺选举，同项第四号规定的海报数量，不考虑候选人的数量，为众议院（小选举区选出）议员的每一选举区五百枚以内；同项第六号的传单的申报，向管理该选举事务的选举管理委员会进行。

**第二百〇一条之八　都道府县或指定都市的议会议员选举中政治活动的规制**

一、政党及其他进行政治活动的团体，其政治活动中，举行政谈演说会及街头政谈演说，张贴海报、告示牌及看板之类及散发传单及使用宣传用的汽车、船舶和扩声器，限于举行都道府县议会议员或指定都市议会议员的一般选举的区域、其选举日期公示之日至选举当日的期间。但，在举行选举的区域拥有十人以上所属候选人的政党及其他政治团体，对于以下各号所列政治活动，在其选举日期公示之日至选举日期前日的期间，按照该各号规定进行的情况，不在此限。

1. 关于举行政谈演说会，相当于所属候选人的人数四倍的次数。

2. 关于举行街头政谈演说，在根据次号的规定、使用的汽车中停止的车上及周围。

3. 关于使用用于政策的普及宣传及演说的告知的汽车，政党及其他政治团体的本部及支部在一台以内，所属候选人的人数超过三人时，超过的人数每增加五人增加一台所得数量以内。

3(2). 关于政策的普及宣传及演说告知用的扩声器的使用，在政谈演说会的会场、街头政谈演说（含政谈演说）的场所及根据前号规定、使用的汽车上。

4. 关于张贴海报，每一选举区、长85厘米、宽60厘米以内的、为一百枚以内，该选举区的所属候选人的人数超过一人时，超过的人数每增加一人增加五十枚所得数量以内。

5. 关于张贴告示牌及看板之类：

甲、举办政谈演说会告知使用（每个政谈演说会，告示牌及看板之类在五个以内）及在其会场内使用；

乙、在根据第三号的规定、使用的汽车上安装使用。

6. 关于发布传单（散发除外），向管理该选举的选举管理委员会申报的两种以内。

二、第二百〇一条之六第二项的规定，适用于前项第四号的海报及同项第六号的传单；同条第三项的规定，适用于欲接受第一项补充条款的规定的适用的政党及其他政治团体；同条第五项的规定，适用于适用第一项的规定的情况。在这种情况下，同条第二项中"该参议院名簿申请政党等或所属候选人"是指"所属候选人"、同条第三项中"总务大臣"是指"管理该选举的选举管理委员会"。

三、前两项的规定，适用于都道府县议会议员或指定都市议会议员的再选举、补缺选举或增员选举。在这种情况下，第一项中"在举行选举的区域三人以上的候选人"是指"所属候选人"。

**第二百〇一条之九　都道府县知事或市长选举中政治活动的规制**

一、政党及其他进行政治活动的团体，其政治活动中，举行政谈演说会及街头政谈演说，张贴海报、告示牌及看板之类及散发传单及使用宣传用的汽车、船舶和扩声器，限于举行都道府县知事或市长的选举的区域、其选举日期公示之日至选举当日的期间。但，政党及其他政治团体中、拥有所属候选人或支援候选人（根据第八十六条之四第三项的规定，没有被记载为政党及其他政治团体的所属者的公职候选人中、该政党及其他政治团体推荐或支持的人。以下本条及第二百〇一条之十一同）的，对于以下各号所列政治活动，在其选举日期公示之日至选举日期前日的期间，按照该各号规定进行的情况，不在此限。

1. 关于举行政谈演说会，都道府县知事选举、众议院（小选举区选出）议员的每一选举区为一次；市长选举、举行该选举的区域为两次。

2. 关于举行街头政谈演说，在根据第三号的规定、使用的汽车中停止的车上及周围。

3. 关于使用用于政策的普及宣传及演说的告知的汽车，政党及其他政治团体的本部及支部在一台以内。

3(2). 关于政策的普及宣传及演说告知用的扩声器的使用，在政谈演说会的会场、街头政谈演说（含政谈演说）的场所及根据前号规定、使用的汽车上。

4. 关于张贴海报，都道府县知事选举，众议院（小选举区选出）议员的每一选举区，长85厘米、宽60厘米以内的，为五百枚以内；市长选举，举行该选举的区域，长85厘米、宽60厘米以内的，为一千枚以内。

5. 关于张贴告示牌及看板之类：

甲、举办政谈演说会告知使用（每个政谈演说会，告示牌及看板之类在五个以内）及在其会场内使用；

乙、在根据第三号的规定、使用的汽车上安装使用。

6. 关于发布传单（散发除外），向管理该选举的选举管理委员会申报的两种以内。

二、第二百〇一条之六第二项的规定，适用于前项第四号的海报及同项第六号的传单。在这种情况下，同项第二项中"该参议院名簿申请政党等或所属候选人"是指"所属候选人或支援候选人"。

三、欲接受第一项补充条款的规定的适用的政党及其他政治团体，根据政令规定，记载所属候选人或支援候选人的姓名，对于支援候选人、须附加本人愿意作为该政党及其他政治团体的支援候选人的同意书，向管理该选举事务的选举管理委员会申请，接受其确认书。

四、关于第一项规定的适用，作为接受前项的确认书的一政党及其他政治团体的所属候选人或支援候选人之人，在该选举中，不能成为该一政党及其他政治团体以外的政党及其他政治团体的所属候选人或支援候选人，此外，在该选举中，不能成为该一政党及其他政治团体的支援候选人或所属候选人。

**第二百〇一条之十　举行两个以上选举情况下的政治活动**

前五条的规定，在举行这几条所列的两个以上选举的情况下，举行一选举的区域包含举行其他选举的区域的全部或部分，且，从一选举日期告示之日至选举当日的期间涉及其他选举日期公示之日或告示之日至选举当日的期间时，不得妨碍根据这几条规定、进行政治活动的政党及其他政治团体，在这两个以上选举重复举行的区域、在其期间、根据各自规定进行政治活动。

**第二百〇一条之十一　政治活动的状况**

一、本章规定的政谈演说会及街头政谈演说中，除了政策的普及宣传之外，也可以为所属候选人（参议院比例代表选出议员的选举，为该参议院名簿申请政党等或该参议院名簿登记者；都道府县知事或市长选举，为所属候选人或支援候选人）的竞选活动进行演说。在这种情况下，第一百六十四条之三及第一百六十六条（限第一号相关部分）的规定不适用于政谈演说会，第一百六十四条之五的规定不适用于街头政谈演说。

二、举行本章规定的政谈演说会时，政党及其他政治团体，须事先向该政谈演说会场所在的都道府县的选举管理委员会（指定都市议会议员及市长选举时，为市选举管理委员会）提出申请。

三、本章规定的汽车，须根据总务大臣（都道府县议会议员、都道府县知事、指定都市议会议员及市长选举时，为管理该选举事务的选举管理委员会）的规定、进行标识。

四、本章规定的海报，根据计划张贴场所所在的都道府县的选举管理委员会（参议院议员的通常选举及参议院比例代表选出议员的再选举或补缺选举时，为总务大臣；指定都市议会议员或市长选举时，为市选举管理委员会）的规定，须接受该都道府县选举管理委员会（参议院议员的通常选举及参议院比例代表选出议员的再选举或补缺选举时，为总务大臣；指定都市议会议员或市长选举时，为市选举管理委员会）的检印或交付的标签，否则不得张贴。在这种情况下，都道府县选举管理委员会（指定都市议会的议员或市长选举时，为市选举管理委员会）进行的检印或交付的标签，须在每个众议院（小选举区选出）议员的选举区（都道府县议会议员或指定都市议会议员选举时，为该选举的选举区）进行区分。

五、本章规定的海报，其表面须记载该政党及其他政治团体的名称与张贴责任者及印刷者的姓名（法人时，为名称）及住所；本章规定的传单，其表面须记载该政党及其他政治团体的名称、选举的种类以及标识是本章规定的传单的记号。

六、第一百四十五条规定，适用于本章规定的海报及告示牌及看板之类。在这种情况下，同条第一项补充条款中"在总务省令规定之物及第一百四十四条之二及第一百四十四条之四的张贴场所张贴的情况"是指"总务省令规定之物"。

七、第一百四十三条第六项的规定，适用于本章规定的海报，第一百七十八条之二的规定，适用于本章规定的海报中、用于所属候选人（参议院比例代表选出议员的选举、为该参议院名簿申请政党等或该参议院名簿登记者；都道府县知事或市长的选举、为所属候选人或支援候选人）的竞选活动的。

八、举行本章规定的政谈演说会、告知用的告示牌及看板之类，须根据该政谈演说会场所在的都道府县的选举管理委员会（指定都市议会议员或市长选举时，为市选举管理委员会）的规定、进行标识。

九、前项的告示牌及看板之类，其表面须记载张贴责任者的姓名及住所。

十、本章规定的告示牌或看板之类的张贴者，根据本章规定、使用的汽车停止用于政策的普及宣传及演说的告知时、或政谈演说会结束时，须立即撤去。

十一、都道府县或市町村的选举管理委员会认为，用于政治活动的文书图画违反本章规定张贴的或违反前项规定未撤去的，可让其撤去。在这种情况下，都道府县或市町村的选举管理委员会，事先向该警察署署长进行通报。

**第二百〇一条之十二　政谈演说会等的限制**

一、政党及其他政治团体，不得在午后八时至翌日午前八时之间举行本章规定的街头政谈演说。

二、政党及其他政治团体，在举行两个以上的选举时，一选举日期公示或告示之日至其选举日期前日的期间涉及其他选举的日期时，当日至该投票所关闭的期间，不得在设置投票所的场所的入口三百米以内的区域举行本章规定的政谈演说会或街头政谈演说。在次条第一项补充条款规定的汽车上进行政治活动的连呼行为，同样处理。

三、第一百四十条之二第二项及第一百六十四条之六第三项的规定，适用于举行本章规定的街头政谈演说的政党及其他政治团体。

**第二百〇一条之十三　禁止连呼行为等**

一、政党及其他进行政治活动的团体，在各选举中，限于选举日期公示或告示之日至选举当日的期间，为了政治活动不得进行以下各号所列行为。但，关于第一号的连呼行为，在本章规定的政谈演说会的会场及街头政谈演说的场所进行的及限午前八时至午后八时的期间、在本章规定的用于政策的普及宣传及演说的告知的汽车上进行的以及关于第三号的文书图画的发布、在本章规定的政谈演说会的会场进行的，不在此限。

1. 连呼行为。

2. 不论以任何名义在张贴或发布的文书图画（通过利用报纸及杂志及因特网等方法发布的除外）中记载该选举区（没有选举区时，为举行选举的区域）的特定候选人的姓名或其姓名被类推的事项。

3. 国家或地方公共团体所有或管理的建筑物（职工专用住宅及公营住宅除外）中进行文书图画（报纸及杂志除外）的发布（通过邮政等或报纸折纸的方法进行的发布除外）。

二、第一百四十条之二第二项的规定，适用于进行前项规定的政治活动的连呼行为的政党及其他政治团体。

**第二百〇一条之十四　撤除竞选活动前张贴的海报**

一、在各选举中，该选举日期公示或告示前政党及其他进行政治活动的团体张贴用于其政治活动的海报的，在该海报上其姓名或其姓名被类推的事项被记载者在该选举区成为候选人时，在成为候选人之日，须在该选举区（没有选举区时，为举行举选的区域）撤除该海报。

二、都道府县或市町村的选举管理委员会认为，违反前项规定未撤除海报时，可让其撤除。在这种情况下，都道府县或市町村的选举管理委员会，事先向该警察署署长进行通报。

### 第二百〇一条之十五　政党及其他政治团体的机关报纸与杂志

一、关于政党及其他政治团体发行报纸及杂志，限在众议院议员、参议院议员、都道府县议会议员、都道府县知事、指定都市议会议员或市长选举日期公示或告示之日至选举当日的期间，不适用于第一百四十八条第三项规定，众议院的议员选举，在候选人申请政党或众议院名簿申请政党等的本部；众议院议员选举以外的选举，能够在进行本章规定的政治活动的政党及其他政治团体的本部直接发行，且，通过通常方法［关于机关报纸，含在政谈演说会（众议院议员选举，为政党演说会或等政党等演说会）的会场发布的情况］发布的机关报纸或机关杂志，限向总务大臣（都道府县议会议员、都道府县知事、指定都市议会议员或市长的选举，为管理该选举事务的选举管理委员会）申请的各一份，且，机关报纸或机关杂志的号外、临刊、增刊及其他临时发行的除外，适用于同条第一项及第二项的规定。在这种情况下，同条第二项中"通常方法（在竞选活动期间及选举当日，对定期订阅者以外之人发布报纸及杂志的，限有偿发布的情况）"，对于该机关报纸或杂志连续发行时间未满六个月的，是指"通常方法［限在政谈演说会（众议院议员的选举，为政党演说会或政党等演说会）的会场进行的情况］"，对于该机关报纸或杂志连续发行时间在六个月以上的，是指"通常方法（在该选举日期公示或告示之日前六个月间、平常采用的方法，不含其间采用的临时或特别的方法）"。

二、前项的申请中，须记载该机关报纸或杂志的名称以及编辑人和发行人的姓名及其他政令规定的事项。

三、关于第一项规定的适用，该机关报纸或杂志的号外、临刊、增刊及其他临时发行的、即便没有刊登该选举相关的报道及评论，但记载该选举区（没有选举区时，为举行选举的区域）的特定候选人的姓名或其姓名被类推的事项时，视为在该选举区（没有选举区时，为举行选举的区域）同项规定的该机关报纸或杂志的号外、临刊、增刊及其他临时发行的。

## 第十五章 争 讼

**第二百〇二条 地方公共团体议会议员及首长的选举效力相关的异议及审查的提出**

一、关于地方公共团体议会议员及首长的选举，对选举效力不服的选举人或公职候选人，在该选举日起十四日内、可以以书面形式向管理该选举事务的选举管理委员会提出异议。

二、根据前项规定、对市町村选举管理委员会提出异议时，对其决定不服，在收到决定书之日或第二百一十五条规定的告示之日起二十一日内，可以以书面形式向该都道府县的选举管理委员会提出审查。

**第二百〇三条 关于地方公共团体议会议员或首长的选举效力的诉讼**

一、关于地方公共团体议会议员或首长的选举，对都道府县选举管理委员会对前条第一项的异议或同条第二项的审查的决定不服者，可以将该都道府县选举管理委员会作为被告、其决定书或裁决书的接收之日或第二百一十五条规定的告示之日起三十日内，向高等法院提起诉讼。

二、关于地方公共团体议会议员或首长的选举效力的诉讼，只能对都道府县选举管理委员会对前条第一项或同条第二项规定的异议或审查的决定或裁决提起。

**第二百〇四条 关于众议院议员或参议院议员的选举效力的诉讼**

关于众议院议员选举或参议院议员的选举，对其选举效力有异议的选举人或公职候选人（众议院小选举区选出议员的选举、为候选人或候选人申请政党；众议院比例代表选出议员的选举、为众议院名簿申请政党等；

参议院比例代表选出议员的选举、为参议院名簿申请政党等或参议院名簿登记者），可以将众议院（小选举区选出）议员或参议院（选举区选出）议员的选举时的该都道府县选举管理委员会、众议院（比例代表选出）议员或参议院（比例代表选出）议员的选举时的中央选举管理会作为被告，该选举之日起三十日内、向高等法院提起诉讼。

**第二百〇五条　选举效力的决定、裁决或判决**

一、对于选举效力，提出异议、审查、诉讼时，限于违反选举规定有可能给选举结果带来变动的情况，该选举管理委员会或法院，须决定、裁决或判决其选举的全部或部分无效。

二、根据前项规定、该选举管理委员会或法院决定、裁决或判决其选举的全部或部分无效时，能够区分当选不会有变动之人时，可以一起决定、裁决或判决限其本人不失去当选。

三、前项中、当选发生变动的有无的接受者（以下本条中称"该候选人"）的得票数（部分无效相关区域以外的区域中的得票数。以下本条同）分别减去以下所列各得票数所得各数的合计数，比选举部分无效相关区域的选举人的人数多时，该候选人被视为当选不会发生变动之人。

1. 从得票数最多者依次数，位于该选举中应选议员人数的顺位的后一位的候选人的得票数。

2. 得票数比前号的候选人多、比该候选人少的候选人的得票数。

四、前项的选举部分无效相关区域中的候选人是，第二项规定的决定、裁决或判决之前在该选举部分无效相关区域举行的选举的当日投票的可以投票之人。

五、关于众议院（比例代表选出）议员或参议院（比例代表选出）议员的选举，前三项的规定不适用，根据第一项的规定、即使判决该选举部分无效，众议院名簿申请政党等或参议院名簿申请政党等相关的当选人的人数的决定及当选人的决定，直至公示基于该再选举结果的新决定的期间（根据第三十三条之二第六项的规定、不举行该再选举时，为直至该议员任期届满之日的期间），仍有效力。

**第二百〇六条　地方公共团体议会议员或首长的当选效力相关的异议及审查的提出**

一、对地方公共团体议会议员或首长的当选效力不服的选举人或公职候选人，在第一百〇一条之三第二项或第一百〇六条第二项规定的告示之日起十四天内，可以书面形式向管理该选举事务的选举管理委员会提出异议。

二、根据前项规定、向市町村选举管理委员会提出异议时，对其决定不服者，在收到决定书之日或第二百一十五条规定的告示之日起二十一日内，可以以书面形式向该都道府县的选举管理委员会提出审查。

**第二百〇七条　地方公共团体议会议员或首长的当选效力相关的诉讼**

一、关于地方公共团体议会议员或首长的选举，对都道府县选举管理委员会对前条第一项的异议或同条第二项的审查的决定或裁决不服者，可以将该都道府县选举管理委员会作为被告、其决定书或裁决书的接收之日或第二百一十五条规定的告示之日起三十日内，向高等法院提起诉讼。

二、第二百〇三条第二项的规定，适用于提起地方公共团体议会议员或首长的当选效力相关的诉讼的情况。

**第二百〇八条　关于众议院议员或参议院议员的当选效力相关的诉讼**

一、关于众议院议员选举或参议院议员选举，未当选者（含众议院小选举区选出议员的选举，为候选人申请政党；众议院比例代表选出议员的选举，为众议院名簿申请政党等；参议院比例代表选出议员的选举，为参议院名簿申请政党等）中对当选效力不服的，可以将众议院（小选举区选出）议员或参议院（选举区选出）议员的选举时的该都道府县选举管理委员会、众议院（比例代表选出）议员或参议院（比例代表选出）议员的选举时的中央选举管理会作为被告，第一百〇一条第二项、第一百〇一条之二第二项、第一百〇一条之二（二）第二项或第一百〇一条之三第二项或第一百〇六条第二项规定的告知之日起三十日内、向高等法院提起诉讼。但，在众议院（比例代表选出）议员的选举中，不能以与该选举同时举行的众议院（小选举区选出）议员选举中选举或当选的效力相关事由为理由、提起当选效力相关的诉讼。

二、提起众议院议员（比例代表选出）的当选效力相关的诉讼时，众议院名簿申请政党等相关的当选人的人数的决定有错误时，法院须判决该众议院名簿申请政党等相关的当选人的人数的决定无效。在这种情况下，须一起判决该众议院名簿申请政党等不失去的当选人的人数。

三、前项规定，适用于提起参议院议员（比例代表选出）的当选效力相关的诉讼的情况。在这种情况下，同项中"众议院名簿申请政党等"是指"参议院名簿申请政党等"。

第二百〇九条　当选效力相关诉讼中选举无效的决定、裁决或判决

一、对于当选效力，提出异议、审查、诉讼时，其选举符合第二百〇五条第一项的规定时，该选举管理委员会或法院，须决定、裁决或判决其选举的全部或部分无效。

二、第二百〇五条第二项至第五项的规定，适用于前项的情况。

第二百〇九条之二　当选效力相关诉讼中的潜在无效投票

一、对于当选效力，提出异议、审查、诉讼时，被推定为选举当日无选举权之人的投票及其他本来应该无效的投票、其无效原因没有表现出来的投票而算入有效投票的，且，其归属不明的，该选举管理委员会或法院，关于第九十五条或第九十五条之二或第九十五条之三的规定的适用相关的公职候选人或各众议院名簿申请政党等或各参议院名簿申请政党等的有效投票的计算，在其每一开票区，从各公职候选人或各众议院名簿申请政党等或各参议院名簿申请政党等的得票数［各参议院名簿申请政党等的得票数，含该参议院名簿申请政党等相关的各参议院名簿登记者（限该选举日期、公职候选人。以下本项及次项同）的得票数］中减去、该无效投票数按照各公职候选人或各众议院名簿申请政党等或各参议院名簿申请政党等的得票数（各参议院名簿申请政党等的得票数，含该参议院名簿申请政党等相关的各参议院名簿登记者的得票数）按比例分配所得之数。

二、前项中，关于各参议院名簿申请政党等相关的各参议院名簿登记者的有效投票及该参议院名簿申请政党等的有效投票（不含各参议院名簿

申请政党等相关的各参议院名簿登记者的有效投票）的计算，在每一开票区，从各参议院名簿登记者的得票数及该参议院名簿申请政党等的得票数（不含各参议院名簿申请政党等相关的各参议院名簿登记者的得票数。以下本项同）分别减去、前项规定的分配的数量按照各参议院名簿登记者的得票数及该参议院名簿申请政党等的得票数按比例分配所得之数。

**第二百一十条　因主要负责人、出纳负责人等选举犯罪、公职候选人的当选效力及提名候选资格相关的诉讼等**

一、第二百五十一条之二第一项第二号至第三号所列之人，因第二百二十一条第三项、第二百二十二条第三项、第二百二十三条第三项或第二百二十三条之二第二项的规定，被处以刑罚时，或出纳责任人，因第二百四十七条规定，被处以刑罚时，与这些人相关的公职候选人收到第二百五十四条之二第一项规定的通知时，该公职候选人，可以将检察官作为被告，收到该通知之日起三十日内，以这些人不符合该公职候选人相关的第二百五十一条之二第一项第一号至第三号所列之人或出纳负责人、或符合同条第四项各号所列情况为理由，向高等法院提起诉讼，要求确认该公职候选人在该选举区的当选有效、该公职候选人在该选举相关的选举区（没有选举区时，为举行选举的区域）举行的该公职相关选举中可以成为或是公职候选人、该公职候选人在与该公职候选人是众议院（小选举区选出）议员选举的候选人的该选举同时举行的众议院（比例代表选出）议员选举中的当选有效。但，该公职候选人在接收第二百五十四条之二第一项的通知之日起三十日的期间，在发布该公职候选人在该选举中被确定为当选人、该当选人相关的第一百〇一条第二项、第一百〇一条之二（二）第二项或第一百〇一条之三第二项规定的告示时、或发布该公职候选人是众议院（小选举区选出）议员选举的候选人、同时在与该选举同时举行的众议院（比例代表选出）议员选举中被确定为当选人、该当选人相关的第一百〇一条之二第二项规定的告示时，要求确认该当选人的当选有效的诉讼提出期间为，该告示之日起三十日内。

二、第二百五十一条之二第一项第二号至第三号所列之人，因第二百二十一条第三项、第二百二十二条第三项、第二百二十三条第三项或第二百二十三条之二第二项的规定，被处以刑罚时，或出纳责任人，因第二百四十七条规定，被处以刑罚时，与这些人相关的公职候选人收到第二百五十四条之二第一项规定的通知之日起三十日后，再发布该公职候选人在接收第二百五十四条之二第一项的通知之日起三十日的期间，在发布该公职候选人在该选举中被确定为当选人、该当选人相关的第一百〇一条第二项、第一百〇一条之二（二）第二项或第一百〇一条之三第二项规定的告示时，或发布该公职候选人是众议院（小选举区选出）议员选举的候选人、同时在与该选举同时举行的众议院（比例代表选出）议员选举中被确定为当选人、该当选人相关的第一百〇一条之二第二项规定的告示时，根据第二百五十一条之二第一项或第三项的规定、认为该当选人的当选无效的检察官，须将当选人作为被告，在该告示之日起三十内，向高等法院提起诉讼。

**第二百一十一条　因主要负责人、出纳负责人等选举犯罪、公职候选人的当选无效及禁止提名候选的诉讼**

一、第二百五十一条之二第一项各号所列之人或第二百五十一条之三第一项规定的竞选活动管理者犯有第二百二十一条、第二百二十二条、第二百二十三条、第二百二十三条之二之罪而被处以刑罚，因此，根据第二百五十一条之二第一项或第二百五十一条之三第一项的规定，认为该公职候选人或将成为该公职候选人之人（以下本条及第二百一十九条第一项称"公职候选人等"）在该选举区的当选无效、该公职候选人在该选举相关的选举区（没有选举区时，为举行选举的区域）举行的该公职相关选举中不能成为或是公职候选人、该公职候选人在与该公职候选人是众议院（小选举区选出）议员选举的候选人的该选举同时举行的众议院（比例代表选出）议员选举中的当选无效的检察官，前条规定的情况除外、须将该公职候选人作为被告，其判决确定之日起三十日内，向高等法院提起诉讼。但，该判决确定之日后，发布该公职候选人在选举中被确定为当选人、该当选人相关的第一百〇一条第二项、第一百〇一条之二（二）第二项或第一百〇一条之三第二项规定的告示时、或发布该公职候选人是众议院（小选举区选出）议员选举的候选人、同时在与该选举同时举行的众议院（比例代表选出）议员选举中被确定为当选人、该当选人相关的第一百〇一条之二第二项规定的告示时，该当选人的当选相关的当选无效的诉讼提出期间为，该告示之日起三十日内。

二、第二百五十一条之四第一项各号所列之人，犯有第二百二十一条至第二百二十三条、第二百二十五条、第二百二十六条、第二百三十九条第一项第一号、第三号或第四号或第二百三十九条之二之罪而被处以刑罚，根据第二百五十一条之四第一项的规定、认为该当选人的当选无效的检察官，须将当选人作为被告，其判决确定之日起三十日内，向高等法院提起诉讼。在这种情况下，适用于前项补充条款的规定。

**第二百一十二条　要求选举人等出面及作证**

一、选举管理委员会，对于本章规定的异议、审查、认为其决定或裁决有必要时，可以要求选举人及其他相关者出面或作证。

二、民事诉讼相关法令规定中、问询证人的相关规定，适用于根据前项规定、选举管理委员会可以要求选举人及其他相关者出面或作证的情况。但，关于罚款、拘役、拘留、违章罚款的规定，不在此限。

三、根据第一项规定，出面的选举人及其他相关者所需实际费用，该地方公共团体须根据条例规定，予以偿还。

**第二百一十三条　争讼的处理**

一、关于本章规定的争讼，对异议的决定须在接受其提出之日起三十日内作出，对审查的裁决须在受理其提出之日起六十日内作出，诉讼判决须在受理事件之日起一百日内作出。

二、关于前项诉讼，不管其他诉讼的顺序如何，法院须尽快作出判决。

**第二百一十四条　争讼的提出与处分的执行**

即使提出本章规定的异议、审查或诉讼，也不停止执行处分。

**第二百一十五条　决定书、裁决书的交付及其要旨的告示**

对第二百〇二条第一项及第二百〇六条第一项的异议的决定或对第二百〇二条第二项及第二百〇六条第二项的审查的裁决，须以书面形式、附加理由交付给异议或审查的提出人，同时告示其要旨。

**第二百一十六条　《行政不服审查法》的适用**

一、关于第二百〇二条第一项及第二百〇六条第一项的异议，除本章规定的之外，适用于《行政不服审查法》第十一条至第十三条、第十五条第一项第一号至第四号、第六号、第二项及第四项、第二十一条、第二十四条、第二十五条、第二十六条、第二十八条至第三十一条、第三十六条、第三十九条、第四十四条及第四十七条第一项及第二项的规定。

二、关于第二百〇二条第二项及第二百〇六条第二项的审查，除本章规定的之外，适用于《行政不服审查法》第九条第二项及第三项、第十一条至第十三条、第十五条第一项第一号至第四号、第六号、第二项及第四项、第二十一条至第二十六条、第二十八条至第三十一条、第三十三条、第三十六条、第三十九条、第四十条第一项及第二项、第四十三条第一项及第四十四条的规定。

三、在前两项的情况下，前两项规定的《行政不服审查法》的规定中"处分厅"是指"管理该选举事务的选举管理委员会"。

**第二百一十七条　诉讼管辖**

第二百〇三条第一项、第二百〇四条、第二百〇七条第一项、第二百〇八条第一项、第二百一十条或第二百一十一条规定的诉讼，由管辖管理该选举事务的选举管理委员会所在地的高等法院（对于众议院比例代表选出议员的选举，第二百〇四条或第二百〇八条第二项规定的诉讼为东京高等法院、第二百一十条或第二百一十一条规定的诉讼为，管辖管理该公职候选人是与该选举同时举行的众议院小选举区选出议员选举的候选人相关的该众议院小选举区选出议员选举相关事务的选举管理委员会所在地的高等法院；对于参议院比例代表选出议员的选举，为东京高等法院）专属管辖。

**第二百一十八条　选举关联诉讼中的检察官的监督**

法院，在判决本章规定的诉讼时，可以让检察官监督口头辩论。

**第二百一十九条　诉讼法规对选举关联诉讼的适用**

一、关于本章（第二百一十条第一项除外）规定的诉讼，不管《行政事件诉讼法》（昭和三十七年法律第一百三十九号）第四十三条如何规定，同法第十三条、第十九条至第二十一条、第二十五条至第二十九条、第三十一条至第三十四条的规定不适用、此外同法第十六条至第十八条的规定仅适用于以下请求：争论一选举效力的多个请求、或根据第二百一十条第二项的规定、争论公职候选人的当选效力的多个请求、或根据第二百一十一条的规定、争论公职候选人的当选效力或提名候选的资格的多个请求、或争论选举效力的请求和根据第二百〇七条或第二百〇八条的规定、争论其选举中的当选效力的请求。

二、关于第二百一十条规定的诉讼，不管《行政事件诉讼法》第四十一条如何规定，同法第十三条、第十七条、第十八条的规定不适用、此外、同法第十六条、第十九条的规定仅适用于根据第二百一十条第一项的规定、争论公职候选人的当选无效或禁止提名候选的多个请求。

**第二百二十条　关于选举关联诉讼的通知及判决书抄本的抄送**

一、提起第二百〇三条、第二百〇四条、第二百〇七条或第二百〇八条规定的诉讼时，法院院长须通知总务大臣，且，众议院（比例代表选出）议员或参议院（比例代表选出）议员的选举，通知中央选举管理会，本法规定的其他选举，通过关联地方公共团体的首长通知管理该选举事务的选举管理委员会。其诉讼不审理时，同样处理。

二、提起第二百一十条、第二百一十一条规定的诉讼时，其诉讼不审理时，与前项同样处理。

三、前两项所列诉讼判决确定时，法院院长须将其判决书抄本抄送总务大臣，且，众议院（比例代表选出）议员或参议院（比例代表选出）议员的选举，抄送中央选举管理会，本法规定的其他选举，通过关联地方公共团体的首长抄送管理该选举事务的选举管理委员会。在这种情况下，关于众议院议员或参议院议员，一并抄送众议院议长或参议院议长，关于地方共团体议会议员，一并抄送该议会议长。

四、法院院长，关于众议院（小选举区选出）议员选举的候选人是与该选举同时举行的众议院（比例代表选出）议员选举的候选人，进行该众议院（小选举区选出）议员选举相关的第二项规定的通知或前项规定的抄送时，须一并通知中央选举管理会不审理第二项规定的诉讼或抄送前项的判决书抄本。

## 第十六章　罚　则

**第二百二十一条　收买及利害诱导罪**

一、有以下各号所列行为的，处以三年以下徒刑或监禁或五十万日元以下罚款。

1. 以当选或不当选为目的，对选举人或竞选活动者提供、提供申请、约定提供金钱、物品或其他财产上的利益或公私职位，或提供、提供申请、约定提供接待。

2. 以当选或不当选为目的，对选举人或竞选活动者，利用对其本人的或其本人相关的神社、寺庙、学校、公司、工会、市町村等的用水、租地、债权、捐赠及其他特殊的直接利害关系，进行诱导的。

3. 以投票或不投票、参加或不参加竞选活动或介绍劝诱的报酬为目的，对选举人或竞选活动者进行第一号所列的行为。

4. 接受或要求第一号或前号的提供、接待，同意第一号或前号的申请，响应或促进第二号的诱导。

5. 以第一号至第三号所列行为为目的，对竞选活动者提供、提供申请、约定提供金钱或物品，或竞选活动者接受、要求、同意申请其交付。

6. 关于前各号所列行为，进行介绍或劝诱时。

二、中央选举管理会委员或从事中央选举管理会事务的总务省职员、选举管理委员会委员或职员、投票管理者、开票管理者、选举长或选举分会长、或与选举事务相关的国家或地方公共团体的公务员在该选举中犯有前项之罪时，处以四年以下徒刑、监禁或一百万日元以下罚款。公安委员会委员或警察在关联区域内的选举中犯有前项之罪时，同样处理。

三、以下各号所列人员犯有第一项之罪时，处以四年以下徒刑、监禁或一百万日元以下罚款。

1. 公职候选人。

2. 竞选活动的主要负责人。

3. 出纳负责人（含经公职候选人或出纳负责人同意，在该公职候选人竞选活动相关支出金额中，根据第一百九十六条规定，支出告示金额的二分之一以上金额之人）。

4. 作为分为三个以内选举区（没有选举时，为举行选举的区域）的地区中一个或两个地区的竞选活动负责人，从第一号或第二号所列人员中确定，负责该地区的竞选活动之人。

**第二百二十二条　收买多人及利害诱导多人罪**

一、有以下各号所列行为的，处以五年以下徒刑或监禁。

1. 以谋求财产利益为目的，为公职候选人或将成为公职候选人之人，对多数选举人或竞选活动者进行前条第一项第一号至第三号、第五号或第六号所列行为或使其进行该行为。

2. 以谋求财产利益为目的，为公职候选人或将成为公职候选人之人，对选举人或者竞选活动者承办或使其承办或申请前条第一项第一号至第三号、第五号或第六号所列行为。

二、犯有前条第一项第一号至第三号、第五号或第六号之罪的人为惯犯时，与前项同样处理。

三、前条第三项各号所列的人犯有第一项之罪时，处以六年以下徒刑或监禁。

**第二百二十三条　对公职候选人及选举人的收买及利害诱导罪**

一、有以下各号所列行为的，处以四年以下徒刑或监禁或一百万日元以下罚款。

1. 以当或不当公职候选人或将成为公职候选人之人为目的、对公职候选人或将成为公职候选人，或以辞去当选为目的、对当选人，实施第二百二十一条第一项第一号或第二号所列行为。

2. 以当或不当公职候选人或将成为公职候选人之人、辞去当选或介绍劝诱的报酬为目的，对公职候选人、将成为公职候选人者或当选者，实施第二百二十一条第一项第一号所列行为。

3. 接受或要求前两号的提供、接待，同意前两号的申请或响应或促进第一号的诱导。

4. 关于前各号所列行为，进行介绍或劝诱的。

二、中央选举管理会委员或从事中央选举管理会事务的总务省职员、选举管理委员会委员或职员、投票管理者、开票管理者、选举长或选举分会长、与选举相关的国家或者地方公共团体的公务员在该选举中犯有前项之罪时，处以五年以下徒刑或监禁或一百万日元以下罚款。公安委员会委员或警察在关联区域内的选举中犯有前项之罪时，同样处理。

三、第二百二十一条第三项各号所列人员犯有第一项之罪时，处以五年以下徒刑或监禁或一百万日元以下罚款。

**第二百二十三条之二　报纸、杂志的非法利用罪**

一、违反第一百四十八条之二第一项或第二项规定的违反，处以五年以下徒刑或监禁。

二、第二百二十一条第三项各号所列人员犯有前项之罪时，处以六年以下徒刑或监禁。

**第二百二十四条　收买及利害诱导罪情况下的没收**

没收前四条情况下收受或接受交付的利益。不能没收其全部或部分的，追缴其价款。

**第二百二十四条之二　诱骗罪**

一、基于符合第二百五十一条之二第一项或第三项或第二百五十一条之三第一项的规定、以使公职候选人或将成为公职候选人之人（以下本条称"公职候选人等"）失去当选或失去提名候选资格为目的，与该公职候选人等以外的公职候选人等及其他公职候选人等的竞选活动的从事者进行沟通，诱导或挑拨与该公职候选人相关的第二百五十一条之二第一项各号所列人员或第二百五十一条之三第一项规定的竞选活动管理者等，使其犯有第二百二十一条、第二百二十二条、第二百二十三条、第二百二十三条之二或第二百四十七条之罪的人，处以一年以上五年以下徒刑或监禁。

二、第二百五十一条之二第一项各号所列人员或第二百五十一条之三第一项规定的竞选活动管理者等，基于符合第二百五十一条之二第一项或第三项或第二百五十一条之三第一项的规定、以使公职候选人等失去当选或失去提名候选资格为目的，与该公职候选人等以外的公职候选人等及其他公职候选人等的竞选活动的从事者进行沟通，犯有第二百二十一条至第二百二十三条之二或第二百四十七条之罪时，处以一年以上六年以下徒刑或监禁。

**第二百二十四条之三　候选人选定相关的犯罪**

一、在应成为众议院（小选举区选出）议员的候选人的选定、众议院名簿登记者的选定或参议院名簿登记者的选定上有权限者，在行使权限方面接受请托、收受或要求或约定财产利益时，处以三年以下徒刑。

二、提供、提供申请、约定提供的人，处以三年以下徒刑或一百万日元以下罚款。

三、在第一项的情况下，没收其收受的利益。不能没收其全部或部分时，追缴其价款。

**第二百二十五条　妨碍选举自由罪**

有关选举，有以下各号所列行为的，处以四年以下徒刑或监禁或一百万日元以下罚款。

1. 对选举人、公职候选人、将成为公职候选人之人，竞选活动者或当选人施以暴行或暴力、或施加威胁的。

2. 妨碍交通或集会便利、妨碍演说、或毁弃文书图画、使用其他伪技诈术等非法方法妨碍选举自由的。

3. 利用对选举人、公职候选人、将成为公职候选人之人，竞选活动者或当选人的或与其相关的神社、寺庙、学校、公司、工会、市町村等的用水、租地、债权、捐赠及其他特殊的利害关系，威迫选举人、公职候选人、将成为公职候选人之人，竞选活动者或当选人的。

**第二百二十六条　滥用职权，妨碍选举自由罪**

一、关于选举，国家或地方公共团体的公务员、行政执行法人或特定地方独立行政法人的干部或职员、中央选举管理会委员或从事中央选举管理会事务的总务省职员、选举管理委员会委员或职员、投票管理者、开票管理者、选举长或者选举分会长，故意懈怠职务的执行或无正当理由、追随公职候选人或竞选活动者，滥用进入其住宅或选举事务所等职权、妨碍选举自由时，处以四年以下监禁。

二、国家或地方公共团体的公务员、行政执行法人或特定地方独立行政法人的干部或职员、中央选举管理会委员或从事中央选举管理会事务的总务省职员、选举管理委员会委员或职员、投票管理者、开票管理者、选举长或选举分会长，对选举人要求其标识将投票的或已投票的被选举人的姓名（众议院比例代表选出议员选举时，为政党及其他政治团体的名称或简称，参议院比例代表选出议员选举时，为被选举人的姓名或政党及其他政治团体的名称或简称）时，处以六个月以下监禁或三十万日元以下罚款。

**第二百二十七条　侵害投票秘密罪**

中央选举管理会委员或从事中央选举管理会事务的总务省职员、选举管理委员会委员或职员、投票管理者、开票管理者、选举长或者选举分会长、与选举事务相关的国家或地方公共团体的公务员、监督人（含根据第四十八条第二项的规定、辅助投票的人及根据第四十九条第三项的规定、记载投票的人。以下同）或监视者标识选举人所投的被选举人的姓名（众议院比例代表选出议员选举时，为政党及其他政治团体的名称或简称，参议院比例代表选出议员选举时，为被选举人的姓名或政党及其他政治团体的名称或简称）时，处以两年以下监禁或三十万日元以下罚款。即使其标识的事实为虚假时，也同样处理。

**第二百二十八条　干涉投票罪**

一、在投票所（含日期前投票所。以下本章同）或开票所，无正当理由干涉选举人的投票、或使用认知被选举人的姓名（众议院比例代表选出议员选举时，为政党及其他政治团体的名称或简称，参议院比例代表选出议员选举时，为被选举人的姓名或政党及其他政治团体的名称或简称）方法的人，处以一年以下监禁或三十万日元的以下罚款。

二、没有根据法令规定、开启投票箱或取出投票箱的选票的人，处以三年以下徒刑或监禁或五十万日元以下罚款。

**第二百二十九条　对选举事务相关者、设施等的暴行罪、骚扰罪等**

对投票管理者、开票管理者、选举长或选举分会长、监督人或选举监视监查者施加暴行或胁迫，骚扰投票所、开票所、选举会场或选举分会场、或扣留、毁坏或夺取投票、投票箱及其他相关文件的人，处以四年以下徒刑或监禁。

**第二百三十条　聚众妨碍选举罪**

一、聚众犯有第二百二十五条第一号或前条之罪的，根据以下不同情况、进行判决。关于选举，聚众、妨碍交通或集会、或妨害演说的，同样处理。

1. 首谋者，处以一年以上七年以下徒刑或监禁。
2. 指挥他人或带头助势的，处以六个月以上五年以下徒刑或监禁。
3. 附和随行的，处以二十万以下罚款。

二、聚众犯有前项罪行，在接到公务员解散命令三次及以上，没有解散时，首谋者，处以两年以下监禁，其他人，处以二十万日元以下的罚金或罚款。

### 第二百三十一条　携带凶器罪

一、关于选举，枪支、刀剑、棍棒及其他足以杀伤人的物件的携带者，处以两年以下监禁或三十万日元以下罚款。

二、该警察认为有必要是，可扣押前项物件。

### 第二百三十二条　投票所、开票所、选举会场的携带凶器罪

携带前项物件进入投票所、开票所、选举会场或选举分会场的，处以三年以下监禁或五十万日元以下罚款。

### 第二百三十三条　没收携带的凶器

犯有前两条之罪的，没收其携带的物件。

### 第二百三十四条　选举犯罪的煽动罪

以演说或报纸、杂志、传单、电报、海报及其他任何方法，以煽动犯有第二百二十一条、第二百二十二条、第二百二十三条、第二百二十五条、第二百二十八条、第二百二十九条、第二百三十条、第二百三十一条或第二百三十二条的罪行为目的之人，处以一年以下监禁或三十万日元以下罚款。

### 第二百三十五条　虚假事项的公开罪

一、以当选或不当选为目的，关于公职候选人或将成为公职候选人之人的身份、职业或经历、其所属政党及其他政治团体、与其相关的候选人申请政党的候选人申请、与其相关的参议院名簿申请政党等的申请、或人或政党及其他政治团体对其推荐或支持，公开虚假事项的人，处以二年以下监禁或三十万日元以下罚款。

二、以当选或不当选为目的，关于公职候选人或将为公职候选人之人，公开虚假事项、或公开歪曲事实的人，处以四年以下徒刑或监禁或一百万日元以下罚款。

**第二百三十五条之二　报纸、杂志妨害选举公正罪**

符合以下各号之一的，处以两年以下监禁或三十万日元以下罚款。

一、违反第一百四十八条第一项补充条款（含在第二百〇一条之十五第一项中适用的情况）的规定，报纸或杂志妨害选举公正时，实际担任报纸或杂志编辑的人或担任报纸或杂志经营的人。

二、第一百四十八条第三项规定的报纸及杂志以及第二百〇一条之十五规定的机关报纸及机关杂志以外的报纸及杂志（含机关报纸及机关杂志的号外、临刊、增刊及其他临时发行的刊物）在竞选活动期间及选举当日刊登选举相关的报道及评论时，实际担任这些报纸或杂志编辑的人或担任报纸或杂志经营的人。

三、违反第一百四十八条之二第三项的规定，刊载或使其刊载选举相关的报道或评论。

**第二百三十五条之三　政见播报或选举公报的非法利用罪**

一、在政见播报或选举公报中、犯有第二百三十五条第二项之罪的人，处以五年以下徒刑或监禁或一百万日元以下罚款。

二、在政见播报或选举公报中、发布特定商品广告及其他营业相关宣传的人，处以一百万日元以下罚款。

**第二百三十五条之四　违反选举播报等的限制**

符合以下各号之一的，处以两年以下监禁或三十万日元以下罚款。

1. 违反第一百五十一条之三补充条款的规定、妨害选举公正时，播报或编辑的人。

2. 违反第一百五十一条之五的规定，播报或使其播报的人。

**第二百三十五条之五　姓名等虚假标识罪**

以当选或不当选为目的，标识与真实相反的姓名、名称或身份，通过利用邮政等、电报、电话或因特网等方法进行通信的，处以两年以下监禁或三十万日元以下罚款。

**第二百三十五条之六　违反以问候为目的的有偿广告的限制**

一、违反第一百五十二条第一项的规定，使其刊登广告或播报的人（后援团体中，为其干部或成员违反该行为的），处以五十万日元以下罚款。

二、违反第一百五十二条第二项的规定，威胁公职候选人或将成为公职候选人之人（含担任公职者）或后援团体中的干部或成员、要求使其刊登广告或播报的人，处以一年以下徒刑或监禁或三十万日元以下罚款。

**第二百三十六条　伪造登记、虚假宣誓罪等**

一、以伪造的方法，使其在候选人名簿或海外候选人名簿中登记的人，处以六个月以下监禁或三十万日元以下罚款。

二、以在候选人名簿中登记为目的，关于《居民基本台账法》第二十二条规定的申请，通过虚假申请，使其登记在候选人名簿中的人，与前项同样处理。

三、在第五十条第一项的情况下，进行虚假宣誓的人，处以二十万日元以下罚款。

**第二百三十六条之二　违反阅览选举人名簿的抄本等相关的命令及违反报告义务**

一、违反第二十八条之四第三项（含第三十条之十二中适用的情况）或第二十八条之四第四项规定的命令的人［法人（含非法人团体，其代表或管理人决定的某人。次项同），为其干部或成员违反该行为的］，处以六个月以下徒刑或三十万日元以下罚款。

二、没有报告或虚假报告第二十八条之四第五项（含第三十条之十二中适用的情况）规定的报告的人（法人，为其干部或成员违反该行为的），处以三十万日元以下罚款。

**第二百三十七条　虚假投票及伪造、增减投票罪**

一、非选举人投票时，处以一年以下监禁或三十万日元以下罚款。

二、用虚假姓名及其他虚假的方法进行投票或试图进行投票的人，处以两年以下监禁或三十万日元以下罚款。

三、伪造投票或增减投票数量的人，处以三年以下徒刑或监禁或五十万日元以下罚款。

四、中央选举管理会委员或从事中央选举管理会事务的总务省职员、选举管理委员会委员或职员、投票管理者、开票管理者、选举长或选举分会长、与选举事务相关的国家或地方公共团体的公务员、监督人或监视者，犯有前项之罪时，处以五年以下徒刑或监禁或五十万日元以下罚款。

**第二百三十七条之二　违反代理投票等记载义务**

一、根据第四十八条第二项（含适用第四十六条之二第二项的规定的情况）的规定，被确定为对公职候选人（含公职候选人的参议院名簿登记者）的姓名或众议院名簿申请政党等或参议院名簿申请政党等的名称或简称或公职候选人应记载〇记号的人，没有对选举人指示的公职候选人（含公职候选人的参议院名簿登记者）的姓名或众议院名簿申请政党等或参议院名簿申请政党等的名称或简称或公职候选人记载〇记号时，处以二年以下监禁或三十万日元以下罚款。

二、根据第四十九条第三项的规定、应记载投票的人，没有记载选举人指示的公职候选人（含公职候选人的参议院名簿登记者）的姓名或众议院每半年申请政党等或参议院名簿申请政党等的名称或简称或公职候选人时，处以二年以下监禁或三十万日元以下罚款。

三、除前项规定的之外，根据第四十九条第三项的规定、应记载投票的人，以使投票无效为目的、不记载投票或进行虚假记载时，与前项同样处理。

**第二百三十八条　监督人懈怠义务罪**

监督人无正当理由，没有履行本法规定的义务时，处以二十万日元以下罚款。

**第二百三十八条之二　提名候选相关的虚假宣誓罪**

一、在第八十六条第五项（含同条第八项中援引其例的情况）、第七项（含同条第八项中援引其例的情况）或第十项［含第九十八条第四项（含第一百一十二条第七项中适用的情况）中适用的情况］、第八十六条之二第二项（含同条第九项中援引其例的情况）或第八项［含第九十八条第四项（含第一百一十二条第七项中适用的情况）中适用的情况］、第八十六条之三第二项中适用的第八十六条之二第二项、第八项［含第九十八条第四项（含第一百一十二条第七项中适用的情况）中适用的情况］或第九项前段或第八十六条之四第四项（含同条第五项、第六项或第八项中援引其例的情况）规定的附加的宣誓书中，进行虚假誓言的，处以三十万日元以下罚款。

二、前项犯罪中，管理该选举事务的选举管理委员会（众议院比例代表选出议员或参议院比例代表选出议员选举，为中央选举管理会）告诉才论处。

**第二百三十九条 违反事前活动、利用教育者的地位、家庭访问等的限制**

一、符合以下各号之一的，处以一年以下监禁或三十万日元以下罚款。

1. 违反第一百二十九条、第一百三十七条、第一百三十七条之二或第一百三十七条之三的规定，进行竞选活动的。

2. 不服从第一百三十四条规定的命令的。

3. 违反第一百三十八条的规定、进行家庭访问的。

4. 违反第一百三十八条之二的规定、进行署名活动的。

二、候选人申请政党、众议院名簿申请政党等或参议院名簿申请政党等违反第一百三十四条规定的命令、没有关闭选举事务所时，该候选人申请政党、众议院名簿申请政党等或参议院名簿申请政党等的干部或成员违反该行为的，处以一年以下监禁或三十万日元以下罚款。

**第二百三十九条之二 违反公务员等的竞选活动等的限制**

一、国家或地方公共团体的公务员、行政执行法人或特定地方独立行政法人的干部或职员及公库的干部（担任公职者除外），在众议院议员或参议院议员的选举中有意成为公职候选人的人有以下各号所列行为的，视为违反第一百二十九条的规定、进行选举活动的人，处以两年以下监禁或三十万日元以下罚款。

1. 在有意成为公职候选人的选举区（没有选举区时，为举行选举的区域。以下本项称"该选举区"），利用职务旅行或职务出席的会议及其他集会的机会，关于该选举，问候选举人。

2. 在该选举区，对于该选举，张体或发布标识其地位及姓名（含这些人姓名被类推的名称）的文书图画。

3. 在执行职务时，对选举区的人、关于该选举，提供或约定提供与其相关的特别利益。

4. 利用其地位，关于该选举，国家或地方公共团体的公务员、行政执行法人或特定地方独立行政法人的干部或职员及公库的干部在执行职务时，对选举区的人，提供或约定提供与其有关的特别利益。

二、违反第一百三十六条之二的规定、举行竞选活动或参与竞选活动的人，处以两年以下监禁或三十万日元以下罚款。

**第二百四十条　违反选举事务所、休息所等的限制**

一、符合以下各号之一的，处以三十万日元以下罚款。

1. 违反第一百三十一条第一项的规定，设置选举事务所的。

1(2). 违反第一百三十一条第二项的规定、移动（含伴随废止的设置）选举事务所的。

2. 违反第一百三十二条的规定，设置选举事务所的。

3. 违反第一百三十三条的规定，设立休息所及其他类似设施的。

二、候选人申请政党、众议院名簿申请政党等或参议院名簿申请政党等违反第一百三十一条第一项或第一百三十二条的规定、设置选举事务所时或违反第一百三十一条第二项的规定、移动选举事务所时，候选人申请政党、众议院名簿申请政党等或参议院名簿申报政党等的干部或成员违反该行为的，处以三十万日元以下罚款。

**第二百四十一条　违反设置选举事务所、违反禁止特定公务员等的竞选活动**

符合以下各号之一的，处以六个月以下监禁或三十万日元以下罚款。

1. 违反第一百三十一条第一项的规定，设置选举事务所的。

2. 违反第一百三十五条或第一百三十六条的规定，进行竞选活动的。

**第二百四十二条　违反选举事务所的设置申请及标识**

一、违反第一百三十条第二项的规定，没有提交申请的或违反第一百三十一条第三项的规定没有标识名牌的，处以二十万日元以下罚款。

二、候选人申请政党、众议院名簿申请政党等或参议院名簿申请政党等违反第一百三十条第二项的规定，没有提交申请时或者违反第一百三十一条第三项的规定，没有标识名牌时，候选人申请政党、众议院名簿申请政党等或参议院名簿申请政党等的干部或成员有违反该行为的，处以二十万日元以下罚款。

**第二百四十二条之二　违反禁止公布人气投票**

违反第一百三十八条之三的规定，公布人气投票的经过或结果的，处以两年以下监禁或三十万日元以下罚款。但，报纸或杂志，处罚实际担任其编辑的人或担任报纸或杂志经营的人；播报，处罚编辑或使其播报的人。

**第二百四十三条　违反竞选活动相关的各种限制，一**

一、符合以下各号之一的，处以两年以下监禁或五十万日元以下罚款。

1. 违反第一百三十九条的规定，提供饮食的。

1(2). 违反第一百四十条之二第一项规定的连呼行为者。

2. 违反第一百四十一条第一项或第四项的规定，使用汽车、船舶或扩声器的。

2(2). 违反第一百四十一条之二第二项的规定，乘车或乘船的。

2(3). 违反第一百四十一条之三的规定，进行竞选活动的。

3. 违反第一百四十二条的规定，发布文书图画的。

3（2）. 违反第一百四十二条之四第二项（含同条第三项中解释适用情况）或第五项的规定，发送竞选活动用的电子邮件的。

3（3）. 违反第一百四十二条之六的规定，在文书图画中刊登广告的。

4. 违反第一百四十三条或第一百四十四条的规定，发布文书图画的。

5. 违反第一百四十六条的规定，发布或张贴文书图画的。

5（2）. 不服从第一百四十七条规定的撤去处分的（限符合同条第一号、第二号或第五号的文书图画相关的）。

6. 违反第一百四十八条第二项或第一百四十九条第五项的规定，发布或张贴报纸或杂志的。

7. 违反第一百四十九条第一项或第四项的规定，进行报纸广告的。

8. ［删除］

8（2）. 违反第一百六十四条之二第一项的规定，没有悬挂告示牌或看板之类的，或违反同条第二项或第四项的规定，张贴文书图画的。

8（3）. 违反第一百六十四条之三的规定，举行演说会的。

8（4）. 违反第一百六十四条之五第一项的规定，进行街头演说的。

8（5）. ［删除］

8（6）. 违反第一百六十四条之七第二项的规定，从事竞选活动的。

9. 违反第一百六十五条之二的规定，举行演说会或进行演说或连呼行为的。

10. 违反第一百六十六条的规定，进行演说或连呼行为的。

二、候选人地区政党、众议院名簿申请政党等或参议院名簿申请政党等违反第一百四十二条之二的规定，发布小册子或书籍时，或违反第一百四十九条第一项至第三项的规定，进行报纸广告时，或候选人申请政党、众议院名簿申请政党等违反第一百六十四条之二第一项的规定，没有悬挂告示牌或看板之类时，或违反第一百六十五条之二的规定，举行政党演说会或政党等演说会时，候选人申请政党、众议院名簿申请政党等或参议院名簿申请政党等的干部或成员有违反该行为的，处以两年以下监禁或五十万日元以下罚款。

**第二百四十四条　违反竞选活动相关的各种限制，二**

一、符合以下各号之一的，处以一年以下监禁或三十万日元以下罚款。

1. 违反第一百四十条的规定的。

2. 违反第一百四十一条第五项的规定，没有标识的。

2(2). 违反第一百四十二条之四第六项的规定，没有标识同项规定的事项的。

2(3). 违反第一百四十二条之五第二项的规定，没有标识同项规定的事项的。

3. 违反第一百四十五条第一项或第二项（含第一百六十四条之二第五项中适用的情况）的规定，张贴文书图画的。

4. 不服从第一百四十七条规定的撤去处分的。

5. ［删除］

5(2). 违反第一百六十四条之五第四项的规定，拒绝打出镖旗的。

6. 违反第一百六十四条之六第一项的规定的。

7. 没有正当理由，没有进行第一百七十七条第一项规定的返还的。

8. 违反第一百七十七条第二项的规定，进行让渡的。

二、众议院名簿申请政党等没有正当理由、没有进行第一百七十七条第一项规定的返还时，或候选人申请政党或众议院名簿申请政党等违反同条第二项的规定、进行让渡时，候选人申请政党或众议院名簿申请政党等的干部或成员有违反该行为的，处以一年以下监禁或三十万日元以下罚款。

**第二百四十五条　违反选举日期后的问候行为的限制**

违反第一百七十八条的规定的，处以三十万日元以下罚款。

**第二百四十六条　违反竞选活动相关的收入及支出的限制**

有以下各号所列行为的，处以三年以下监禁或五十万日元以下罚款。

1. 违反第一百八十四条的规定，接受捐赠或进行支出的。

2. 违反第一百八十五条的规定，没有置备会计账簿或没有记载会计账簿或进行虚假记入的。

3. 违反第一百八十六条的规定，没有提交明细书或在明细书中进行虚假记载的。

4. 违反第一百八十七条第一项的规定，进行支出的。

5. 违反第一百八十八条的规定，没有收取或寄送收据及其他能证明支出的书面材料或在其中进行虚假记载的。

5（2）. 违反第一百八十九条第一项的规定，没有提交报告书或应附加的书面材料或在其中进行虚假记载的。

6. 没有进行第一百九十条规定的交接的。

7. 违反第一百九十一条第一项的规定，没有保存会计账簿、明细书或收据及其他能证明支出的书面材料的。

8. 在根据第一百九十一条第一项的规定、应保存的会计账簿、明细书或收据及其他能证明支出的书面材料中进行虚假记载的。

9. 拒绝提交第一百九十三条规定的报告或资料，或提交虚假的报告或资料的。

**第二百四十七条　违反选举费用的法定额度**

出纳负责人，在竞选活动［对于海外选举人名簿的登记者（第四十九条之二第一项规定的、政令规定的除外）在众议院议员或参议院议员的选举中有意投票的人的投票，专门进行的竞选活动，在国外进行的除外］相关支出超出第一百九十六条规定的告示额度时、进行支出或使其支出的，处以三年以下监禁或五十万日元以下罚款。

**第二百四十八条　违反捐赠的限制**

一、第一百九十九条第一项的规定之人（公司及其他法人除外）违反同项规定进行捐赠时，处以三年以下监禁或五十万日元以下罚款。

二、公司及其他法人违反第一百九十九条的规定、进行捐赠时，公司及其他法人的干部有违反该行为的，处以三年以下监禁或五十万日元以下罚款。

**第二百四十九条　违反劝诱、要求捐赠等的限制**

违反第二百条第一项的规定，劝诱或要求捐赠的，或违反同条第二项的规定，接受捐赠的（公司及其他法人或团体，为其干部或成员有违反该行为的），处以三年以下监禁或五十万日元以下罚款。

**第二百四十九条之二　违反公职候选人等的捐赠的限制**

一、违反第一百九十九条之二第一项的规定，关于该选举、进行捐赠的，处以一年以下监禁或三十万日元以下罚款。

二、超过一般的社交程度、违反第一百九十九条之二第一项的规定，进行捐赠的人，视为违反同项有关该选举的规定的人。

三、违反第一百九十九条之二第一项的规定，进行捐赠（限与该选举无关的、且没有超出一般社交程度的）的人，进行以下各号所列捐赠以外的捐赠的，处以五十万日元以下的罚金。

1. 该公职候选人或将成为公职候选人之人（含担任公职者。以下本条称"公职候选人等"）亲自出席婚宴，在现场提供结婚相关的贺礼。

2. 该公职候选人等亲自出席葬礼（含告别仪式。以下本号同），在现场提供香奠（含表达类似的吊唁之意提供的金钱等。以下本号同），或公职候选人等在葬礼之日（葬礼举办两次以上时，第一次举行的葬礼之日）前的期间亲自吊唁，在现场提供香奠。

四、违反第一百九十九条之二第二项规定，进行捐赠的（公司及其他法人或团体，为其干部或成员有违反该行为的），处以五十万日元以下罚款。

五、违反第一百九十九条之二第三项规定、威胁公职候选人等、劝诱或要求捐赠的，处以一年以下徒刑或监禁或三十万日元以下罚款。

六、以使公职候选人等失去当选或被选举权为目的，违反第一百九十九条之二第三项的规定、劝诱或要求第三项各号所列捐赠（限与该选举无关的、且没有超出一般社交程度的）以外的捐赠的，处以三年以下徒刑或监禁或五十万日元以下罚款。

七、违反第一百九十九条之二第四项的规定，威胁该公职候选人等以外的人（该公职候选人等以外的人是公司及其他法人或团体是，为其干部或成员）、劝诱或要求捐赠的，处以一年以下徒刑或监禁或三十万日元以下罚款。

**第二百四十九条之三　违反公职候选人等的关联公司等的捐赠的限制**

公司及其他法人或团体违反第一百九十九条之三的规定，进行选举相关捐赠的，该公司及其他法人或团体的干部或成员有违反该行为的，处以五十万日元以下罚款。

**第二百四十九条之四　违反以公职候选人等的姓名冠名的团体的捐赠的限制**

公司及其他法人或团体违反第一百九十九条之四的规定，进行选举相关捐赠的，该公司及其他法人或团体的干部或成员有违反该行为的，处以五十万日元以下罚款。

**第二百四十九条之五　违反后援团体相关捐赠等的限制**

一、后援团体违反第一百九十九条之五的规定，进行选举相关捐赠的，该后援团体的干部或成员有违反该行为的，处以五十万日元以下罚款。

二、违反第一百九十九条之五第二项的规定，提供接待、金钱或纪念品及其他物品的（公司及其他法人或团体除外），处以五十万日元以下罚款。

三、公司及其他法人或团体违反第一百九十九条之五第二项的规定，提供接待、金钱或纪念品及其他物品的，该公司及其他法人或团体的干部或成员有违反该行为的，处以五十万日元以下罚款。

四、违反第一百九十九条之五第三项的规定，进行捐赠的，处以五十万日元以下的罚金。

**第二百五十条　徒刑或监禁及罚金的并处、重大过失的处罚**

一、犯有第二百四十六条、第二百四十七条、第二百四十八条、第二百四十九条（第三项及第四项除外）及第二百四十九条之二之罪的，根据情节、可以并处徒刑或监禁及罚款。

二、因重大过失，犯有第二百四十六条、第二百四十七条、第二百四十八条、第二百四十九条及第二百四十九条之二第一项至第四项之罪的，也进行处罚。但，法院根据情节可减轻处罚。

**第二百五十一条　当选人因选举犯罪、当选无效**

当选人犯有本章有关选举所列之罪（第二百三十五条之六、第二百三十六条之二、第二百四十五条、第二百四十六条第二号至第九号、第二百四十八条、第二百四十九条之二第三项至第五项及第七项、第二百四十九条之三、第二百四十九条之四、第二百四十九条之五第一项及第三项、第二百五十二条之二、第二百五十二条之三与第二百五十三条之罪除外）被处罚的，当选人的当选无效。

**第二百五十一条之二　因主要负责人、出纳负责人等的选举犯罪，公职候选人等的当选无效及禁止提名候选**

一、以下各号所列的人犯有第二百二十一条、第二百二十二条、第二百二十三条或第二百二十三条之二之罪、被处罚的（对于第四号及第五号所列的人，犯有这些罪的、被处以监禁以上刑罚的），该公职候选人或将成为公职候选人之人（以下本条称"公职候选人等"）的当选无效，且，这些人自第二百五十一条之五规定的时间起、五年内在该选举相关的选举区（没有选举区时，为举行选举的区域）举行的该公职相关选举中，不能成为或是公职候选人。在这种情况下，该公职候选人等是众议院（小选举区选出）议员选举中的候选人，成为与该选举同时举行的众议院（比例代表选出）议员选举中的当选人时，该当选人的当选无效。

1. 竞选活动（参议院比例代表选出议员选举，限为参议院名册登记者而进行的选竞选活动。除次号外，以下本条及次条同）的总负责人。

2. 出纳负责人（含经公职候选人或出纳负责人同意，从该公职候选人的竞选活动相关支出金额中、支出第一百九十六条规定的告示金额的二分之一以上金额的人）。

3. 作为分为三个以内选举区（没有选举区时，为举行选举的区域）的地区中一个或两个地区的竞选活动的总负责人、由公职候选人或第一号所列的人中确定，该地区竞选活动的总负责人。

4. 公职候选人等的父母、配偶、子女或兄弟姐妹中，经该公职候选人等或第一号或前号所列的人同意、进行竞选活动的。

5. 公职候选人等的秘书（公职候选人等使用的人中、辅佐该公职候选人的政治活动的）中、经该公职候选人等或第一号或前号所列的人同意、进行竞选活动的。

二、关于使用公职候选人等秘书的名称的人或使用类似名称的人，在该公职候选人等同意或容忍使用这些名称的情况下，使用该名称的人，关于前项的规定的适用，推定为公职候选人等的秘书。

三、出纳负责人犯有第二百四十七条之罪、被处罚的，该出纳负责人相关的公职候选人的当选无效，且，该公职候选人自第二百五十一条之五规定的时间起五年内、在该选举有关的选举区（没有选举区时，为举行选举的区域）举行的该公职相关选举中，不能成为或是公职候选人。在这种情况下，适用第一项后段的规定。

四、在符合第一项或前项规定之罪的行为符合以下各号之一的情况下，限关于该行为，前三项的规定（限禁止提名候选及众议院比例代表选出议员选举中当选无效相关部分）不适用。

1. 符合第一项或前项规定之罪的行为由进行该行为的人以外的人诱导或挑拨而发生，且，该诱导或挑拨，以因符合第一项或前项或次条第一项的规定、使失去公职候选人等的当选或提名候选的资格为目的，与该公职候选人等以外的公职候选人等及其他公职候选人等的竞选活动的从事者沟通后进行的。

2. 符合第一项或前项规定之罪的行为，以因符合第一项或前项或次条第一项的规定、使失去公职候选人等的当选或提名候选的资格为目的，与该公职候选人等以外的公职候选人等及其他公职候选人等的竞选活动的从事者沟通后进行的。

五、前各项的规定［第一项后段及第三项后段的规定及前项规定（限众议院比例代表选出议员选举中当选无效相关部分）除外］，不适用于众议院（比例代表选出）议员的选举。

**第二百五十一条之三　因竞选活动管理者等的选举犯罪，公职候选人等人的当选无效及禁止提名候选**

一、与竞选活动管理者等（公职候选人或将成为公职候选人之人，以下本条称"公职候选人等"）进行沟通、由组织举行的选举活动中，进行该竞选活动计划的制订或调整或该竞选活动从事者的指挥或监督及其他竞选活动管理的人（前条第一项第一号至第三号所列的人除外），犯有第二百二十一条、第二百二十二条、第二百二十三条或第二百二十三条之二之罪、被处以监禁以上处罚的，该公职候选人等的当选无效，且，这些人自第二百五十一条之五规定的时间起五年内、在该选举相关的选举区（没有选举区时，为举行选举的区域）举行的该公职相关选举中，不能成为或是公职候选人。在这种情况下，该公职候选人等是众议院（小选举区选出）议员选举中的候选人，成为与该选举同时举行的众议院（比例代表选出）议员选举中的当选人时，该当选人的当选无效。

二、在符合同规定之罪的行为符合以下各号之一的情况下，限关于该行为，前项的规定不适用。

1. 符合前项规定之罪的行为由进行该行为的人以外的人诱导或挑拨而发生，且，该诱导或挑拨，以因符合前条第一项或前项的规定、使失去公职候选人等的当选或提名候选的资格为目的，与该公职候选人等以外的公职候选人等及其他公职候选人等的竞选活动的从事者沟通后进行的。

2. 符合前项规定之罪的行为，以因符合前条第一项或前项的规定、使失去公职候选人等的当选或提名候选的资格为目的，与该公职候选人等以外的公职候选人等及其他公职候选人等的竞选活动的从事者沟通后进行的。

3. 为防止前项规定的竞选活动管理者等进行符合同项规定之罪的行为，该公职候选人等没有提醒的。

三、前两项的规定［第一项后段的规定及前项规定（限众议院比例代表选出议员选举中当选无效相关部分）除外］，不适用于众议院（比例代表选出）议员的选举。

**第二百五十一条之四　因公务员等的选举犯罪，当选无效**

一、国家或地方公共团体的公务员、行政执行法人或特定地方独立行政法人的干部或职员及公库的干部（担任公职者除外。以下本条称"公务员等"），离开公务员等职位之日以后，在首次变为公职候选人（限至选举日期前、是公职候选人情况下的公职候选人）的众议院议员或参议院议员的选举（限其人离开公务员等职位之日以后三年内举行的）中成为当选人时，符合以下各号所列的人，关于为该当选人进行的竞选活动或行为，犯有第二百二十一条、第二百二十二条、第二百二十三条、第二百二十三条之二、第二百二十五条、第二百二十六条、第二百三十九条第一项第一号、第三号或第四号或第二百三十九条之二之罪、被处罚时，该当选人的当选无效。

1. 与该当选人曾经任的公务员等职（限其人离开公务员等职位之日前三年内担任的职位。以下本条同）相同职位的公务员等或与从事该当选人在职公务员曾经任的公务员等职所掌相关有关事务的公务员等中，从该当选人接受该选举相关的指示或要求的。

2. 从事该当选人曾任的公务员等职所掌相关事务的公务员等中，从该当选人接受该选举相关的指示或要求的。

3. 与该当选人曾任的公务员等职所掌相关事务相同，且，关于其处理，将与此相关事务作为其处理事务的全部或部分的地方公共团体的公务员、行政执行法人或特定地方独立行政法人的干部或职员及公库的干部中，从该当选人或当选人相关的前两号所列的人接受该选举相关的指示或要求的。

二、前项规定，不适用于众议院（比例代表选出）议员的选举。

**第二百五十一条之五　当选无效及禁止提名候选的生效时间**

前三条规定的当选无效及禁止提名候选的效果，在第二百一十条第一项规定的诉讼中原告败诉的判决（含驳回诉状的命令）确定时，没有提起该诉讼、同项规定的上诉期间已过时或撤回该诉讼相关诉讼时或同条第二项或第二百一十一条规定的诉讼中原告胜诉的判决确定之时，分别生效。

**第二百五十二条　因选举犯罪，停止被处罚的人的选举权及被选举权**

一、犯有本章所列之罪（第二百三十六条之二第二项、第二百四十条、第二百四十二条、第二百四十四条、第二百四十五条、第二百五十二条之二、第二百五十二条之三及第二百五十三条之罪除外）、被处以罚款的，自判决确定之日起五年内（对于处罚的缓期执行的接受者，为判决确定之日至不再接受处罚执行的期间），不享有本法规定的选举权及被选举权。

二、犯有本章所列之罪（第二百五十三条之罪除外）、被处以监禁以上的，自判决确定之日起至刑满期间或除了因刑罚时效导致的情况之外至免于刑罚执行的期间以及其后五年内，或自判决确定之日起至不再接受处罚执行的期间，不享有本法规定的选举权及被选举权。

三、犯有第二百二十一条、第二百二十二条、第二百二十三条或第二百二十三条之二之罪被处以刑罚的，又犯有第二百二十一条至第二百二十三条之二之罪、被处以刑罚的，前两项的五年内，合计为十年内。

四、法院，根据情节宣判刑罚的同时，可以对第一项规定的人（犯有第二百二十一条至第二百二十三条之二之罪、被处罚的除外），宣告不适用同项五年内或缓期执行期间不享有选举权及被选举权的规定、或宣告缩短这些期间中应适用的期间；对第一项规定的人中犯有第二百二十一条至第二百二十三条之二之罪、被处罚的及第二项规定的人，可以宣告缩短第一项或第二项的五年内或接受缓期执行宣判情况下、其缓期执行期间、不享有选举权及被选举权的规定应适用的期间；或可以对前项规定的人，宣告缩短同项的十年内的期间。

**第二百五十二条之二　违反推荐团体的竞选活动的规制**

一、接受第二百〇一条之四第二项确认书的政党及其他政治团体，违反同条第一项或第六项至第八项或同条第九项中适用的第一百四十三条第八项或第九项或第一百四十四条第四项的规定、进行竞选活动时，该政党及其他政治团体的干部或成员，有违反该行为的，处以一百万日元以下罚款。

二、违反第二百〇一条之四第九项中适用的第一百四十四条第二项前段或第五项或第一百四十五条第一项或第二项的规定、海报张贴的，处以五十万日元以下罚款。

**第二百五十二条之三　违反政党及其他进行政治活动的团体的政治活动的规制**

一、政党及其他进行政治活动的团体违反第二百〇一条之五（含第二百〇一条之七第一项中适用的情况）、第二百〇一条之六第一项（含第二百〇一条之七第二项中适用的情况）、第二百〇一条之八第一项（同条第三项中适用的情况）、第二百〇一条之九第一项、第二百〇一条之十一第二项、第二百〇一条之十二第一项或第二项或第二百〇一条之十三第一项的规定或第二百〇一条之十五第一项中适用的第一百四十八条第二项的规定、进行政治活动时，该政党及其他进行政治活动的团体的干部或成员有违反该行为的，处以一百万日元以下罚款。

二、有符合以下各号之一行为的，处以五十万日元以下罚款。

1. 违反第二百〇一条之十一第三项或第八项的规定，没有标识的。

2. 违反第二百〇一条之十一第四项、第五项或第九项的规定或同条第六项中适用的第一百四十五条第一项或第二项的规定，张贴海报、告示牌或看板之类的，或违反第二百〇一条之十一第五项的规定，散发传单的。

3. 不服从第二百〇一条之十一第十一项或第二百〇一条之十四第二项规定的撤出处分的。

**第二百五十三条　选举人等的伪证罪**

一、根据第二百一十二条第二项中适用的民事诉讼相关法令的规定，宣誓的选举人及其他相关者作虚假陈述时，处以三个月以上五年以下监禁。

二、前项的犯罪，该选举管理委员会告发后论处。

三、犯有第一项之罪的，在异议决定或诉讼判决前坦白时，可减轻或免于处罚。

**第二百五十三条之二　刑事案件的处理**

一、对于当选人相关的本章所列之罪（第二百三十五条之六、第二百三十六条之二、第二百四十五条、第二百四十六条第二号至第九号、第二百四十八条、第二百四十九条之二第三项至第五项及第七项、第二百四十九条之三、第二百四十九条之四、第二百四十九条之五第一项及第三项、第二百五十二条之二、第二百五十二条之三与第二百五十三条之罪除外）、第二百五十一条之二第一项各号所列的人或第二百五十一条之三第一项规定的竞选活动管理者等相关的第二百二十一条、第二百二十二条、第二百二十三条或第二百二十三条之二之罪、出纳负责人相关的第二百四十七条之罪或第二百五十一条之四第一项各号所列的人相关的第二百二十一条至第二百二十三条之二、第二百二十五条、第二百二十六条、第二百三十九条第一项第一号、第三号或第四号或第二百三十九条之二之罪相关的刑事案件，须自受理之日起一百日内努力作出诉讼判决。

二、关于前项诉讼，法官，在第一次公审日期前，须预计审理必要的公审日期，并根据以下规定作出决定。

1. 第一次公审日期，自受理之日起，一审在三十日内，控诉审在五十日内。

2. 第二次以后的公审日期，自第一次公审日期的翌日起计算，每个七日内一次以上。

三、关于第一项的诉讼，除了特别情况之外，不管其他诉讼顺序如何，法院须立即进行审判。

**第二百五十四条　当选人等处刑的通知**

当选人，关于选举、犯有本章所列之罪（第二百三十五条之六、第二百三十六条之二、第二百四十五条、第二百四十六条第二号至第九号、第二百四十八条、第二百四十九条之二第三项至第五项及第七项、第二百四十九条之三、第二百四十九条之四、第二百四十九条之五第一项及第三项、第二百五十二条之二、第二百五十二条之三与第二百五十三条之罪除外），被处刑时，第二百五十一条之二第一项各号所列的人或第二百五十一条之三第一项规定的竞选活动管理者等、犯有第二百二十一条、第二百二十二条、第二百二十三条或第二百二十三条之二之罪、被处刑时，出纳负责人，犯有第二百四十七条之罪、被处刑时，或第二百五十一条之四第一项各号所列的人，第二百二十一条至第二百二十三条之二、第二百二十五条、第二百二十六条、第二百三十九条第一项第一号、第三号或第四号或第二百三十九条之二之罪、被处刑时，法院院长，须通知总务大臣，且，众议院（比例代表选出）议员或参议院（比例代表选出）议员选举，须通知中央选举管理会；本法规定的其他选举，须经过关联地方公共团体的首长、通知管理该选举事务的选举管理委员会。众议院议员或参议院议员的当选人被处刑时，须通知众议院议长或参议院议长；地方公共团体议会议员被处刑时，须通知该议会议长；众议院（小选举区选出）议员选举中的候选人中、是与该选举同时举行的众议院（比例代表选出）议员选举中的候选人的、与此相关的第二百五十一条之二第一项各号所列的人、第二百五十一条之三第一项规定的竞选活动管理者等或出纳负责人被处刑时，须通知中央选举管理会。

**第二百五十四条之二　主要负责人、出纳负责人等处刑的通知**

一、关于众议院（比例代表选出）议员选举以外的选举，第二百五十一条之二第一项第一号至第三号所列的人，根据第二百二十一条第三项、

第二百二十二条第三项、第二百二十三条第三项或第二百二十三条之二第二项的规定被处刑时，或出纳负责人，根据第二百四十七条的规定被处刑时，该事件的终审法院，根据检察官的申请，须立即书面通知与这些人相关的公职候选人。

二、前项通知，采取送达方法。在这种情况下，关于该送达，适用民事诉讼相关法令规定中关于送达的规定。

三、进行第一项规定的通知时，法院院长，须通知总务大臣，且，参议院（比例代表选出）议员选举、须通知中央选举管理会；其他选举、须经过关联地方公共团体首长、通知管理该选举事务的选举管理委员会。对众议院（小选举区选出）议员选举中的候选人中、是与该选举同时举行的众议院（比例代表选出）议员选举中的候选人的人，进行前项规定的通知时，须通知中央选举管理会。

**第二百五十五条　不在者投票情况下罚则的适用**

一、关于第四十九条第一项规定的投票，将应管理投票的人视为投票管理者、将应记载投票的场所视为投票所、将应监督投票的人视为监督人、将被确定为应记载选举人指示的公职候选人一人的姓名、一众议院名簿申请政党等的名称或简称或一参议院名簿申请政党等的名称或简称的人、视为根据第四十八条第二项的规定、应记载公职候选人的姓名、众议院名簿申请政党等的名称或简称参议院名簿申请政党等的名称或简称的人，适用本章的规定。

二、关于第四十九条第二项规定的投票，将在选举人着手准备记载投票时起至为通过邮政等寄送记载投票的投票用纸、将其装入信封进行封口的期间、进行该选举相关的行为的场所视为投票所，适用于第二百二十八条第一项及第二百三十四条中同项相关部分的规定。

三、关于第四十九条第四项规定的投票，将应管理投票的人视为投票管理者、将应记载投票的场所视为投票所、将应监督投票的人视为监督人、将被确定为应记载选举人指示的公职候选人一人的姓名、一众议院名簿申请政党等的名称或简称或一参议院名簿申请政党等的名称或简称的人、视为根据第四十八条第二项的规定、应记载公职候选人的姓名、众议院名簿申请政党等的名称或简称或参议院名簿申请政党等的名称或简称的人，适用本章的规定。

四、关于第四十九条第七项规定的投票，将在船舶上应管理投票的人及应接收投票信息的市町村选举管理委员会的委员长视为投票管理者、将应记载、发送投票信息的场所及应接收投票信息的场所视为投票所、将接受投票信息的传真装置视为投票箱、将在船舶上监督投票的人视为投票监督人、将被确定为应记载选举人指示的公职候选人一人的姓名、一众议院名簿申请政党等的名称或简称或一参议院名簿申请政党等的名称或简称的人，视为根据第四十八条第二项的规定、应记载公职候选人的姓名、众议院名簿申请政党等的名称或简称或参议院名簿申请政党等的名称或简称的人，适用本章的规定。

五、关于第四十九条第八项规定的投票，将在同项的设施或船舶上应管理投票的人及应接收投票信息的市町村选举管理委员会的委员长视为投票管理者、将应记载、发送投票信息的场所及应接收投票信息的场所视为投票所、将应接受投票信息的传真装置视为投票箱、将在同项的设施或船舶上监督投票的人视为投票监督人、将被确定为应记载选举人指示的公职候选人一人的姓名、一众议院名簿申请政党等的名称或简称或一参议院名簿申请政党等的名称或简称的人，视为根据第四十八条第二项的规定、应记载公职候选人的姓名、众议院名簿申请政党等的名称或简称参议院名簿申请政党等的名称或简称的人，适用本章的规定。

**第二百五十五条之二　海外投票情况下罚则的适用**

一、将从事第三十条之五第二项及第三项规定的海外选举人名簿登记申请经过（经由）的事务的人、从事第四十九条之二第一项第一号规定的海外投票相关事务及其他根据本法及基于本法的命令、属于海外公馆首长的事务的海外公馆的首长及职员以及从事第三十条之五第二项及第三项规定的海外选举人名簿登记申请经过（经由）的事务的人、视为第一百三十六条第一号、第二百二十一条第二项、第二百二十三条第二项、第二百二十六条、第二百二十七条及第二百三十七条第四项规定的选举管理委员会职员，适用本章的规定。

二、关于第四十九条之二第一项第一号规定的投票，将应管理投票的海外公馆首长视为投票管理者（限第二百二十九号规定的投票管理者）、将应记载投票的场所视为投票所、将应监督投票的人视为投票监督人、将被确定为应记载选举人指示的公职候选人一人的姓名、一众议院名簿申请政党等的名称或简称或一参议院名簿申请政党等的名称或简称的人、视为根据第四十八条第二项的规定、应记载公职候选人的姓名、众议院名簿申请政党等的名称或简称或参议院名簿申请政党等的名称或简称的人，适用本章的规定。

三、关于第四十九条之二第一项第二号规定投票，将在选举人着手准备记载投票时起至为通过邮政等寄送记载投票的投票用纸、将其装入信封进行封口的期间、进行该选举相关的行为的场所视为投票所，适用于第二百二十八条第一项及第二百三十四条中同项相关部分的规定。

**第二百五十五条之三　国外犯**

第二百二十一条、第二百二十二条、第二百二十三条、第二百二十三条之二、第二百二十四条之二、第二百二十四条之三第一项及第二项、第二百二十五条、第二百二十六条、第二百二十七条、第二百二十八条第一项、第二百二十九条、第二百三十条、第二百三十一条第一项、第二百三十二条、第二百三十四条、第二百三十五条、第二百三十五条之五、第二百三十五条之六第二项、第二百三十七条、第二百三十七条之二、第二百三十八条、第二百三十九条第一项（限违反第一百三十七条之三的规定、进行竞选活动的人相关部分）、第二百三十九条之二第二项、第二百四十一条（限违反第一百三十六条的规定、进行竞选活动的人相关部分）、第二百四十六条第三号及第五号与第二百五十条第二项［限因重大过失、犯有第二百四十六条（限第二号及第五号）之罪的人相关部分］的犯罪，援引刑法第三条之例、进行论处。

**第二百五十五条之四　通过伪造及其他非法手段，阅览选举人名簿抄本等的罚款**

一、符合以下各号任一的，根据第二百三十六条之二的规定、应处刑的情况除外，处以三十万日元以下罚款。

1. 通过伪造及其他非法手段，阅览或使其阅览第二十八条之二第一项（含同条第九项中解读适用的情况。以下本号同）或第二十八条之三第一项（第一号除外。以下本号同）或第三十条之十二中适用的第二十八条之二第一项或第二十八条之三第一项规定的选举人名簿抄本或海外选举人名簿抄本的人［法人（含非法人团体、其代表或管理人决定的人），为其干部或成员有违反该行为的］。

2. 违反第二十八条之四第一项（含第三十条之十二中适用的情况）的规定的（法人，为其干部或成员有违反该行为的）。

二、关于前项规定的罚款的判决，由简易法院作出。

## 第十七章　补　则

**第二百五十六条　众议院议员任期的起算**

众议院议员的任期，自总选举日期起起算。但，因任期届满的总选举在众议院议员任期届满之日前举行时，自前任者的任期期满之日的翌日起起算。

**第二百五十七条　参议院议员任期的起算**

参议院议员的任期，由上届通常选举的参议院议员任期届满之日的翌日起起算。但，通常选举在上届通常选举的参议院议员任期届满之日的翌日之后举行时，自通常选举的日期起起算。

**第二百五十八条　地方公共团体议会的议员任期的起算**

地方公共团体议会议员的任期，自一般选举之日起起算。但，因任期届满一般选举在地方公共团体议会议员任期届满之日前举行情况下，至前任议员任期届满之日在任时，自前任者的任期届满之日的翌日起起算；选举日期后完全没有前任议员时，自没有前任议员之日的翌日起起算。

**第二百五十九条　地方公共团体首长任期的起算**

地方公共团体首长的任期，自选举之日起起算。但，因任期届满的选举在地方公共团体首长任期届满之日前举行情况下，前任首长至任期届满之日在任时，自前任者任期届满之日的翌日起起算；选举日期后前任首长空缺时，自空缺之日的翌日起起算。

**第二百五十九条之二　地方公共团体首长任期起算的特例**

申请辞去地方公共团体首长职务的人，根据该辞职申请、在公示的地方公共团体首长选举中成为当选人时，关于其任期，视为没有该辞职申请及根据该辞职申请、公示的选举，适用前条的规定。

**第二百六十条　补缺议员的任期**

一、众议院议员、参议院议员或地方公共团体议会议员的补缺议员，其任期分别为前任者的剩余期间。

二、因地方公共团体议会议员定员发生变动而选举产生的议员，其任期为至由一般选举产生的议员的任期届满之日。

**第二百六十一条　国家与地方公共团体的选举管理费用负担的区分**

关于国家和地方公共团体选举费用的负担区分，除了本章特别规定之外，按照《地方财政法》（昭和二十三年法律第一百〇九号）的相关规定执行。

**第二百六十一条之二**　关于都道府县及市町村的选举管理委员会，根据第六条第一项的规定、举行选举的日常运营所需以下所列费用以及根据同条第二项的规定、举行的众议院议员及参议院议员选举结果快报所需费用，国家在财政上须采取必要措施。

1. 举办演讲会、讨论会、研修会、讲习会、放映会等所需费用。

2. 发行或发布报纸、小册子、海报等文书图画所需费用。

3. 与各种关联团体、机构等联系所需费用。

4. 举办其他必要事业所需费用。

**第二百六十二条　各选举中选举管理费用的财政措施**

以下所列选举相关费用，国家在财政上须采取必要措施：

1. 编制选举人名簿所需费用。

2. 盲文打字机所需费用。

3. [删除]

4. 发行第一百六十七条规定的选举公报所需费用。

5. 公布、保存及阅览第一百九十二条规定的报告书的设施所需费用。

**第二百六十三条　国库负担的众议院议员或参议院议员的选举管理费用**

以下所列众议院议员或参议院议员选举相关费用，由国库负担：

1. 投票用纸及信封、第四十九条第一项规定的投票相关的不在者投票证明书及其信封以及制作投票箱所需费用。

2. 为选举事务、都道府县及市町村的选举管理委员会、投票管理者、开票管理者、选举长及选举分会长所需费用。

3. 投票所、日期前投票所、开票所、选举会场及选举分会场所需费用。

4. 为第四十九条第一项及第四项规定的投票相关选举事务、不在者投票管理者所需费用及记载投票场所所需费用、同条第二项规定的通过邮政等寄送所需费用与同条第七项及第八项规定的送信（发送信息）所需费用。

4(2). 海外选举人名簿及海外选举人证的编制及海外选举人证的交付所需费用。

4(3). 根据第四十九条之二第一项第二号的规定，举行的投票相关费用。

5. 投票管理者、开票管理者、选举长、选举分会长、投票监督人、开票监督人及选举监督人的报酬及费用偿还所需费用。

5(2). 第一百三十一条第三项规定的名牌所需费用。

5(3). 第一百四十一条第五项及第百六十四条之二第二项规定的标识所需费用。

5(4). 第一百四十一条第七项规定的使用竞选活动用汽车所需费用。

6. 第一百四十二条第一项规定的通常明信片费用及同条第十项规定的通常明信片及传单的制作所需费用。

6(2). 第一百四十三条第十四项规定的告示牌及看板之类以及海报的制作所需费用。

7. 第一百四十四条之二规定的设置告示场所所需费用。

8. 第一百四十九条规定的报纸广告所需费用。

9. 第一百五十条及第一百五十一条规定的播报所需费用。

10. 第一百六十一条规定的个人演说会的设施（含设备）、第一百六十四条之五规定的标旗以及第一百四十一条之二及第一百六十四条之七规定的袖章相关费用。

10(2). 第一百六十四条之二第六项规定的告示牌及看板之类的制作所需费用。

11. 第一百七十五条规定的张贴所需费用。

12. 第一百七十六条规定的使用交通机构所需费用。

**第二百六十四条　地方公共团体负担地方公共团体议会议员或首长的选举管理费用**

一、以下所列地方公共团体议会议员或首长选举相关费用，由该地方公共团体负担。

1. 前条第一号至第四号、第五号之三、第六号、第十号及第十一号所列费用。

2. 前条第五号所列的人的报酬及费用偿还所需费用。

二、关于都道府县知事选举，前条第五号之二、第七号至第九号及第十二号所列费用，由该都道府县负担。

三、第一百四十一条第八项规定的使用竞选活动用汽车所需费用、第一百四十二条第十一项规定的传单的制作所需费用、第一百四十三条第十五项规定的海报的制作所需费用、第一百四十四条之二第八项及第一百四十四条之四规定的设置张贴场所所需费用以及第一百七十二条之二规定的选举公报的发行所需费用，由该地方公共团体负担。

四、都道府县议会议员及都道府县知事选举与市町村议会议员及市町村首长选举同时举行情况下费用的负担，由关联地方公共团体协商决定。

**第二百六十四条之二　《行政手续法》的适用除外**

关于本法规定的处分及其他行使公权力的行为，《行政手续法》（平成五年法律第八十八号）第二章、第三章及第四章之二的规定，不适用。

**第二百六十五条　基于《行政不服审查法》的不服申请的限制**

关于本法规定的处分及其他行使公权力的行为，不能提出基于《行政不服审查法》的不服申请。

**第二百六十六条　特别区的特例**

一、本法中关于市的规定，适用于特别区。在这种情况下，第三十三条第三项中"第六条之二第四项或第七条第七项"是指"第二百八十一条之四第六项（含同条第九项中适用的情况）或《关于在大都市地区设置特别区的法律》（平成二十四年法律第八十号）第九条第二项"。

二、关于都议会议员的各选举区中应选举议员的数量，以特别区存在区域以外的区域为区域的各选举区中应选举议员的数量，将特别区存在区域视为一个区域来决定；以特别区的区域为区域的各选举区中应选举议员的数量，将特别区存在区域视为一个区域情况下，通过将在该区域应选举议员的数量向以特别区的区域为区域的各选举区分配来决定。

**第二百六十七条　地方公共团体工会的特例**

关于地方公共团体工会选举，除了法律特别规定的之外，都道府县加入时，适用本法中都道府县相关规定；市及特别区加入而都道府县没有加入时，适用本法中市相关规定；其他情况时，适用本法中町村相关规定。

### 第二百六十八条　财产区的特例

关于财产区议会议员选举，除了《地方自治法》第二百九十五条规定的之外，适用本法中市町村议会议员选举相关规定。但，被选举权的有无，由市町村或特别区的议会决定。

### 第二百六十九条　本法适用指定都市的关系

关于众议院议员、参议院议员、都道府县议会议员及首长选举以及指定都市议会议员及首长的选举中本法的规定的适用，根据政令规定，在某市中，将区视为市，将区的选举管理委员会及选举管理委员会视为市的选举管理委员会及选举管理委员会。在这种情况下，关于第二十二条的规定的适用，"有资格的人"是指"当日登记在该区的区长制作的居民基本台账中的人"。

### 第二百六十九条之二　在选举日期在国外的处理

关于在本法规定的众议院议员或参议院议员的选举日期在国外的处理（第四十九条第一项、第四项、第七项及第八项规定的投票相关的除外），由政令规定。

### 第二百七十条　选举相关申请等的时间

一、根据本法或基于本法的命令的规定，向中央选举管理会、选举管理委员会、投票管理者、开票管理者、选举长、选举分会长等的申请、申报、请求及其他行为，须在午前八时三十分至午后五时的期间进行。但，以下所列行为，须在市町村选举管理委员会职员规定的公务时间内进行。

1. 提出阅览第二十八条之二第一项（含同条第九项中解读适用的情况。第三号同）或第二十八条之三第一项规定的选举人名簿的抄本。

2. 请求第二十九条第二项规定的选举人名簿相关调查。

3. 提出阅览第三十条之十二中适用的第二十八条之二第一项或第二十八条之三第一项规定的海外选举人名簿的抄本。

4. 请求第三十条之十三第二项中适用的第二十九条第二项规定的海外选举人名簿相关调查。

二、不管前项如何规定，关于第四十九条第一项、第四项、第七项或第八项规定的投票，在国外进行的行为、第四十九条之二第一项第一号规定的投票或根据本法或基于本法的命令的规定、对在外公馆的首长、进行的行为，须在政令规定的时间内进行。

**第二百七十条之二　不在者的投票时间**

一、不管前条第一项如何规定，关于第四十九条第一项、第四项、第七项或第八项规定的投票、对不在者投票管理者等进行的行为（在国外进行的除外。次项同）中、政令规定的行为，可以在午前八时三十分至午后八时（如欲进行该行为之地的市町村选举管理委员会考虑到地区的实际情况等，在午后五时至八时的期间、决定与此不同的时刻，则为该决定的时刻）的期间进行。

二、不管前条第一项如何规定，关于第四十九条第一项、第四项、第七项或第八项规定的投票，对不在者投票管理者等进行的行为中、政令规定的行为，须在欲进行该行为之地的市町村选举管理委员会职员规定的公务时间内进行。

**第二百七十条之三　选举相关申请等的期限**

根据本法或基于本法的命令的规定，向中央选举管理会或选举管理委员会的申请、申报、请求及其他行为（含内阁总理大臣、选举管理委员会对总务大臣或选举管理委员会进行的行为）的期限，《关于行政机关休息日的法律》（昭和六十三年法律第九十一号）第二条正文及《地方自治法》第四条之二第四项正文的规定，不适用。但，第十五章规定的争讼的异议的提出或审查的提出的期限，不再此限。

**第二百七十一条　都道府县议会议员选举区的特例**

昭和四十一年（1966年）一月一日设立的都道府县议会议员的选举区，该区域的人口即使没有达到该都道府县人口除以该都道府县议会议员的定员所得之数的半数，不管第十五条第二项前段如何规定，可以将该区域设置为一个选举区。

**第二百七十一条之二　因部分无效而举行的再选举的特例**

因部分无效而举行的再选举，除了本法特别规定的之外，举行按照举行该再选举的区域、竞选活动期间等，可以由政令制定特别规定。

**第二百七十一条之三　众议院比例代表选出议员或参议院比例代表选出议员的再选举或补缺选举的特例**

众议院（比例代表选出）议员或参议院（比例代表选出）议员的再选举或补缺选举，对于根据本法规定、有关困难的事项，可以由政令制定特别规定。

**第二百七十一条之四　再提名候选情况下的特例**

对于辞去公职候选人（含视为辞去公职候选人的情况）之后再次成为该选举的公职候选人的人、候选人申请政党的申请相关的候选人在该候选人申请政党撤回申请（含该申请被视为撤回的情况）后再次成为该选举的候选人及该申请被驳回（因第八十六条第九项第三号规定的事由、被驳回的情况除外）后再次成为该选举的候选人，以及参议院名簿申请政党等的申请相关的候选人不是公职候选人的参议院名簿登记者后再次成为该选举的候选人的参议院名簿登记者，关于该选举的竞选活动及竞选活动有关的收入、支出等，可以由政令制定特别规定。

**第二百七十一条之五　不能举行海外投票情况下的处理**

第四十九条之二第一项第一号规定的投票，在同号规定的期间内不能举行时，不得重新举行投票。

**第二百七十一条之六　适用关系**

一、关于本法的适用，文书图画中记载或标识的条形码以及其他类似符号中记录的事项中，通过使用读取装置读取、在画面上显示的事项（以下称"符号读取显示事项"），视为该文书图画中记载或标识的内容。

二、不管前项如何规定，关于本法的适用，符号读取显示事项是根据本法的规定、须在文书图画中记载或标识的事项时，该符号读取显示事项，视为没有在该文书图画上记载或标识的内容。

三、关于本法的适用，发布记载文书图画的电子记录媒体时，视为发布该文书图画。

**第二百七十二条　委任命令**

为实施本法律的手续及其他施行相关的必要事项，由政令规定。

**第二百七十三条　委托选举事务**

都道府县或市町村的选举管理委员会，经都道府县知事或市町村首长的承认，向都道府县或市町村的辅助机构的职员委托选举有关事务时，这些职员须忠实执行该事务。

**第二百七十四条　保护选举人相关记录**

受市町村的委托，正在从事或从事过选举人名簿或海外选举人名簿相关事务的人，不得让他人知道其掌握的事务相关的事项，或用于不当目的。

**第二百七十五条　事务的区分**

一、根据本法的规定，地方公共团体处理的事务中、以下所列的为《地方自治法》第二条第九项第一号规定的第一号法定受托事务。

1. 关于众议院议员或参议院议员选举，都道府县处理的事务。

2. 都道府县，根据第一百四十三条第十七项的规定、处理的事务［限为了众议院议员或参议院议员选举中公职候选人或将成为公职候选人之人（含担任公职者。以下本项称"国家选举的公职候选人等"）以及第一百九十九条之五第一项规定的后援团体（以下本条称"后援团体"）中的、该国家选举的公职候选人等相关者的政治活动，张贴的第一百四十三条第十六项第一号规定的告示牌及看板之类相关事务］；根据第一百四十七条的规定、处理的事务［限为了国家选举的公职候选人等及该国家选举的公职候选人等相关的后援团体的政治活动，使用的文书图画相关的事务］；根据第一百四十八条第二项及第二百〇一条之七第二项的规定、处理的事务；根据第二百〇一条之十一第二项的规定、处理的事务［限根据第二百〇一条之六第一项补充条款（含第二百〇一条之七第二项中适用的情况）

的规定、举行的政坛演说会等相关事务］；根据第二百〇一条之十一第四项的规定、处理的事务（限第二百〇一条之七第二项中适用的第二百〇一条之六第一项补充条款规定的张贴的海报相关事务）；根据第二百〇一条之十一第八项的规定、处理的事务［限第二百〇一条之六第一项补充条款（含第二百〇一条之七第二项中适用的情况）规定的张贴的告示牌及看板之类相关事务］以及根据第二百〇一条之十一第十一项及第二百〇一条之十四第二项规定、处理的事务。

3. 关于众议院议员或参议院议员选举，市町村处理的事务。

4. 关于选举人名簿或海外选举人名簿，市町村处理的事务。

5. 市町村，根据第一百四十七条的规定、处理的事务（限为了国家选举的公职候选人等及该国家选举的公职候选人等相关的后援团体的政治活动，使用的文书图画相关的事务）以及根据第二百〇一条之十一第十一项及第二百〇一条之十四第二项的规定、处理的事务（限众议院议员或参议院议员的选举日期公示或告示之日至选举当日的期间的事务）。

二、根据本法的规定，地方公共团体处理的事务中、以下所列的为《地方自治法》第二条第九项第二号规定的第二号法定受托事务。

1. 关于都道府县议会议员或首长的选举，市町村处理的事务。

2. 市町村，根据第一百四十七条的规定、处理的事务［限为都道府县议会议员或首长的选举中公职候选人或将成为公职候选人之人（含担任公职者。以下本项称"都道府县选举的公职候选人等"）及该都道府县选举的公职候选人等相关的后援团体的政治活动，所使用的文书图画相关的事务］以及根据第二百〇一条之十一第十一项及第二百〇一条之十四第二项的规定、处理的事务（限都道府县议会议员或首长选举的日期告示之日至选举当日的期间的事务）。

## 附则 抄

一、本法，自昭和二十五年（1950年）五月一日起施行。

二、不接受《户籍法》（昭和二十二年法律第二百二十四号）适用的人的选举权及被选举权，目前停止。

三、前项的人，不能在选举人名簿及海外选举人名簿中登记。

四、在有海上交通关闭受阻及其他特别情况的地区中、政令指定的地区，直至政令规定，不举行选举。

五、在前项规定的地区，首次举行的选举相关的必要事项，由政令规定。

六、关于对政令规定之日前居民基本台账中的登记者、同日以后没有在任何市町村居民基本台账中登记的人的本法的适用，第三十五条之五第一项中"最后住所所在地的市町村选举管理委员会（没有在任何市町村居民基本台账中登记的人，为申请时其户籍地的市町村选举管理委员会）"以及同条第三项中"提交该申请的人的最后住所所在地的市町村选举管理委员会（提交该申请的人没有在任何市町村居民基本台账中登记的，为申请时其户籍地的市町村选举管理委员会）"是指"申请时其户籍地的市町村选举管理委员会"，第三十条之七第一项中"领事官。以下本项同"是指"领事官"，"最后住所及出生年月日［该海外选举人名簿的登记者没有在任何市町村居民基本台账中登记的，其姓名、经过（经由）领事官的名称及出生年月日］"是指"及出生年月日"。

七、关于目前、对在《关于促进解决北方领土问题等特别措施的法律》（昭和五十七年法律第八十五号）第十一条第一项规定的北方地区拥有籍贯之人的本法的规定的适用，第十一条第三项中"市町村长，在该市町村拥有籍贯之人"是指"根据《关于促进解决北方领土问题等特别措施的法律》（昭和五十七年法律第八十五号。以下称'特别措施法'）第十一条第一项的规定，总务大臣指名的人，在同项规定的北方地区拥有籍贯的"，第三十条之五第一项及第三项中"申请时、其户籍地的市町村"是指"申请时、根据特别措施法第十一条第一项的规定、法务大臣指名的人是首长的市或町"，第三十条之十三第一项中"市町村长，在该市町村拥有籍贯之人"是指"根据特别措施法第十一条第一项的规定，总务大臣指名的人，在同项规定的北方地区拥有籍贯的"，根据前项规定、解释适用的第三十条之五第一项及第三项中"申请时、其户籍地的市町村"是指"申请时、根据特别措施法第十一条第一项的规定、法务大臣指名的人是首长的市或町"。

(原文来自：http://law.e-gov.go.jp/htmldata/S25/S25HO100.html)

(朱艳圣、武萌 译　干保柱 校译)

# 第二部分
## 主要政党内部规章制度

# 自民党

## （一）立党宣言

（1955年11月15日）

政治属于国民，即其使命和任务为，对内稳定民生、增进公共福利，对外恢复独立自主的权威、确立、调整和平的诸条件。我们誓要依此使命和任务，立足民主政治的本义，成立自由民主党，并与全体国民并肩作战，一同担负这一使命，完成这一任务。

第二次世界大战结束已经十年。在此期间，世界形势发生了显著变化，伴随着核能技术的发展，人类的历史将会书写新的一页。今天的政治至少应当以未来十年的世界发展为目标，为此，我们要努力付出创造性的努力，取旧制度之精华，弃旧制度之糟粕，健全制度体系，积极完善社会体系。

我们党的立党政治理念是：第一，坚决走议会民主政治的大道。因此，要抨击和排除一切主张暴力和破坏、革命和独裁为政治手段的势力及思想。第二，以个人的自由和人格的尊严为社会秩序的基本条件。因此，反对权力专制和阶级主义。

我们要在秩序中不断前进，磨炼才能，敢于推行各种进步政策，确立文明的民主国家的诸制度，推进祖国复兴大业。

## （二）立党五十年宣言

（2005年11月22日）

我们党作为以民主主义为根本、爱好和平自由的国民政党，建党以来业已走过了五十个岁月。在这五十年间，我们应国民的托付，竭尽全力解决了许多问题，并在实现国家安全和社会经济发展中发挥着主导作用。

这半个世纪，是我国走向国际化的时代。

同时由于冷战的终结，也是世界大变动的时代。

如今，我国面临着老龄化、少子化、国际恐怖主义矛盾激化等各种课题。

我们要像先人大胆致力于明治改革和战后改革一样，基于新的理念和纲领，推进结构改革、行政财政改革、党的改革等改革。

我们尊崇我国的历史、传统和文化，取其精华，去其糟粕，努力提高道德水准，并向国民保证，力争实现作为国际社会负责任的一员而积极作为的国家。

## （三）纲领

（1955年11月15日）

一、我党坚持以民主主义理念为基准，完善各种制度、进行机构改革，以期将我国建成文明的民主国家。

二、我党坚持以人类普遍追求的和平和自由为立足点，完善、调整国际关系，以期恢复国家的独立自主。

三、我党坚持以实现公共福利为准则，制定实施以个人的创造意识和企业的自由为基础的综合经济计划，以期将我国建成民生安定的福利国家。

## （四）新纲领

（2005 年 11 月 22 日）

### 制定新宪法

不久的将来，我们将在基于自立的国民意识的基础上制定新的宪法，致力于形成国民共识。为此，努力在党内外进行有实质意义的讨论。

### 树立日本人高远的志向

我们致力于让每个国民，接受人类社会普遍的规范，重视构成社会基本的家庭纽带、热爱祖国热爱地方、共有相互支持的自觉意识。为此，我们应修订教育基本法，不惜加大对教育资源的投入，让每个日本人对身为日本人而感到自豪，以培养具有国际意识的高远志向的日本人为目标。

### 建立小政府

我们要以政治责任的意识彻底地推进国家和地方的行政、财政改革，以精简为主旨，防止行政臃肿化，建立高效、透明及可信赖的行政。同时，在适当分担国家和地方的职责之下，发挥地方特色，推进地方分权。

### 确立可持续发展的社会保障制度

我们要切实推进少子化对策，提高出生率，建立能使国民放心、可持续的社会保障制度。

### 建设世界第一、安心、安全的社会

对于近年来不断增加的犯罪及恐怖主义的威胁，我们将坚决对其进行打击，同时我们要建设防灾、抗灾能力强大的国家，以期使我国成为世界第一、安心、安全的国家。

### 确保粮食和能源的稳定

为应对世界形势的快速变化，我们努力确保粮食和能源资源，致力于稳定经济和国民。特别是，在不断提高粮食自给率的同时，努力确保食品安全。

### 加强知识和科技的国际竞争力

我们要以我国高素质的人力资源及发达的科技为基础，努力培育新兴产业，致力于建设极具竞争力、富有活力和创造力的经济。

特别是，重视日本中小企业的活力，同时在尖端技术上推进基础性的、独创性的研究开发，将以由知识和技术为支持的科学技术立国作为目标。

### 构建循环型社会

我们从人与自然为一体的理念出发，重视全球的自然环境，以将我国建设成为世界上最先进的可持续发展的循环型社会为目标。

### 建设男女相互合作的社会

我们以女性积极参与所有领域，男女认知相互特性、共有责任的"男女相互合作的社会"为目标。

### 提供具有价值及丰富多彩的生活

我们将促进志愿者活动及身边的体育、艺术事业的振兴，推进老龄人口及残障人士的社会参与，并以建设具有价值及丰富多彩的生活为目标。为此，深化与以 NGO、NPO 诸团体为主的所有团体的交流，并且重视倾听劳动人民的声音。

## （五）2010 年纲领

（2010 年 1 月 24 日）

### 现状认识

我党以"反对共产主义、社会主义和反对独裁、专制的统治"及"建设具有日本特色的日本"为两大目标，基于"政治属于国民"的原点而建党的。平成元年柏林墙的倒塌及平成三年苏联的解体，在这两大目标中实现了一个目标的意义上、也是我党的胜利。

然而，在此之前，我们一直忍受着来自共产主义及社会主义政党的批判，但，我党直面现实，坚持以《日美安保条约》为基石的外交政策，保护永久的和平，并与日本国民一道，努力使我国发展成世界第二的经济大国。

随着存在感的逐渐增强，在国际化过程中收获颇多的同时，也在失去独特的传统和文化。取得了值得夸耀的世界长寿国家的成果，另一方面我们也在遭受由经济增长乏力和财政恶化带来的财政不健全的困苦。即因少子化导致的人口减少降低了我国的生产力。

为了将此现状改变为具有光明希望的未来，通过实施少子化对策、同时在充实教育、科学技术开发上加大投入，来提高生产力，通过灵活利用老龄人口、提高人口素质、应对国际化，向世界展示实现经济增长、充实国民经济的可能。

我们在日本国及国民的统合的象征天皇之下、建立了今日和平的日本。我们是原本就已以勤勉为美德、以不依赖他人、自立为骄傲的国民。我们也是拥有温暖地包容没有获得努力机会或能力的人们的家庭、地区社会的纽带的国民。

我们还是，拥有对家庭、地区社会、国家的归属感，以自豪感为公作出贡献和履行义务的国民。胸怀对构成包含这些传统的国民性、生活方式即构建日本文化的风土、人们的生活、现在、未来的三世代的根本的祖先的尊敬之念的生活方式，对此的再评价，是另一建党目的，即"建设具有日本特色的日本"。

我党在反省平成二十一年总选举失败的基础上，在建党以来所拥护的自由和民主的旗帜下，改变了不适应社会发展的部分，维护应该坚持的部分，在秩序中追求进步，承担国际责任或义务，以日本特色的日本保守主义为政治理念，再赴征程。

我们所拥护的自由，既不是市场原教旨主义，也不是无原则的政府干预，更不是放任个人主义的文化。再次确认为，由自立的个人的义务和创意思想、自由选择、尊重和宽容他人、互助精神构成的自由。因此，我们不采取单凭执政党的独自判断将由国民创造的社会财富再分配给国民、其结果将有损国民自立心的社会主义政策。同时，我们与以政治主导、无视反对意见、将执政党的独自判断强加给他人的国家社会主义统治断然对立。

另外，我们与危害日本主权、损害"具有日本特色的日本"的政策，作为坚决斗争。我党，站在为为了过去、现在和将来已经付出努力或正在付出努力的自立的纳税人的立场上，以"新的日本"为目标，作为新的自民党，与国民一道通过具有安心感的政治，使现在和未来都能安心。

一、我党一直是以进步为目标的保守政党

（1）在真正的自由主义和民主制之下，改变不适应时代发展的部分，维护应当坚持的部分，在秩序中追求进步。

（2）带着勇气、自由而又充满活力地陈述事实，协商，决断。

（3）与各种组织对话交流，公正地运行国会，谦虚地履行政府各项职能。

二、我党政策的基本见解如下：

（1）致力于制定能展示具有鲜明日本特色的日本姿态、能为世界作贡献的新宪法。

（2）通过自己的努力来维护日本的主权。在履行符合国际社会的职责的同时，排斥一国和平主义的理念。

（3）尊重自助自立的个人，在整合各种条件的同时，充实公共互助体系。

（4）确立自律和有秩序的市场经济。

（5）让地域社会与家庭的纽带、温暖再生。

（6）政府要为所有人实施公正的政策和创造条件而努力。

甲　法律秩序的维持

乙　外交·外交保障

丙　增长战略与雇佣对策

丁　教育与科学技术·研究开发

戊　环境安全

己　社会保障等安全网

（7）为了不剥夺未来纳税人的血汗结晶的使用选择权，提高财政的使用效率与修改税制，以此重建财政。

三、我党以建立拥有自豪感和活力的日本形象为目标

（1）拥有对家庭、地区社会、国家的归属感，且自立、互助的国民。

（2）美丽的自然、温暖的人际关系、"和气与纽带"的生活。

（3）在不忽视形成共识的民主制下，由民意决定的国家和自治体。

（4）形成劳有所得、且大家支援没有劳动机会和能力的人的社会。为此努力整合条件的政府。

（5）对所有人实施公正政策的政府。为了不损害次世代的决策，努力减少政府负债余额。

（6）履行世界和平的义务，为全人类共同的价值作出贡献的有德的日本。

## （六）党的性质

（1955年11月15日）

一、我党是代表国民的政党

我党不是仅仅代表特定的阶层、阶级的利益、招致国内分裂的阶级政

党。我党立于信义和对同胞的爱，为全体国民的利益和幸福而服务，与国民大众一道推进民族繁荣的政党。

二、我党是信奉和平主义的政党

我党是依据联合国宪章的精神，愿为确保国民期盼的世界和平与正义及实现人类的进步发展而竭尽全力的政党。

三、我党是真正的民主主义政党

我党确信，个人自由、人格尊严及基本人权的确保是人类进步的原动力，并对此予以尊重和拥护，抨击和排除通过阶级独裁剥夺国民自由、压制人权的共产主义和阶级社会主义势力。

四、我党是议会主义的政党

我党，坚持发展基于作为主权者的国民自由意志表达的议会政治，与否定反对党的存在、并以建立一党一国的永久政治体制为目标的极左或极右势力进行对抗。

五、我党是进步的政党

我党，排除斗争和破坏的政治理念，基于协同与建设的精神，保持优良传统和秩序的同时，与时俱进，改革现状，除去恶弊，是积极进步的政党。

六、我党是以实现福利国家为目标的政党

我党，在否定土地等生产资料国有国营和官僚统制为主体的社会主义经济的同时，也排除寡头垄断的资本主义经济，以自由企业为基础，重视个人的创意和责任，赋予其综合计划性、增强生产的同时，切实实施社会保障政策，以实现完全雇佣制和福利国家。

## （七）党的政纲

（1955 年 11 月 15 日）

一、确立国民道义和进行教育改革

为了确立正确的民主主义和高扬爱国主义的国民道义，在对现行教育制度进行改革的同时，使教育彻底的政治中立，扩充英才教育制度，加强青年教育。

鼓励体育运动，开展艺术教育，推进娱乐的健全化，努力纯化、提高国民情操。

二、政官界的刷新

刷新国会及政党的运营，坚决实行选举制度和公务员制度改革，严肃官纪党纪，一扫政官界的积弊。

在中央与地方、确立行政责任体制，改革过度的责任分散弊端，推进行政财政的简化、提高效率，实施地方自治制度的改革。

三、实现经济的自立

在稳定的货币价格和国际贸易收支平衡的基础上，实现经济的自立繁荣和完全雇佣。

为此，通过年度计划、制定经济自立综合政策，在资金的调配、生产的合理化、贸易的发展、失业对策、劳动生产率的提高等方面，采取必要的政策措施，在着力增强资本积累的同时，实施政策，尤其是国民的理解和协作。

大力推进农林渔业的稳定发展、中小企业的振兴，在北海道及其他未开发地区的开发上采取积极对策。

遵守国际劳动宪章、国际劳工公约，培育强化健全的工会运动，确立劳资合作体制，同时纠正部分劳工运动的破坏性的政治偏向。

准备应对以和平利用核能为核心的产业结构的变革，在科学技术的振兴上采取特别措施。

四、建设福利社会

在刷新医疗制度、年金制度、救助制度、母婴福利制度等、完善社会保障政策的同时，通过支援家庭计划、推进家庭生活的现代化、解决住房问题等改善、提高生活环境，以此建设立足于社会正义的福利社会。

五、积极开展和平的外交

外交基调置于和自由民主主义诸国的合作，促进加入联合国，与尚未建交的国家建立外交关系，特别是推进与亚洲诸国的善邻友好和早日解决赔偿问题。

同时我们要求返还固有领土、释放被扣留的日本人，向世界呼吁海外移民自由、公海渔业自由、禁止核试验。

六、完善独立体制

坚持和平主义、民主主义及尊重基本人权的原则，对现行宪法进行自主修改，同时对占领时期的法律制度进行再检讨，并依据国情予以废除。

为了保护世界的和平、国家的独立及国民的自由，在集体安全保障体制下，依据国力及国情完善自卫军备，准备撤除驻日的外国军队。

## （八）党　则

（2015年3月8日）

### 前　文

我党是遵守基本人权和民主主义，为世界的和平和人类的繁荣作出积极贡献，与国民一道面向未来，持续推进改革的自由主义的政党。

为实现党的理念，我们制定本党章，严肃党内纪律、强化党的组织和活动，以此规范党的运营。

### 第一章　总　则

第一条　本党的名称为自由民主党，总部设于东京都。

第二条　本党以实现党的理念、纲领及政策为目的。

### 第一章之二　党　员

第三条　本党规定，赞同本党目的的日本国民，根据党章规定忠实地履行义务，同时作为国民大众的服务者、积极参加党的活动的，即为党员。

第三条之二　党员，享有以下各号所列权利：

（1）享有党内的选举权及被选举权。

(2) 参加干部的选举及候选人的决定。

(3) 提出与党的政策相关的提案。

(4) 通过党的会议及出版物，参与自由讨论党的活动。

第三条之三　党员，有以下各号所列义务：

(1) 遵守党的理念、纲领、政策及党章。

(2) 在各级选举中支持党决定的候选人。

(3) 积极参加党的活动。

(4) 缴纳党费。

## 第二章　执行机关

### 第一节　总裁及副总裁

**第四条**

一、本党设置总裁职位。

二、总裁是党的最高责任者，代表党，总理党务。

**第五条**

一、本党可设置副总裁职位。

二、副总裁辅佐总裁，总裁因故或空缺时，执行总裁的职务。

**第六条**

一、总裁，依据另行制定的总裁选举规程进行公选。

二、总裁在任期空缺时，原则上依据前述规定，公选后任总裁。但，在特别紧急的情况下，可以由两院议员大会代替党的代表大会选任其后任。

三、依据前述补充条款的规定、选任总裁时的选举人，应由两院议员及都道府县支部联合会各出三名代表组成。

四、总裁任期届满之前，在党所属的国会议员和都道府县支部联合会各一名代表的合计总数的过半数的要求下，援引总裁在任期空缺时公选总裁的选举之例，进行总裁选举。

五、前项的要求，应向党本部总裁选举管理委员会提出。

六、副总裁，由总裁指名、在党的代表大会接受承认。

## 第二节 干事长、代行干事长、代理干事长及副干事长

**第七条**

一、本党设干事长一名及三十名以内的副干事长。干事长可以在副干事长中指名代行干事长一人和代理干事长。

二、从每个众议院比例代表选区的选举两院议员会及参议院比例议员会所属的国会议员中，各选任一副干事长。

**第八条**

一、干事长辅佐总裁，执行党务。

二、代行干事长、代理干事长接受干事长的领导，可代理干事长职务。

三、副干事长辅佐干事长。

**第九条** 干事长，在得到总务会的承认后，由总裁决定。

**第十条** 副干事长，在得到总务会的承认后，由干事长决定。

## 第三节 局

**第十一条**

一、在干事长的掌管下，设置以下各局。

（1）人事局

（2）财务局

（3）情报调查局

（4）国际局

二、各局分别设局长一名及次长若干名。

三、局长及次长，在得到总务会的承认后，由干事长决定。

四、局长，可以从次长中指名一名局长代理。

## 第四节　　财务委员会

**第十二条**　为了使党财政的健康的运转，设置财务委员会。

**第十三条**

一、财务委员会，由七名财务委员组成。委员，在得到总务会的承认后，由总裁决定。

二、财务委员长，由财务委员互选产生。

三、财务委员长，负责召集财务委员会。

**第十四条**　财务委员会，两个月听取一次党的资金收支情况的报告，在认为有必要时，可以就党财政向总裁提出劝告。

**第十五条**　财务委员会，对向党的代表大会报告的决算，进行监查。

## 第五节　组织运动本部

**第十六条**

一、为了加强及全面开展本党的组织活动，设置组织运动本部。

二、组织运动本部设本部长一名、副本部长若干名。组织运动本部长可以从副本部长中指名本部长代理。

三、组织运动本部长负责组织运动本部的运营，指挥和掌管其各局。

四、组织运动本部长代理接受本部长的领导，可代理其职务。

五、组织运动副本部长辅佐本部长。

**第十七条**

一、组织运动本部长，在得到总务会的承认后，由总裁决定。

二、组织运动副本部长，在得到总务会的承认后，由组织运动本部长决定。

**第十八条**

一、在组织运动本部设置以下各局，其中，团体总局下设关联团体委员会，地方组织、议员总局下设名簿中心和海外日本人中心。

(1) 团体总局

　　法务、自治关联团体委员会

　　财政、金融、证券关联团体委员会

　　教育、文化、体育关联团体委员会

　　社会教育、宗教关联团体委员会

　　厚生关联团体委员会

　　环境关联团体委员会

　　劳动关联团体委员会

　　农林水产关联团体委员会

　　工商、中小企业关联团体委员会

　　运输、交通关联团体委员会

　　信息、通信关联团体委员会

　　国土、建设关联团体委员会

　　安全保障关联团体委员会

　　生活安全关联团体委员会

　　NPO、NGO 关联团体委员会

(2) 地方组织、议员总局

　　名簿中心

　　海外日本人中心

(3) 女性局

(4) 青年局

(5) 劳政局

(6) 游说局

二、各局分别设局长一名及次长若干名，各关联团体委员会分别设委员长一名及副委员长若干名。组织运动本部长可以从各局次长中指名局长代理，从各关联团体委员会副委员长中指名委员长代理。

三、局长及次长，关联团体委员会委员长及副委员长，在得到总务会的承认后，由组织运动本部长决定。

第二部分　主要政党内部规章制度

第十九条　作为与党外各种团体等联络、协调机构，可以在各局设置联络协议会，在关联团体委员会设置关联团体协议会。

### 第六节　宣传本部

第二十条

一、为了大力推进本党的宣传活动，设置宣传本部。

二、宣传本部设本部长一名、副本部长若干名。本部长可以从副本部长中指名本部长代理。

三、宣传本部长负责宣传本部的运营，指挥和掌管其各局。

四、宣传本部长代理接受宣传本部长的领导，可代理其职务。

五、宣传副本部长辅佐宣传本部长。

第二十一条

一、宣传本部长，在得到总务会的承认后，由总裁决定。

二、宣传副本部长，在得到总务会的承认后，由宣传本部长决定。

第二十二条

一、在宣传本部，设置以下各局：

（1）宣传战略局

（2）网络媒体局

（3）报道局

二、各局分别设局长一名及次长若干名。

三、局长及次长，在得到总务会的承认后，由宣传本部长决定。

### 第七节　国会对策委员会

第二十三条　为处理党的国会活动相关事项，设置国会对策委员会。

第二十四条

一、国会对策委员会，设委员长一名、副委员长及委员若干名。国会对策委员长可以从副委员长中指名委员长代理。

二、国会对策委员长，在得到总务会的承认后，由干事长决定。国会对策副委员长及委员。在得到总务会的承认后，由国会对策委员长决定。

### 第八节 干部会

**第二十五条**

一、为实施党的各机关的综合协调及制定党的综合战略，以及决定党务执行的相关重要事项，设置干部会。

二、干部会，由总裁、副总裁、干事长、总务会长、政务调查会长、选举对策委员长、参议院议员总会长及参议院干事长组成，有必要时可以要求其他干部出席。

三、总裁召集干部会，并作为议长负责其运营。

四、干事长接受总裁的领导，可代理其职务。

### 第九节 干部联络会

**第二十六条**

一、为密切党的各机关的联系、顺利推进党务运营，设置干部联络会。

二、干部联络会，由各机关的负责人及必要时总裁指名的人组成。

## 第三章 决议机关

### 第一节 党大会

**第二十七条** 党大会是党的最高机关，由以下各号所列人员构成：

（1）党所属的国会议员。

（2）本党的各都道府县支部联合会各选出的四名大会代表，其中二名代表为该都道府县支部联合会的青年部及女性部的代表。

**第二十八条** 党大会每年举行一次，经总务会议提议，由总裁召集。但，两院议员总会决议应该召开党大会、或都道府县支部联合会三分之一以上要求应该召开党大会时，总裁应该在该决议或要求之日起一个月内召集举行临时党大会。

**第二十九条** 党大会的议长及副议长，由每次大会公选产生。

**第三十条** 当党大会的出席代表没有达到二分之一以上时，党大会不能召开。

**第三十一条**

一、党大会的议事，需出席代表半数以上赞成通过，当赞成与反对人数相同时，由议长决定。

二、关于党大会的议事及运营，由党大会议事细则另行规定。

## 第二节 两院议员总会

**第三十二条** 两院议员总会，由党所属的众议院议员和参议院议员组成。

**第三十三条**

一、两院议员总会，审议决定关于党的运营及国会活动的特别重要的事项，关于特别紧急事项，两院议员总会的决定可以代替党大会的决议。但，两院议员总会的决定代替党大会决议时，如果出席两院议员总会的议员没有占总数的三分之二以上，就不能进行审议决定。

二、两院议员总会的决定代替党大会的决议须要在下一届党大会上进行报告，并得到党大会的承认。当党大会不承认，该决定将失去效力。

**第三十四条**

一、两院议员总会设会长一名、副会长两名。

二、会长作为两院议员总会的议长，负责其运营。

三、副会长辅佐会长。

四、会长及副会长由两院议员总会公选产生。

**第三十五条** 两院议员总会由会长召集举行。当党所属的三分之一以上的国会议员提出要求时，会长须在该要求提出之日起七日内召集举行两院议员总会。

第三十六条　两院议员总会的议事，需出席议员半数以上赞成通过。当赞成与反对人数相同时，由议长决定。

### 第三节　总务会

第三十七条　总务会，由二十五名总务组成。

第三十八条　总务会审议决定关于党的运营及国会活动的重要事项。

第三十九条　总务，依据以下各号规定公选产生：

（1）党所属的众议院议员公选产生十一名。

（2）党所属的参议院议员公选产生八名。

（3）总裁指名六名。

第四十条

一、总务会，设总务会长一名及九名以内的副会长。总务会长可以从副会长中指名总务会长代行一名和总务会长代理。

二、总务会长负责召集举行总务会，并作为总务会议长负责运营。

三、总务会长代行、总务会长代理接受总务会长的领导，可代理其职务。

四、副会长辅佐总务会长。

五、总务会长及副会长在总务会中互选产生。

第四十一条　总务会的议事，需出席总务半数以上赞成通过，当赞成与反对人数相同时，由议长决定。

## 第四章　政务调查会

第四十二条

一、为了政策的调查研究及起草议案，设置政务调查会。

二、作为党的政策而采用的议案，须经过政务调查会的审议。

第四十三条　政务调查会，由党所属的国会议员及总裁特别委任的具有丰富学识的学者组成。

**第四十四条**

一、政务调查会，设政务调查会长一名及十五名以内的政务调查副会长。政务调查会长可以从政务调查副会长中指名政务调查会长代行一名和政务调查会长代理。

二、政务调查会长，负责政务调查会的运营、并掌管政务调查会。

三、政务调查会长代理接受会长的领导，可代理其职务。

四、政务调查副会长辅佐政务调查会长。

**第四十五条**

一、政务调查会，为审议、决定政策议案，设置政调审议会。

二、政调审议会，由政务调查会长、政务调查会副会长组成。

三、政务调查会长负责召集政调审议会，并作为议长负责运营。

四、政务调查会在决定政策议案时，须经政调审议会的审议。

五、政调审议会决定的政策相关事项，须向总务会报告、并经其决定。

**第四十六条**

一、政务调查会长，在得到总务会的承认后，由总裁决定。

二、政务调查会副会长，在得到总务会的承认后，由政务调查会长决定。

**第四十七条**

一、为了政策的调查研究和起草议案，政务调查会设置各部会。在各部会里设部会长一名及部会长代理和副部会长若干名。根据必要，可设专职部会长。

内阁部会

国防部会

总务部会

法务部会

外交部会

财务金融部会

文部科学部会

厚生劳动部会

农林部会

水产部会

经济产业部会

国土交通部会

环境部会

二、部会长、专职部会长、部会长代理及副部会长，在得到总务会的承认后，由政务调查会长决定。

第四十八条 在必要时，由政务调查会长掌管下，可设置调查会、特别委员会等。

第四十九条

一、为调查研究民主政治的基本问题及党的基本政策，以及完善各种资料，在总务调查会设置综合政策研究所。

二、综合政策研究所的所长，须经过总务会议的审议，由总裁从具有丰富学识的学者中委任。

## 第五章 选举对策本部

第五十条 为制定本党的综合的选举对策，设置选举对策本部。

第五十一条 选举对策本部，由总裁、副总裁、干事长及选举对策委员长以及总裁指名的三十名以内的本部成员组成。

第五十二条

一、选举对策本部，设本部长、本部长代行及本部长代理各一名及副本部长若干名。

二、本部长由总裁担任。

三、本部长召集举行选举对策本部会议，并作为议长负责其运营。

四、本部长代行及本部长代理接受本部长的领导，可代理其职务。

五、副本部长辅佐本部长。

**第五十三条**

一、为切实推进选举对策，在选举对策本部设置选举对策委员会作为总览选举对策实务的部门。

二、选举对策本部，除了候选人选定相关手续之外，总览国政选举方针草案的制定、选举对策的调查研究及方案企划、选举情报的收集及分析、选举相关的党内各部局的协调、国政选举等候选人的准备活动的支援、选举对策本部会议的运营等相关事项。

三、选举对策委员会，设委员长一名、副委员长、委员、事务局长及事务局次长。选举对策委员长可以从选举对策副委员长中指名选举对策委员长代理。

四、选举对策委员长召集选举对策委员会，并作为议长负责其运营。

五、选举对策委员长代理接受选举对策委员长的领导，可代理其职务。

六、选举对策副委员长辅佐选举对策委员长。

七、选举对策委员长，在得到总务会的承认后，由总裁决定。选举对策副委员长、委员、事务局长、事务局次长由选举对策委员长决定。

## 第六章　人事委员会

**第五十四条**　为了公正与公平的人事，以及增强党的运营活力，设置人事委员会。

**第五十五条**　人事委员会，由七名以内经总务会承认、总裁决定的委员组成。委员长，由总裁从委员中指名产生。

**第五十六条**　人事委员会，可以就党的人事向拥有任命权的人呈报意见。

## 第七章　院内机关

### 第一节　众议院议员总会

**第五十七条**　众议院议员总会，由党所属的众议院议员组成，审议众议院中党的国会活动相关事项。

**第五十八条**

一、众议院议员总会，设有一名会长及三名以内的副会长。

二、众议院议员总会长召集众议院议员总会，并作为议长负责其运营。

三、副会长辅佐会长。

四、众议院议员总会长及副会长，由众议院议员总会公选产生。

**第五十九条**　众议院议员总会的议事，需出席议员半数以上赞成通过，当赞成与反对人数相同时，由议长决定。

### 第二节　参议院议员总会

**第六十条**　参议院议员总会，由党所属的参议院议员组成，并鉴于两院制度的宗旨，审议、决定参议院中党的国会活动相关事项。

**第六十一条**

一、参议院议员总会，设会长一名及五名以内的副会长。

二、参议院议员总会长召集参议院议员总会，并作为议长负责其运营。

三、副会长辅佐会长。

四、参议院议员总会长及副会长，由参议院议员总会公选产生。

**第六十二条**　参议院议员总会的议事，需出席议员半数以上赞成通过，当赞成与反对人数相同时，由议长决定。

### 第三节　参议院内的机关

**第六十三条**

一、为了推进参议院内党的国会活动，设参议院干事长、参议院政策审议会长、参议院国会对策委员长以及其他必要的干部。

二、参议院干事长、参议院政策审议会长、参议院国会对策委员长以及其他干部，由参议院议员总会选举产生，或得到承认后决定。

## 第八章　党纪委员会及政治伦理审查会等

**第六十四条**

一、为维持党的纪律、振兴党风，设置党纪委员会。

二、党纪委员会，由十八名党纪委员组成。党纪委员，分别根据以下各号规定由党大会选任。

（1）党所属的众议院议员　八名

（2）党所属的参议院议员　四名

（3）总裁从党所属的国会议员中推荐的人　二名

（4）从前三项以外的人中，由总裁推荐人格高尚、廉洁且具有学识的人　四名

三、党纪委员会，设委员长及副委员长各一名，由党纪委员互选产生。

四、委员长，作为党纪委员会的议长负责其运营。

五、副委员长辅佐委员长，当委员长因故时，代理其职务。

**第六十五条**

一、党纪委员会，对党的纪律维持及党员的赏罚情况进行审查。

二、党纪委员会，经前项的审查后，可以依据第九十六条的规定作出处分。

三、为了振兴党风，党纪委员会可以根据必要可对本部、支部及都道府县支部联合会各机关或组织进行审查。

四、党纪委员会的运营等相关必要的事项，由党的纪律规约规定。

**第六十六条**

一、为确立政治伦理，设置政治伦理审查会。

二、政治伦理审查会，对党所属的国会议员违反党的纪律规约制定的伦理宪章等的规定的行为进行考量，并对该行为进行自主调查，认为其调查结果提交党纪委员会审查是合适时，可以向干事长提出劝告，要求召集党纪委员会。

三、在接受来自政治伦理审查会的前项劝告时，干事长须予以尊重。

四、政治伦理审查会的组织及运营相关的必要事项，由党的纪律条例规定。

**第六十六条之二** 为了彻底遵守党及所属国会议员的政治活动相关的法令，设置执法办公室。

## 第九章　中央政治研究生院和地方政治学校

**第六十七条**

一、为了提升党员的素质，发掘、培养适合肩负国家及地区未来发展的人才，本党设置中央政治研究生院，都道府县支部联合会可设置地方政治学校。

二、中央政治研究生院，制定发掘、培养人才的指导方针，与地方的政治学校合作，并在运营方面给予积极支持。

三、中央政治大学院，设总长、学院长、副学院长及教授职位，必要时可以设立讲师职位。

四、总长由总裁兼任。

五、学院长由总长任命。

六、副学院长由学院长任命。

七、教授由总长委任。

八、讲师由学院长任命。

九、本党党员以外的人可以在中央政治研究生院研修。

十、中央政治研究生院和地方政治学校运营相关的必要事项，由中央政治研究生院和地方政治学校章程规定。

## 第十章　其他机关

### 第一节　顾　问

**第六十八条**　本党设置顾问若干名。

**第六十九条**　顾问，经总务会审议，由总裁从具有学识的人中委任。

**第七十条**　顾问，根据总裁或党执行机关的咨询陈述意见。

### 第二节　参　事

**第七十一条**　赞同本党的目的且具有丰富学识的人，可以成为参事。

**第七十二条**　参事，经总务会的审议，由总裁委任。

### 第三节　党　友

**第七十三条**　协助本党达成目的的人，可以成为党友。

**第七十四条**　党友，经过总务会的审议，由总裁委任。

### 第四节　赞助员

**第七十五条**　赞同本党目的的人，可以成为赞助员。

**第七十六条**　赞助员，经过总务会的审议，由总裁委任。

### 第五节　选区两院议员会及参议院比例议员会

**第七十七条**

一、为强化党所属的国会议员之间的信息交流与合作，同时承担与党执行部的联络协调职能，确立各种选举、地方党的活动及进修、政策推进等相互协作体制，从而扩充党势，在各众议院比例代表选区设置由选区内党所属国会议员组成的选区两院议员会。另设置由参议院比例代表选区选出的议员组成的参议院比例议员会。

二、可以在选区两院议员会及参议院比例议员会所属的国会议员中设置会长及副会长、干事、事务局长职务。

三、选区两院议员会，确立与选区内都道府县支部联合会的合作及协力体制。

### 第六节　全国干事长会议

**第七十八条**

一、为强化党本部与都道府县支部联合会的合作，设置全国干事长会议。

二、全国干事长会议，由党干部及都道府县支部联合会干事长组成。

### 第七节　特别机关

**第七十九条**　总裁，可以根据需要，经过总务会的审议，设置临时特别机关。

## 第十一章　干部的任期

**第八十条**

一、党的干部的任期，总裁为三年，其他职位为一年，但不影响连任。

二、前任的任期届满之后通过选举产生的总裁的任期，从前任总裁届满之日的翌日起算。

三、在总裁在任期中空缺、或要求第六条第四项规定的选举的情况下，根据同条第二项或第四项的规定、选举产生新总裁时，其任期为前任的剩余任期。

四、总裁不能连任两期（前项规定的任期除外）。

五、在总裁重新选举的情况下，不管第一项如何规定，但，干部任期结束。

六、关于总裁以外的干部的任期，在补缺情况下，在前任的剩余任期期间，新任干部与其他在任干部的任期一致。

第八十一条　干部，即使任期届满或结束之后、在办理各种手续及后任者决定之前，继续担任该职位。

## 第十二章　地方组织

第八十二条

一、以一定的地区和职业领域为基础，可以设置以下各号所列的党支部。

（1）以一个以上的市町村（含特别区）的区域（如果是指定城市，为其所辖区的区域）为单位设立市区町村支部。

（2）以一定的职业领域为单位，设立职业领域支部。

（3）以众议院（小选举区）议员的选区为单位设立选举区支部。

（4）以存在众议院纯粹比例代表议员及候选人等的主要活动基地的都道府县，设立众议院比例区支部。

（5）以存在参议院（选举区选出）议员及候选人等的主要活动基地的都道府县，设立参议院选举区支部。

（6）以存在参议院（比例代表选举区选出）的议员及候选人等的主要活动基地的都道府县，设立参议院比例区支部。

二、除了前项所列的支部之外，以地方公共团体的议会议员或首长的选举区为单位，设立地方选举区支部。

第八十三条　设置都道府县支部联合会，作为都道府县内各支部的联合体。

**第八十四条**

一、设立支部时，须提交章程、党员名簿及干部的姓名和住址，经都道府县支部联合会向党本部提交，且须获得承认。

二、党本部，可依据基于第八十六条的地方组织准则的规定，取消前项的承认，解散支部。

三、支部章程、干部及其他重要提交事项发生变动时，须经都道府县支部联合会向党本部报告，且须获得承认。

**第八十五条**

一、都道府县支部联合会，须设置事务所，并设一名以上的专职人员。

二、都道府县支部联合会，须向党本部报告干部的姓名及住所、事务所的所在地及支援的姓名，且须获得承认。

**第八十六条**  支部及都道府县支部联合会的组织、运营及干部相关事项，由地方组织准则另行规定。

## 第十三章 党 籍

**第八十七条**

一、想加入本党的人，须由一名本党党员介绍，填写记载规定事项的入党申请书，向支部提交，经过审查后，须获得都道府县支部联合会的承认。

二、都道府县支部联合会承认其入党时，须立即向党本部报告，同时通知支部。

三、支部或都道府县支部联合会，在入党时或承认入党之后，根据制定的其他入党条件，经审查委员会审查，认为其不满足入党条件时，可以拒绝其入党，或取消其入党。

四、支部或都道府县支部联合会根据前项规定、拒绝其入党或取消其入党时，须预先相互通知确认，拒绝其入党或取消其入党时，须立即向党本部报告。

五、即使都道府县支部联合会承认其入党，党本部审查结果认为不合适时，可以取消其承认。在此种情况下，党本部须立即通知都道府县支部联合会及支部。

**第八十八条** 除了前条的规定之外，基于党章的入党手续、入党资格审查等，另行规定。

**第八十九条**

一、想退出本党的人，党所属的国会议员（含曾经的国会议员。次项同）须向党本部提交申请，其他人员须向支部、都道府县支部联合会或党本部提交申请。

二、党所属的国会议员相关的前项申请，经党纪委员会审查后，由党本部受理。

三、支部、都道府县支部联合会或党本部，任何一方受理退党申请时，须立即相互通知。

**第九十条** 已经退党的人或被除名的人，复归本党时，须依据第八十七条的手续办理。在此情况下，承认其复归时，须经过党纪委员会审查。

## 第十四章　赏　罚

**第九十一条**

一、总裁，对党的活动作出功绩的党员，可以在总务会基于党纪委员会的报告进行审议后，进行表彰。

二、表彰，颁发奖状或论功行赏。

**第九十二条**

一、党员有以下各号所列行为之一的，将依据党纪党规给予处分。

（1）扰乱党的纪律。

（2）损害党员身份。

（3）违反党的决议。

二、国会议员，除了前项规定的处分之外，有违反党的纪律条例规定的行为的，将依据同条例给予处分。

三、干事长认为党所属的国会议员有符合第一项第一号或第三号的行为时，可以依据党的纪律条例的规定进行处分。

第九十三条　关于基于党章的赏罚，党纪委员会，经过总务会审议，制定党的纪律条例。

## 第十五章　会计及预算

第九十四条　本党的经费，来自党费、捐赠等。

第九十五条

一、为了本党的运营，制定预算。

二、每个会计年度的预算案，须在新会计年度之前向党大会提出，得到批准。

第九十六条

一、党员，须交纳党费，其额度，由总裁经总务会审议后决定。

二、党费，须在每年党本部规定的日期内交纳。

第九十七条　本党的会计年度，从每年的一月一日开始，十二月三十一日结束。

第九十八条　决算，须获得党大会批准。

## 第十六章　本部事务局

第九十九条

一、为处理本党的事务，在干事长的掌管下，设置本部事务局，配置必要的职员。

二、本部事务局的构成相关事项，由本部事务局章程另行规定。

## 第十七章　党章的修订

第一百条　党章的修订，须经党大会审议后进行。

附则（昭和三十年十一月十五日决定）

（中略）

附则（平成二十二年一月二十四日部分修订）

该修订自平成二十二年一月二十四日开始实施。

附则（平成二十三年一月二十三日部分修订）

该修订自平成二十三年一月二十三日开始实施。

附则（平成二十四年一月二十二日部分修订）

该修订自平成二十四年一月二十二日开始实施。

附则（平成二十五年三月二十七日部分修订）

该修订自平成二十五年三月二十七日开始实施。

附则（平成二十六年一月十九日部分修订）

该修订自平成二十六年一月十九日开始实施。

附则（平成二十七年三月八日部分修订）

该修订自平成二十七年三月八日开始实施。

（注）以上为过去五年内的修订情况。

## （九）总裁公选规程

### 第一章 总　则

**第一条　总裁的公选**

本党的总裁，根据本规程的规定，由党所属的国会议员、党员、自由国民会议会员及国民政治协会会员公选产生。

**第二条　总裁选举的管理**

选举总裁的公选（以下称"总裁选举"），由党本部总裁选举管理委员会管理。

**第三条　党本部总裁选举管理委员会**

一、在党本部，设置党本部总裁选举管理委员会（以下称"党本部管理委员会")。

二、党本部管理委员会，由十一名委员组成。

三、委员，由党总裁从党所属的国会议员中指名，其任期为三年。

四、党本部管理委员会，设委员长。

五、委员长，由委员互选产生。

六、委员长，负责委员会的运营，管理其事务。

七、委员长，须预先从委员中指名一名委员，在其不能履行职务时，代替委员长，履行职务。

八、委员会的议事，须半数以上出席委员的赞成，当赞成和反对人数相同时，由委员长决定。

**第四条　都道府县总裁选举管理委员会**

一、在都道府县支部联合会，设置都道府县总裁选举管理委员会（以下称"都道府县管理委员会"）。

二、都道府县管理委员会，由五名委员组成。

三、委员，由都道府县支部联合会长从该联合会所属的党员中指名，其任期为三年。

四、前条第四项到第八项的规程，适用于都道府县管理委员会。

**第五条　自主决定**

除了本规程的规定之外，关于都道府县管理委员会的事项，该管理委员会在听取党本部管理委员会的意见后自主决定；关于党本部管理委员会的事项，该管理委员会自主决定。

## 第二章　选举人等

**第六条　选举人**

一、具有总裁选举的选举权的人（以下称"选举人"）为党所属的国会议员及符合以下各号所列之一的二十岁以上、具有日本国籍的人。

（1）缴纳了前两年的党费的党员。

（2）缴纳了前两年会费的自由国民会议的会员。

（3）党本部承认的国民政治协会的个人会员及法人会员的代表（仅限一人）。

二、都道府县支部联合会，负责审查党所属国会议员以外的党员、自由国民会议会员或国民政治协会会员（以下称"党员等"）的选举人资格。

三、党机关及党员等，对总裁选举的选举人资格有疑义时，可以要求都道府县支部联合会审查前项。

### 第七条 选举人名簿

一、都道府县管理委员会，将党员等相关的选举人名簿（以下称"选举人名簿"）与党本部的党员名簿、自由国民会议会员名簿及具有选举权的国民政治协会的个人会员名簿及法人会员名簿进行核对后，进行制作和保管。

二、选举人名簿，须记载选举人的姓名、住址及注册号码。

三、党员等，限在党本部管理委员规定的阅览期限内，可以阅览选举人名簿。

四、党本部、都道府县支部联合会及单位支部，一般不得公开选举人名簿。

## 第三章 选举日期

### 第八条 总裁选举的举行日期等

一、总裁选举的举行日期，在前任总裁任期届满前一个月（因总裁在任期中空缺、举行临时总裁选举时，立即）经总务会审议后，由党本部管理委员会决定并公布。

二、党本部管理委员会决定总裁选举日期之时，决定总裁选举的公示日、候选人申请截止日期、投票日期等选举日程。

三、总裁选举的告示，须在党所属国会议员投票（以下称"议员投票"）的投票日的十二日前进行。

四、议员投票的投票日，须在总裁任期届满之日前十日以内。

### 第四章　总裁候选人

**第九条　被选举权**

具有总裁选举的被选举权的人，为党所属的国会议员。

**第十条　总裁候选人的推荐等**

一、总裁候选人，须得到党所属的二十名国会议员的推荐。

二、在进行前项的推荐时，其代表须征得本人的同意，在总裁选举告示日，以书面形式向党本部管理委员会申报。在此种情况下，须一并申报一名选举负责人。

三、前项的申报中，须附上宣誓公正进行总裁选举的总裁候选人及选举负责人的宣誓书。

四、已经连续担任两届总裁（党章第八十条第三项规定的任期除外）的在任总裁，不得继续作为总裁选举的候选人。

**第十一条　通知选举人等**

一、党本部管理委员会，在受理前条第二项的申报时，须在申报日期截止后，须立即在党的机关报上刊登总裁候选人的姓名、总裁选举及党大代会的日期，告知选举人。

二、党本部管理委员会，在前条第二项的申报日期截止后，须立即在党的机关报上刊登总裁候选人的政见，并向全体选举人发送。

**第十二条　竞选活动**

一、总裁选举中的竞选活动，根据党本部管理委员会的规定进行，任何人不得进行除此以外的竞选活动。

二、任何人，不得进行损害选举清廉、透明及公正的行为。

三、在选举期间被认为有严重损害党的名誉的行为时，党本部管理委员会，可以要求将其作为党纪委员会的审议对象。

## 第五章 投票及开票

**第十三条 选举方法**

总裁选举,由对总裁候选人进行议员投票和作为选举人的党员等投票(以下称"党员投票")而定。

**第十四条 投票原则**

一、投票,实行一人一票制。

二、投票,实行单记无记名。

三、议员投票,须由议员亲自到投票所进行投票。

四、党员投票,在各都道府县,根据该都道府县管理委员会的规定,须使用邮寄投票的方式或到投票所直接投票的方式,或两种并用的方式。

**第十五条 议员投票**

一、议员投票,在党本部管理委员规定的时间、在党本部设立的投票所进行。

二、议员投票,在投票所,在党本部管理委员会交付的投票用纸中填写总裁候选人的姓名,填好后投入准备好的投票箱。

**第十六条 党员投票**

一、党员投票,在通知后、议员投票日的前日之前进行。

二、进行党员投票的选举人,在各都道府县管理委员会发行的投票用纸中填写总裁候选人的姓名,若采用邮寄投票的方式,邮寄至该都道府县管理委员会;若采用直接投票的方式,直接投入投票所准备好的投票箱。

三、通过邮寄投票的党员投票,在议员投票的投票日的前日之前,寄到各都道府县管理委员会指定的邮局为截止。

四、直接投票的党员投票相关的投票所、投票日、投票时间及投票方法,由各都道府县管理委员会决定。

**第十七条 开票**

一、议员投票的开票,在投票日、投票时间结束后,立即在党本部设置的开票所进行。

二、党员投票的开票，在各都道府县管理委员会，在议员投票的投票日，与议员投票的开票同时进行。

三、党员投票的开票所，由各都道府县管理委员会决定。

### 第十八条　无效票

以下投票，无效：

（1）没有使用正规的投票用纸。

（2）填写了非总裁候选人（含已经辞去总裁候选人的人）的姓名。

（3）填写了两人以上的总裁候选人的姓名。

（4）无法确认投票的总裁候选人是谁。

### 第十九条　党员投票的总裁选举事务

党员投票的总裁选举事务，由党本部管理委员会及都道府县管理委员会进行。

## 第六章　党员票的计算

### 第二十条　党员票的计算

一、党员投票，汇总到各都道府县进行，由党本部管理委员会计算。

二、各候选人的基于党员投票的计算票（以下称"党员计算票"），各候选人的各都道府县的党员投票的得票数的总数被从一至党所属国会议员的数的各整数依次除所得的所有商中，从数值最大的商依次数，数至党所属国会议员数的商即为该候选人的党员计算票。

## 第七章　当选人

### 第二十一条　得票数

总裁选举中总裁候选人的得票数为，议员投票的得票数与党员计算票之和。

## 第二部分　主要政党内部规章制度

**第二十二条　当选人**

在总裁选举中,获得过半数的议员投票的有效投票和总党员计算票(次条称"有效投票等")为当选者。

**第二十三条　决胜投票**

一、在总裁选举中,如若没有人获得过半数的有效选票等,在投票日当天,对第二十一条规定的总裁候选人得票排前两位的候选人,由党所属国会议员及都道府县各一票进行决胜投票,得票多者为当选人。

二、在应进行前项决胜投票时,如果应参加决胜投票的总裁候选人辞去总裁候选人时,对除去该辞职的总裁候选人的得票排前两位的候选人进行决胜投票,得票多者为当选人。但,因该总裁候选人辞职,总裁选举的候选人为一人时,该候选人为当选人。

三、在决定应该进行决胜投票的两位候选人时,第二十一条规定的总裁候选人的得票数相同或举行决胜投票、决定当选人时、得票数相同,依据党本部管理委员会的决定而定。

四、决胜投票,已经进行议员投票的人依据议员投票之例进行,都道府县票,加上进行决胜投票的排名前两名的人中、各都道府县的党员投票的得票数多的投票。

**第二十四条　无投票当选**

当总裁候选人为一人时或只剩一人时,不进行总裁选举投票,该人为当选人。

**第二十五条　当选人的报告**

一、党本部管理委员会,决定当选人时,须向党大会议长报告总裁选举结果。

二、党大会议长,须基于前项报告,向党大会报告总裁选举结果。

## 第八章　提出不服

**第二十六条**

一、对本规程规定的总裁选举手续不服的，可以向负责该事项的选举管理委员会提出不服。

二、提出前项的不服时，选举管理委员会须立即裁定。

三、对都道府县管理委员会的裁定不服的，可以向党本部管理委员会提出不服。

四、对党本部管理委员会的裁定，不能提出不服。

附则（平成十四年一月十八日部分修订）

该修订自平成十四年一月十八日开始实施。

附则（平成十九年一月十七日部分修订）

该修订自平成十九年一月十七日开始实施。

附则（平成二十五年三月十七日部分修订）

该修订自平成二十五年三月十七日开始实施。

附则（平成二十六年一月十九日部分修订）

该修订自平成二十六年一月十九日开始实施。

## （十）总裁公选实施细则

**第一条　总则**

关于总裁选举，除了《总裁公选规程》（以下称"规程"）的规定之外，也依据本细则的规定。

**第二条　总裁选举的告示等**

一、总裁选举的告示，由党本部管理委员会发布。

二、党本部管理委员会发布告示时，向党本部的执行机关、各都道府县总裁选举管理委员会、自由国民会议及国民政治协会通告实施总裁选举的主要内容、日期及选举日程，同时在党的机关报上刊登，告知具有总裁选举的选举权的人（以下称"选举人"），同时通过一般媒体机关等进行公布。

三、都道府县总裁选举管理委员会（以下称"都道府县管理委员会"）在收到前项通告时，向该都道府县支部联合会的执行机关及选举区支部、市区町村支部、职业领域支部等的党机构通告同项所列事项。

第三条　推荐候选人的申报

一、总裁选举的推荐候选人的申报，依据党本部管理委员会制定的格式。

二、总裁候选人的推荐人，不得同时作为二人以上候选人的推荐人。

三、党本部管理委员会，可以规定受理推荐候选人申报的时间。

四、在提出推荐候选人的申报时，须向党本部管理委员会提交党的机关报刊登候选人政见的草稿（四千字以内）、记载经历的书面材料（四百字以内）及照片（四寸）。

五、候选人在党的机关报上刊登的政见的顺序、在议员投票和党员投票的投票张贴的候选人姓名的记载顺序，在推荐候选人申报截止后，由党本部管理委员会抽选决定。

第四条　选举权

一、规程第六条第一项（选举人）规定的党员，为通过都道府县支部联合会向党本部缴纳党费的党员，同项规定的自由国民会议会员为确认向自由国民会议缴纳了会费的会员。

二、规程第六条第一项（选举人）规定的国民政治协会个人会员及法人会员，其年会费额度，个人会员相当于自由国民会议的会费以上，法人会员为党本部管理委员会所规定的额度以上的会员，且确认缴纳了国民政治协会前两年的会费。

第五条　选举人名簿

一、都道府县管理委员会，须在公布总裁选举的施行日期的翌日，将此公布日期时的总裁选举的选举人登记在选举人名簿中。

二、选举人名簿，限登记日翌日以后三日内，可以阅览。

三、阅览选举人名簿时，原则上不能阅览与该选举人相关部分以外的内容。

四、阅览选举人名簿时，特别情况除外，一律不得抄写、拍照及复印。

五、选举人，仅在阅览期限内就自己的选举人名簿的登记，可以提出异议。

六、阅览期间内选举人名簿阅览的场所、时间等阅览相关的必要事项，由都道府县管理委员会决定。

七、规程第六条第一项规定的"二十岁以上"，含在举行总裁选举的当年的最后一天达到二十岁的人。

**第六条**

一、总裁选举的选举人，由于被开除、退党、退会及其他事由而失去选举权时，如果是党员，其所属的都道府县支部联合会应立即向该都道府县管理委员会通报，如果是自由国民会议或国民政治协会会员，分别由其所属的自由国民会议或国民政治协会应立即向党本部管理委员会通报。

二、都道府县管理委员会在收到前项通报时，向党本部管理委员会通报，在得到确认后将该选举人的姓名从选举人名簿上注销。党本部管理委员会收到同项通报时，向该选举人居住地的都道府县管理委员会通报，该都道府县管理委员会将该选举人的姓名从选举人名簿上注销。

**第七条** 都道府县管理委员会，须在总裁选举告示日的前日之前确定选举人名簿，并向党本部管理委员会提交。

**第八条 竞选活动等**

一、党本部管理委员会，除了在党机关报上刊登候选人的政见之外，可以举办演讲会、利用报道机关等开展竞选活动。

二、党本部管理委员会，在各种媒体上刊登报道及出演活动的企划方面，须保证公平、公正，尤其要特别注意不能煽动党员之间感情对立。

三、党本部管理委员会，认为有损害总裁选举廉洁、透明及公正的行为时，可以对该行为者及相关者给予注意、警告、公开批评，可以采取向党纪委员会上报的措施。

四、都道府县管理委员会，认为在该都道府县内有前项行为时，可以向党本部管理委员会通报，并请求采取应该采取的前项措施。但，没有时间请求前项措施时，都道府县管理委员会可以采取代替前项措施的必要措施，在采取该措施时应立即向党本部管理委员会报告。

**第九条　投票**

一、在选举人名簿上没登记的人，不能进行投票。

二、作为选举人的党员等的邮寄投票，使用都道府县管理委员会交付的往返明信片邮票式的投票专用纸。

三、作为选举人的党员等的邮寄投票，以签名的形式，通过记载候选人的姓名进行邮寄的方法。

四、邮寄投票，在议员投票的投票日的前日之前，寄到各都道府县管理委员会指定的邮局为截止。

五、由党员等选举人邮寄的投票回信明信片，在验票日之前一直保管在都道府县管理委员会指定的邮局。

六、因是岛礁等交通不便的地区、或因天灾及其他无法避免的事故，在被认为是不能用邮寄方式投票或不能到投票所直接投票的地区，都道府县管理委员会可以另行制定投票方法。

**第十条　开票**

一、开票管理人及开票监督人，由党本部管理委员会（党员投票的开票，为都道府县管理委员会）决定。

二、开票管理人，须和开票监督人一道清点选票。

三、开票作业的要领，由党本部管理委员会制定。

四、为保持开票所的秩序，开票管理人可以限制进入开票所的人员。

## 第十一条 投票、开票时间

党本部管理委员会,须规定议员投票的投票时间以及议员投票及党员投票的开票时间。

## 第十二条 开票结果的报告等

一、开票管理人,在开票结束时,须向党本部管理委员长(党员投票的开票管理人,通过都道府县管理委员会向党本部管理委员长)报告投票总数、有效投票数、无效投票数及每位候选人的得票数。

二、党本部管理委员长,在收到前项报告时,须召开委员会确认同项规定的事项。

## 第十三条 选举录

党本部管理委员会及都道府县管理委员会,应该将投票状况、开票状况及开票结果等(都道府县管理委员方面,限该都道府县相关事项)编制成选举录,由全体委员签字,在选举产生的总裁的任期内保管。

## 附 则

该修订自平成十四年一月十八日开始实施。

## (十一)自由民主党纪律规约

### 前 文

民主政治的要谛,在于国民的信赖关系。我党以此理念为中心,开展党的活动,同时为确保对施政的信赖,作为有责任的政党,我们要一直严肃党纲党纪,彻底做到赏罚分明,确立政治伦理。

为此,每一个党员要有作为政党人的自觉,即使是细微之处,我们也要严于律己,不能违背国民的信赖。

尤其是要遵守为了确立以伦理宪章为首的政治伦理而制定的诸规定,维护作为公众人物的名誉,进而为赢得国民对我党政治的信赖而努力。

## 第二部分　主要政党内部规章制度

根据上述要旨，基于党章第九十三条的规定，制定本条例。

### 第一章　党纪委员会

**第一条**　为了维护党的纪律，振兴党风，设置党纪委员会。

**第二条**

一、党纪委员会由委员长召集。当有五名以上党纪委员或干事长要求时，委员长必须召开党纪委员会。

二、除了次项规定的事项之外，党纪委员会的议事，须半数以上党纪委员出席、且半数以上出席党纪委员赞成。当赞成与反对人数相同时，由议长决定。

三、在三分之二以上的党纪委员出席且三分之二以上的出席党纪委员通过决议，党纪委员会可以进行党章第九十二条规定的处分。关于进行再审查相关处分，同样处理。

四、对基于前项前段规定的党纪委员会的处分不服的，可以向总裁阐明理由，请求再审查。

五、收到前项的再审查请求时，总裁须交由总务会的审议，总务会作出决定认为有相当理由时，要求党纪委员会进行再审查。

六、党纪委员会在进行党章第九十二条规定的处分时、或进行前项规定的再审查时、或总务会进行同项规定的审议时，如果本人要求，须给予其为自己解释的机会。

七、除了前面各项的规定之外，党纪委员会的议事程序及其他运营相关的必要事项，由党纪委员会根据关于议事运营的细则制定。

**第三条**　党所属的国会议员及都道府县支部联合会会长，认为党员有符合第六条第一项各号之一的行为时，可以向干事长提出召开党纪委员会，进行表彰方面的相关审查。

**第四条**　党所属的国会议员及都道府县支部联合会会长，认为党员有符合第九条第一项各号之一的行为或第二十二条规定的行为时，可以向干事长提出召开党纪委员会，进行处分方面的相关审查。

## 第二章 赏 罚

**第五条** 党员必须忠实地履行党的决议，严于律己，在日常活动中发挥维系党和国民之间的纽带的作用，提高国民对我党的信任，努力扩大党的势力。

**第六条**

一、符合以下各号之一的，为优秀党员。依据党章第九十一条，进行表彰。

（1）作为党员，常年勤于党务，深受乡邻信任，成为党员模范者。

（2）为扩大党的势力而努力奉献，作出实际贡献者。

（3）因远见卓识为党的政策议案或党组织的扩大作出贡献者。

二、对于在扩大党的势力方面作出显著成绩的机关或组织，可以参照前项，进行表彰。

**第七条**

一、表彰事项的上报，在本部由各机构的负责人进行，在地方由都道府县支部联合会会长进行。

二、对于都道府县支部联合会会长上报的表彰资格人的审查，须征求组织运动本部的意见。

**第八条** 表彰活动在党大会上进行。但，特殊情况下，也可以在党大会以外进行。

**第九条**

一、党员有以下各号之一行为的，将进行处分。

（1）扰乱党的纪律的行为。

甲　在公共场所或公开发表的文章中，公开批评党的方针、政策。

乙　在各级选举中，支持反对党的候选人，或对我党公认的候选人或推荐的候选人作出不利的作为。

丙　在党内进行以国会议员为主要成员的政治结社，破坏党的团结的行为。

丁　其他党纪委员会认定的扰乱党的纪律的行为。

（2）损害党员品行的行为。

甲　涉嫌贪污、违反选举等刑事犯罪的行为。

乙　暴力行为。

丙　其他党纪委员会认定的有损党员品行的行为。

（3）违背党的决议的行为。

甲　违背党大会、两院议员总会、总务会、众议院议员总会或参议院议员总会决议的行为。

二、党纪委员会进行处分的种类如下：

（1）劝告遵守党章。

（2）告诫。

（3）停止党内职务。

（4）劝告辞去国会及政府职务。

（5）选举时不推荐公认。

（6）停止党员资格。

（7）劝告退党。

（8）开除。

三、干事长进行处分的种类如下：

（1）劝告遵守党章。

（2）告诫。

（3）停止党内职务。

（4）劝告辞去国会及政府职务。

**第十条**

一、党员因涉嫌贪污、违反选举等刑事犯罪被起诉时，直至作出判决对其给予停止党员资格处分。但，判决无罪时，即使该审理还在进行，也不执行该处分。

二、党员涉嫌刑事犯罪，即使没有受到起诉处分，但是，该行为严重损害党的名誉时，可依据前条第二项第一号至第七号的规定进行处分。

**第十一条** 党员犯有贪污、违反选举等刑事犯罪，被确定为监禁以上有罪判决时，给予开除处分。

**第十二条**

一、停止职务处分的期限为三个月以上二年以下。

二、停止党员资格的处分，第十条第一项正文规定的情况除外，其期限为三个月以上二年以下。

**第十三条**

一、停止职务、停止党员资格及开除的处分，第十条第一项正文或第十一条规定的情况除外，根据情节，其期限为六个月以上三年以下，可以缓期执行。

二、缓期执行的人因贪污、违反选举等刑事犯罪被起诉时，须撤销缓期执行的决定。

三、缓期执行的人，再次接受本章及次章规定的处分时，可以撤销缓期执行的决定。

四、没有撤销缓期执行的决定，缓期执行期限已过时，该处分决定失去效力。

**第十四条** 党纪委员会和干事长认为党员的行为有可能违反党纪时，可要求其说明，或督促其注意。

**第十五条** 第二条第四项规定的再审查的请求，须在本章或次章规定的处分决议传达之日起十日内提出。

**第十六条** 本章或次章规定的处分，在前条的期间内或总务会或党纪委员会决定再审查的期间，不生效。

**第十七条**

一、干事长，依据党章第九十二条第三项的规定进行处分时，应通知党纪委员会。

二、第二条第四项至第六项及前两条的规定，适用于干事长依据党章

第九十二条第三项的规定进行的处分。

**第十八条** 以下各号所列党员党纪违反事项，由党本部党纪委员会处理：

（1）国会议员（含曾经的国会议员）及其公认候选人。

（2）都道府县支部联合会会长。

（3）知事及其公认候选人。

（4）指定都市的市长及其公认候选人。

（5）其他都道府县支部联合会认定的难以处理的违法者。

**第十九条** 支部及都道府县支部联合会，可以根据经党纪委员会承认的、依据本条例自行制定的纪律条例的规定，进行赏罚。

**第二十条** 对都道府县支部联合会的处分不服的，可以向党本部党纪委员会阐明理由，提出审查的请求。

## 第三章 政治伦理

**第二十一条** 党所属的国会议员（以下称"议员"），须自觉意识到自身的地位和责任，遵守为确立政治伦理而制定的伦理宪章，无论公或私的行为，为党员树立率先垂范的榜样。

**第二十二条** 议员的以下各号所列行为，混淆招致政治不信任的公私、侵害公共利益、损害品行等，明显违反伦理宪章、其所属议院的政治伦理纲领或行为规范、《关于为确立政治伦理、公开国会议员的财产等的法律》（平成四年法律第一百号）或《政治资金规正法》（昭和二十三年法律第一百九十四号）（以下称"伦理宪章等"）的规定，产生政治道义责任疑问时，党纪委员会依据政治道德审查会的调查，立即就其有无责任进行审查。

（1）政治资金相关的行为。

（2）日常政治活动及选举相关的行为

（3）刑事犯罪或参与刑事犯罪。

（4）因维护个别团体、企业的利益而损害公共利益的行为或由此接受不当提供的便利行为。

（5）受到社会强烈批评的行为。

（6）基于其他党的各项规章及国会的各项规章，党纪委员会认定的可以作为审查对象的行为。

**第二十三条**

一、党纪委员会认为，已审查的议员负有招致政治不信任的政治道义责任时，可以依据党章第九十二条第二项的规定，给予以下所列处分：

（1）劝告遵守伦理宪章等的规定。

（2）告诫。

（3）停止党内职务。

（4）劝告辞去国会及政府职务。

（5）选举时不推荐公认。

（6）停止党员资格。

（7）劝告退党。

（8）开除。

二、议员因涉嫌刑事犯罪被逮捕或起诉时，给予停止党员资格或开除的处分。但，接受不起诉处分时或在审判中被判为无罪时，不进行该处分。

三、议员涉嫌刑事犯罪，即使不被起诉，但严重损害议员的名誉时，可以给予第一项第一号至第七号所列的处分。

四、议员犯有刑事犯罪，有罪判决确定是，给予开除处分。

五、停止党内职务的处分，其期限为三个月以上二年以下。

六、停止党员资格的处分，第二项正文规定的情况除外，其期限为三个月以上二年以下。

七、停止党内职务、停止党员资格及开除的处分，第二项正文或第四项规定的情况除外，根据情节，其期限为六个月以上三年以下，可以缓期执行。

八、缓期执行的人，因刑事犯罪被起诉时，须撤销缓期执行的决定。

九、缓期执行的人，再次接受本章及次章规定的处分时，可以撤销缓期执行的决定。

十、没有撤销缓期执行的决定，缓期执行期限已过时，该处分决定失去效力。

十一、党纪委员会认为，议员的行为有可能与伦理宪章等的规定相抵触时，可以要求其说明，并督促其注意。

## 第四章　政治伦理审查会

第二十四条　政治伦理审查会（以下称"审查会"）认为议员的行为违反伦理宪章等的规定时，基于委员的申请、干事长的要求或议员的请求，可对该行为进行调查。

第二十五条

一、提出前条的申请，需要审查会三名以上委员。

二、提出前项的申请或前条的要求时，须将记载议员违反伦理宪章等规定的申请书或要求书提交给审查会的会长（以下称"会长"）。

三、被不当怀疑有关政治伦理的议员，可以向会长提交附加说明材料的申请书，提出进行前条的调查。

四、提出第二项的申请、要求、前项的申请，会长应立即召开审查会，开始调查。但，会长认为第二项的申请或前项的申请没有明确的调查案件的理由时，可以通知提出申请或要求的人不进行调查。

五、会长可以进行前项补充条款的决定所需的调查。在这种情况下，提出第二项的申请或第三项的申请的人须尽力配合该调查。

第二十五条之二

一、提出前条的申请或同条要求的人，须协助审查会的调查。

二、被申请前条调查的议员、同条的要求相关的议员或提出同条请求的议员（以下称"被申请调查的议员等"），须以诚挚的态度进行说明、解释，协助审查会的调查。

三、调查上有必要时，审查会可以要求被申请调查的议员等出席及作出说明。

四、调查上有必要时，审查会可以通过干事长要求被申请调查的议员等以外的人出席，听取关于该案件的事实或意见，或提供书面材料。

**第二十五条之三**

一、审查会不允许旁听。

二、审查会根据决议可以允许议员及其他人的旁听。

三、审查会制作会议记录，由会长及审查会预先决定的二名委员在会议记录上签字，交由党本部保存。

四、审查会的会议记录不允许查阅。但，审查会可依据决议允许查阅会议记录。

**第二十五条之四**

一、被申请调查的议员，经审查会许可后可以选任一名助手。

二、助手尽量从税务师、注册会计师及律师中选任。

三、经审查会许可后，助手可以运用专业知识进行说明。

**第二十六条**

一、审查会认为将被申请调查的议员等交由党纪委员会进行审查是合适的，可以向干事长提出召开党纪委员会的劝告。

二、没有提出针对被申请调查的议员的前项劝告时，审查会认为有必要恢复被申请调查的议员的名誉时，可以采取所需的措施。

**第二十七条**

一、审查会，由十八名委员组成。

二、委员，分别依据以下各号规定，经总务会承认后，由总裁指名。

（1）党所属的众议院议员　八名

（2）党所属的参议院议员　四名

（3）前两项以外的党员　二名

（4）前三项以外的人中，人格高尚、学识渊博的人　四名

三、会长 由总裁从委员中指名。

**第二十八条**

一、会长，整理审查会的议事，维持秩序，代表审查会。

二、会长，根据必要可以指名会长代理。

三、会长因故时，会长代理行使会长职务。

**第二十九条** 会长，决定审查会开会的日期。

**第三十条** 审查会，在没有过半数委员出席时不能进行议事、决议。

**第三十一条** 关于审查会的议事，需要半数以上出席委员赞成。当赞成与反对人数相同时，会长决定。

**第三十二条**

一、审查会，须给予第二十五条的被申请调查的议员或同条的要求相关的议员解释说明的机会。

二、审查会，在对第二十五条的申请相关案件进行调查时，首先须给予提出申请的议员说明的机会。

**第三十三条** 除了本章的规定之外，审查会的议事程序及其他运营相关的必要事项，由会长咨询审查会后决定。

附则（平成十三年三月十三日决定）

本条例自平成十三年三月十三日开始实施。

附则（平成十五年一月十六日决定）

本条例自平成十五年一月十六日开始实施。

（原文来自：https://www.jimin.jp/）

（朱艳圣 译　干保柱 校）

# 民主党

## (一) 民主党纲领

(2013年度定期大会决定，2013年2月24日)

日本自古以来汲取东西方文化，孕育了繁荣和值得自豪的独特文化和传统。即使从带来巨大牺牲的大战中也实现了复兴。

但是，经济的长期停滞、少子化、老龄化、人口减少导致的国力下降，新兴国家的抬头等带来的国际环境的变化，给国民以长期的闭塞感和不安感。

在这种情况下，发生的东日本大地震及原子能发电厂事故，带来前所未有的损害，我们重新审视生活方式、科学、技术、物质文明的应有状态。

在迎来巨大变革的今天，重建在公平公正透明的规则之下、有意义地工作、相互分担的可持续发展的社会。且政党和国民须构建信赖关系。

我们实现了政权更替，此后在总选举中败北，重新审视原点，明确目标所向。为完成已在半途的改革，必须作为国民政党重生，再次挑战政权。

### 我们的立场

我们代表"生活者"、"纳税者"、"消费者"、"劳动者"的立场。是与既得利益和勾结的结构斗争的改革政党。我们不忘初心，致力于政治改革、行政财政改革、地区主权改革、规制改革等政治、社会改革。

## 我们的目标

一、创造共生社会

我们创造人人作为无法代替的个体受到尊重、承认多样性、互帮互助、人有其居、人有工作、充满温暖的共生社会。

（1）推进"新的公共"

我们尊重承担公共的市民自治，将近代以降官僚独占至今的"公共"分别还给其主体。致力于地方自治体、学校、非营利组织（NPO）、地区社会、个人充分相互协作的社会。

（2）秉承正义与公正

我们相互尊重人权、秉承正义与公正，确保终生学习的机会与环境。通过创造男女充分发挥个性和能力的男女共同参与、纠正不公正的差距、面向未来的、可持续的社会保障制度，建设全体国民能够过上健康的、高品质生活的社会。

（3）为幸福推动经济增长

我们尊重个人的自立，与被置于弱势立场的人共同前进。在与地球环境的协调之下、推动经济增长、让人们真切地享受其成果。将所得收入与时间不仅作为自己也作为支援他人的"粮食"，增进人们的福利。

二、保卫国家，为国际社会的和平与繁荣作贡献

我国的发展是在开放的交流中实现的。我们深化外交基轴日美同盟，实现与邻国亚洲、太平洋地区的共生。在专守防卫原则之下，切实完善自卫能力、保护国民生命·财产、领土·领海。以联合国为核心的多国协调框架为基础，为国际社会的和平和繁荣作贡献，确保开放的国家利益与广泛的人的安全保障。

三、推动宪法精神的具体化

我们推动日本国宪法宣扬的"国民主权、尊重基本人权、和平主义"的基本精神具体化。在象征天皇制下，为确立立足自由和民主的真正的立宪主义，与国民一道构想未来志向的宪法。

四、与国民共同前进

我们从根植于地区社会的活动中探寻课题进行行动。以积极议论与尊重结论为基础,彻底推进健全的党内统治。重视公开、参与、对话,以决定和实行国民广泛支持的政策为目标。

## (二) 民主党章程

### 第一章 总 则

**第一条 名称**

本党名称为民主党,本部定于东京都。

**第二条 目的**

本党以实现党的基本理念和以此为基础的基本政策为目的。

### 第二章 党员等

**第三条 党员**

一、本党党员为赞同本党的基本理念及政策、年满十八岁的日本公民,已办理入党手续的人。

二、党员根据本章程及党的各项规定,参与党的运营、活动及政策等的决定。

三、根据第六项规定、在本部登记的党员,在代表选举中实施代表及支持者的投票时,根据代表选举规则的规定,享有投票权。

四、党员,不论属于哪个总支部,须缴纳规定的党费(含本部登记费)。

五、党员的入党手续、登记、党费的缴纳等,由组织规则另行规定。

六、总支部,根据组织规则及代表选举规则的规定,须将在该总支部登记的党员名簿与本部登记费一起,通过都道府县总支部联合会(以下称"县联")向本部进行登记。

七、党员中、地方自治体议员的入党手续、登记、党费的缴纳等，由组织规则另行规定。

八、国会议员欲入党时，需要向干事长提出申请，经干部会审议后并得到常任干事会的批准。

**第四条　退党**

一、党员的退党手续，由组织规则另行规定。

二、国会议员欲退党时，需要向干事长提出申请，经干部会审议后并得到常任干事会的批准。

**第五条　支持者**

一、在地区，支持民主党或民主党的候选人、年满十八岁的个人（包含海外侨民及在日本的外国人）、缴纳规定的会费、在总支部的登记的人（党员除外）为本党的支持者。

二、支持者，根据登记的总支部及县联的规定，可根据自己的意愿参加党的仪式及党的活动。

三、基于第五项的规定、在总部登记为支持者的日本国民，在代表选举中实施代表及支持者的投票时，根据代表选举规则的规定，享有投票权。

四、支持者的登记、会费的缴纳等，由组织规则另行规定。

五、总支部，根据组织规则及代表选举规则的规定，须将在该总支部登记的支持者名簿与本部登记费一起，通过县联向本部进行登记。

## 第三章　决议机关

**第六条　党大会**

一、本党的最高决议机关为党大会。

二、党大会审议、决定年度活动计划、预算与决算、章程的修订及其他重要事项。

三、党大会，由党所属的国会议员以及根据经过干部会审议、常任干事会批准、规定的条件、从各县联选出的代议员组成。

四、党大会，经干部会审议、基于常任干事会的批准，由代表召集。

五、代表，须每年召集一次党代会。按照惯例，党大会在一月召开。此外，代表根据需要可以召集临时党大会。

六、两院议员总会决议要求时，代表须召集大会。

七、党大会，需二分之一以上的成员出席方可召开，议事，需行使议决权的成员过半数赞成通过。

八、关于党大会的构成、运营等必要事项，经干部会审议后根据常任干事会的批准制定。

**第七条　两院议员总会**

一、两院议员总会是仅次于党大会的党的决议机关，由党所属的国会议员组成。

二、处理特别紧急事项时，两院议员总会的决议可以代替党大会的决议。

三、两院议员总会，需半数以上的成员出席时方可成立，议事，需行使议决权的成员的过半数赞成通过。

四、代替党大会决议的两院议员总会决议，须向下一届党大会报告并得到批准。

五、两院议员总会，根据代表或常任干事会决议的要求，由两院议员总会长召集。

六、三分之一以上党所属的国会议员要求时，两院议员总会长须立即召开两院议员总会。

七、两院议员总会长，由两院议员总会选举产生。

八、两院议员总会长，可使非党所属国会议员中、同一会派的人及其他认为必要的人以观察员身份出席两院议员总会。

九、关于两院议员总会的运营等，由两院议员总会长主持议事、认为特别有必要时，接受干事长的提案，由两院议员总会决定。

## 第四章 常任干事会

**第八条 常任干事会**

一、本党，设置常任干事会。

二、常任干事会批准、决定本章程规定的关于执行党务的事项以及其他重要事项。

三、常任干事会，应第九条第一项第三号的要求，评议重要政策。

四、常任干事会，由代表、副代表、干事长、政策调查会长、国会对策委员长、代表指名的参议院干部、第十七条规定的党务执行机关的负责人、其他干事长认为必要的任职者、常任干事会会长及以下各号规定的常任干事组成。

（1）党所属国会议员互选产生的人。

（2）代表指名的人。

五、前项第一号规定的常任干事的选出方法等，由干事长另行制定规则，两院议员总会批准。

六、前四项第一号规定的常任干事的任期，不受第十一条第九项规定的限制。代表在自己的任期内可规定其期限，可以连任，但只能连任一次。

七、常任干事会需二分之一以上的成员出席时方可成立，议事，需行使议决权的成员的过半数赞成通过。

八、常任干事会，由干事长主持工作，根据干事长的要求，常任干事会议长负责运营。

九、常任干事会议长，由代表从国会议员中选任，大会或两院议员总会批准。

## 第五章 执行机关会议

**第九条 干部会**

一、为承担以下各号规定的各项职责，本党设干部会。

（1）审议、决定关于国会对策执行的事项。

（2）干部会批准、决定关于制定执行党务的方针、本章程规定的事项及其他重要事项。

（3）其他有关党的全面运营，进行综合协调。

二、干部会由代表、第十二条第四项规定的任职者、干事长、政策调查会长、国会对策委员长、代表指名的参议院干部、选举对策委员长、其他干事长指名的任职者组成。

三、干部会由代表主持工作，根据其要求或委任，干事长负责运营。

**第十条　"次内阁"**

一、本党在没有成为执政党时，为审议、决定党的政策，设置"次内阁"。

二、代表，选任该机关的成员，两院议员总会批准。

三、在设置"次内阁"的情况下，根据第八条第三项及第九条第一项，成为代替干部会、处理政策的机关。

## 第六章　党的干部

**第十一条　代表**

一、本党，设置代表职位。

二、代表代表党，是最高责任者。

三、代表的任期为从就任至三年后九月的最后一天为止，可以多次连任。另外，在代表任期届满、选出新代表时，代表任期结束；在代表任期内没有选出新代表的情况下，经两院议员总会批准，其任期可延长至新代表选出时为止。

四、代表任期届满代表的选出，由通过县联在本部登记的党员及作为支持者的日本国民、拥有党籍的地方自治体议员、国政选举的预定的公认候选人（含内定者，以下同）、党所属的国会议员投票选举产生。按照惯例，代表选举在代表任期届满当年的九月举行。

五、在代表选举中，各位选举人行使投票权的方法，由代表选举规则规定。

六、任职期间，如果代表空缺，根据代表选举规则，由临时党大会选出代表。但，常任干事会考虑到政治形势等，认为可以确保党员、支持者参加代表选举所需的相当期间，经两院议员总会批准，可以由通过县联在本部登记的党员及作为支持者的日本国民、拥有党籍的地方自治体议员、国政选举的预定的公认候选人党所属的国会议员投票选举产生。

七、依据前项、新选出的代表的任期，为从就任至第三年九月的最后一天为止。

八、代表选举只有一名候选人时，以党大会或两院议员总会的批准，代替选举。

九、本章程规定的机关的干部等的任期，依照代表任期的规定。

十、关于代表选举的实施方法等代表选举规则，根据干部会的提议，由常任干事会决定。

### 第十二条 副代表

一、本党，可以设置副代表若干名。

二、副代表，辅佐代表、执行党务。

三、副代表，由代表选任，党大会或两院议员总会批准。

四、代表，可从副代表中指名代表代行。代表代行根据代表的要求，代理代表的职务或辅佐代表。

### 第十三条 干事长

一、本党，设置干事长。

二、干事长，辅佐代表、负责党的运营。

三、干事长，由代表从国会议员中选任，党大会或两院议员总会批准。

四、干事长，根据常任干事会的批准，可以选任干事长代理、副干事长、其他必要的任职者。

五、干事长，根据必要可召集联络、协调任职者等的会议。

### 第十四条　政策调查会长

一、本党，设置政策调查会长，其下设置政策调查会。

二、政策调查会长，负责党及国会议员团的政策活动。

三、政策调查会长，由代表从国会议员中选任，党大会或两院议员总会批准。

### 第十五条　国会对策委员长

一、本党，设置国会对策委员长，其下设置国会对策委员会。

二、国会对策委员会长，负责党的国会对策活动。

三、国会对策委员会长，由代表从国会议员中选任，党大会或两院议员总会批准。

### 第十六条　参议院干部

一、本党设置参议院议员会长、参议院干事长、参议院国会对策委员长及其他必要的参议院干部。

二、参议院干部，在参议院开展党的国会活动。

三、参议院干部的选任等另行规定，干部的就任需要预先得到代表的批准。

### 第十七条　党务执行机关

一、本党设置选举对策委员长、总务委员长、财务委员长、组织委员长、宣传委员长、企业团体对策委员长及国民运动委员长等，作为执行党务的机关。

二、前项规定的各机关，履行以下各号规定的职责。

（1）选举对策委员长，负责党的选举对策活动。

（2）总务委员长，负责党的总务活动以及党的国际活动、调查活动等。

（3）财务委员长，负责党的财务、会计事务。

（4）组织委员长，管理党的地区组织，以及党的组织活动。

（5）宣传委员长，负责党的宣传活动。

（6）企业团体对策委员长，负责与各种法人、团体的交流活动。

（7）国民运动委员长，负责党的各种国民运动，特别规定的情况除外，还负责第十九条规定的本部事务。

三、第一项规定的各委员长，由代表从国会议员中选任，两院议员总会批准。

四、代表认为必要时，除了第一项的规定之外，可以设置必要的党务执行机关及负责人。

五、前两项规定的各委员长的选任及机关的设置，代表可以委托干事长执行。

六、本党的各执行机关的负责人，经常任干事会的批准，可以设置本机关的负责人代理。

**第十八条 候选人选定程序及决定机关**

一、众议院议员选举、参议院议员选举的候选人的公认、推荐等，经干部会审议后、选举对策委员长提议，由常任干事会决定。众议院议员选举中比例代表名簿的登记顺序、众议院议员选举及参议院议员选举中各比例代表选举的名簿登记顺序，经干部会审议后、选举对策委员长提议，由常任干事会决定。

二、都道府县知事、政令市长的候选人的公认、推荐等，经干部会审议后、选举对策委员长提议，由常任干事会决定。

三、其他公职候选人的公认、推荐等，经干部会审议后、选举对策委员长提议，由常任干事会决定。

四、经干部会审议、常任干事会批准，选举对策委员长可以委托部分前项的公认、推荐权给县联执行。

五、关于公职候选人的公认、推荐，常任干事会在认为必要时，可以取消包括基于前项的委托情况在内的决定。

**第十九条 本部的设置**

一、为了全力应对本党的重要事项，干事长可设置临时本部。

二、设置的本部的负责人，干事长从国会议员中选任，经干部会审议后向常任干事会报告。

三、本部的负责人，经干事长批准后，可以选任副本部长、本部员。

## 第七章　院内会派

**第二十条　众议院议员团**

一、众议院的民主党国会议员团，为了运营可设置必要的干部，召开会议。

二、设置前项的干部时，需要事先得到代表的批准。

**第二十一条　参议院议员团**

参议院的民主党国会议员团，设置第十六条规定的参议院干部，召开会议。

**第二十二条　共同会派、共同会派干部及众参两院干部的就任**

一、代表，根据两院议员总会的批准，可以在国会内组建包括党所属国会议员以外的国会议员在内的共同会派。

二、党所属国会议员，就任前项的共同会派的干部及众参两院的干部时，需要事先得到代表的批准。

## 第八章　特别机关

**第二十三条　咨询机关**

一、本党，可以设置咨询机关。

二、咨询机关，应代表或执行机关等的咨询，就党的重要问题予以审议、报告、陈述意见。

**第二十四条　最高顾问及顾问**

一、代表，根据两院议员总会的批准，可以选任党的最高顾问。

二、对党作出贡献的党所属国会议员等在卸任公职后可出任党顾问，顾问由总裁委任。

**第二十五条　中央代表选举管理委员会**

一、为承担代表选举的相关事务，本党设置中央代表选举管理委员会。

二、中央代表选举管理委员会的组成，由代表选举规则规定。

**第二十六条　伦理委员会**

一、本党设置伦理委员会，作为常任干事会的咨询机关。

二、代表，根据常任干事会的批准，可以从党内外选任伦理委员长及伦理委员若干名。

三、前项规定的委员长及委员的选任，代表可以委托干事长执行。

四、伦理委员会，除了接受咨询之外，依据自身的判断，可以就党员的遵守伦理情况向常任干事会陈述意见。

**第二十七条　会计监查**

一、本党设置会计监查若干名。会计监查监查党的会计事务。

二、会计监查，由总裁选任，两院议员总会批准。

三、前项规定的会计监查的选任，代表可以委托干事长执行。

## 第九章　地区组织

**第二十八条　总支部**

一、以众议院议员选举的小选区为单位设置总支部，作为党员的基本组织。

二、可以设置总支部，作为支持众议院比例代表选出议员及预定公认候选人、参议院选区选出议员及预定公认候选人、参议院比例代表选出议员及预定公认候选人的活动的党员组织。

三、比例代表选出议员及预定公认候选人担任总支部长的总支部，应该属于县联中的某一个。

四、总支部长，原则上由党所属的国会议员或国政选举的预定公认候选人担任，其任期至该国政选举日为止。

五、关于第一项规定的众议院小选举区总支部，总支部长丧失其资格时，设置暂定总支部长，暂定总支部长，原则上由该县联的代表或该县联所属的国会议员担任。

六、前项的情况，可以设置总支部长代行。

七、总支部长、暂定总支部长、暂定总支部长的总支部长代行（以下称"总支部长等"）的任期及更替相关的必要事项，由组织规则另行规定。

八、总支部，可以根据本章程制定章程等，努力推进组织运营。

### 第二十九条 都道府县联合会

一、各都道府县设置县联（都道府县总支部联合会）。

二、县联，由该都道府县的总支部及行政区支部等构成。

三、县联，可以根据本章程制定章程等，努力推进组织运营。

### 第三十条 行政区支部及自发组织

一、总支部，满足经常任干事会批准、组织委员会制定的条件，干事长承认、常任干事会批准时，可以设立行政区支部。

二、行政区支部，可以根据本章程制定章程等，努力推进组织运营。

三、县联或总支部，根据必要可以以地区或职业为单位设置自发组织。

### 第三十一条 县联及总支部等的设置与废除等

一、县联及总支部、行政区支部的设置与废除，以及总支部长等、行政区支部长的选任，需要经干事长承认、干部会审议后，由常任干事会批准。

二、干事长，经干部会审议、常任干事会批准，关于部分行政区支部，可以将其设置与废除以及行政区支部长的选任委托给县联执行。

三、干事长认为特别有必要时，经干部会审议、常任干事会批准，可以采取包括基于前项的委任的情况在内的、废除县联及总支部、行政区支部时的必要措施。

四、关于县联及总支部、行政区支部的设立、变动、解散的必要事项，由组织规则另行规定。

**第三十二条　选区协议会**

为加强各县联之间的联系，推动广阔地区活动，促进不同地区的国会议员的交流，根据组织规则的规定，在众议院比例选区设立选区协议会。

## 第十章　伦　理

**第三十三条　遵守伦理**

一、党员，不得有违背政治伦理、损害党的名誉、违反本章程及党的各项规定的行为。

二、党员违反前项时，如是国会议员或国政选举的预定候选人，根据干部会的提议，由常任干事会，根据调查该党员的行为的结果，依据伦理规则，决定采取必要的执行措施。如是其他党员，参照本项前段处理。

三、该党员的行为违背党的基本理念、章程、对本党的运营造成恶劣影响时，如是国会议员或国政选举的预定候选人，根据干部会的提议，由常务干事会在咨询伦理委员会后，可以决定给予开除党籍等党员身份相关的处分；如是其他党员，由该党员所属的县联的执行机关参照本项前段处理。

四、给予开除党籍处分时，如是国会议员或国政选举的预定候选人，须向处分后首次召开的党大会报告，并得到其批准，如是其他党员，同样须向县联的最高决议机关报告，并得到其批准。

**第三十四条　伦理规则**

关于遵守党员伦理、设置伦理委员会、维护党员权利等的必要事项，经干事会审议、常任干事会批准，制定伦理规则。

## 第十一章　会计及预算等

### 第三十五条　党的财政

本党经费，来源于党费、捐赠、经营收入、政党补助金及其他收入。

### 第三十六条　预算

本党的会计年度为一月一日至十二月三十一日。干事长，须经干部会审议、常任干事会批准，编制每个年度的预算，由党大会批准。

### 第三十七条　决算

干事长，须经干部会审议、常任干事会批准，编制每个会计年度的会计报告，经会计监查承认后，由党大会批准。

## 附　则

### 第一章

#### 第一条　男女共同参与

本党以实现男女共同参与的社会为目标，在党的运营及活动中将考虑保障两性参与机会的平衡。

#### 第二条　国内外市民之间的协作

为实现本党的基本理念、政策，推动解决跨越国境的全球问题，不论国内与国外，推动市民间的协作。

### 第二章

#### 第三条　规则等

关于基于本章程接受委托的事项或实施本章程必要的事项，经常任干事会批准，可以制定规则等。

#### 第四条　修改章程的生效

本章程自颁布之日起生效。

## （三）组织规则

（2014 年 2 月 9 日）

### 第一章　总　则

**第一条　目的**

本规则，为实施民主党章程委任的事项及民主党章程，规定党员、支持者及地区组织相关的必要事项。

### 第二章　党员等

#### 第一节　关于党员的事项

**第二条　入党**

一、党员包括普通党员、地方自治体议员党员、国会议员党员。

二、欲成为普通党员的人，需在规定的入党申请书中填写必要事项、附上规定的党费，向某一总支部提交入党申请。党员资格的有效期为完成申请手续之日起一年。

三、在前项中，所属的总支部解散时，根据本人的意愿，在其资格期限截止之前的时间内，党员可以转为都道府县总支部联合会（以下称"县联"）所属、延续其党员资格。在这种情况下，关于本规则的应用，视该县联为一总支部。

四、欲成为地方自治体议员党员的人，需向拥有自己选区的县联提出入党申请。

**第三条　机关报纸的订阅**

党员，须定期订阅本党的机关报纸。

**第四条　党费的缴纳**

党员，须缴纳总支部或县联规定的党费。党费，含机关报纸订阅费，原则上为每年六千日元，根据县联等的决定可以增加党费。另外，党费中至少将一千日元计入总支部的收入。

### 第五条　本部注册

一、总支部制作普通党员名簿、附上县联规定的每位普通党员应缴纳包括一千日元本部注册费在内的费用，须每年在县联规定的日期前提交给县联。关于提交的名簿，在听取所属总支部的意见后，由县联决定。

二、县联将由其所属的总支部提交的普通党员名簿、县联制作的地方自治体议员党员名簿、国会议员党员名簿及一千日元本部注册费按照党员的类别进行整理汇总，每年在规定日期前（以下称"定时注册日"）提交给党本部（以下称"本部"）。

三、普通党员的名簿，需记载普通党员的所属总支部、姓名、姓名读音、邮政编码、住址、性别、出生年月日，地方自治体议员党员及国会议员党员的名簿除记载普通党员名簿所记载的事项外，还需记载所属议会。另外，如有可能，普通党员名簿、地方自治体议员党员名簿、国会议员党员名簿（以下称"全体党员名簿"）中，需记载党员的联络地电话号码及电子邮箱。

四、提交整理汇总的本部注册费，按照将全体党员名簿的人数与每人的本部注册费相乘所得的金额汇入本部指定的银行账户、证明该汇款的书面材料的复本与全体党员名簿一起提交给本部的方法进行。

五、党员的定时注册日为每年五月的最后一天，在特殊情况下，常任干事会可以另行决定定时注册日。

六、本部确认收到全体党员名簿及本部注册费时，党员即完成了在本部的注册。但，名簿的记载有错误等时，由本部通知县联、要求纠正。

七、党员在本部的注册，在完成本部注册之年的翌年在本部注册之前有效。

八、在本部注册的全体党员名簿，原则上不予公开，不能用于代表选举及常任干事会批准的目的以外的目的。但，由常任干事会指定的人，可以就定时注册日的注册情况对本部注册名簿进行检查、修正等。

## 第六条　退党

一、普通党员，向所属总支部提出附有退党理由的申请，即可退党。

二、总支部受理已在本部注册的普通党员的退党申请时，应以书面形式向县联报告。

三、地方自治体议员党员，应向所属的县联提出退党申请。

四、县联，在本部要求时，将已经退党的普通党员及地方自治体议员党员的名簿进行汇总，向本部报告。

五、在代表任期届满进行代表选举的当年，县联应在中央代表选举管理委员会（以下称"中央选管"）指定的日期前，将已经退党的普通党员及地方自治体议员党员的名单进行汇总、向本部报告。

### 第二节　关于支持者的事项

## 第七条　注册

一、欲成为我党的支持者的人，需在规定的申请书中填写必要事项、附上规定的会费，向某一总支部提交注册申请。会费为每年两千日元。另外，会费中至少将一千日元计入总支部的收入。支持者的资格的有效期为完成申请手续之日起一年。

二、在前项中，所属的总支部解散时，根据本人的意愿，在其资格期限截止之前的时间内，可以转为县联所属、延续其支持者资格。在这种情况下，关于本规则的应用，视该县联为一总支部。

## 第八条　本部注册

一、总支部制作支持者名簿、附上每位支持者一千日元本部注册费，须每年在县联规定的日期前提交给县联。关于提交的名簿，在听取所属总支部的意见后，由县联决定。

二、县联将由其所属的总支部提交的支持者的名簿及本部注册费进行整理汇总，在定时注册日前提交给本部。

三、支持者名簿，记载支持者的所属总支部、姓名、姓名读音、邮政编码、住址、性别、出生年月日、是否为日本人的确认。另外，如有可能，记载联络地电话号码及电子邮箱。

四、提交整理汇总的本部注册费，按照将支持者名簿的人数与每人的本部注册费相乘所得的金额汇入本部指定的银行账户、证明该汇款的书面材料的复本与支持者名簿一起提交给本部的方法进行。

五、定时注册日为每年五月的最后一天，在特殊情况下，常任干事会可以另行决定定时注册日。

六、本部确认收到支持者名簿及本部注册费时，支持者即完成了在本部的注册。但，名簿的记载有错误等时，由本部通知县联、要求纠正。

七、支持者在本部的注册，在完成本部注册之年的翌年在本部注册时之前有效。

八、在本部注册的支持者名簿，原则上不予公开，不能用于代表选举及常任干事会批准的目的以外的目的。但，由常任干事会指定的人，可以就定时注册日的注册情况对本部注册名簿进行检查、修正等。

第九条　取消注册

一、支持者，以书面形式向所属的总支部提出申请时，可以取消注册。

二、总支部受理已在本部注册的支持者的取消注册申请时，应以书面形式向县联报告。

三、本部要求时，县联应将已经取消注册的支持者的名簿进行汇总、向本部报告。

四、在代表任期届满进行代表选举的当年，县联应在中央选管指定的日期前，将已经取消注册的支持者的名簿进行汇总、向本部报告。

## 第三章　地区组织

第十条　地区组织的设立

一、民主党的县联（都道府县总支部联合会）、总支部、行政区支部等地区组织的设立或解散，须提前通知总部、按照党的章程及组织规则规定的程序进行。

二、总支部、行政区支部的代表的选任与变动，须提前通知总部、按照党的章程及组织规则规定的程序进行。

三、本部，根据常任干事会判断符合章程第三十一条第三项时的决定，可以进行劝告解散该支部等、决定解散、代行解散手续等。

四、本部，可以将部分前项事务委托给县联执行。

**第十一条　总支部**

一、以众议院议员选举的小选区作为活动区域的总支部，原则上其名称为"民主党〇〇〇第□区总支部"。〇〇部分为该都道府县名称，□为该小选区的数字。

二、以众议院议员选举的比例代表选出议员或同预定公认候选人（在小选区中重复提名候选的人除外）为代表的总支部，其名称为"民主党众议院〇〇区比例区第△总支部"。〇〇部分为该区名，△部分为党内决定的数字。

三、以参议院议员选举的选举区选出议员或同预定公认候选人为代表的总支部，其名称为"民主党〇〇〇参议院选举区第△总支部"。〇〇部分为该都道府县名称，△为党内决定的数字。

四、以参议院议员选举的比例代表选出议员或同预定公认候选人为代表的总支部，其名称为"民主党参议院比例区第△总支部"。△部分为党内决定的数字。

五、总支部，可以根据党章程及组织规则制定章程等，努力推进组织运营。

**第十二条　总支部长**

一、总支部的代表（以下称"总支部长"），原则上应由以该总支部为基盘参加国政选举的党所属国会议员或预定公认候选人担任，其任期到国政选举日或其国会议员任期届满的次日为止。

二、总支部长在国政选举中获得议席,其任期延长至下一次国政选举日为止。

三、国政选举的结果,未能获得议席的众议院小选区总支部长,须立即将职务让与另行规定的暂定总支部长或解散总支部。

四、国政选举的结果,未能获得议席的众议院比例代表区总支部长、参议院选举区总支部长及参议院比例区总支部长,须立即解散总支部。

五、在总支部长变更或总支部解散的情况下,总支部长须对其总支部所属党员、支持者的归属、总支部的财务及报告等作出必要的安排。

**第十三条 小选区总支部的暂定总支部长**

一、众议院小选区总支部在总支部长丧失其资格(落选、退党、开除党籍等)时,由该县联依据党的章程及组织规则规定的程序,选任暂定总支部长。

二、前项规定的总支部解散时,该县联依据党的章程及组织规则规定的程序,设立以暂定总支部长为代表的总支部。

三、前两项中,该县联,可以在该暂定总支部设置总支部长代行。

四、众议院小选区总支部的暂定总支部长,原则上由县联的代表或该县联所属的国会议员担任。

五、以该总支部为基础参加国政选举的众议院议员或同预定公认候选人决定时,暂定总支部长及总支部长代行任期结束。

**第十四条 都道府县联**

一、县联的名称为"○○○总支部联合会"。○○部分为都道府县名称。

二、县联,可以根据党章程及组织规则制定章程等,努力推进组织运营。

**第十五条 比例区总支部的所属县联**

一、以众议院比例代表选出的议员或同预定公认候选人(在小选区中重复提名候选的人除外)、参议院比例代表选出的议员或同预定公认候选人为总支部长的总支部，必须隶属于某一县联。

二、在决定所属县联时，需事前与本部及该县联进行协商。

三、决定前项的所属时，通过该县联向党本部报告。

**第十六条 支部证明书的发行**

一、关于县联、总支部及行政区支部的设立或名称变更的支部证明书，应由该县联或总支部依据规定的格式提出申请，经常任干事会批准后，由本部发行。

二、关于县联、总支部及行政区支部的主要事务所所在地变动的支部证明书，应由该县联或总支部依据规定的格式提出申请，由本部发行。

**第十七条 选管申请的报告等**

一、县联、总支部及行政区支部，向都道府县选举管理委员会（以下称"县选管"）提出设立、变动、解散的申请时，将盖有该选管的受理印章的申请书立即通过传真向本部的负责部局报告。

二、从本部领取政党补助金的县联及总支部，在向本部及县选管提交关于领取政党补助金当年的资金使用报告之前，应接受本部的负责部局的事前审核。

**第十八条 行政区支部**

一、以行政区（作为自治体的市区町村及政令市的区）作为活动区域的行政区支部，在该行政区只能设立一个（以下称"地区型行政区支部"）。

二、地区型行政区支部的代表，由拥有党籍的地方自治体议员担任。地区型行政区支部的代表失去其资格时，须立即解散行政区支部或变更行政区支部的代表。

三、地区型行政区支部的名称为"〇〇道（府县）〇〇市（町村）支部"，〇〇部分为该自治体名称。另外，在东京都的特别区内的名称为"东京都〇〇区支部"；在政令市内的名称为"〇〇市〇〇区支部"。

四、认为设置多个行政区支部有助于扩大党势时，以都道府县议会议员或政令市议会议员的选举区为单位的行政区支部，一人只能设立一个（以下称"地方自治体议员型行政区支部"）。

五、地方自治体议员型行政区支部的代表，由拥有党籍的都道府县议会议员或政令市议会议员担任。地方自治体议员型行政区支部的代表丧失其资格时，须立即解散行政区支部或变革行政区支部代表。

六、地方自治体议员型行政区支部的名称，"○○都（道府县）第△行政区支部"。○○部分为该自治体名称，△部分为数字。

七、丧失资格，地区型行政区支部或地方自治体议员型行政区支部的代表中、是都道府县议会议员或政令市议会议员的人，常任干事会决定为都道府县议会议员·政令市议会议员选举的公认推荐·候选时，可以成为地方自治体议员型行政区支部的代表。

八、申请设立行政区支部的总支部，需附加申请书、确认书及该行政区支部代表的誓约书、通过县联向本部提出。

九、行政区支部，可以根据党章程及组织规则制定章程等，努力推进组织运营。

十、行政区支部，根据本部的规定接受会计监查，推进稳健的财务运营。

十一、支部证明、选管申请的报告等总支部相关的本规则的规定，适用于行政区支部。

十二、为管理行政区支部，该县联须完善必要的体制。向本部提交申报及报告等的事务手续，全部通过县联进行。

### 第十九条　选区协议会

一、根据章程第三十二条，为开展广域地区活动与促进该地区国会议员的交流，以众议院比例选区为单位设置选区协议会。

二、选区协议会中，设选区国会议员团会议和选区县联代表会议。选区国会议员团会议由该选区内各都道府县联所属的国会议员构成。选区县联代表会议由该选区内的各都道府县联的代表构成。

三、选区协议会议长及必要的干部,由选区协议会互选产生。另外,选区协议会决定负责联络、协调工作的干事县联。

四、选区国会议员团会议,基于章程第八条第三项规定的常任干事的选出方法相关的规则,互选常任干事。

五、在必要时,选区协议会可以召开县联干事长会议、县联选举对策负责人会议、县联政策负责人会议等。

## 附　则

#### 第一条　规则主管

本规则相关的本部事务,由组织委员会负责。

#### 第二条　施行日期

修订的本规则,自修订之日起施行。

2001 年 12 月 11 日　第 187 次常任理事会决定

2004 年 1 月 9 日　第 281 次常任理事会修订

2005 年 1 月 1 日　第 328 次常任理事会修订

2007 年 2 月 13 日　第 393 次常任理事会修订

2012 年 2 月 21 日　第 546 次常任理事会修订

2014 年 2 月 9 日　民主党第 26 次大会修订

## (四) 代表选举规则

### 第一章　总　则

#### 第一条　目的

本规则,根据民主党章程第十一条第十项的规定,规定民主党代表选举相关的必要事项。

#### 第二条　代表选举中央管理委员会

一、为全面管理代表选举相关事务,依据章程第二十五条,在党本部设立代表选举中央管理委员会(以下称"中央选管")。

二、中央选管,由七人以内任期三年的委员组成。

三、中央选管委员,由总裁任命,需在任命前或任命后得到两院议员总会的批准。

四、中央选管委员长,由委员互选产生。但,由两院议员总会选任时,则以其选任为准。

五、中央选管委员,依据代表选举规则及两院议员总会的批准,公正、中立地履行职责,对于在职务中掌握的信息,负有保守秘密的义务。

六、中央选管委员,不能作为第七条第二项规定的代表选举的候选人(以下称"代表候选人")的推荐人,不能进行任何代表候选人的支援活动。

七、中央选管,根据需要制定中央选管规程,从党本部事务局职员中任命事务局负责人及职员。

**第三条 代表选举地方管理委员会**

一、为管理都道府县层次的代表选举事务,在都道府县总支部联合会(以下称"县联")设立地方代表选举管理委员会(以下称"地方选管")作为常设机关。

二、地方选管,由县联执行机关决议、选出的委员三名以上构成。地方选管委员长,由委员互选产生。

三、地方选管的委员人数、任期、运行相关的必要事项,由县联决定。

四、地方选管,按照代表选举规则及中央选管规程的规定,执行县联的选举事务。

五、地方选管,按照代表选举规则、中央选管规程及中央选管的指示,处理代表选举相关事务。在必要时,地方选管可以制定地方选管规程。

六、地方选管委员,应公正、中立地履行职责,对于在职务中掌握的信息,负有保守秘密的义务。

七、地方选管委员,不能作为第七条第二项规定的代表候选人的推荐人,不能进行任何代表候选人的支援活动。

八、县联,在地方选管发生人员等变动时,需立即向中央选管报告。

## 第二章 代表任期届满的代表选举的选举人

**第四条 选举人**

一、代表任期届满的代表选举(以下称"任期届满选举")的选举人,为以下各号规定之人:

(1)党员及支持者。

(2)拥有党籍的地方自治体议员(以下称"地方自治体议员")。

(3)国政选举的预定公认候选人(含内定者,以下同)。

(4)党所属国会议员(以下称"国会议员")。

二、前项第一号规定的党员及支持者,是指在代表任期届满当年的定时注册时,在党本部注册的日本国民。

三、第一项第二号规定的地方自治体议员,是指截至告示日七天前、拥有党籍的人。

四、第一项第三号规定的预定公认候选人,是指截至告示日七天前、常任干事会决定或批准的人。

五、第一项第四号规定的国会议员,是指截至告示日七天前、在政党助成法申报中、本党所属的人。

六、决胜投票的选举人,由第十六条规定。

**第五条 选举人名簿的注册**

一、前条规定的代表选举的选举人,由中央选管在选举人名簿中注册,可以进行代表选举的投票。

二、中央选管,截至告示日七天前,将满足本规则及组织规则规定的要件的党员及支持者、在各居住地的都道府县、登记到选举人名簿中。

三、中央选管,从作为党员或支持者注册的人的名簿中,按照居住地所在的都道府县分别编制成名簿（以下称"都道府县居住党员·支持者名簿"），并将该名簿下发给地方选管。

四、地方选管，在所属总支部的协助下，可以对中央选管下发的都道府县居住党员、支持者名簿进行核查，在书面材料中标明有异议的选举人姓名及有异议的内容，向中央选管提出异议申报。

五、可以对前项的都道府县居住党员·支持者名簿进行核查的人，除了地方选管之外，仅限总支部代表及地方选管认可的总支部干部，前述之人负有保守秘密的义务。

六、中央选管，将在党本部定时注册的党员及支持者在选举人名簿中注册时，日本国民以外的支持者除外，基于公正立场、通过收集名簿、严格排查重复注册的人，通过确认居住地排查、纠正以虚假居住地或法人·团体事务所转交的住所进行的注册。

七、中央选管根据地方选管的申请，截至告示日七天前，将代表任期届满当年在党本部定时注册的地方自治体议员及其后成为地方自治体议员的人注册到选举人名簿中。但，定时注册后成为地方自治体议员的人，须通过县联向党本部缴纳一千日元的注册费。

八、中央选管，截至告示日七天前，将预定公认候选人及国会议员注册到选举人名簿中。关于前述选举人注册费的缴纳，参照前项执行。

九、地方自治体议员、预定公认候选人及国会议员不在"党员·支持者名簿"中登记，不享有党员的投票权。

## 第三章 任期届满的选举日程

### 第六条 选举日期及公示日

一、代表任期届满的代表选举，在代表任期结束前三十日内进行。

二、代表任期届满的选举日期及日程（以下称"选举日程"），由常任干事会决定、经两院议员总会批准。

三、代表任期届满的竞选活动时间，含公告日及投票日、十四天以内。

四、常任干事会，依据政治形势等、认为特别必要时，经两院议员总会批准，可以决定与第一项不同的选举日程。

## 第四章　代表候选人

### 第七条　代表候选人

一、能作为代表候选人的人，为所属国会议员。

二、代表候选人，在代表选举的公告日附加中央及地方选管委员以外的、二十人以上二十五人以下的国会议员的推荐信、向中央选管申请。

三、中央选管接到代表候选人的申请后，应立即通知地方选管并进行公告。

四、经常任干事会决定、两院议员总会批准，国政选举的预定公认候选人可以成为代表候选人。

### 第八条　政见

代表候选人，阐明国政相关的政策及党的运行相关的方针等政见，通过第六章规定的方法，通知选举人。

### 第九条　对代表候选人的措施

一、代表候选人不满足提名候选的要件时，中央选管，可以取消其提名候选的申请。

二、代表候选人违反第六章的规定及其他与其代表候选人身份不相符的行为时，中央选管，在征询常任干事会的意见后，可以向两院议员总会申请采取必要的措施。

## 第五章　投票、开票及当选人的决定

### 第十条　投票

一、代表选举，由选举人对代表候选人进行投票。

二、投票的结果，根据各代表候选人获得的按各类选举人确定的点数的总数的多少，决定当选。

四、两院议员总会，限于指名内阁总理大臣、议决预算及其他本党重要政策上的必要情况，可以决定限制党议。

五、两院议员总会相关的必要事项，除了本党章的规定之外，根据另行制定的规则。

## 第四章　执行机关

**第十条　常任干事会**

一、常任干事会，是本党的最高执行机关，对全国大会负责。

二、常任干事会，由党干部组成，以党首为代表。

三、常任干事会，执行政务及党务。

四、常任干事会，可以制定实施本党章的规则。

**第十一条　干部**

本党，在全国联合设置以下干部职位，全国联合的干部为党干部。

（1）党首

（2）副党首

（3）干事长

（4）政策审议会长

（5）院内总务会长

（6）选举对策委员长

（7）常任干事

**第十二条　干部的职务**

干部，根据以下各号所列的不同情况，履行该各号规定的职务。

（1）党首，代表本党，全面主持政务和党务。

（2）副党首，辅佐党首，在党首遭遇事故时代行其职务。

（3）干事长，辅佐党首，全面分管政务和党务。

（4）政策审议会长，全面分管政策决定和立法活动。

（5）院内总务会长，全面分管国会活动，负责与其他党、会派的交流

三、代表候选人只有一人时，以临时党大会或两院议员总会的承认代替选举。

### 第十一条 党员、支持者的投票

一、党员及支持者，不论属于哪个总支部，以其居住地的都道府县为单位以邮寄方式投票。按照各代表候选人的得票数，分配给都道府县的点数（以下为"县别点数"）按顿特式计算、分配。

二、基于党员及支持者的投票的县别点数，分别分配给该县联所属的国会议员或预定公认候选人担任代表的众议院小选区总支部（含基于组织规则第十三条的暂定总支部）、众议院比例区总支部、参议院选举区总支部及参议院比例区总支部的数量相同的点数。

但，符合以下各号的总支部，从点数分配的计算中排除：

（1）不论其居住地、所属党员及支持者不足一百人的总支部（暂定总支部除外）。

（2）根据党规则第二十八条及组织规则第十二条的规定，总支部长任期届满的总支部（根据组织规则第十三条规定，向暂定总支部交接过渡的总支部除外）。

三、中央选管，截至告示日七天前，确定县别点数并进行公告。

四、邮寄投票的具体方法，由中央选管规定。

### 第十二条 地方自治体议员投票

一、地方自治体议员，以全国为单位进行邮寄投票。按照各代表候选人的得票数，分配给地方自治体议员的点数，按顿特式计算、分配。

二、基于地方自治体议员投票的点数，全国共计 141 点。

三、邮寄投票的具体方法，由中央选管规定。

### 第十三条 预定公认候选人及国会议员投票

一、预定公认候选人，在临时党大会上统一进行投票，分配给各代表候选人与其得票数相同的点数。

二、国会议员,在临时党大会上统一进行投票,分配给各代表候选人其得票数二倍的点数。

三、预定公认候选人与国会议员,在临时党大会上进行无记名投票,在任何情况下代替投票都不被承认。但,在中央选管认为有特殊理由的情况下,可以在中央选管指定的时间、地点、进行不在者投票。

**第十四条　投票秘密**

中央选管及地方选管,在投票及开票时,须最大限度地考虑保守选举人投票的保密。

**第十五条　开票**

一、代表选举的开票,在中央选管的监督下进行。

二、中央选管,确定各类选举人的开票结果及代表候选人获得的点数。同时,关于党员、支持者的投票,确定各都道府县代表候选人的得票数及点数。

三、中央选管,可以在邮寄投票截止后、第二项点数确定之前,在预先开票日前进行预备开票。

四、预定公认候选人及国会议员的直接投票,在邮寄投票的开票结果报告给临时党大会以后进行。

五、中央选管,将代表候选人获得的按各类选举人确定的点数进行统计,决定获得基于有效投票的点数的过半数的代表候选人当选,并向临时党大会报告。同时,一起报告第二项的票数及点数的确定。

六、关于第二项、第四项及第十六条的投票相关的开票,代表候选人,可以根据中央选管的规定,申报开票监督人。

**第十六条　决胜投票**

一、代表候选人为三人以上时,开票的结果,没有任何一候选人获得基于有效投票的总点数的过半数时,中央选管,向临时党大会报告,临时党大会对获得点数最多的两位代表候选人进行决胜投票,决定当选人。

二、前项的决胜投票的当选人，应为得票数多的候选人。

三、决胜投票，由国会议员及预定公认候选人的直接投票进行，国会议员的投票换算成各二票。

**第十七条　为实施任期届满的选举，召开的临时党大会**

一、为实施任期届满的选举，召开的临时党大会，根据常任干事会的决定召集。

二、前项的临时党大会，由国会议员、预定公认候选人及县联代表各一人组成。

三、临时党大会中代表选举以外的事项的议决，以多数议决的方式进行。

## 第六章　竞选活动

**第十八条　代表候选人的竞选活动**

一、代表选举的竞选活动期限，自公告日起至投票结束为止。

二、竞选活动，除了中央选管规程规定的事项以外，原则上代表候选人可以自由开展竞选活动。

三、代表候选人及从事竞选活动的人，在代表选举中不得有收买、提供财物、招待、损伤代表候选人的名誉、违反伦理规则第二条的行为。

四、中央选管认为有前项行为时，将公布其事实、并劝告其中止该行为。

**第十九条　中央选管的党营选举等**

一、根据中央选管规程的规定，中央选管可以提供发行选举公报、举行公开演说会等党营竞选活动的机会。

二、中央选管，可以要求代表候选人出席由媒体机构等举行的联合记者招待会及其他活动。另外，根据代表候选人的要求，中央选管可以对代表候选人接受媒体机构采访等进行协调。

三、为了使代表选举公告后的竞选活动顺利进行、让选举人充分了解代表候选人的政见等，中央选管，可以在代表选举公告前要求预定代表候选人事先提出必要的书面材料或举办事前说明会。

四、预定代表，关于前三项，须配合中央选管。

五、党本部执行机关，除非应中央选管的要求，不能参与代表候选人的竞选活动。

**第二十条　县联的党办选举、预备调查**

一、县联，可以与地方选管一起，提供独立的党办竞选活动的机会。

二、县联及总支部，根据该执行机关的决定、为事先把握县联或总支部所属的党员及支持者的意向等，可以开展预备调查（通过预备投票、电话调查等该组织的执行机关规定的方法实施的调查、以及其结果的事前发表）。

三、前项所需经费，由该组织负担。

四、在县联及总支部进行第一项及第二项的党办竞选活动及预备调查时，为了确保公正性、保护个人信息及防止泄露、控制经费支出、确保与选举日程整合等，地方选管须进行严格监管、提供必要的指导。

**第二十一条　竞选活动费用**

一、中央选管，可以规定代表候选人的选举活动费的上限等。

二、中央选管，进行前项的决定时，应立即发布公告。

## 第七章　选举无效及不服申诉

**第二十二条　选举的无效**

一、中央选管，认为在选举人的确定过程中出现了重大失误、或在竞选活动中出现了严重违规的行为、导致选举的公正性遭到了严重损害，可以宣布该选举无效。

二、前项的宣布，经两院议员总会批准后，生效。

三、在第一项的宣布生效时，中央选管须重新进行代表选举。

四、地方选管发现在选举人的确定过程中出现了重大失误、或在竞选活动中出现了严重违规的行为，须立刻向中央选管报告。

**第二十三条　不服的申诉**

一、对本规则规定的代表选举程序不服的，可以以记载事实的书面材料、向主管选举人注册的中央选管或地方选管提出申诉。

二、提出前项的不服申诉时，该选管须立刻开始审查，并决定采取必要的措施。

三、对地方选管的处分不服的选举人，可以向中央选管提出不服申诉。

四、对中央选管的处分，不能提出不服申诉。

## 第八章　选举无效及不服申诉

**第二十四条　选举日程**

一、任期途中空缺情况下的代表选举，根据党章程第十一条的规定，由临时党大会实施。

二、任期途中进行的选举（含两院议员总会中的选举），在代表空缺之日起四十天内进行。

三、选举日程（选举日期及日程），由常任干事会决定、两院议员总会批准。

四、在决定选举日程时，设置一定的竞选活动的时间。

五、中央选管，在两院议员总会批准选举日程当日，发布实施代表选举的公告。

**第二十五条　选举人**

任期途中的代表选举的选举人，为以下各号规定之人：

（1）在两院议员总会批准选举日程之日时，基于政党助成法的申报的党所属国会议员。

（2）在两院议员总会批准选举日程之日时，国政选举的预定公认候选人。

（3）由县联执行机关选出、在中央选管规定的日期之前在中央选管注册的县联代议员各三人。

**第二十六条　代表候选人**

一、关于代表候选人，根据第七条至第九条的规定处理。

二、代表候选人只有一人时，临时党大会或两院议员总会的承认可以代替选举。

**第二十七条　投票与开票**

一、任期中进行的选举，由国会议员、预定公认候选人及县联代议员各三人在临时党大会上以无记名投票进行。国会议员的投票换算成二票。

二、中央选管，决定获得基于有效投票的投票总数的过半数的代表候选人当选，并向临时党大会报告。

三、代表候选人为三人以上时，没有任何一候选人获得基于有效投票的投票总数的过半数时，适用第十六条，由国会议员及预定公认候选人直接投票、进行决胜投票，决定当选人。

**第二十八条　为实施任期途中的选举，召开的临时党大会**

一、为实施任期途中的选举，召开的临时党大会，根据常任干事会的决定召集。

二、前项的临时党大会，由国会议员、预定公认候选人及县联代议员各三人组成。

三、临时党大会中代表选举以外的事项的议决，以多数议决的方式进行。

**第二十九条　实施含党员、支持者投票的选举的特例**

一、根据党章程第十一条第六项补充条款的规定，在任期途中选举中、含党员及支持者的选举的选举人，不管第二十五条、第二十七条及第二十八条如何规定，为以下各号规定之人。

（1）在两院议员总会批准选举日程之日时，基于政党助成法的申报的党所属国会议员。

（2）在两院议员总会批准选举日程之日时，国政选举的预定公认候选人。

（3）在两院议员总会批准选举日程之日时，拥有党籍的地方自治体议员。

（4）在最近的定时注册中，在党本部注册的党员及日本国民支持者。

二、关于各选举人的投票、开票、决胜投票及临时党大会，适用第十条至第十七条的规定。

### 第三十条 竞选活动等

关于任期途中选举的竞选活动、选举的无效及不服申诉，适用第十八条至第二十三条的规定。

### 第三十一条 中央选管规程

中央选管，可以制定实施任期途中选举的必要规程。

## 附 则

### 第一条

本规则，自常任干事会制定之日起施行。

### 第二条

本规则的公告方法，为在我党官方网站等发布等。

2000 年 1 月 16 日　2000 年年度大会批准

2000 年 7 月 18 日　第 122 次常任干事会修订

2000 年 8 月 8 日　第 124 次常任干事会修订

2001 年 12 月 18 日　第 188 次常任干事会修订

2004年1月9日　第281次常任干事会修订
2012年1月16日　2012年度年度大会批准
2014年9月16日　两院议员总会修订

（原文来自：https://www.dpj.or.jp/）

（朱艳圣 译　干保柱 校）

# 社会民主党

## （一）社会民主党宣言

一、以建立没有差别的和平社会为目标

为了实现现在及未来充满希望和理想的社会，我们同站在劳动人民和弱势群体立场上的人们一起奋斗。

为了实现没有战争和动乱的世界，我们愿和世界爱好和平的人们一道努力。

冷战结束后，与许多人所期待的"迈向和平与共荣的二十一世纪"的愿望相反，以竞争最优先的市场万能主义为基础的新自由主义、以强大的政治、经济、军事为后盾，并推行特定价值观的新保守主义抬头。其结果是世界性的贫富差距及不平等逐渐扩大，冲突与恐怖袭击没有停止，爆发战争的危机依然存在。

与该潮流相对并对其进行批判的是坚持社会公正与合作的社会民主主义。我们坚信，社会民主主义将会成为下一代的中坚力量，成为世界主流。

我们作为主张社会民主主义的政党，希望实现人作为个体受到尊重、人与自然和谐发展及和平的人类社会。将人类从贫困、压抑及偏见中解放出来，从而使人们安心生活，同时也致力于发展民主主义，解决歧视、差距及不平等现象。当今日本社会最优先考虑的是放任市场、追求利润最大化和高效率。这带来了很恶劣的后果，工作的稳定、舒适的生活、自然环境的保护等正离我们不断远去，这严重威胁到了人们的生命和安全。

同时，与新保守主义潮流相呼应的是，作为战后日本社会基石的宪法可能会被修改，修宪正被保守的领导层推至顶点。

这将会对日本社会的发展及人类的进步产生非常严重的影响。

我们强烈反对使弱者愈弱，强者愈强的观点，也强烈反对修改放弃战争、不保存武力的和平宪法，反对将日本再次推向"可以发动战争的国家"。

同时，我们提倡，处于十字路口的日本社会应该进行改革，建设任何人都可以平安、放心生活的"另一个日本社会"。

我们的目标是：建立实现宪法理念的社会。这部明确表示放弃战争的宪法在其前文载有"全世界人民都同等具有免于恐怖和贫困并在和平中生存的权利"。该社会尊重和平的生存权，任何人都可以在和平环境中生活。

我们的目标是：建立消除差距、生活优先的社会。该社会不是盲目地推进规制缓和，崇尚竞争万能，也不是舍弃福利、医疗、教育等公共开支的被称作"小政府"的社会，而是最优先考虑保障孩子公平地获得成长、学习、工作机会，消除老年人的后顾之忧，提高人们生活水平的社会。

我们的目标是：建立人与人之间相互支持、相互尊重的社会。该社会是消除所有歧视，保障人权及社会参与的条件，让所有人都可以轻松生活的以人与人之间的协作为基础的共生社会。

二、我们的社会民主主义

1. 我们是以实现社会民主主义理念为基础的政策为目标，从作为经济和社会中心的劳动者和生活者的立场出发进行社会的民主改革，向所有人开放的政党。

2. 日本社会民主主义理念是"和平、自由、平等、共生"。基于日本作为侵略、殖民亚洲各国的加害者的历史和作为人类历史上第一次遭受原子弹爆炸的国家的历史，实现各种权利之际，其前提是和平。每个人有制定和实现自己的目标的自由。反对一切歧视、保障所有人参与社会的机会和权利的平等。实现全体社会支撑的人类有尊严的生活，以实现亚洲及世界各国人们的共存和人与自然世界的和谐为目标的共生。我们将会为了实现将这四个理念具体化的政策而竭尽全力。

3. 我们要在社会所有领域扩大民主主义，使"和平、自由、平等、共生"理念具体化的不间断的改革运动成为社会民主主义的核心。我们所宣扬的民主主义，绝不是多数人排除少数人。我们重视每个国民作为主权者平等地参与社会，承认多元的价值观及尊重个人的尊严和人权。

三、政策的基本课题

1. 通过社会的规制形成公正的市场经济

承认作为生产、交换、分配手段的市场机能，但不能以此认为市场万能，认为所有的一切是竞争的结果，放任财富和收入的差距。将提高生活水平、与自然环境共生作为经济活动的重点，致力于公平的交换、贸易和分配等市场的民主化、监督、规制。同时，重视在福利、医疗、教育等与人民生活息息相关的领域中公共服务的作用，并充实其机能。

2. 创造有生存价值和工作价值的工作环境

劳动一方面是人类生活和实现自我的不可缺少的要素，同时也是社会财富的源泉。决不允许将人物化取向的劳动领域的放松规制，在保障同劳同酬的均等待遇的基础上，尊重各种劳动方式，将实现所有希望工作的人都能被完全雇佣作为社会最大的目标。坚决反对性别差异及年龄、国籍、身体是否残疾的就业歧视，及为了削减成本和追求眼前的利益而进行的裁员，改善劳动条件。

3. 制定公平且可持续的税收财政政策

财政是由人们共同地、公平地负担，为了社会的整体利益而运营各种公共事业的领域。将偏重于特定企业、阶层的利益和巨大公共事业的财政结构转向重视就业、福利及教育等生活方面，推进向地方的财政转移支付和构建健全的财政结构。在税制方面，防止财富分布不均、所得再分配从有负担能力的人转向需要社会支持的人的机能才是非常必要的。将逆进性强的消费税作为主要税种，容易提高税率，导致加重低收入阶层的负担。

上调所得税、住民税的最高税率和强化累进税，努力修改与企业能力相适应的社会责任的法人税。

4. 建立以社会协作为支柱的社会保障

健全福利和社会保障制度，是让每个人都能安心生活的必不可少的条件。为了保障宪法二十五条规定的生存权，重视政府的行政责任和社会的协作。根据以税收和相应负担的支出为原则的保险费，为了建立放心和公助的新年金制度、以患者为出发点的公共医疗和人人皆可安心利用的看护制度，对社会保障制度进行全面的根本改革。此外，在孩子成长方面加强援助，禁止对残障人士的歧视，扩大就业援助、增加收入等福利。对福利投资的增大，可以让人们对老年生活、健康及抚育子女方面更加放心，同时实现创造就业机会和培育新的产业等经济波及效应。

5. 开展丰富多样的自治

保障居民的参与和自决权的居民主权，才是创造丰富多彩的地区自治的前提。进行发展居民自治的自治体改革，使得自治体不再是国家的"末端机关"和地方的"管理机构"，而是民主主义的据点。最优先发展基础自治体，国家基于广域自治体也不能承担的事业的补充原理，向地方大胆地转移权限和税源，提高地方的主权。同时，确立将人人在各地都能安心、安全、舒适流动的交通权作为人权的一部分，恢复和扩大公共交通。

6. 与世界人民共生的、和平的日本

以通过联合国宪章的精神、宪法前言和第九条为指针的和平外交与非军事、平民及民生为基本内容的积极的国际贡献、与世界人民共生的日本为目标。为了废除核武器，通过对话使预防冲突具体化，推进东北亚地区无核化和努力创设跨国综合安全保障机构，实现"紧张的亚洲"向"和平与合作的亚洲"转换。谋求将现在明显处于违宪状态下的自卫队进行缩编，以改编、解散为国境警备、灾害救助及国际合作等各任务组织，实现非武装的日本。日美安全保障条约，最终将向和平友好条约转换，整顿、缩小、撤走在日美军基地。

7. 建立公正的国际经济和以和平为基础的亚洲经济圈

随着信息技术的发展，跨越国境的经济的相互依存关系越来越紧密，另一方面，大型的跨国企业和金融资本攫取了垄断性的利益，拉大了南北间的经济差距。同时，企业通过向生产成本低廉的发展中国家转移生产，使得产业的空洞化进一步加剧。为了不使发展的成果只流向发达国家和特定企业，要建立公平的货币、贸易、信用交易的规则，制定国际自然环境的保护准则，保障跨国劳动者的权利及制定跨国企业活动的国际规则。依照上述观点，进一步推进建立包含东亚共同体构想在内的以和平和共存为基调的亚洲经济圈。

8. 实现两性平等的社会

不允许出现因性别差异而缩小了对生活方式的选择。在工作、社会及家庭生活中，男女应该一直是平等的。从对性别差异（社会和文化方面的性别差异）的偏见和制度的障碍到自由，重新评估现在的制度和秩序。女性作为个体得到尊重并积极参与社会建设，努力改善禁止针对女性的所有歧视等的环境，期望导入配额制度，并使其固定化。同时，着手推进完善男女都能履行共同抚养、看护子女等家庭责任的法律制度，改善长时间劳动和加班的规定，改进劳动方式。

9. 给下一代留下丰富的自然环境

将大量生产、大量消费、大量废弃的经济构造转变为与自然环境共生的循环型社会，推进完善水资源及森林资源的保护。为了使水循环系统的负担最小化，推进保全和再生。为了促进防止地球变暖的对策、留给下一代丰富的自然环境，要采取措施使产业界有义务削减温室气体排放。此外，从反对一切核的立场出发，积极推进非核化，控制核能资源的利用，同时也积极着手开发、利用自然能源。

10. 承担食品和生命安全的农林水产业

农林水产业不仅是粮食生产和生产手段、生活手段的供给源，而且处于社会经济活动的基本位置，孕育了地域的自然和文化。在保全国土及提高就业方面拥有巨大潜能的农林水产业，必然成为地域的宝物。为了实现稳定的粮食自给率，维护粮食安全，作为对确保农林水产业中坚作用、多方面机能的补偿，设立直接收入补偿制度等，维持和发展第一产业。此外，从维护森林公益机能的观点，充实可持续的森林、山村对策，扩大国有林业的利用。为了国内的渔业及水产业的存续，一方面要保护浅海生态系统，促进资源的再生，另一方面制定防止跨国间滥捕滥杀的规则。

11. 实现重视每个人的教育

不赞成将市场的竞争原理引入公共教育，避免仅选拔、培养智商高或经济条件好的小孩进行教育，实现重视每个孩子可塑性和个性的教育，培养他们成为未来和平社会的中坚力量。社会有责任保障每个孩子都能快乐健康地成长，依据自己的个性进行学习、游玩和生活的条件。所有的孩子，不论其性别和个性、家庭收入状况，都能接受公平的教育，推进教育基本法的理念和孩子权利保护原则的具体化。同时，为了提高各个年龄段人的能力及社会存在感，要保障其有接受职业及技术教育的公平机会。

12. 保护各种价值观的创造性文化

在为了丰富生活而不可或缺的文化和艺术领域，应保障表达的自由及各种价值观。不得因阶层、性别、有无残障等，使体验、创造文化和艺术的权利受到损害。媒体的发展是关系到民主主义发展的根本问题，为了不让权力和统治阶层单方面推行其意图及想法，应该彻底地拥护表达及言论自由。

13. 进行能够反映民意的政治改革

发展民主政治的前提是，人们的多元价值观念在议会政治场所能得到反映。为此，不是向抛弃民意的小选区制度，而是向以比例得票数为主来分配议席的选举制度的改革是不可缺少的。在具有鲜明政策对立的稳健的多党制下，促进开展国民信赖的政治。同时，将中央集权、官僚主导的政治转换为分权、市民主导的开放的行政体制。为了杜绝政界、官界、业界的勾结、金权腐败政治，实现规范、废除企业·团体的政治献金。

四、改革的路线

1. 在社会各领域依然存在着差距和不平等的今天,我们认为,实现劳动者、孩子、老年人、残障人士等弱势群体的利益,是社会稳定和进步所不可或缺的。社会支撑的个人自律,保障人人公平参加社会的机会,促进向与人们生活关系密切的地区转移主权。

2. 劳动运动以及包括非正规雇佣和未被组织起来的劳动者在内的所有劳动者,在实现"和平、自由、平等、共生"社会民主主义理念中发挥着极其重要的作用。支撑本地发展的中小企业,随着大企业的发展动向,其经营变得不稳定,与地方生活不可或缺的个体商店等,由于大商店的进驻,而受到威胁。即使是在食品安全及自然保护领域发挥着积极作用的农林水产业,也被卷入市场自由化的浪潮。我们要与劳动运动和劳动者、中小企业、个体商店以及第一产业的从业者建立紧密联系。此外,加强与从生活者的立场出发、解各种课题的市民运动、非营利团体(NPO)等的联系,进而与在社会进步和改革中发挥重要作用的学者及文人建立关系网络,从而推动改革稳步向前。

3. 我们要重视以对现实社会不满和不安为出发点的大众运动,并与其紧密携手,通过议会制民主主义的机能,实现以社会主义民主理念为基础的各项政策。为此,要通过彻底的信息公开来监督,使议会民主制民主主义发挥作用。

4. 我们以增加党在国会及自治体议会中的议席作为党活动的基础,以在日本建立社会民主主义政权为目标。在此过程中,与转换新自由主义、新保守主义政治的势力携手,以在维持我党主体性的同时实现具体的政策课题为目标,努力成立一个竞争与合作并存的联合政权。

5. 我们确信,在迎来二十一世纪的今天,提倡"和平、自由、平等、共生"理念的社会民主主义政治,对于处于十字路口的日本社会改革而言是不可或缺的。我们呼吁从年轻人到老年人的所有日本人一起参加到实现"另一个日本社会"的挑战中来。

社会民主党第 10 次定期全国大会(2006 年 2 月 11 日—12 日)通过

## （二）社会民主党党章

### 前　文

我们社会民主党是民主主义的共同家园，社会民主主义者、自由主义者等可以参加、群策群力、努力实现人们幸福的、开放的市民政党。国家、经济贡献于实现所有人的幸福，通过执掌政权予以实现。我们尊重人的精神自由，开展与追求个人自立、协作、公平、公正的人的希求相一致的政治。

我们社会民主党将使日本国宪法的理念生根发芽，希求永久和平。以创造地球上的人和自然共生的文化为理想，通过国际社会的协调予以实现。我们坚信，确保全球市民的安全与和平，与本国民的安全与和平息息相关。选择国际主义的道路，而非国家主义。

我们社会民主党是处于历史转折期中的过渡期的政党，以变革的理念和政策为基轴，与众多的人一起，再赴征程。我们以天空般清澈透明的"天空蓝"政党为理想。

### 第一章　总　则

**第一条　名称**

本党名称为社会民主党，全国联合事务所设在东京都。

**第二条　目的**

本党以实现党的基本理念和政策为目的、基于自立、分权、共识及统合的原则，各地区联合的全国政党。

**第三条　配额制的原则**

本党，为推进女性及社会弱势群体的政治参与，在各级议员候选人、全国大会代议员、全国代表会议代表及干部中，须努力保障一定比例的女性和社会弱势群体。

## 第二章 党　员

### 第四条　党员资格

一、本党的党员，为赞同本党的基本理念及政策的十八岁以上、办理了入党手续的人。

二、欲入党的人，在入党申请书中填写必要事项，向支部、支部联合或都道府县联合或全国联合提出申请，接受支部、支部联合或都道府县联合或全国联合的执行机关的批准

三、欲退党的人，可以将前项的"入党"解释适用为"退党"。

四、基于以下各号所流事由，党员失去其资格：

（1）退党

（2）死亡

（3）除名

五、入党手续及其他党员资格相关的必要事项，除了本党则的规定之外，根据另行制定的规则。

### 第五条　禁止双重党籍

党员，不能参加其他政党，须回避双重党籍。

### 第六条　党员的权利和义务

一、党员，享有以下各号所列权利：

（1）自主参加党的各个领域活动的权利。

（2）参加本党政策形成与决定的权利。

（3）成为本党公认的议员候选人的权利。

（4）党干部、代议员的提名候选或选举的权利。

（5）选举党首的权利。

二、党员，负有以下各号所列义务：

（1）自主参加以竞选活动为主的党的活动。

（2）缴纳党费。

## 第三章　决议机关

**第七条　全国大会**

一、全国大会，是本党的最高决议机关。

二、全国大会，由代议员及党干部组成。

三、定期全国大会，每两年一次，经常任干事会的审议，由党首召集。

四、临时全国大会，在常任干事会认为必要时、或都道府县联合的二分之一以上要求召开时，经常任干事会审议，由党首召集。

五、全国大会，决定修改基本理念及党章、任免干部（党首、政策调查会长、院内总务、党首任命的常任干事除外）及其他本党章及规则规定的事项。

六、全国大会相关的必要事项，除了本党章的规定之外，根据另行制定的规则。

**第八条　全国代表会议**

一、全国代表会议，是仅次于全国大会的决议机关。

二、全国代表会议，由都道府县的代表及党干部组成。

三、全国代表会议，经常任干事会审议，由党首召集。

四、全国代表会议相关的必要事项，除了本党章的规定之外，根据另行制定的规则。

**第九条　两院议员总会**

一、两院议员总会，任免政策审议会长及院内总务会长，研究、决定其他国会运营相关的重要事项。

二、两院议员总会，在国会运营相关重要事项特别紧急时，其决议可以代替全国大会的决议。该决议，只能由党员议员进行。

三、根据前项的规定，代替全国大会的决议、作出的两院议员总会决议，在该决议作出后，需向首次召开的全国大会报告，获得其批准。

以及国会运营。

（6）选举对策委员长，全面分管竞选活动。

（7）常任干事，分担政务及党务运营的任务。

### 第十三条　干部任期

干部的任期为二年。

### 第十四条　党首公选

一、党首，由党员投票选举产生。但，因特殊情况不能举行选举时，可以由两院议员总会选举产生。该情况，只能由党员议员选举产生。

二、根据前项补充条款的规定，选举产生党首时，须立即交由党员进行信任投票。

三、党首选举相关的必要事项，除了本党章的规定之外，根据另行制定的规则。

### 第十五条　副党首等的任免

一、副党首、干事长、选举对策委员长长、常任干事（次项规定的党首任命的常任干事除外）、由全国大会任免。

二、党首，根据另行制定的规则，可以任免部分常任干事。

## 第五章　党组织

### 第十六条　基本组织

一、本党的本部，为全国联合，下设都道府县联合、支部联合及支部。组织及运营相关的必要事项，除了本党章的规定之外，根据另行制定的规则。

二、本党，推进市民的立法、政策活动。与市民及其他政治势力协作，形成组织网络，开展多彩的活动。

三、本党，为确保与NGO、NPO、市民团体或劳动团体等各团体的协作关系，设置积极接受、商讨该团体的意见、建议的场所。

**第十七条　全国联合**

全国联合，以全国性的政治课题为中心开展活动，协调、执行都道府县联合、支部联合及支部的活动。

**第十八条　都道府县联合**

都道府县联合，协助全国联合，以各地区的政治课题为中心开展活动，协调、执行支部联合及支部的活动。

**第十九条　支部联合**

支部联合，在各众议院小选区设置，协助全国联合、都道府县联合，开展活动。

**第二十条　支部**

支部，是由三名以上党员组成的活动体。党员根据自己选择、可以在议员、地区、职业领域、专业领域、课题单位设立温暖多彩的支部，也可以参加其中。

**第二十一条　选区协议会**

一、在众议员比例代表选举的各选区，设置选区协议会。

二、选区协议会相关的必要事项，除了本党章的规定之外，根据另行制定的规则。

**第二十二条　选举对策委员会**

一、本党，在全国联合设置选举对策委员会。

二、选举对策委员会相关的必要事项，除了本党章的规定之外，根据另行制定的规则。

## 第六章　议员候选人的公认手续

**第二十三条　议员候选人的提名候选和公认手续**

一、在提名候选各级议员的候选人时，采用公招、公选、预选等多样的方法，广泛发掘有才能的人才，提名、决定为议员、党首。

二、众议院小选举区候选人的公认，基于支部联合的推荐，都道府县的决定，常任干事会的批准。

三、众议院比例区候选人的公认及顺序的决定，由选区协议会决定，常任干事会批准。

四、参议院选举区候选人的公认，由都道府县联合决定，常任干事会的批准。

五、参议院比例区候选人的公认及顺序，由常任干事会决定。

六、自治体议员及首长的公认，由都道府县联合决定。

## 第七章 议员的职责

**第二十四条 议员的职责**

国会议员及自治体议员，须充分认识到选民对其信任的重要性，为实现本党的理念、生活者的需要和自立，努力制定和实现政治、经济、社会、文化等领域的政策方案。

**第二十五条 国会议员团**

一、众议院议员团和参议院议员团，为了在议会内形成多数，根据代议士或参议员总会的决定，可以与党员以外的议员或其他会派组建统一会派。

二、国会议员秘书，组成国会议员秘书团，辅佐国会议员团的活动。

**第二十六条 自治团体议员团**

自治体议员团，根据总会的决定，为了在议会内形成多数，可以与党员以外的议员或其他会派组建统一会派。

## 第八章 纪律委员会

**第二十七条 纪律委员会**

一、为了维护本党的纪律，确立政治伦理，在全国联合设置中央纪律委员会，在都道府县联合设置地区纪律委员会。

二、中央纪律委员会，对党所属国会议员的处分进行审查，并形成决定，同时，对地区纪律委员会的决定提出的不服申诉，进行审查。

三、地区纪律委员会，对除党所属国会议员以外的党员的处分进行审查，并形成决定。

四、中央纪律委员会，由大会选出。

五、纪律委员会相关的必要事项，除了本党章的规定之外，根据另行制定的规则。

**第二十八条　处分**

党员，符合以下各号之一的，根据中央纪律委员会或地区纪律委员会的决定，给予严重警告、检讨、两年内限制其党员权利、除名的处分。

（1）违反党章或各种规则或党的纪律。

（2）损害党员品行的行为。

（3）担任公职时，严重违反了政治伦理。

**第二十九条　不服申诉**

一、根据中央纪律委员会决定被除名的党所属国会议员，可以向两院议员总会提出不服申诉。

二、根据地区纪律委员会决定被除名的人，可以中央纪律委员会向提出不服申诉。

三、不服申诉的程序及其他不服申诉相关的必要事项，根据另行制定的规则。

## 第九章　会　计

**第三十条　会计**

本党的经费由党费、经营收入、捐赠及补助金构成。

**第三十一条　会计年度及预算案**

一、会计年度，为每年一月一日到十二月三十一日止，该年度的预算案须向全国大会或全国代表会议提出，并得到其批准。

二、会计相关的必要事项，除了本党章的规定之外，根据另行制定的规则。

**第三十二条　会计监查**

一、在全国联合、都道府县联合、支部联合、支部分别设置会计监查。

二、全国联合会计监查，由全国大会选出。

**第三十三条　党费**

党费的额度及征收等相关程序，根据另行制定的规则。

## 第十章　全国联合事务局（办公室）

**第三十四条　全国联合事务局**

一、为处理全国联合的事务，在全国联合设事务局，配置必要的职员。

二、全国联合事务局的组成及运营等相关必要事项，根据另行制定的规则。

## 第十一章　党章修订

**第三十五条　党章修订**

关于修改本党的基本理念、党章、解散及合并，由出席全国大会代表的三分之二以上赞成后，实施。

## 附　则

第一条　废除日本社会党章程，立即实施本党章。

第二条　基于本党章首次选出的党首，不管第十四条如何规定，仍作为基于旧章程选出的中央执行委员长。

第三条　直至新干部被批准，以前的干部仍执行其职务。

（原文来自：http://www5.sdp.or.jp/）

（朱艳圣　译　干保柱　校）

# 日本共产党

## （一）日本共产党纲领

（日本共产党第二十三次大会部分修订，2004年1月17日通过）

### 一、战前的日本社会和日本共产党

（一）日本共产党是继承我国进步和变革的传统，在日本和世界人民解放斗争高涨的形势下，于1922年7月15日成立的以科学社会主义为理论基础的政党。

当时，日本是世界主要垄断资本主义国家之一，实行将统治国家的全部权力集中于天皇的专制政治（绝对主义的天皇制），剥夺国民的自由和权利。同时，在农村，用繁重的地租对耕作农民进行严加管束的半封建地主制度占支配地位，垄断资本主义也是以劳动人民没有权利和受到残酷压榨为特征。在这种体制下，日本作为亚洲唯一的帝国主义国家，走上了对亚洲各国进行侵略和战争的道路。

日本共产党为打破这一现状，确立了首先进行民主主义革命、建立和平民主的日本，然后再向社会主义革命前进的方针。

（二）日本共产党为打倒将日本国民置于毫无权利状态的天皇制专制统治，为实现主权在民、国民的自由和人权进行了斗争。

日本共产党为消灭半封建的地主制度，为将农民从土地中解放出来进行了斗争。

特别是，日本共产党为从根本上改善饱受残酷压榨的工人阶级的生活，为争取所有工人、知识分子、女性、青年的权利和提高生活水平进行了斗争。

日本共产党为创造和普及进步的、民主的、革命的文化进行了斗争。

日本共产党为反对日本帝国主义对俄罗斯革命和中国革命的干涉战争及对中国进行的侵略战争、为实现世界与亚洲的和平进行了斗争。

日本共产党支持朝鲜、台湾等日本帝国主义殖民地的解放斗争，以及亚洲殖民地、半殖民地各民族争取完全独立运动，并为之进行了斗争。

（三）日本帝国主义于1931年发动对中国东北部的侵略战争，于1937年开始全面侵华战争，成为开辟通向第二次世界大战道路的第一个侵略国家。1940年与欧洲的德国、意大利法西斯主义国家结成军事同盟，1941年将侵华战争扩大到亚太全部地区，成为第二次世界大战的推动者。

在帝国主义战争和天皇制政权的暴力统治下，国民饱受苦难。党的活动遭遇重大困难，也出现了挫折，很多日本共产党党员在迫害和牢狱面前没有屈服，同各种背叛行为进行斗争，捍卫党旗，开展革命活动。在斗争中，不少党员被镇压夺去了生命。

在其他所有政党都与侵略、战争、反动潮流同流合污的逆流中，日本共产党高举和平与民主主义大旗，进行不屈不挠的斗争，对日本的和平与民主主义事业具有不可磨灭的深远意义。

侵略战争夺去了两千多万亚洲国家人民和三百多万日本国民的生命。在战争中，冲绳成为地面战的战场，日本本土全境遭到空袭，许多地方变成废墟。1945年8月，美军在广岛和长崎投下世界最初的两枚原子弹，死难者达到二十多万人（截止到同年年底的人数）。日本国民成为历史上首次惨遭核武器危害的国民。

在奉行法西斯主义和军国主义的日、德、意三国同盟在全世界败退的过程中，1945年8月，日本帝国主义败北，日本政府接受波茨坦宣言。反法西斯同盟拟订的该宣言以铲除军国主义和建立民主主义为基本内容，指出日本国民应该走的道路是建立和平民主的日本。这证明我党不屈不挠进行斗争所坚持的方针基本上是正确的。

## 二、现在的日本社会的特征

（四）第二次世界大战后，日本发生了几个巨大的变化。

第一，日本失去了作为独立国家的地位，沦为美国事实上的从属国。

在代表反法西斯同盟的名目下，战败后的日本遭到美军占领。美国很快将占领统治转变为美国的单独统治，还在1951年签订的《旧金山和平条约》和《日美安保条约》中规定，继续维持对冲绳的占领统治，同时，继续保存占领时期在日本各地建立的美军基地的主要部分，将日本作为美国世界战略的半永久性的前沿基地，并强加给日本。《日美安保条约》于1960年进行了修改。修改后的条约不但没有改善日本的从属国地位，反而更加恶化，增加了军事基地租借条约的性质，加入了"有事"时与美军并肩战斗的日美共同作战条款和日美经济合作条款等新的支柱性内容。这是一个将日本卷入美国发动的战争、强化日本对美从属的军事同盟条约。

第二，日本的政治制度由天皇绝对专制政治转变为以主权在民为原则的民主政治。代表这一变化的是1947年实施的日本国宪法。该宪法规定了作为民主政治支柱的一系列民主和平的条款，如主权在民、放弃战争、国民的基本人权、作为国家权力最高机构的国会的地位、地方自治等。虽然变相容许天皇制存续的天皇条款留下了彻底违背民主主义精神这一不足之处，同时也明确规定天皇"不拥有有关国政的权能"的限制性条款。

这一变化使日本在政治史上第一次实现根据多数国民的意愿，通过国会，向社会进步和改革的道路前进，并为这一道路奠定了制度基础。

第三，通过土地改革，基本上使作为战前天皇制专制统治和日本社会半封建性质根源的根深蒂固的半封建的地主制度解体。这一变化为日本垄断资本主义的发展提供了国家现代化的条件，成为推动战后日本经济迅速发展的重要原因之一。

在这些条件下，日本作为世界垄断资本主义国家之一，经济获得了巨大发展。但是，尽管经济迅速增长，对美从属同盟的对美关系基础并没有改变。

（五）我国是高度发达的资本主义国家，但同时也是一个在国土和军事等重要方面被美国把持的事实上的从属国。

战后美国全面占领时期在我国建立的军事基地虽然历经半个世纪，但其大部分现在仍然遍布全国各地，其中也包括冲绳。冲绳在战后曾被割让，落入美军的占领之下，《旧金山和平条约》也规定美军对冲绳维持占领统治。现在，冲绳已成为亚洲最大的军事基地。在以冲绳县民众为主的国民斗争中，1972年，日本顺利收回对冲绳的施政权，但其作为美军基地的现实基本没有改变，冲绳县民众仍在美军基地的包围中无奈地生活着。美军恣意地横行在我国的领空、领海，尽管我国国民在广岛、长崎、比基尼三次蒙受核武器之害，美军仍然背着我国国民将秘密携带核武器进入日本的《核密约》强加给我国。

日本自卫队事实上处于美军的掌握和指挥之下，是美国世界战略的重要一翼。

美国在日本的军事和外交方面仍然具有重要的支配力量，在经济方面经常行使很大的发言权。在联合国和其他国际政治舞台上，日本政府代表经常担当美国政府发言人的角色。

日美关系绝不是对等、平等的同盟关系。日本在历史上是进行过殖民统治的发达资本主义国家，在当今国际关系中是处于对美从属地位的非常不正常的国家。美国对日本进行支配显然是出于其世界战略和垄断资本主义利益的需要，带有践踏日本主权和独立的帝国主义的性质。

（六）日本的垄断资本主义始于战后形势下对美从属的国家垄断资本主义，国民生产总值得到提高，很快就超越欧洲所有国家，仅次于美国。构成其主体的少数大企业集中了大量的财富，它们在向大型化和跨国企业道路发展的同时，将日本政府置于其强大的影响之下，为实现自己的阶级利益，最大限度地利用全部国家机构。日本国内的大企业和财界与美国的对日支配相勾结，成为统治日本和日本国民的核心势力。

在大企业和财界的残暴统治之下，在涉及国民生活和权利的很大领域，至今仍然没有确立盛行于欧洲等国的一些常识性规则，这成为日本社会的重大弱点。劳动人民饱受甚至会带来"过劳死"威胁的长时间、高强度的劳动以及带有严重歧视性质的就业不稳定之苦,"义务加班"这种违法的榨取方式在很多企业里成为家常便饭。在就业保障方面也没有效仿欧洲各国进行解雇管制立法。

在女性歧视方面,违背并且落后于国际条约的情况仍然普遍存在于社会生活的各个领域,受到国际社会的批评。在很多领域还存在着诸如依靠公共权力侵害人权等严重压制国民基本人权的情况。

在占据日本工商业很大比重、对日本经济来讲具有不可替代作用的中小企业与大企业的交易关系中,不论是在金融领域,还是在税制、行政方面,都被强加了不公正的歧视和压制,饱受持续不断的经营恶化之苦,农业没有获得自主性发展的必要保障,被卷入"贸易自由化"的漩涡中,粮食自给率在发达资本主义国家中处于最低水平,这种状况持续存在,根本看不到农业复兴的前景。

在事关全体国民生命和健康的环境问题上,以大企业为中心形成的利润第一的生产开发政策在全国范围内引起自然和生活环境的破坏。

日本政府为大企业和财界代言,继续实施着优先大企业利益的经济财政政策。其典型表现形式就是如下这种"逆向"财政,即日本财政支出的大部分被用于大型公共事业等以大企业为中心的支出以及军费开支,对社会保障方面的支出在发达资本主义国家中居于最低水平。

其根源就是反动政治家、特权官僚与一部分大企业之间形成的腐败勾结机制。始终没有绝迹的渎职、受贿、腐败连锁发生,反映出日本垄断资本主义和反动政治的腐朽是根深蒂固的。

迄今为止,美国对日本经济的介入经常使日本政府的经济政策偏向错误方向,成为日本经济危机和矛盾的一大重要原因。在"全球化"的名义下,最近,美国企图将美国式的经营模式和经济模式强加给日本,这对日本经济来说是非常有害和危险的。

由于以上这些原因,日本经济的基础非常脆弱,可以预见在 21 世纪世界资本主义急剧变动的形势下,日本垄断资本主义的前途会面临十分激烈的矛盾和危机。

日本垄断资本主义和日本政府在军事、外交、经济等所有领域都积极地、能动地发挥作为美国眼皮底下的同盟国的作用，试图通过将日本紧紧地纳入美国的世界战略，扩大自身在海外的活动。

在军事方面，日本政府承担着美国战争计划一部分的重要作用，出现了如下倾向，即逐步扩大自卫队派兵海外的范围和等级，使派兵海外成为既成事实的同时，以此为杠杆建立有事立法并行使集体自卫权，进而修改宪法，推动军国主义复活。以复活军国主义为目标的政策和行动与美国"先发制人攻击"的战略结合起来进行，这正在引起与亚洲各国人民间的对立。由于发挥着美国前沿阵地的作用，日本已成为造成亚洲军事紧张的危险的策源地之一。

以对美从属和大企业、财界残暴统治为最大特征的日本现行体制，与日本国民的根本利益之间存在着很多无法解决的矛盾，随着21世纪的来临，这些矛盾会变得更加重大和严重。

### 三、世界形势——从二十世纪到二十一世纪

（七）二十世纪是从垄断资本主义和帝国主义支配全世界开始的。在这个世纪中，人类社会经历了两次世界大战、法西斯主义和军国主义、一系列侵略战争等世界性的惨祸，但是，通过各国人民的共同努力和艰苦奋斗，最终战胜了这些灾难，实现了人类历史上划时代的重大转变。

殖民体制作为压制各民族的枷锁已经完全崩溃，民族自决权被公认为世界性原理，超过一百个国家获得政治独立，成为新的主权国家。以这些国家为主要成员的不结盟国家首脑会议成为国际政治舞台上维护世界和平与民族自决的重要力量。

尊崇国民主权的民主主义潮流成为世界大多数国家的政治原则，成为世界政治的主流。

在成立联合国的同时，"战争违法"作为世界历史发展的方向已被明确化，并提出了建设将战争消灭在萌芽状态的和平的国际秩序的世界性目

标。纵观20世纪的历史，特别是期间的侵略战争和与战争企图展开的斗争，建立和平的国际秩序正成为世界各国人民日益迫切的课题。

（八）资本主义是支配世界的唯一体制的时代随着1917年俄罗斯十月社会主义革命的爆发而成为历史。第二次世界大战后，亚洲、东欧、拉丁美洲的许多国家脱离了资本主义的发展轨道。

最早踏上社会主义道路的苏联，在列宁领导的最初阶段，虽然是从受到制约的落后的社会经济状态出发，也出现了一些失误，但却是非常认真地进行了一系列以社会主义为目标的积极努力。但是，列宁死后，以斯大林为首的历代领导人都摒弃了社会主义原则，对外走上了侵略和压制其他民族的霸权主义道路，对内推行剥夺国民的自由和民主、压制劳动人民的官僚主义和专制主义路线。正因为这一切都是打着"社会主义"的幌子进行的，所以这些错误给世界和平和社会进步运动带来的负面影响是非常严重的。

日本共产党作为拥护科学社会主义的自由独立的党，坚决反对苏联干涉日本和平和社会进步运动的霸权主义行径，同时坚决反对苏联出兵捷克斯洛伐克和阿富汗的武力侵略行为，并进行了坚决的斗争。

苏联及其附属的东欧各国的统治体制于1989—1991年先后崩溃，这不是社会主义的失败，而是与社会主义道路背道而驰的霸权主义、官僚主义和专制主义的破产。这些国家的出发点是以社会主义为目标的，但是领导集体引导国家走上了错误的道路，其结果是走上了与社会主义截然不同的压制人性型的社会，最终导致解体。

从大局角度来讲，苏联霸权主义这一历史恶魔的崩溃，带有开辟世界革命运动健康发展的新的可能性的意义。

现在，重要的是，脱离资本主义的几个国家在政治上、经济上都残存着一些尚未解决的问题的同时，开始了通过"市场经济走向社会主义"等以社会主义为目标的新的研究活动，人口超过十三亿的广大地区的发展将成为21世纪世界史上的重要潮流之一。

（九）苏联等国的解体并没有显示出资本主义的优越性。现在，无法控制巨大、发达的生产力这一资本主义矛盾，在以前所未有的规模和尖锐程度表现出来。诸如广大人民生活状态的恶化、社会贫富差距不断扩大、不景气状况的反复和大量失业问题、跨国金融投机泛滥、全球性环境破坏问题、殖民地统治的负面遗产深重以及亚洲、中东、非洲和拉丁美洲的很多国家贫困扩大（南北问题）等。

核战争的危险始终威胁着地球和人类。在美苏的军备竞赛中积蓄起来的数量巨大的核武器现在仍然是对人类生存的重大威胁。为根除核战争的威胁，只有彻底废除核武器，除此之外，别无他策。"不要再重复广岛、长崎的惨剧"这一禁止原子弹氢弹爆炸世界大会的口号在世界各地回响，在国际政治上，废除核武器的声音也越来越大，但是，将核武器作为世界战略性武器，继续强化其垄断体制的核武器顽固势力的阴谋是根深蒂固的。

世界各地发生的强化军事集团体制及优先使用武力解决各种纷争的企图成为加剧局势紧张和威胁和平的重要原因。

其中，美国将本国一国的利益凌驾于世界和平利益和国际秩序之上，无视联合国，对他国实行先发制人的攻击，意欲实行新殖民主义，这是非常严重的事情。美国以"世界警察"自居，企图将以美国为中心的国际秩序和统治世界的野心正当化，这只能是美国在苏联解体后成为唯一的超级大国的情况下，其垄断资本主义特有的帝国主义侵略性的赤裸裸的表现而已。这些政策和行径与各国国民独立自由的原则、与联合国宪章的各原则相对立，是赤裸裸的霸权主义、帝国主义的政策和行径。

现在，美帝国主义成为对世界和平与安全、各国国民主权与独立的最大威胁。

其霸权主义、帝国主义的政策和行径也使美国与其他垄断资本主义国家间产生了矛盾和对立。另外，在经济"全球化"的名义下，将世界各国纳入以美国为中心的经济秩序的经济霸权主义也给世界经济造成很大的混乱。

（十）在这种形势下，反对各种霸权主义，维护和平的国际秩序的斗争，废除核武器的斗争，反对军事体制的斗争，彻底贯彻并尊重各民族的自决权、反对侵犯民族自决权的斗争，为在尊重各国经济主权基础上建立民主的国家经济秩序进行的斗争，越来越具有重大意义。

追求和平与进步的力量在各国和国际上沿着正确道路前进并谋求合作是非常重要的。

日本共产党与包括工人阶级在内的世界上所有为争取独立、和平、民主主义、社会进步而斗争的人民一道，支持为人类进步而进行的斗争。

其中，是选择建立联合国宪章规定的和平的国际秩序，还是选择美国恣意干涉别国内政、发动侵略战争和进行压迫的国际秩序，是非常重大的问题。日本共产党反对美国霸权主义支配全世界的行为，致力于建立和平的国际秩序，在全世界推广并实现没有核武器、没有军事同盟的国际性联合。

世界在此形势下进入了21世纪。在世界史的发展进程中，虽然有很多的动乱和曲折，甚至暂时的或者较长时期的倒退，但从总体上讲，超越帝国主义和资本主义，向社会主义前进是不可逆转的历史发展方向。

## 四、民主主义革命和民主联合政府

（十一）现在，日本社会需要的变革不是社会主义革命，而是民主主义革命，即打破以不正常的对美从属关系和大企业及财界的残暴统治，确保日本的真正独立，实现政治、经济、社会的民主主义改革。这些都是在资本主义框架内可能实现的民主改革，都是只有把国家权力从代表日本垄断资本主义和对美从属体制的势力手中转移到代表日本国民利益的势力手中，才能真正向实现这种改革迈进。实现这一民主改革，可以解脱目前国民遭受的苦难，开辟建设符合大多数国民根本利益的独立、民主、和平的日本的道路。

（十二）现在，日本社会需要的民主改革的主要内容如下：

**国家独立、安全保障、外交领域**

1. 根据条约第十条的程序（向美国政府通报），废除日美安保条约，令驻日美军及其军事基地撤退。在对等平等的基础上，签订日美友好条约。

在经济领域，禁止美国的不正当介入，在包括金融、外汇、贸易在内的所有领域确立自主性。

2. 恢复主权后的日本不参加任何军事同盟，走与所有国家发展友好关系的和平、中立、不结盟的道路，参加不结盟国家会议。

3. 关于自卫队，取消海外派兵法，采取裁军措施。根据安保条约废除后亚洲形势的新发展，朝着完全实施征得国民同意的宪法第九条（解除自卫队）的方向努力前进。

4. 新日本在如下几个基本点上开展和平外交。

——日本在反省过去侵略战争和殖民地统治的基础上，重视与亚洲各国的友好和交流。

——拥护联合国宪章规定的和平的国际秩序，反对所有侵犯、破坏这一秩序的霸权主义企图。

——以防止事关人类生死存亡的核战争、废除核武器、拥护各国人民的民族自决权、支持全面裁军、支持解散所有的军事集团、撤除外国军事基地为目标。

——反对对造成普通平民伤亡的无差别恐怖主义和报复性战争，发展国际舆论和共同行动，根除恐怖主义。

——以归还属于日本历史上的领土的千岛群岛、齿舞、色丹等岛为目标。

——在限制跨国企业不负责任的活动、保护地球环境的同时，抑制部分大国的经济霸权主义，以尊重所有国家的经济主权，确立建立在平等、公平基础上的民主的国际经济秩序为目标。

——积极参加依靠非军事手段针对纷争的和平解决、灾害、难民、饥饿等人道主义问题的国际援助活动。

——竭尽全力实现社会制度不同的国家间的和平共处，确立拥有价值观的各种文明之间的对话和共存关系。

**宪法和民主主义领域**

1. 以遵守包括现行宪法前言在内的所有条款，特别是完全实施和平民主的各项条款为目标。

2. 坚持以国会作为名副其实的最高权力机构的议会制民主主义体制，坚持包括反对党在内的多数政党制，坚持由在选举中获得多数席位的政党或政党联合执掌政权的政权更替制。

3. 实现十八岁选举权。按照宪法主权在民与和平精神，推进选举制度、行政机构、司法制度等改革。

4. 在地方政治中贯彻"居民是主人公"，建立把保障居民利益作为最优先课题的地方政治制度。

5. 废除限制、压迫国民基本人权的所有企图，充实适应社会经济各项条件变化的人权内容。全面拥护劳动基本权。在包括企业内部在内的社会生活的各个方面，彻底废除基于思想、信条的歧视。

6. 拥护并保障各领域的男女权利平等。尊重女性的独立人格，提高女性的社会地位和法律地位，消除妨碍女性走出家庭、融入社会、为社会作贡献的障碍。

7. 在教育方面，实行以宪法的和平与民主主义为理念的教育制度及行政改革，致力于提高各阶段的所有教育条件，并充实教育内容。

8. 继承文化各方面的积极传统，实现科学、技术、文化、艺术、体育等领域的多方面发展。保护学问、研究与文化活动的自由。

9. 拥护宗教自由，彻底贯彻政教分离原则。

10. 禁止企业、团体的政治献金，根除渎职、腐败、利权政治。

11. 关于天皇条款，重视严格实施"不拥有有关国政的权能"等限制性规定，纠正在政治上利用天皇等违背宪法条款和精神的行为。

日本共产党认为，一个个人世袭成为"国民统合"象征的现行制度与民主主义和人类平等的原则并不是对立的，为始终贯彻国民主权原则，应有的立场是致力于实现民主共和制的政治体制。天皇制度是宪法上的制度，其存废要待将来时机成熟时，依据全体国民的意愿加以解决。

**经济民主领域**

1. 打破"无规则的资本主义"现状，在包括工人的长时间劳动和单方解雇的规定等诸方面在内，借鉴欧洲资本主义国家及国际条约所达到的程度，建立维护国民生活与权利的"有规则的经济社会"。

2. 以对大企业进行民主化管理为主要手段，限制其残暴的经济统治。通过民主化管理，使大企业承担起针对工人和消费者、中小企业和地区经济、环境等的社会责任，促进建立维护国民生活与权利的规则，同时，实现经济的均衡发展。反对因经济活动和军事基地引发环境破坏和公害，强化保护自然和环境的管理措施。

3. 从国民生活安全保障和有效灵活运用国内资源的角度出发，重视提高粮食自给率，建立安全优先的能源体制并提高自给率，实现农林水产政策和能源政策的根本性转变。在国家的产业政策中把农业定位为重要生产部门。

4. 建立健全综合性社会保障制度，将其作为保障各阶层国民生活的基本制度。重视建立用于儿童的健康与福利、帮助父母培育子女的社会设施和措施。使日本社会倾注力量克服少子化倾向。

5. 纠正国家预算中无用的大型公共工程项目等优先用于大企业和大银行的支出和军费支出之现状，实现以国民的生活和社会保障为重点的财政和经济运营模式。改变大企业、大资本家享受优惠的税收制度，建立起与负担能力相适应的税制和社会保障制度。

6. 促进同所有国家间发展平等互惠的经济关系，致力于为解决南北问题、地球环境问题等全球性问题作出积极贡献。

（十三）通过团结工人、市民、农民、渔民、中小企业家、知识分子、女性、青年、学生等谋求独立、民主主义、和平、生活水平不断提高的所有国民，建立统一战线，实现民主主义改革。通过与反对党派进行斗争和与民主党派、社会各团体、民主人士加强团结与协作，结成统一战线，并不断发展壮大。必须根据当前的紧迫任务，超越世界观、历史观、宗教信仰上的差异，推进团结与协作。

在加强国民团结和协作的运动中，日本共产党必须站在斗争前列，发挥推动作用。日本共产党与具有高度政治性、理论性的力量和以工人为首的国民各个阶层结成广泛深入的组织并不断获得发展，是统一战线发展的决定性条件。

日本共产党和统一战线力量积极占据国会议席，与国会外的运动相结合进行斗争，对于实现国民的要求、推进改革事业来讲非常重要。

日本共产党和统一战线力量在获得多数国民的支持下，如果占据国会稳定多数席位，就可以成立统一战线政府或民主联合政府。日本共产党作为一贯坚持"国民是主人翁"的信条来开展活动的党，将为获得国会多数支持、建立民主联合政府而奋斗。

在统一战线发展的过程中，并不一定要在民主改革内容的所有主要方面取得一致，只要在几个目标上取得一致，就具备了建立具有一致目标的统一战线的条件。在此情况下，日本共产党认为，只要开展的协作符合国民利益，有助于打倒现在的反动统治，就可以在当前取得一致的目标范围内结成统一战线，为建立统一战线政府而努力。

另外，在全国各地建立改革和民主自治体，可以成为实现各地方或地区居民要求的支柱，同时也可以成为推动国家政治领域的民主改革潮流的重要力量。

在多数国民的支持下，通过开展斗争，打破代表垄断资本主义和对美从属体制的统治势力的阻碍和抵抗，就可以建立民主联合政府。为此，顽固坚持对日统治的美国统治势力的阻碍活动当然也是不可轻视的。

这一斗争并不是随着民主联合政府的建立而终结的。在持续的斗争中，统一战线政府在民主力量的统一和全民斗争的基础上，名副其实地掌握全部国家机构，行政机构担负起制定事关国计民生各项政策的重任，具有非常重要的意义。

民主联合政府是以工人、小市民、农民、渔民、中小企业家、知识分子、女性、青年、学生等国民各阶层和各团体的民主联合为基础，通过恢复日本真正的独立和实行民主主义改革，开辟日本新发展道路的政权。

(十四) 通过民主主义改革建立独立、民主、和平的日本将成为日本国民历史的根本的转折点。日本只有摆脱作为美国事实上的从属国的地位，日本国民才能在恢复真正的主权的同时，对内成为国家的主人翁。通过民主改革，日本不再是战争和军事紧张的根源，而转变为维护亚洲和世界和平的坚强柱石之一，开辟出焕发日本国民活力的、政治、经济、文化均高度发展的新道路。日本的发展道路向民主与和平转变，这在建立亚洲和平秩序方面具有重大作用，对 21 世纪亚洲和世界形势的发展也将是一个重大的转折点。

## 五、迈向社会主义和共产主义社会

(十五) 在日本社会发展的下一阶段中，谋求超越资本主义，向社会主义和共产主义社会前进的社会主义变革将成为重要课题。在迄今为止的世界上，还没有在资本主义时代高度发达的经济和社会的基础上真正开展社会主义变革的经验。在发达资本主义国家中实现向社会主义和共产主义社会的迈进是二十一世纪世界上的新课题。

社会主义变革的中心是将主要生产资料的所有、管理、运营转到社会手中，即实现生产资料的社会化。社会化的对象仅指生产资料，关于生活资料，在社会发展的各个阶段，私有财产都是被保护的。

生产资料的社会化在消除人对人的榨取、提高所有人的生活水平、消除社会贫困的同时，使根本缩短劳动时间成为可能，确立保障社会所有成员人性发展的基础。

生产资料的社会化将生产和经济的推动作用从追求资本利润转移到发展社会和社会成员的物质精神生活上来，通过经济的有计划运营，使消除反复的经济不景气，有效减少环境破坏和缩小社会差距成为可能。

生产资料的社会化通过将经济从利润第一主义的狭小框架中解放出来，创造出支持人类社会的物质生产力的新的飞跃性发展的条件。

社会主义和共产主义的日本将继承民主主义和自由成果等资本主义时代所有有价值的成果，并使之进一步发展。"剥削自由"受到限制，并在改革前进的过程中加以彻底废除。通过废除剥削，开辟人在真正意义上成为社会主人翁的道路，"国民是主人翁"这一民主主义的理念在政治、经济、文化和社会各方面成为社会现实。

严格保障各种思想、信仰的自由，保障包括反对党在内的政治活动的自由。以"社会主义"为名，赋予特定政党以"领导"政党的特权，或将特定的世界观定义为"国定哲学"等都与日本的社会主义道路毫无关系，必须严格加以摒弃。

当社会主义、共产主义社会取得更高的发展，不知道剥削和压迫的年轻一代占据社会多数时，就可以真正展望原则上没有任何强制、国家权力本身变得没有必要存在的社会和由没有人对人的剥削、没有压迫、没有战争、真正平等自由的人际关系组成的共同社会。

这样，人类就在真正意义上取得了人生存和生活的各种条件，迈入人类历史上崭新的发展阶段。

（十六）社会主义改革并不是能够在短时间内一蹴而就的，而是必须在国民取得共识的基础上，一步一步分阶段推进的长期过程。

其出发点就是形成多数国民对向社会主义、共产主义前进达成共识，以获得国会的稳定多数为基础，建立以社会主义为目标的权力。其所有阶段都是以国民的共识为前提的。

日本共产党坚持与所有支持向社会主义方向前进的党派和人们合作的统一战线政策，尊重小市民、农民、渔民、中小企业家的利益，以社会多数人的理解和支持为基础，努力向社会主义改革的道路前进。

日本迈向社会主义的道路将是依靠日本国民的睿智和创造力解决诸多新问题，同时面对前进中的新挑战不断开拓的过程。日本共产党在这个过程中尤其要注意以下几点，并坚持这一立场。

1. 生产资料的社会化是指其所有、管理以及运营可以采取与形势和条件相适应的各种形态，寻求适合日本社会的独特的形态。虽然这一点很重要，但不得违背生产者是主角这一社会主义的原则。决不能再犯打着"国有化"和"集体化"的招牌，行压迫生产者的官僚专制体制之实的前苏联的错误。

2. 通过市场经济向社会主义前进是符合日本条件的社会主义的法制化的发展方向。在推进社会主义改革方面，努力探求将计划性和市场经济相结合的有弹性、有效率的经济运营模式，尊重农业、渔业、中小工商业者等的发明创造，都是很重要的。对国民的消费生活进行统制，或者将其整齐划一，即所谓的"统制经济"，在社会主义或共产主义日本的经济生活中是被全面否定的。

（十七）探求向社会主义、共产主义前进的方向不单单是日本的问题。

在 21 世纪的世界，无论是在发达资本主义国家的经济、政治矛盾和人民运动中，还是在脱离资本主义后的各国独立自主地探求迈向社会主义的道路的努力中，还是在虽然获得政治独立但在资本主义框架内无法实现经济发展的亚洲、中东、非洲、拉丁美洲的广大国家的人民运动中，以超越资本主义、建立新社会为目标的潮流迅速形成和快速发展，这是时代的最大特征。

日本共产党将在为日本社会各个阶段所必需的各项改革课题的顺利推行而努力的同时，致力于营造没有剥削和压迫的共同社会，争取把 21 世纪建设成为人类发生历史性前进的世纪。

（选自《当代世界共产党党纲党章选编》，当代世界出版社 2009 年版，第 116—125 页）

## （二）日本共产党章程

（2000 年 11 月 24 日日本共产党第 22 次大会通过）

### 第一章　日本共产党的名称、性质、组织原则

**第一条**　党的名称为日本共产党。

**第二条**　日本共产党是日本工人阶级的政党，同时是日本国民的政党，是对所有为实现民主主义、独立、和平，为提高国民生活水平，以及

实现日本进步的未来而努力奋斗的人敞开大门的政党。

建党以来，党以国民是主人翁为信条，自觉把时刻为实现国民的切身利益，促进社会进步而斗争，在日本社会当中发挥不屈不挠的先进性作用作为己任。党的最终目标是，实现没有人剥削人，也没有压迫和战争，由真正平等和自由的人际关系组成的共同社会。

党以科学社会主义为理论基础。

第三条　党是按照党员自发的意志而组成的自由结社，以民主集中制为组织原则。基本内容如下：

（1）党的决定要充分经过民主讨论，最终由多数党员决定。

（2）决定的事情全体都要执行。行动统一是公开的政党对国民的责任。

（3）所有领导机关要通过选举产生。

（4）党内不分帮分派。

（5）不得因意见不同而进行组织性排挤。

## 第二章　党　员

第四条　年满十八岁以上的日本国民，承认党的纲领和章程的，可以成为党员。党员要参加党的组织生活，缴纳规定的党费。

第五条　党员的权利和义务如下：

（1）遵守市民道德和社会道义，对社会尽责。

（2）致力于党的统一和团结，不与党为敌的行为。

（3）在党内有选举权和被选举权。

（4）可以在党的会议上就党的方针、政策进行讨论并提案。

（5）自觉执行党的各项决定。不能同意决定时，可以保留自觉的意见；但是，仍要执行决定。不得擅自发表反对党的决定的意见。

（6）可以在党的会议上对党的任何组织或个人提出批评。另外，还可以对上至中央委员会的任何机构提出质询，陈述意见，并要求作出回答。

（7）及时阅读党大会、中央委员会的决定，努力学习党的纲领、路线和科学社会主义理论。

（8）党的内部问题在党内解决。

（9）党员不论在党内的经历以及工作岗位如何，都要遵守党的章程。

（10）对自己作出处分决定时，可出席会议陈述意见。

**第六条** 希望入党的人，要由两名党员推荐并缴纳党费。

严重反社会，有损党的信任的人不能准许入党。

在经支部审议决定，并获得地区委员会批准后才能入党。

地区委员会以上级别的领导机构可决定直接入党。

**第七条** 其他政党的党员不得同时成为日本共产党党员。

吸收曾经身为其他党党员的人入党时，须获得都道府县委员会或中央委员会的批准。

**第八条** 党组织从培养党员成长的立场出发，优先对新入党的党员教授纲领、章程等作为一名日本共产党员开展活动所需的基础知识，让其掌握。

**第九条** 因调动工作、辞职、迁居等需要变更所属组织时，党员和党组织要迅速办理转党籍手续。

**第十条** 党员可以退党。党员退党时，要向所在支部或党的机构陈述理由并获得认可。支部或党的机构要就此进行研究，征求会议意见后允许其离党，并向上一级领导机构报告。但是，存在违反党纪行为时，要先对此作出处分的决定。

对于一年以上不参加党的活动，且一年以上不缴纳党费的党员，即使党组织作出最大努力，该名党员仍没有作为党员开展活动的意愿的，可以同本人在协商的基础上办理退党手续。只有在党组织作出努力仍无法同本人进行协商的情况下，可不进行协商即可办理退党手续。

**第十一条** 党组织对于明显丧失第四条规定的党员资格的党员、或者因严重违反社会行为导致党的信任受到损害的党员，可以在慎重调查及审查的基础上开除其党籍。开除党籍时，要同本人协商。在党组织作出努力仍不能同本人进行协商时，也可不进行协商即开除其党籍。开除党籍要获得上一级领导机构的批准。

被开除党籍的人希望再次入党时，须在支部、地区委员会进行审议，由都道府县委员会作出决定。

## 第三章　组织与运营

**第十二条**　党以在工作单位、地域、学校建立的支部为基础，基本上以支部——地区——都道府县——中央的机构组织起来。

**第十三条**　党的所有领导机构由党大会、各级党大会以及支部总会选举产生。选举中央、都道府县及地区干部，需要被选举人具备两年以上党龄。

选举人可自由推荐候选人。领导班子推荐组成下届委员会的候选人。选举人审查候选人的品德、能力和经历。

**第十四条**　党大会以及党的都道府县、地区、支部会议只有半数以上议员（支部总会需过半数党员总数）出席才能举行。中央委员会、都道府县委员会、地区委员会总会也需要过半数委员出席才能举行。

**第十五条**　党机构作出决定时，要认真听取党组织和党员的意见，归纳并研究这些经验。对提出的意见、问题以及党员的不满要迅速处理。党员和党组织要在党内就党的政策、方针进行讨论，并把意见反馈给党机构。

**第十六条**　党组织有责任执行上级党机构的决定。认为该决定不符合实情时，可以向上级机构要求更改决定。上级机构再一次要求执行该决定时，可保留意见但要遵照执行。

**第十七条**　为实现全党行动统一，在国际性或全国性问题上，每个党组织和党员不得随意发表反对党的全国方针。

在地方性问题上，要根据地方的实际情况由都道府县和地方机构进行自治处理。

**第十八条**　建立新支部以及地区组织，或者更改地区组织的管辖时，要向上一级领导机构提出申请并获得批准。

都道府县委员会为开展跨多个地区的广域性活动，可以根据需要设立辅助性领导机构。

另外，地区委员会以及都道府县委员会在经营范围内以及地区（区、市、町、村）、学校有多个支部时，可以根据需要设立辅助性领导机构。

设立辅助性领导机构时，需要获得上一级领导机构的批准，其组成人员从所对应的各地区委员会及各支部中选举产生。

辅助性领导机构的任务和活动是针对自治体活动以及该地区、经营范围、学校的共同任务开展工作，并非是取代地区委员会以及都道府县委员会承担基本领导职能。

## 第四章　中央组织

**第十九条**　党的最高机构是党大会。党大会由中央委员会召集，每两年或三年召开一次。遇到特殊情况时，可通过中央委员会决定延期召开党大会。中央委员会应最迟在三个月之前通知全党党大会的召开日期和议题。

中央委员会通过决议认为有必要，或者有三分之一以上都道府县党组织提出要求，上一届大会议员可以在三个月内组织召开临时党大会。

党大会议员的选举办法和比率由中央委员会决定。

没有被选为议员的中央委员、准中央委员拥有评议权，但是没有决议权。

**第二十条**　党大会开展以下活动：

（1）听取中央委员会报告，确认报告是否妥当。

（2）审议并决定中央委员会提出的议案。

（3）可以更改党纲和党章。

（4）选举产生中央委员会。可以在委员会内设准中央委员。

**第二十一条**　从党大会到下一届党大会期间的领导机构是中央委员会。中央委员会负责执行党大会的决定，主要开展以下工作：

（1）对外代表党，领导全党。

（2）发行中央机关报。

（3）在全党彻底贯彻并实践党的方针政策，并根据经验进一步正确发展。

（4）负责处理国际问题及全国性问题。

（5）根据科学社会主义开展党的理论活动。

（6）系统培养干部，从全党的立场出发进行合理分配和分工。

（7）在属于地方组织的权限问题上，也可以进行必要的谏言。

（8）处理并指导党的财政活动。

**第二十二条** 中央委员会总会每年至少召开两次。三分之一以上中央委员提出要求时，必须召开中央委员会总会。准中央委员出席中央委员会总会，并拥有评议权。

**第二十三条** 中央委员会选举中央委员会干部会委员和干部会委员长、若干名干部会副委员长、书记局长。还可以选举产生中央委员会议长。

在必要的时候，中央委员会可以从准中央委员中补选产生中央委员。因不得已的理由不能继续担任的委员以及准委员的，可以在获得本人同意后，经三分之二以上中央委员会表决通过予以免职。

**第二十四条** 中央委员会干部会在从中央委员会总会到下一届中央委员会总会期间执行中央委员会的职务。

干部会选举产生常任干部会。常任干部会执行日常性干部会的职务。

干部会设以书记局长为负责人的书记局，并任命书记局员。书记局在干部会及常任干部会的领导下处理中央的日常活动。

干部会任命中央机关报纸的编辑委员。

**第二十五条** 中央委员会任命上访接待委员。上访接待委员会听取党内外人士就涉及党机构的领导及其他党的活动等具体措施提出的意见、要求，并迅速加以解决。

**第二十六条** 中央委员会任命纪律委员。纪律委员会开展以下活动。

（1）调查并审查党员的违纪行为。

（2）审查党员针对各级党机关作出的开除及其他处分提出的申诉。

第二十七条　中央委员会任命监查委员。监查委员会监查中央机关的会计、事业和财产。

第二十八条　中央委员会可以设名誉干部。中央委员会设名誉干部要向党大会报告并获得批准。

## 第五章　都道府县组织

第二十九条　都道府县组织的最高机关是都道府县党大会。都道府县党大会由都道府县委员会召集，每年举行一次。遇到特殊情况时，都道府县委员会可以获得中央委员会批准后延期召集。

都道府县委员会通过决议认为必要时，或者三分之一以上地区党组织提出要求，上一届党大会的议员要迅速召开临时党大会。

都道府县党大会的议员选举方法和比率由都道府县委员会决定。

没有被选为议员的都道府县委员、准都道府县委员有评议权，但没有决议权。

第三十条　都道府县党大会开展以下活动：

（1）听取都道府县委员会报告，并确认报告是否妥当。

（2）在地方具体实施党大会和中央委员会的方针和政策，决定党在都道府县的方针和政策。

（3）选举产生都道府县委员会。委员会可设准都道府县委员。

（4）党大会召开时选举产生都道府县委员会议员。

第三十一条　从都道府县党大会到下一届都道府县党大会期间的领导机构是都道府县委员会。都道府县委员会负责执行都道府县党大会的决定，主要开展以下活动：

（1）在都道府县代表党，领导都道府县的党组织。

（2）彻底贯彻中央的各项决定，并具体实施和实践。

（3）地方性问题根据地方的实际情况自主处理。

（4）系统培养干部，进行合理分配和分工。

（5）在属于地区党组织的权限问题上，也可以进行必要的谏言。

（6）处理并指导都道府县党组织的财政活动。

**第三十二条** 都道府县委员会选举产生委员长和常任委员会。必要的时候可以设副委员长以及书记长。

常任委员会在从都道府县委员会总会到下一届总会期间行使都道府县委员会的职务。

都道府县委员会在必要时可以从准都道府县委员中补选产生都道府县委员。因不得已的理由不能继续执行任务的委员以及准委员，可以在获得本人同意后，经三分之二以上中央委员会表决通过予以免职。此时，要向下一届都道府县党大会报告并获得批准。

都道府县委员会可以设监查委员会，监查会计、事业及财产状况。

**第三十三条** 都道府县委员会可以设名誉干部。都道府县委员会设名誉干部要向都道府县党大会报告并获得批准。

## 第六章 地区组织

**第三十四条** 地区组织的最高机关是地区党大会。地区党大会由地区委员会召集，每年召开一次。遇到特殊情况时，地区党大会可以获得都道府县委员会及中央委员会批准后延期召集。

地区委员会通过决议认为有必要，或者有三分之一以上支部提出要求，上一届党大会的议员要迅速召开临时党会议。

地区党大会的议员选举方法和比率由地区委员会决定。

没有被选为议员的地区委员、准地区委员有评议权，但没有决议权。

**第三十五条** 地区党大会开展以下活动：

（1）听取地区委员会报告，并确认报告是否妥当。

（2）在地区具体实施中央及都道府县党机构的方针和政策，决定党在地区的方针和政策。

（3）选举产生地区委员会。委员会可设准地区委员。

（4）召开都道府县党大会时选举产生地区委员会议员。

**第三十六条** 从地区党大会到下一届地区党大会期间的领导机构是地区委员会。地区委员会负责执行地区党大会的决定,主要开展以下活动:

(1) 在地区代表党,领导地区的党组织。

(2) 彻底贯彻中央及党在都道府县的机构的决定,并具体实施和实践。

(3) 地区性的问题根据地区的实际情况自主处理。

(4) 作为直接承担领导支部活动的领导机构,亲自对支部进行指导和支援。

(5) 系统培养干部,进行合理分配和分工。

(6) 处理并指导地区党组织的财政活动。

**第三十七条** 地区委员会选举产生委员长和常任委员会。必要的时候可以设副委员长。常任委员会在从地区委员会总会到下一届总会期间行使地区委员会的职务。

地区委员会在必要时可以从准地区委员中补选产生地区委员。因不得已的理由不能继续执行任务的委员以及准委员,可以在获得本人同意后,经三分之二以上地区委员会表决通过予以免职。此时,要向下一届地区党大会报告并获得批准。

## 第七章 支 部

**第三十八条** 工作单位、地区、学校等有三名以上党员的,要设立支部。支部是党的基层组织,分别在各自的工作单位、地区、学校代表党开展活动。

可以视情况根据社会生活、社会活动的共通性设立支部。

党员不足三名的,要加入附近的支部或者设立支部预备会。

**第三十九条** 支部的最高机关是支部总会或党大会。支部总会或党大会至少每六个月召开一次。

支部总会或党大会开展以下活动:

（1）对开展的活动进行总结，具体实施上级机构的决定，确定活动方针。

（2）选举产生支部委员会或支部长。

（3）地区党大会召开时，选举支部议员。

第四十条　支部的任务如下：

（1）在工作单位、地区以及学校代表党，开展活动。

（2）把在各自的工作单位、地区以及学校获得多数人的支持作为长期任务，从这一立场出发主动开展活动，制定满足他们要求的政策以及扩大党的势力的目标和计划。

（3）原则上每周定期召开一次支部会议。收党费。仔细讨论党大会和中央委员会的决定，并在支部活动中具体实施。积极致力于开展实现党员要求、扩大党势及办机关报的活动。

（4）开展集体学习，鼓励党员自愿学习党纲、党的历史和科学社会主义理论。

（5）确立支部党员之间的联系、联络网，着眼于每位党员的活动情况，努力让所有支部党员充分利用条件发挥特长参加活动，实现支部党员之间的紧密联系，建立互帮互助的人际关系。

（6）隶属于工作单位的支部的党员，也可在居住地区开展活动。

第四十一条　从支部总会（党大会）到下一届支部总会（党大会）期间的领导机构是支部委员会。支部委员会选举产生支部长。但党员人数少的支部要以支部长为领导机构。两种情况都可根据需要设立副支部长。

支部内可以设立班。班设立班长。

## 第八章　党外组织的党小组

第四十二条　具有常任干部身份的党员在各种团体、组织当中有三名以上的，也可以组成党小组，选举产生负责人。

党小组在其构成及负责人的产生方面要获得所对应的领导机构的批准，还要在其领导下开展活动。活动中尊重该团体的规章制度是党小组的第一要务。

党小组按照支部的标准开展党的日常活动。

## 第九章 被选举产生的公职机构的党组织

**第四十三条** 被选到国会当中的党的议员要组织成立国会议员团。

国会议员团要接受中央委员会的领导,设立必要的领导机构,在国会内根据党的方针、政策开展活动。其主要活动如下:

(1) 为维护国民利益,代表党在国会内进行斗争,就国政进行讨论,审议预算,制定法案,以及开展其他活动。

(2) 同国会外的国民斗争相结合,努力实现他们的要求。

(3) 向国民报告党在国会内的活动。

党的议员违反纪律,严重伤害国民利益而被追究责任的,必须按照决定辞去议员职务。

**第四十四条** 被选为各级地方自治体议会的党的议员一定要在合适的单位成立党议员团。所有议员原则上通过议员团开展党的日常生活。党议员团在所对应的领导机构的领导下开展活动。

党的地方议员及地方议员团按照第四十三条规定的国会议员团的活动标准,为地方居民的利益和福祉开展活动。

都道府县委员会及地区委员会负责指导地方议员及地方议员团的工作。

## 第十章 资 金

**第四十五条** 党的资金由党费、党的经营收入以及个人向党的捐赠组成。

**第四十六条** 党费为党员实际收入的百分之一。

党费按月缴纳,或者提前缴纳一定期间的党费。

失业的党员、高龄或者因病接受抚养的党员等生活窘迫的,可减免党费。

第四十七条　中央委员会、都道府县委员会、地区委员会管理各自的资金和资产。

## 第十一章　纪　律

第四十八条　党员违反党章和党章的精神，严重损害党和国民利益的，按违反纪律处分。

因违纪正在接受调查的党员，可以在必要的范围内限制其基于第五条的党员权利。但不得超过六个月。

第四十九条　违反纪律处分要根据事实慎重处理。

处分分为警告、停止权利（部分或全部）、罢免职务、开除党籍。

停止权利的时间不得超过一年。在机关内罢免职务可并处停止权利。

第五十条　对党员的处分由该党员所属支部的党大会、总会作出决定，并报上一级领导机构批准同意。

在特殊情况下，中央委员会、都道府县委员会、地区委员会可以对党员作出处分。此时，地区委员会作出的处分要报都道府县委员会批准同意，都道府县委员会作出的处分要报中央委员会批准同意。

第五十一条　对都道府县、地区委员会的委员、准委员作出的停止权利、罢免职务、开除党籍的处分要经所属委员会三分之二以上多数成员表决通过，并报上一级领导机构批准同意。该处分必须在下一届党大会上获得批准。

遇到紧急且不得已的情况时，中央委员会可以对违反纪律的都道府县、地区机关的干部作出处分。

第五十二条　对中央委员会的委员、准委员作出的停止权利、罢免职务、开除党籍处分必须由中央委员会三分之二以上多数成员表决通过，并在下一届党大会上获得批准。

第五十三条　对兼任多个机关的委员、准委员的党员处分由上级机关决定。

第五十四条　开除党籍是党的最高处分，必须慎之又慎。对党员作出决定或同意开除党籍时，必须要对相关资料进行公平调查并听取本人陈述。

被开除的党员再次申请入党要由中央委员会决定。

**第五十五条** 对党员的处分进行审查并作出决定时，除特殊情况外，所属组织要给接受处分的党员充分表达意见的机会。处分确定后，要把处分的理由通知给受处分的党员。各级领导机构要把违反纪律和处分决定迅速报告给中央委员会。

受处分的党员对处分不服的，可以要求作出处分决定的党组织重新进行审查，并向上级机关提出申诉。被开除党籍的党员对处分不服的，可以要求中央委员会及党大会重新进行审查。

## 附　则

**第五十六条** 中央委员会就本章程中没有决定的问题可以按照本章程的精神作出处理决定。

**第五十七条** 只有党大会才能对纲领、章程作出修订。

本章程自 2000 年 11 月 24 日起生效。


（选自《当代世界共产党党纲党章选编》，当代世界出版社 2009 年版，第 108—115 页）

# 公明党

## （一）纲领

### 一、"生命、生活、生存"的人道主义

公明党是为了贯彻最大程度地尊重"生命、生活、生存"的人道主义、以追求人、人类的幸福为目标而成立的、开放的国民政党。

在从人类历史转折期的二十世纪向二十一世纪过渡的大转机时期，正确辨别当今的情况、树立能够指引未来正确方向的理念是我们的当务之急。我们坚信，以"生命、生活、生存"为核心的人道主义能够适应这一要求。

被称为"战争与革命的世纪"的二十世纪，是"国家的时代"、"意识形态的时代"。战争是国家的特征、革命是社会主义意识形态的特征。然而，迄今为止的历史教训是，有了个人、才有人的群体、才有国家、意识形态。但，"为了国家"或"为了意识形态"的个人、人的群体这一主客被颠倒，理应作为一切目的的人本身被手段化、牺牲了。人自身的幸福生活应当被作为目标，不能将"国家"、"意识形态"、"资本"等超越人的任何形式的外部价值或权威绝对化，反而使人成为了实现目标的手段。任何主义或主张、机构或制度、科学或经济都应当为人服务。这就是以"生命、生活、生存"为核心的人道主义，也是中间主义的本质。

因此，政治的使命是确保活着的人们具有堂堂正正生活的权利，换言之，就是保障和扩大人权。十八世纪以来人权运动的发展，首先是以防止

国家权力干涉、捍卫个人权利为重点的市民的、政治的自由权的确立，其次是在国家中要求保障人们生活的生存权、社会基本权利的发展，然后是如今在和平与发展中，人权的终极目标的实现——无论人们身处何地，都能够保障其享有和平、幸福的生活。

将人权的实现作为最高的价值目标，应当是二十一世纪的日本与世界必不可少的理念。"生命的尊严性"是我们尊重人权的根源。

## 二、重视生活者的文化、福利国家

我党的前身旧公明党自成立以来，一直主张"个人幸福与社会繁荣的一致"，我党秉承了这一理念，以"生活者优先"为基本方针的具有成熟文化的福利国家是我们的目标，为实现这一目标我们将竭尽全力。

自明治维新以来，我国始终坚持产业优先、出口导向的基本国策，发展外向型经济。尽管目前已经成为世界屈指可数的经济大国，但过度追求经济利益、经济利益至上的行为现在遭到了国际社会的批判。这种情况与国内重视生产、企业的政治、行政、经济体制互为表里。

本来，无论是政治、经济，还是机构、制度，都只是实现人们富裕生活的手段。在经济优先、生产者优先的过程中，手段被当作目的，同时受"个人的尊严"意识薄弱的影响，本应被作为主体的消费者从属于"国家"、"企业"的现象不知从何时起被视为理所当然。消费者缺失的结构导致了各种扭曲。经济方面、社会方面的不公平分配、较长的劳动时间、假期不足、简陋的住房、贫乏的社会资本、缺乏个性的整齐划一的教育模式与看重学历的社会、担心老年生活等生活者在生活中的权利被忽视，无法保障国民享有与经济大国地位相称的、富裕的、具有充实感的生活。

这种"经济大国生活小国"、"繁荣中的贫穷"的现实，如今必须改变。

为了实现这一目标，首先应当确立国家、行政、社会是为生活者而存在、为生活者服务的理念。另外，修改以前生产者优先的所有社会体系，建立重视生活者的新制度、新体制、新机构。

更进一步，在经济体制方面，虽然自由市场经济是基本方针，但是应当实现社会公正、保护社会的弱者，应当追求实现市场经济原理与平等原则相互协调的福利社会。

如今，我国正处于由高度工业化社会向去工业化社会过渡的时期。这一阶段是从企业优先向人们的生活、文化优先转变的过程，是从生产与消费物品的市场价值向充实人的内心与精神的人的价值转变的过程。从这一时代发展的趋势来看，我国应当全力以赴构建真正的"尊重人的主体性"与以提高"生活品质"为目标的"文化、福利国家"。

## 三、人与自然的和谐

从地球环境污染与资源枯竭转向保护"不可替代的绿色的地球"，是人类最重要的课题，是我们对未来的子孙负有的责任与义务。要想将宝贵的地下资源与良好的地球环境留传给后代，我们就必须转变生活方式，抛弃消耗资源多的产业结构、大量生产、大量消费、一次性消费的模式。我们必须探索不追求物质的"数量"，而追求提高生活"品质"的新的生活方式。

为了实现这一目标，从重视生态的立场出发，有必要重新审视利润与效率一边倒的"经济的逻辑"及近代文明中隐藏的自然观念、地球观念。换言之，人与自然的关系不是以人为中心的支配、征服的关系。地球是一个生命体，人是自然的一部分，人与自然是生命链条的有机整体、是不可分割的关系。我们应该确立与这一认识相一致的思想。破坏、损害自然将直接导致人类的生存危机。正如我们所知道的，在世界历史上民族、文化的衰亡无不与自然环境的荒废紧密相关。

## 四、以人类利益为目标的地球民族主义

毫不夸张地说，人类如今正站在事关生死存亡的路口。冷战结束以后，虽然核战争的威胁已经远去，但不断膨胀、积累的核武器仍旧可以造成人类这一物种的灭绝。另外，人类确实已经被迫开始应对"缓慢的灭

亡"——无国界（超越国界）的环境污染不断恶化、资源枯竭、能源危机、人口爆炸、饥饿、贫困、压迫等一系列的"全球问题"已经成为威胁人类未来发展的主要因素，处理这些问题刻不容缓。

这些全球规模的问题无法由某一个国家单独解决，必须有超越国家结构和国境的全球构想和力量全力以赴地应对。在这一过程中，"地球民族主义"的人类共同体意识必不可少。因此，我们必须抛弃坚持一国利害得失的旧有的主权国家意识，从"国家利益"转变为优先考虑"地球利益"、"人类利益"，应当具有"人类"的意识。在现代日本的地方政治中，有必要树立"地球即地区"、"地区即地球"的意识。

为自觉树立"人类"意识、不断深化协同与合作的纽带，超越国籍与国境、人种与民族，将"生命的尊严"作为根本视角是十分必要的。与此同时，应当坚守罗素与爱因斯坦倡导的"避免人类的全面毁灭优先于其他所有目标"这一"人类生存权"的基本原则。

## 五、为世界作出贡献的日本

如今，我国已是经济大国，也是世界第一大债权国。以前只追求日本的和平与繁荣的本国本位主义已不再被允许，要求发挥与我国的经济实力和国际地位相适应的"世界之中的日本"的作用。

作为资源匮乏且在第二次世界大战中遭受毁灭性打击的国家，日本能够实现如今的繁荣，有赖于国民的努力，同时也得益于为我国提供了和平与自由贸易环境的国际社会的恩惠。在这一意义上，我国应深化"只有世界才有日本"的意识，不能只考虑追求本国的经济利益，应当具有利他的精神，自觉地追求全人类的利益，为全世界作出贡献。换言之，"日本与世界的共同繁荣"应是我们的目标。

我国在文化上是东西方文化的交汇点，也是南方的发展中国家与北方的发达国家的交汇点，连接"东西"、"南北"，是位于"世界的十字路口的国家"。从这一点出发，我国应以建立实现世界的和平与繁荣的公正的国际社会为目标，从联合国中心主义的立场出发推动联合国改革、致力于强化联合国的作用,以强化联合国与我国的合作为核心,在和平、裁军、恢复绿色等保护地球环境、解决南北问题等过程中发挥积极的作用。

## 六、草根民主主义的开花与地方主权的确立

我党的前身旧公明党发源于地方议会,追求确立草根民主主义、提高居民福利。我党秉承了这一传统,以改革中央集权体制也就是以通过自立与参与推动"地方主权的确立"为目标。

地方自治是民主主义的学校、也是原点。居民生活中的事情由居民自己决定——这是地方自治的本意,如果这种自治精神被忽略,民主主义就不能获得发展。但是,自明治维新以来,我国在中央集权体制下,地方被要求为统一模式,自治体的主体性遭到阻碍。战后,尽管根据日本宪法与地方自治法的规定,地方分权作为制度受到保障,但使这一制度具体化的中央政府的权限转移与事务的再分配、地方财政的彻底强化却毫无进展。即使是现在,中央集权的结构仍在持续。

地方主权的确立,指的是为了贯彻地方分权、尊重地区多样性与自主性,由地区自行决定与地区和居民生活相关的问题的结构。为实现这一目的,国家向都道府县进而向市区町村以及附近的自治体移交权限与财源,是必不可少的。在地方主权之下,有必要根据不同居民的需求及该地区的特点,开展具有个性的自治体行政工作。

作为居民身边最近的政府,如果自治体能够拥有充分的权限与财源、缩小政治与居民之间的距离,民主主义的理念就会生气勃勃,地区文化就会丰富多彩,居民就会切实感受到富裕的生活。这种地方主权下的政治、社会景象就是我们的目标。

## 七、为民众献身与精神领袖

政治是追求可能性的技术。因此,我们将坚持追求崇高的理想并在冷漠的现实中不断前行,努力搭建"现实"与"理想"并行的桥梁。另外,为了使这一目标成为可能,作为创造性的精神领袖,我们将采取积极行

动，开展提案与建议活动，并且不断追求自我革新。

我们在任何时代、任何社会，都将坚持"代表群众发言、代表群众战斗、为群众而牺牲"的誓言，与群众站在一起是我们的信条。我们的自我要求、行动规范是：远大志向、社会的正义感、道德性、强烈公共责任感，以及为民众献身。这应当是公明党议员固有的特质。

另外，这也是公明党赢得民众对政党品格的信赖之路。获得国民、社会对我们政党品格的信赖是我党发展的关键。

公明党是从群众中诞生的"群众的政党"。只有同广大群众悲欢与共，我们党才能生存下去。我们为"群众的政党"这一名称及其实质深感自豪，我们将与草根群众一起、为开拓充满希望的日本与世界的新天地而奋力前进。

## （二）章程

### 第一章 总 则

**第一条** 我党的名称为公明党，本部定于东京都。

**第二条** 我党以实现党的纲领、政策、宣言以及决议为目标。

**第三条** 我党由赞成本党纲领、遵守本党章程的个人组成。

### 第二章 党 员

**第四条** 遵守党的纲领与章程，以实现党的政策、决议为目标而参加党的活动的十八岁以上的人，不论国籍均可成为我党党员。

**第五条**

一、欲加入我党的人，须由两名以上党员推荐，填写入党申请书规定的事项，并将申请书通过支部长提交给都道府县的代表，并获得其批准。

二、入党相关细则，另行规定。

**第六条**

党员享有以下权利：

（1）参与政策相关的自由讨论。

（2）向包括全国大会的所有机关提出提案与意见。

（3）享有党内的选举权与被选举权。

**第七条**

党员负有以下义务：

（1）遵守党的纲领与章程。

（2）遵循党的政策与方针。

（3）积极参加党的活动。

（4）缴纳党费、订阅党报。

**第八条**

一、欲退党的人，须填写退党申请书规定的事项、与党员证一起提交给支部长。

二、支部长须以书面形式向都道府县代表报告退党情况。

三、关于议员及地方公共团体首长的退党，另行规定。

**第九条** 已经退党的人希望再入党时，根据另行规定，须获得中央纪律委员会或都道府县纪律委员会的批准。

**第十条** 党员，不能加入其他政党。

## 第三章 决议机关

### 第一节 全国大会

**第十一条** 全国大会是我党的最高决议机关。

**第十二条**

一、全国大会，由代议员构成。

二、代议员，为常任干部会成员、含中央干事会会长的中央干事、含中央纪律委员长及中央纪律副委员长的中央纪律委员、中央会计监查委员、国会议员、都道府县本部选出的人及中央干事会指名的人。

三、中央干事会，决定都道府县本部选出的代议员总数，根据党员人数，向都道府县本部分配。

**第十三条**

一、全国大会一般每两年召开一次，经中央干事会审议后，由代表召集。

二、中央干事会，可以决议召开临时全国大会。

三、当二分之一以上的都道府县本部提出要求时，中央干事会须决议召开全国大会。

**第十四条** 全国大会的议长、副议长由全国大会选举产生。

**第十五条**

一、全国大会需代议员等半数以上出席方可召开。

二、议事，由出席大会的代议员半数以上表决通过；当赞成与反对人数相同时，由议长决定。

三、全国大会运营相关的细则，另行规定。

**第十六条**

一、全国大会，议决以下各号所列事项：

（1）运动方针

（2）重要政策

（3）纲领及章程的修改

（4）党的重要议案

（5）除了前面各号所列事项之外，根据章程提出的议案

二、全国大会，批准以下各号所列事项：

（1）依据第十八条的人事

（2）除了前号所列事项之外，根据章程提出的批准议案

**第十七条**

一、全国大会，选出代表一名。

二、前项的选出方法，由投票进行选举。

三、提名候选的人为一人时，可以不由投票选出。在这种情况下，需

要得到全国大会出席代议员等过半数的信任。

四、代表在任期内出现空缺时，中央干事会可推荐继任候选人并得到全国大会的信任。在这种情况下，援引前项后段的信任之例。

五、实施代表选举相关的细则，另行规定。

**第十八条**

一、代表，指名干事长、政务调查会长、含中央干事会会长在内的中央干事若干名、中央纪律委员长一名及中央纪律副委员长若干名在内的中央纪律委员若干名，以及中央会计监查委员若干名，并在全国大会上获得出席代议员过半数的批准。

二、在必要时，代表指名代表代行一名及副代表若干名，并在全国大会上获得出席代议员过半数的批准。

## 第二节　中央干事会

**第十九条**　中央干事会，为全国大会至下届全国大会期间的决议机关，代替全国大会就付议事项进行决议，并获得其批准。

**第二十条**

一、中央干事会，由含中央干事会会长的在内的中央干事组成。常任干部会的成员，作为执行部出席中央干事会。

二、中央干事会会长，从中央干事中指名会长代理一名。会长代理，在会长遭遇事故时等及执行职务有困难时，执行会长职务。

**第二十一条**

一、中央干事会，应代表或干事长的要求，由会长召集。

二、中央干事会，可以要求中央纪律委员长、中央会计检查委员以及各部门的负责人出席会议，听取其所负责事项的报告或意见。

**第二十二条**

一、中央干事会，须有半数以上会员出席时方可成立。

二、议事，由出席成员半数以上表决通过；当赞成与反对人数相同时，由会长决定。

三、中央干事会运营相关的细则，另行规定。

**第二十三条**

一、中央干事会，议决以下各号所列事项：

（1）现在的活动方针及重要政策

（2）党本部预算

（3）党的重要议案

（4）除了前面各号所列事项之外，根据章程提出的议案

二、中央干事会，批准以下各号所列事项：

（1）党务报告

（2）依据第十八条的人事以外的人事

（3）党本部决算报告

（4）各种选举候选人的公认及推荐

（5）除了前号所列事项之外，根据章程提出的批准议案

三、中央干事会，在会长遭遇事故时等及执行职务有困难时，直至召开全国大会的期间，可以指名代表代理。

**第二十四条**

一、中央干事会，在发生第十八条规定的干部在任期途中出现空缺等紧急情况时，可以不经全国大会审议，就重要事项进行议决。

二、中央干事会，根据前项进行议决时，须获得全国大会的批准。

### 第三节　两院议员总会

**第二十五条**　两院议员总会，就内阁总理大臣指名等国会活动相关的重要事项进行审议并决定。

**第二十六条**　两院议员总会，由党所属的众议院议员、参议院议员组成。

**第二十七条**

一、两院议员总会，设置会长一名、副会长若干名。

二、会长、副会长，由两院议员总会互选产生。

**第二十八条**

一、两院议员总会，应代表或干事长的要求，由会长召集。

二、当三分之一以上的国会议员提出要求时，会长须召集举行两院议员总会。

**第二十九条**

一、两院议员总会，须有半数以上会员出席时方可成立。

二、议事，由过半数出席议员表决通过，当赞成与反对人数相同时，由会长决定。

三、议表的事项，须向中央干事会报告。

## 第四章 执行机关

### 第一节 代表、副代表及干事长等

**第三十条**

一、代表，代表本党，全面主持党务。

二、在代表遭遇事故时等及执行职务有困难时，根据第二十三条第三项的规定、指名的代表代理执行代表职务。

**第三十一条** 代表代理、副代表辅佐代表。

**第三十二条**

一、干事长辅佐代表，负责党务。

二、干事长，在必要时可以指名干事长代行等辅佐干部。

三、干事长，指名国会对策委员长、选举对策委员长，在必要时可以指名辅佐这些人的干部。

四、干事长，指名各委员会委员长、局长、本部长及室长，在必要时可以指名辅佐这些人的干部。

五、干事长，在进行前三项指名时，应获得中央干事会的批准。

## 第二节　常任干部会

**第三十三条**　常任干部会，为党的最高执行机关，对全国大会暨中央干事会负责。

**第三十四条**

一、常任干部会，由代表、代表代行、副代表、干事长、政务调查会长、中央干事会会长、含参议院会长及参议院干事长在内的代表指名的干部组成。

二、常任干部会的成员，须获得中央干事会的批准。

**第三十五条**　常任干部会，由代表召集。

**第三十六条**

一、常任干部会，执行以下任务：

（1）执行全国大会及中央干事会的议决事项

（2）实施党的政策及方针

（3）管理党本部的财产及资金

（4）管理党职员的人事

二、常任干部会运营相关的细则，另行规定。

## 第三节　政务调查会

**第三十七条**

一、政务调查会，进行政策、立法的调查、研究及起草议案。

二、政务调查会，由党所属的众议院议员及参议院议员等组成，就政策、向国会提出的法案及其他立法的方针进行审议并决定。

**第三十八条**　政务调查会，设置政务调查会长一名、副会长若干名。根据需要，可以设置会长代理若干名。

**第三十九条**

一、政务调查会，除了部会之外，根据需要可以设置各种委员会等。

二、各部会，设置部会长一名、部会长代理及副部会长若干名。

三、各委员会等，可以设置委员长等一名、副委员长等若干名。

**第四十条**

一、政务调查会的会长代理、副会长以及部会等人事，由政务调查会长指名，并获得中央干事会的批准。

二、政务调查会的各种委员会等的人事，由政务调查会长指名，并获得部会长会议的批准，同时向中央干事会报告。

**第四十一条**

一、设置部会长会议，作为政务调查会的政策及立法相关的审议决定机关。

二、部会长会议，由政务调查会长、副会长、各部会长及政务调查会长指名的人组成。

三、部会长会议，由政务调查会长召集。

四、决定政策及立法相关重要事项时，须获得干事会的批准。但，在紧急情况下，可以事后报告，并获得其批准。

五、政务调查会运营相关的细则，另行规定。

### 第四节　国会对策委员会

**第四十二条**

一、国会对策委员长，处理与国会活动相关的事务。

二、国会对策委员会，由党所属的众议院议员和参议院议员若干名组成。

**第四十三条**

一、国会对策委员会，设置委员长一名、副委员长若干名，根据需要可以设置委员长代理一名。

二、国会对策委员，由国会对策委员长任命。

### 第五节　选举对策委员会

**第四十四条**

一、选举对策委员，推动各种选举的顺利进行，处理公认、推荐相关的事项。

二、选举对策委员实施的公认、推荐等相关的细则，另行规定。

**第四十五条**

一、选举对策委员会，设置委员长一名、副委员长若干名，根据需要可以设置委员长代理一名。

二、选举对策委员，由选举对策委员长任命。

### 第六节 委员会、局及本部等

**第四十六条** 常任干部会，可以在党本部设置委员会、局、本部及室等机关。

**第四十七条** 在各委员会、局、本部及室等，可以各设置委员长、局长、本部长及室长等一名，在必要时可以设置辅佐这些人的干部。

### 第七节 全国县代表协议会

**第四十八条** 为推进重要政策课题相关的协议及加强党本部与都道府县本部代表的联系，设置全国县代表协议会。

**第四十九条** 全国县代表协议会，由党所属国会议员、都道府县本部代表及常任干部会指名的人组成。

**第五十条** 全国县代表协议会，由常任干部会召集。

## 第五章 纪律机关等

### 第一节 中央纪律委员会

**第五十一条**

一、为维护党的纪律、振兴党风，设立中央纪律委员会。

二、中央纪律委员会，负责符合以下各号的党员纪律相关的事项：

（1）国会议员

（2）都道府县议会议员

（3）政令指定都市的市议会议员

（4）地方公共团体的首长

（5）第十八条规定的干部

第五十二条 中央纪律委员会，设置中央纪律委员会委员长一名及包括中央纪律副委员长若干名在内的中央纪律委员若干名。

第五十三条

一、中央纪律委员会委员长，代表中央纪律委员会、负责中央纪律委员会事务。

二、中央纪律委员会副委员长，辅佐中央纪律委员会委员长。

三、中央纪律委员，负责党的纪律。

第五十四条

一、中央纪律委员会，需三分之二以上的中央纪律委员出席方可成立。

二、议事，由出席委员过半数表决通过。但，第九十条第二项规定的解除干部职务、停止党员资格、劝告退党及除名的纪律被处分，需三分之二以上出席委员的同意。

三、因灾害、事故等、委员不能出席中央纪律委员会时，代表可以任命委员代理。

四、中央纪律委员会运营相关的细则，另行规定。

## 第二节 中央会计监查委员

第五十五条

一、为了监查党的会计，党本部设置中央会计监查委员若干名。

二、中央会计监查委员，向中央干事会报告监查结果。

## 第六章 咨询机关等

### 第一节 顾 问

第五十六条

一、党本部设置常任顾问、顾问若干名。

二、常任顾问及顾问，应总裁的咨询可随时陈述意见。

**第五十七条** 常任顾问及顾问，由代表委托，向中央干事会报告。

### 第二节 参 谋

**第五十八条** 赞同我党的目的、具有丰富学识、经验的人，可成为党本部的参谋。

**第五十九条** 关于参谋的细则，另行规定。

### 第三节 党 友

**第六十条** 赞同党的纲领及政策并协助实现的人，可以成为党友。

## 第七章 组 织

### 第一节 构 成

**第六十一条**

一、我党的地方组织，包括地区本部及都道府县本部、总支部及支部。

二、常任干部会，为了政治活动，可以在国政选举中的选举区及比例代表区设置支部。设置这些支部时，向中央干事会报告。

三、常任干事会，可以废除根据前项规定设置的支部。

四、地区本部及都道府县本部、总支部、支部的组织与运营相关的细则，根据第二项设置的支部干部的选任相关的细则，分别另行规定。

### 第二节 地区本部

**第六十二条**

一、在地区，设地区本部。

二、地区本部，推进都道府县本部的活动，强化、协调都道府县本部之间的联系。

三、地区本部，由地区内的都道府县本部及关联国会议员组成。

四、地区本部，设置地区本部长一名、地区副本部长若干名及地区干事长一名。根据需要，在必要时可以设置辅佐这些人的干部。

五、地区本部长，由干事长指名，并获得中央干事会的批准。

六、地区副本部长，地区干事长及辅佐这些人的干部，由地区本部长指名，并获得中央干事会的批准。

七、地区本部，可以设置委员会、局及本部等。

## 第三节　都道府县本部

**第六十三条**

都道府县本部，执行以下任务：

（1）在总支部、支部彻底贯彻并实践全国大会及党本部机关的决定。

（2）负责、指导总支部、支部，强化扩充党的组织。

（3）制定政策与具体的活动方针。

（4）指导并推进地方议会活动。

**第六十四条**

一、在都道府县本部，设置都道府县代表一名、都道府县干事长、含一名都道府县本部干事会会长一名在内的都道府县干事若干名、包括一名都道府县纪律委员长在内的都道府县纪律委员若干名及都道府县会计监查委员若干名。在必要时可以设置辅佐这些人的干部。

二、在都道府县本部，可以设置委员会、局及本部等。

三、在都道府县本部，根据需要，可以设置选举区联合会、市联合会、总支部联合会、支部联合会等组织。

**第六十五条**

一、都道府县本部的决策机关，为都道府县本部大会及都道府县本部干事会。

二、关于都道府县本部大会及都道府县本部干事会的运营，由细则另行规定。

## 第六十六条

一、都道府县本部，在都道府县本部大会上选举产生一名都道府县代表，并向中央干事会报告。

二、选举产生的都道府县代表，指名第六十四条第一项规定的干部，并在获得都道府县本部大会过半数出席代议员的批准后，向中央干事会报告。

三、都道府县代表在任期途中出现空缺时，都道府县本部干事会推荐后任候选人，并获得县本部大会的批准。在到召开县本部大会的期间，都道府县本部干事会，可以指名都道府县代表代理。

## 第六十七条

一、都道府县本部的执行机关，为都道府县本部干事会，对都道府县本部大会及都道府县本部干事会负责。

二、组成都道府县本部干部会的执行部，兼任都道府县本部干事会的成员。

三、关于都道府县本部干部会的运营，由细则另行规定。

## 第六十八条

一、都道府县代表，负责都道府县本部的党务。

二、在都道府县代表遭遇事故时等及执行职务有困难时，根据第六十六条第三项的规定、指名的都道府县代表代理，执行都道府县代表的职务。

## 第六十九条

一、在都道府县本部，设置都道府县纪律委员会。

二、都道府县纪律委员会，负责中央纪律委员会管理以外的党员纪律事项。

## 第七十条

一、都道府县本部，设置都道府县会计监查委员若干名。

二、都道府县会计监查委员，监查都道府县本部的会计，并将监查结果报告给都道府县本部干事会。

**第七十一条**

一、在都道府县本部，设置顾问与参谋职务，作为咨询机关。

二、顾问与参谋，由都道府县代表委任，并向都道府县本部干事会报告。

第四节　总支部

**第七十二条**　总支部，可以设总支部长一名、副总支部长若干名，必要时可设干事长。

**第七十三条**

一、总支部的决议机关，为总支部大会。

二、总支部大会，根据需要可随时召开。

**第七十四条**

一、总支部的执行机关，为总支部干部会，对总支部大会负责。

二、总支部干部会，由总支部长、副总支部长及各部长组成。设置干事长时，则加上干事长。

**第七十五条**

一、总支部长，指导并推进其所辖地区的党的活动。

二、副总支部长，辅佐总支部长，在总支部长遭遇事故时代替总支部长履行职务。

**第七十六条**　为监查总支部的会计，设置总支部会计监查委员若干名。

**第七十七条**

一、总支部中，设置顾问，作为咨询机关。

二、顾问，经总支部干部会提议后，由总支部长委任。

## 第二部分 主要政党内部规章制度

### 第五节 支　部

**第七十八条**　支部，可以设支部长一名、副支部长若干名。

**第七十九条**

一、支部的决议机关，为支部大会。

二、支部大会，根据需要可随时召开。

**第八十条**

一、支部的执行机关，为支部干部会，对支部大会负责。

二、支部干部会，由支部长、副支部长及各委员组成。

**第八十一条**

一、支部长指导并推进其所辖地区的党的活动。

二、副支部长，辅佐支部长，在支部长遭遇事故时代替支部长履行职务。

**第八十二条**

一、支部，可以设置顾问职务，作为咨询机关。

二、顾问，经支部干部会提议后，由支部长委任。

## 第八章　议员团

### 第一节　全国议员团会议

**第八十三条**

一、为党所属的国会议员及地方议会议员相互协作、协商议会活动、党的活动等，设置全国议员团会议。

二、全国议员团会议，由众议院议员团、参议院议员团、全国地方议员团会议组成。

三、全国议员团会议，设置议长一名、副议长若干名。

四、议长及副议长，由代表指名，并获得中央干事会的批准。

## 第二节 众议院议员团

### 第八十四条

一、党所属的众议院议员组成众议院议员团，众议院议员团可设会长一名、会长代理一名及副会长若干名。

二、前项的各干部，由众议院议员团互选产生。

## 第三节 参议院议员团

### 第八十五条

一、党所属的参议院议员组成参议院议员团，参议院议员团可设会长一名、会长代理一名、副会长若干名、参议院干事长一名、参议院副干事长若干名、参议院政策审议会长一名、参议院国会对策委员长一名及其他必要的干部。

二、前项的各干部，由参议院议员团互选产生。

## 第四节 地方议会议员

### 第八十六条

一、为活跃党所属的地方议会议员的议会活动、日常活动，并促进活动的顺利进行，设置全国地方议员团会议。

二、全国地方议员团会议，设议长一名、副议长及干事若干名。

三、议长、副议长，由代表指名，并获得中央干事会的批准。

### 第八十七条

一、党所属的地方议会议员，在各自所属的议会中组织议员团，各议员团可以设团长或干事长一名、设副团长或副干事长若干名。

二、党所属的地方议会议员占多数的议会，可设团长及干事长各一名，设副团长及副干事长若干名。

三、团长、干事长、副团长、副干事长，经都道府县本部干部会提议后，由都道府县代表任命。但，关于都道府县议会、政令市议会、县政府所在地的市议会，事前要获得中央干事会的批准。

## 第九章　干部的任期

**第八十八条**

一、第十八条（党本部）、第六十四条第一项（都道府县本部）、第七十二条（总支部）、第七十八条（支部）规定的干部，任期为二年，可以连任。但，因选举等特殊情况，全国大会或都道府县本部大会、总支部大会或支部大会提前或延期时，干部的任期到下一届干部选出时为止。

二、干部任职期间的人事，到下期改选为止。

三、干部被认定不能履行其职务时，根据与选任同样的程序，可以解除职务。

## 第十章　表彰及纪律处分

**第八十九条**　对于党的活动作出贡献的党员，可以予以表彰。

**第九十条**

一、中央纪律委员会或都道府县纪律委员会，认为党员有以下各号行为之一的，可以给予纪律处分：

（1）违背党的纲领或章程的行为

（2）有损党的声誉的行为

（3）破坏党的团结的行为

（4）违背党的决议或党的最高执行机关的决定的行为

二、纪律处分，有警告、解除职务、停止党员资格、劝告退党与除名。

**第九十一条**

一、对中央纪律委员会或都道府县纪律委员会的处分不服的，可以向中央干事会或都道府县本部干事会说明理由，请求审查。

二、中央干事会或都道府县本部干事会对前项的请求，在认定有必要时，可以命令中央纪律委员会或都道府县纪律委员会进行审查。

## 第十一章　财政及会计

第九十二条　党的财政，由党费、捐助金、机关报纸的发行收入、政党补助金等构成。

第九十三条
一、党费向党本部缴纳。
二、党费相关的细则，另行规定。

第九十四条　捐助金及其他收入相关的细则，另行规定。

第九十五条　党的会计年度，为每年一月一日起至十二月三十一日止。

## 第十二章　事务局

第九十六条　为处理党务，设置事务局，配置必要职员。

## 第十三章　纲领、章程的修订

第九十七条　党的纲领及章程的修订，需三分之二以上全国大会出席代议员的同意。

## 第十四章　杂　则

第九十八条　细则及本章程规定事项以外的事项，由常任干部会决定。

## 附　则

本章程自 2014 年 9 月 21 日起施行。

## 沿　革

(1994年12月5日决定，当日施行)
(1998年1月18日部分修订决定，当日施行)
(1998年10月24日部分修订决定，当日施行)
(2000年11月4日部分修订决定，当日施行)
(2002年11月2日部分修订决定，当日施行)
(2004年10月31日部分修订决定，当日施行)
(2006年9月30日部分修订决定，当日施行)
(2009年9月8日部分修订决定，当日施行)
(2010年10月2日部分修订决定，当日施行)
(2012年9月22日部分修订决定，当日施行)
(2014年9月21部分修订决定，当日施行)

(原文来自：https://www.komei.or.jp/)

（朱艳圣 译　干保柱 校）

图书在版编目（CIP）数据

世界主要政党规章制度文献. 日本 / 俞可平，陈家刚主编；
朱艳圣分册主编. —北京：中央编译出版社，2016.11

ISBN 978-7-5117-3160-9

Ⅰ. ①世… Ⅱ. ①俞… ②陈… ③朱… Ⅲ. ①政党-
规章制度-文献-日本 Ⅳ. ①D564

中国版本图书馆 CIP 数据核字（2016）第 258381 号

## 世界主要政党规章制度文献. 日本

| | |
|---|---|
| 出 版 人： | 葛海彦 |
| 出版统筹： | 贾宇琰 |
| 责任编辑： | 苗永姝 |
| 责任印制： | 尹　珺 |
| 出版发行： | 中央编译出版社 |
| 地　　址： | 北京西城区车公庄大街乙 5 号鸿儒大厦 B 座（100044） |
| 电　　话： | （010）52612345（总编室）　　（010）52612335（编辑室） |
| | （010）52612316（发行部）　　（010）52612317（网络销售） |
| | （010）52612346（馆配部）　　（010）55626985（读者服务部） |
| 传　　真： | （010）66515838 |
| 经　　销： | 全国新华书店 |
| 印　　刷： | 山东鸿君杰文化发展有限公司 |
| 开　　本： | 787 毫米×1092 毫米　1/16 |
| 字　　数： | 463 千字 |
| 印　　张： | 32.25 |
| 版　　次： | 2016 年 11 月第 1 版第 1 次印刷 |
| 定　　价： | 200.00 元 |

| | |
|---|---|
| 网　　址： | www.cctphome.com　　邮　　箱：cctp@cctphome.com |
| 新浪微博： | @中央编译出版社　　微　　信：中央编译出版社（ID：cctphome） |
| 淘宝店铺： | 中央编译出版社直销店（http：//shop108367160.taobao.com）　　（010）52612349 |

**本社常年法律顾问：北京市吴栾赵阎律师事务所律师　　闫军　　梁勤**
凡有印装质量问题，本社负责调换。电话：（010）55626985